恒逸使命：建百年长青基业 立世界名企之林

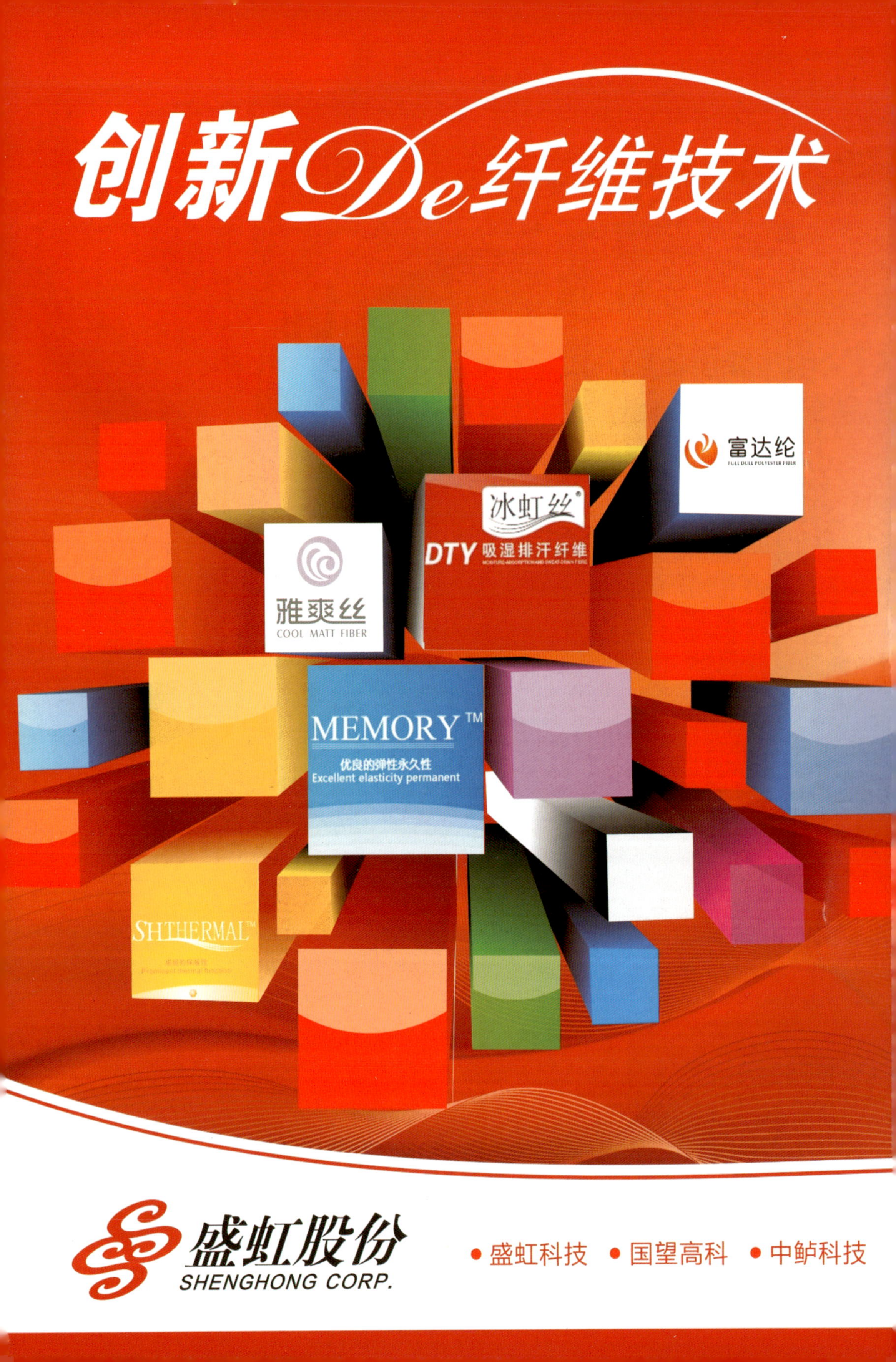
创新De纤维技术
富达纶
FULL DULL POLYESTER FIBER
冰虹丝®
DTY 吸湿排汗纤维
雅爽丝
COOL MATT FIBER
MEMORY™
优良的弹性永久性
Excellent elasticity permanent
SHTHERMAL™
盛虹股份
SHENGHONG CORP.
• 盛虹科技 • 国望高科 • 中鲈科技

BLUE BOOK 化纤蓝皮书
of China Chemical Fibers

2014年中国化纤经济形势分析与预测

Analysis and Forecast of China Chemical Fibers' Economy of 2014

权威机构　前瞻研究　每年新版

中国化学纤维工业协会 编著

中国纺织出版社

内容提要

本书是我国化纤行业唯一一本集权威性、前瞻性、专业性、指导性于一体的行业指导书籍，称为“化纤蓝皮书”，已连续出版 10 年。全书由行业运行篇、专题研究篇、产业政策篇、统计数据篇四部分组成。涵盖了我国纤维素纤维、涤纶、锦纶、腈纶、氨纶、丙纶、再生化学纤维、高性能化学纤维、生物基化学纤维及原料等子行业，并站在全球视角，从高角度对我国化纤工业全方位、多层次地给予系统和深入的回顾、梳理、分析和预测，深度研究了我国化纤行业内出现的新问题、新形势、新趋势和新技术；及时发布了国家相关产业政策；翔实统计了年度行业基本运行数据。

本书具有很强的理论性、可读性和实践指导意义，一直深受行业内外相关人士的认可和欢迎，是化纤行业经营管理者很好的一本案头工具书，并已成为我国纺织化纤行业的品牌图书。

图书在版编目（CIP）数据

2014 年中国化纤经济形势分析与预测 / 中国化学纤维工业协会编著.—北京 ：中国纺织出版社, 2014.3
ISBN 978-7-5180-0435-5

Ⅰ.①2… Ⅱ.①中… Ⅲ.①化学纤维工业－工业经济－研究－中国－2014 Ⅳ.①F426.7

中国版本图书馆 CIP 数据核字（2014）第 025298 号

策划编辑：朱萍萍　　　责任印制：何艳

中国纺织出版社出版发行
地址：北京市朝阳区百子湾东里 A407 号楼　邮政编码：100124
销售电话：010—87155894　传真：010—87155801
http: //www.c-textilep. com
E-mail: faxing@c-textilep. com
官方微博 http://weibo.com/2119887771
廊坊市恒泰印务有限公司印刷　各地新华书店经销
2014 年 3 月第 1 版第 1 次印刷
开本：710×1000　1/16　印张：27.25
字数：409 千字　定价：260.00 元
京东工商厂字第 0372 号

本书编委会

前　言

《2014 年中国化纤经济形势分析与预测》（化纤蓝皮书）已经连续出版十年了。这十年，她见证了中国化纤工业高速发展的每一个精彩时刻，见证了我国走向化纤强国的每一个辉煌篇章，承载着中国化纤人的强国梦！这十年，我国化纤总产量从 1426 万吨增加到 4122 万吨，年均复合增长率达到 12.5%。截止到 2013 年底，我国化纤产量占全球比重达 67.7%；纤维的差别化率由 28% 提高到 55%，化纤产品的品种更加丰富，质量和附加值持续提高；高性能化学纤维的生产几乎覆盖了所有品种，总产能达到 7.2 万吨，高性能化学纤维行业总体达到国际先进水平；生物基化学纤维作为国家战略性新兴产业的重要组成部分，得到快速发展，对于替代化石资源，形成新的绿色经济增长点，实现化纤工业的可持续发展具有重要的战略意义。

化纤蓝皮书自出版以来，对引导行业稳定运行、促进行业可持续发展起到了积极的作用，持续得到广大化纤工作者及关注化纤产业人士的青睐与厚爱。《2014 年中国化纤经济形势分析与预测》（化纤蓝皮书）将继续秉承一惯的风格，分为行业运行、专题研究、产业政策、统计数据四个篇章，以权威的分析预测、翔实的行业数据，聚焦行业政策，专题研究产业发展热点，引领化纤行业发展方向。

2013 年，世界经济复苏乏力，国内经济增长速度整体呈放缓趋势，中国化纤行业依然面临着困难的局面，资源环境压力、要素成本压力、淘汰落后产能压力等问题仍然存在。这一年，虽然我们的经济依然在低增长中徘徊，但我们坚信着、努力着，欣喜地看到了企稳、复苏的迹象。党的十八大胜利召开，新一届领导人更加务实、更加睿智，在中国关键十字路口树立了里程碑，并揳下路标指引“向何处去”的新方向、新路径。全面深化改革的号角已经吹响，到 2020 年，在重要领域和关键环节改革上取得决定性成果，形成系统完备、科学规范、运行有效的制度体系，进一步释放改革红利，将为我国化纤行业的发展提供更加优化的外部环境。

2014 年，中国化纤行业将以创新驱动发展，提升产业的核心竞争力为突破口，化纤产业发展的着力点不在于追求更高的增速和更大的总量，而在于下更大工夫优化产业结构，转变增长方式，向质量效益型转变，实现稳进中求好。在这一新的形势下，我们编写了《2014年中国化纤经济形势分析与预测》（化纤蓝皮书），以飨读者。

本书的编写得到了中国纺织工业联合会、中国纺织科学研究院、中国化学纤维工业协会各专业委员会以及各会员企业的大力支持，在此一并表示感谢！

由于时间较紧，水平有限，书中难免会有疏漏和错误之处，还请各化纤企事业和广大读者批评指正。

本书编委会

2014年3月

扬州志成化工技术有限公司

Yangzhou Zhicheng Chemical Industry Technique Co., Ltd.

PET瓶片/泡料
PET FLAKES / POPCORN MATERIAL

化学再生装置
CHEMICAL REGENERATION UNIT

FDY

短纤
PSF

色纺丝
COLORED YARNS

POY

无纺布
NONWOVEN FABRICS

工业丝
INDUSTRIAL YARNS

每年有上百万吨废旧聚酯采用志成的化学再生技术，生产出各类再生聚酯产品，业绩遍布全球

Every year, millions of tons of waste polyester use ZC's technology to manufacture various types of regenerated polyester products, ZC's achievements have been around the world

PET瓶片/泡料化学再生

PET Flakes /Popcorn material Chemical Regeneration Unit

· 拥有丰富生产积淀
· Based on years of experiences

· 致力废旧聚酯再生
· Focusing on polyester recycling

· 开拓全新应用领域
· Exploring for new applications

www.zcpoly .com

目　　录

行业运行篇

专题研究篇

产业政策篇

统计数据篇

行业运行篇

专题研究篇

产业政策篇

统计数据篇

运行分析

趋势预测

权威发布

前景展望

2014年中国化纤经济形势分析与预测

Analysis and Forecast of China Chemical Fibers' Economy of 2014

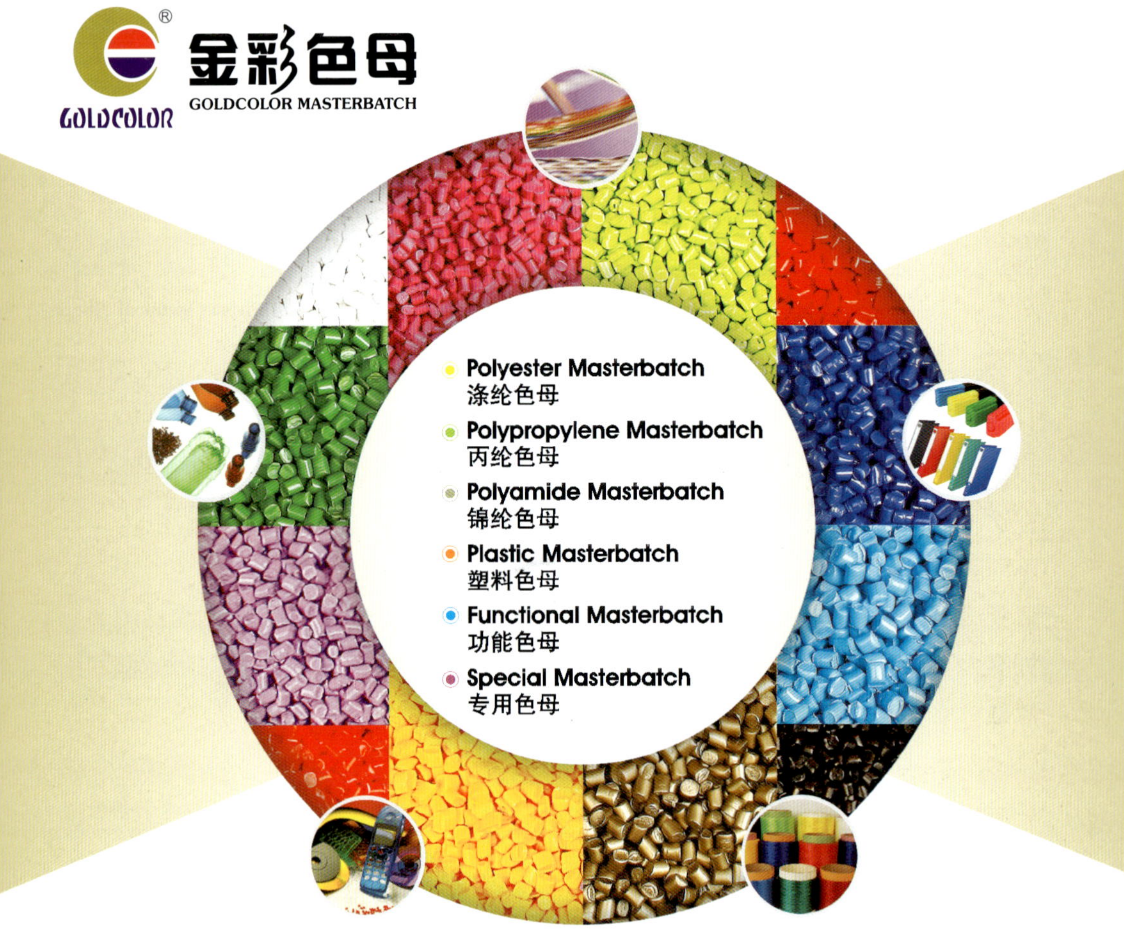
金彩色母
GOLDCOLOR MASTERBATCH
GOLDCOLOR
Polyester Masterbatch
涤纶色母
Polypropylene Masterbatch
丙纶色母
Polyamide Masterbatch
锦纶色母
Plastic Masterbatch
塑料色母
Functional Masterbatch
功能色母
Special Masterbatch
专用色母

2013 年中国化纤行业运行分析与 2014 年运行预测

端小平　吴文静

2013 年，依然是全球经济处于调整和恢复的一年，我国经济的整体发展在这一年中经历了自改革开放以来增长减速持续最长的时间，实体经济也受到不同程度的影响。受大环境的影响，内外市场需求疲软、产能惯性增长、生产要素成本不断上升等诸多因素，使得化纤行业运行颇为艰难。但在全行业的共同努力下，也取得了一定的成绩。生产稳中有增，投资规模恢复性增加，利润总额有所增加，特别是氨纶行业率先反弹，利润快速增长。

一、2013 年化纤行业运行情况

（一）生产保持增长，增速有所回落

2013 年，行业总体开工率比正常年份略低。大部分子行业的开工率较为平稳，但也出现了分化，氨纶开工率几乎提至满负荷，涤纶短纤表现最弱。涤纶长丝产量约占化纤的 50%，是化纤行业的晴雨表，2012 年涤纶长丝行业平均开工率在 82%，2013 年降至 78%，说明行业景气度下滑。

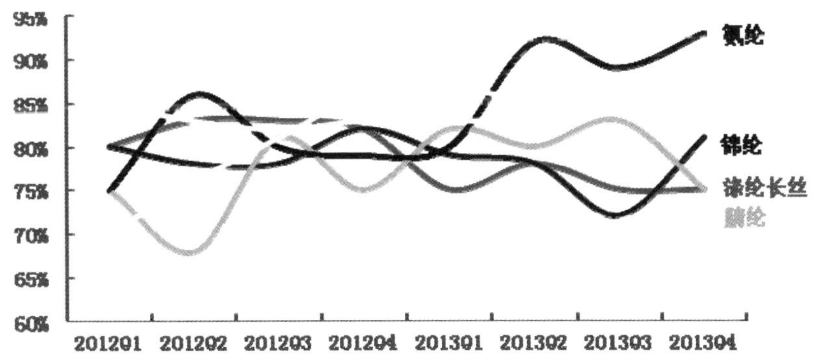

资料来源：中国化学纤维工业协会

图 1　2012~2013 年主要子行业开工情况

据国家统计局统计，2013年化纤产量继续保持增长，全年共完成产量4121.94万吨，同比增长7.9%，比2012年下降3.3个百分点。其中，涤纶3340.64万吨，同比增长6.64%，增速下降了2.82个百分点；氨纶产量增长最快，增速达27.31%，比2012年提高11.02个百分点；粘胶短纤292.95万吨，同比增长20.73%，比2012年下降11.22个百分点；粘胶长丝和丙纶的产量出现负增长。

表1　2013年化纤行业生产情况

	2013年（万吨）	同比	2012全年增速
化学纤维	4121.94	7.90%	11.20%
人造纤维	390.41	17.07%	32.43%
其中：粘胶短纤	292.95	20.73%	31.95%
粘胶长丝	21.53	-10.05%	4.37%
合成纤维	3731.53	7.02%	9.43%
其中：涤　纶	3340.64	6.64%	9.46%
涤纶短纤	948.74	939.80	0.95%
涤纶长丝	2391.90	2192.86	9.08%
锦　纶	211.28	12.44%	15.03%
腈　纶	69.43	0.43%	-1.93%
维　纶	10.09	15.83%	47.83%
丙　纶	26.43	-3.02%	20.96%
氨　纶	38.97	27.31%	16.29%

资料来源：据国家统计局数据整理

化纤行业经过“十五”和“十一五”的快速发展，已经完成了量的积累，行业发展由数量增长型逐步向质量效益型转化，在2008年世界经济危机之后，化纤行业保持了两年修复性的快速增长，近几年产量增长速度逐渐下降。2013年，在结构调整和市场低迷的共同作用下，化纤产量增长速度降至个位数，也创下近十年增速的第二个低点。

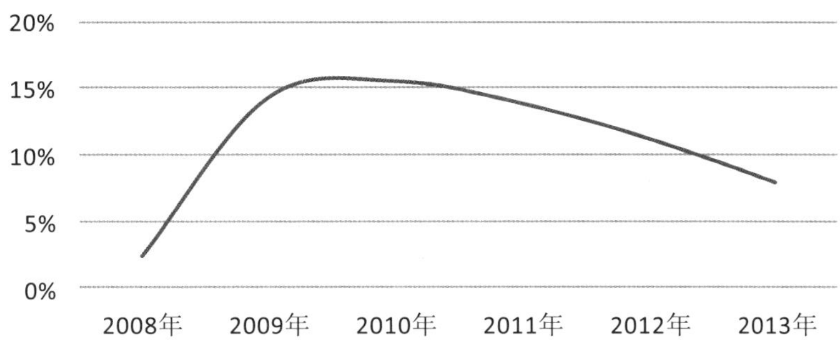

资料来源：据国家统计局数据整理

图 2　2008~2013 年化纤产量增速变化

从 2013 年全年情况看，化纤产量增长速度总体呈回升走势，上半年震荡上扬，下半年基本稳定在 8%上下。

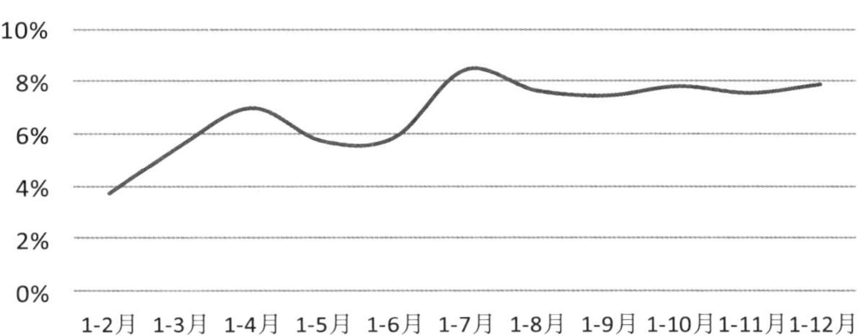

资料来源：据国家统计局数据整理

图 3　2013 年化纤产量增速变化

（二）投资规模扩大，增长速度回落

2013 年，化纤行业新开工项目数同比增长 10.84%，实际完成投资 1030.44 亿元，同比增长 16.65%，增速比上年回落 3.69 个百分点。其中，维纶和氨纶行业投资增长迅速，投资额增速分别达到 54.08%和 54.55%；涤纶投资增速保持在 15%左右；锦纶和人造纤维投资增速比 2012 年分别回落 40.32 和 10.11 个百分点。

表 2　2013 年化纤行业固定资产投资情况

	新开工项目数	同比	实际完成投资额（亿元）	同比
化学纤维制造业	685	10.84%	1030.44	16.65%
纤维素纤维原料及纤维制造	174	27.01%	224.30	17.38%
化纤浆粕制造	31	29.17%	49.27	62.63%
人造纤维制造	143	26.55%	175.03	8.85%
合成纤维制造	511	6.24%	806.15	16.45%
锦纶制造	62	24.00%	112.86	28.18%
涤纶制造	200	6.95%	366.39	14.00%
腈纶制造	6	20.00%	3.69	-32.68%
维纶制造	9	-59.09%	18.06	54.08%
丙纶制造	21	61.54%	20.20	-17.73%
氨纶制造	22	37.50%	40.26	54.55%
其他合成纤维制造	191	1.60%	244.69	13.79%

资料来源：国家统计局

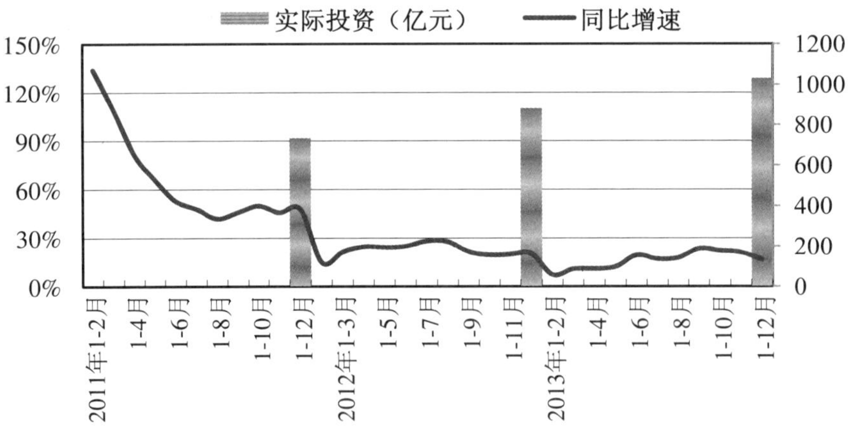

资料来源：据国家统计局数据整理

图 4　2011～2013 年化纤行业固定资产投资增速变化

（三）化纤进出口有所增长，合纤原料进口量下降

2013 年，共进口化纤 87.17 万吨，同比增长 6.17%。分品种看：腈纶进口量最多，达 21.21 万吨，同比增加 13.71%，占化纤进口总量的 24.33%；此外还有涤纶短纤进口量同比增加了 14.33%，占进口化纤总量的 14.74%；氨纶进口量增加了 7.48%。进口量减幅最大的是粘胶长丝，同比减少 10.42%；涤纶长丝减少 8.51%，锦纶长丝减少 1.48%。

表 3　化纤产品进口情况

	数量（万吨）			金额（亿美元）		
	2013 年	2012 年	同比	2013 年	2012 年	同比
化学纤维	87.17	82.10	6.17%	32.09	30.77	4.31%
其中：涤纶长丝	11.02	12.04	-8.51%	3.54	3.40	4.19%
涤纶短纤	12.85	11.24	14.33%	2.42	2.11	14.43%
锦纶长丝	16.16	16.40	-1.48%	6.79	6.66	1.95%
腈　　纶	21.21	18.65	13.71%	6.68	5.92	12.70%
粘胶长丝	0.87	0.98	-10.42%	0.74	0.71	4.78%
粘胶短纤	15.74	14.56	8.14%	4.27	4.79	-10.84%
氨　　纶	2.02	1.88	7.48%	2.03	1.73	16.95%

资料来源：据海关总署数据整理

表 4　2013 年化纤产品出口情况

	数量（万吨）			金额（亿美元）		
	2013 年	2012 年	同比	2013 年	2012 年	同比
化学纤维	267.97	246.81	8.57%	62.33	59.74	4.35%
其中：涤纶长丝	129.22	107.89	19.78%	25.18	21.36	17.85%
涤纶短纤	73.37	67.07	9.41%	10.14	9.73	4.30%
锦纶长丝	13.66	11.62	17.52%	5.62	5.18	8.49%
腈　　纶	0.94	0.58	62.29%	0.31	0.18	69.82%
粘胶长丝	8.19	7.65	7.01%	4.84	4.88	-0.68%
粘胶短纤	18.06	26.91	-32.87%	3.53	5.76	-38.80%
氨　　纶	4.67	4.41	5.83%	3.30	2.96	11.68%

资料来源：据海关总署数据整理

2013 年，化纤出口 267.97 万吨，同比小幅增长 8.57%，比同期增速仅提高 4.13 个百分点。其中，涤纶长丝出口 129.22 万吨，占化纤出口总量的 48.22%；涤纶短纤出口 73.37 万吨，占 27.38%。

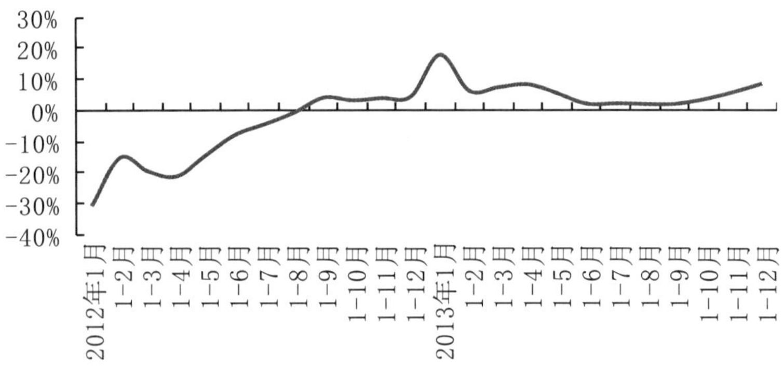

资料来源：据海关总署数据整理

图 5　2012~2013 年化纤出口量增速变化

2013 年，化纤出口量持续保持正增长，但增幅不大，说明国际市场处于弱复苏态势。

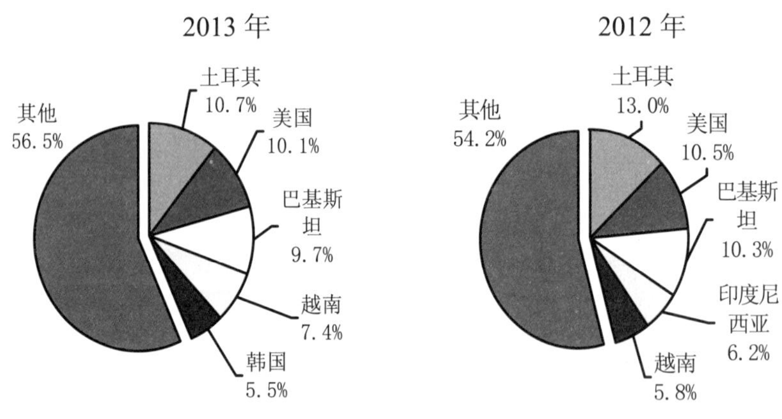

资料来源：据海关总署数据整理

图 6　2013 年我国化纤出口市场份额与 2012 年对比

化纤出口市场仍以土耳其、美国、巴基斯坦为主，但所占份额均出现下降，分别占化纤出口总量的 10.7%、10.1%、9.7%。对越南出口量同比大幅增加37.9%，占我国化纤出口比重提高到7.4%，对韩国出口量增加11.83%，占出口比重提高到5.5%。

随着国内原料行业的发展，特别是对苯二甲酸和己内酰胺产能增长迅速，合纤原料进口量出现明显减少，多年来对进口原料的高依存度也得以改善。2013年，主要合纤原料共计进口1349.52万吨，同比减少15.92%。其中，进口量最大的仍是乙二醇，达823.77万吨，占合纤原料进口总量的61.04%；对苯二甲酸进口274.34万吨，同比大幅减少48.87%；已内酰胺进口45.29万吨，同比也大幅减少35.9%。

表5　2013年合纤主要原料进口情况

	数量（万吨）			金额（亿美元）		
	2013年	2012年	同比	2013年	2012年	同比
合纤原料总计	1349.52	1605.11	-15.92%	176.08	206.33	-14.66%
其中：乙二醇	823.78	794.03	3.75%	87.02	81.44	6.85%
对苯二甲酸	274.34	536.51	-48.87%	29.88	58.63	-49.03%
聚酯切片	21.30	20.70	2.87%	4.07	3.77	7.96%
已内酰胺	45.29	70.65	-35.90%	10.76	18.14	-40.68%
聚酰胺切片	91.36	84.97	7.52%	28.48	27.54	3.42%
尼龙66盐	0.96	0.99	-2.78%	0.21	0.25	-16.30%
丙烯腈	54.76	55.54	-1.42%	9.83	10.42	-5.58%

资料来源：据海关总署数据整理

但是，国内聚酯初级原料PX严重短缺，2013年进口904.78万吨，同比大幅增长43.93%，进口依存度由2013年的45%上升至50%以上，如果继续上升，将严重影响产业安全。

（四）整体市场低迷，氨纶逆势上扬

2013年，国内经济增长减速，化纤行业不可避免地深受影响，市场需求严重不足，因此化纤大部分产品价格明显呈现下行走势。

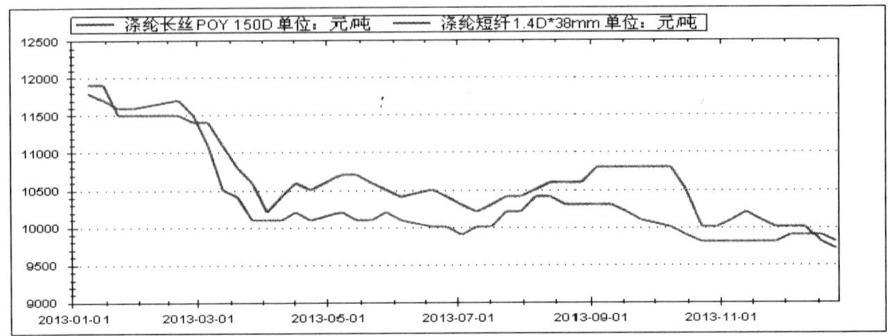

资料来源：中纤网

图7　2013年涤纶价格走势图

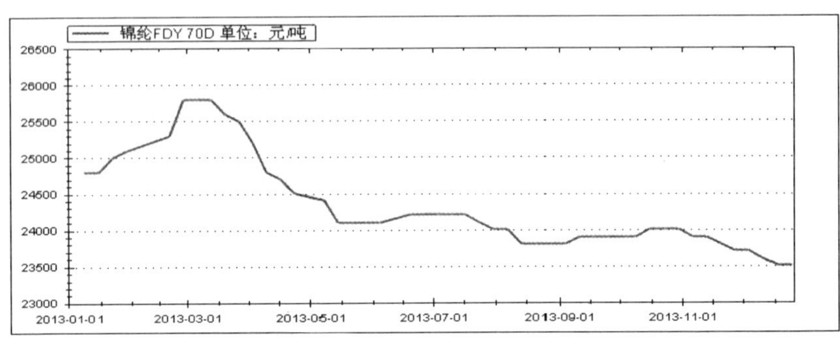

资料来源：中纤网

图8　2013年锦纶价格走势图

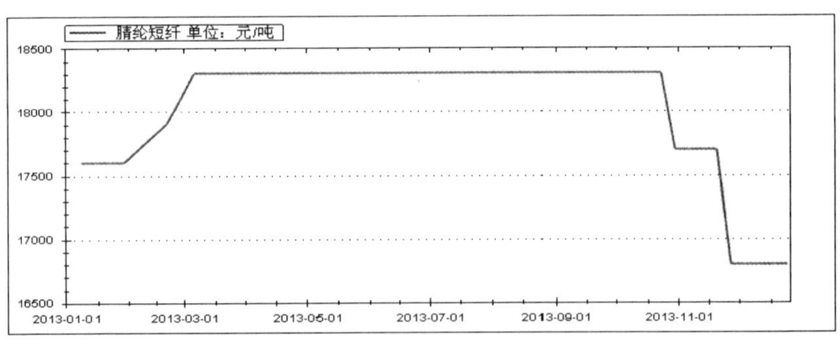

资料来源：中纤网

图9　2013年腈纶价格走势图

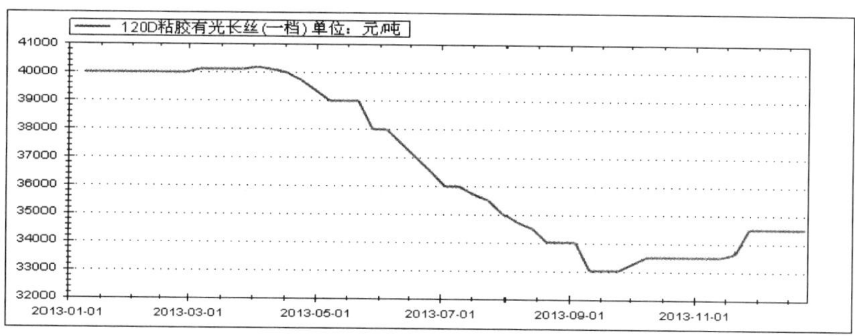

资料来源：中纤网

图10　2013年粘胶长丝价格走势图

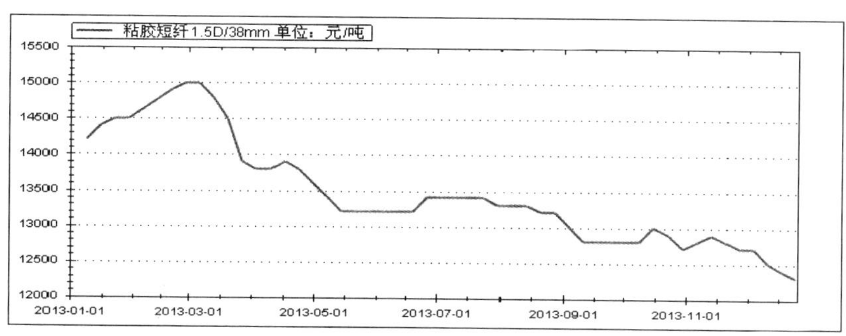

资料来源：中纤网

图11　2013年粘胶短纤价格走势图

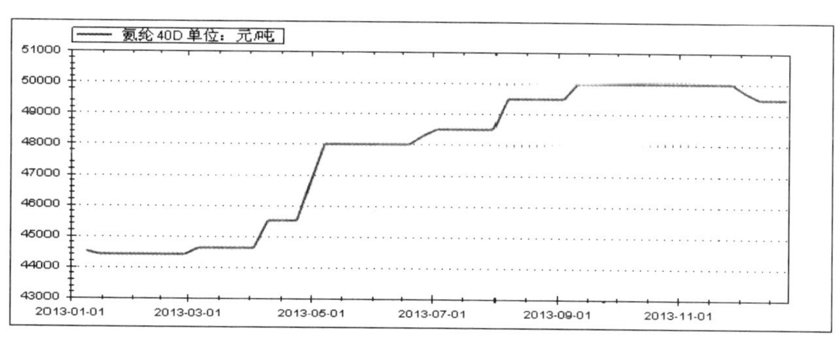

资料来源：中纤网

图12　2013年氨纶价格走势图

氨纶市场相对于其他化纤产品来说逆势上扬。氨纶行业是提前于其他品种进入不景气周期的子行业，前两年一直在低迷状态中挣扎，进入2013年，市场基本将之前快速扩张的产能消化完成，而且2013年没有大量的新增产能出现。下游纺织行业虽然低迷，但总体依然保持增长，供需面整体实现基本平衡，甚至一度呈现“供不应求”的现象。并且氨纶在纺织原料中属于“味精”产品，占纺织原料成本比重较低，市场对其价格的承受力较强。

2013年，除氨纶外，化纤主要产品价格出现不同程度的下跌，涤纶POY跌幅最大，接近18%，涤纶短纤也下跌16%，而氨纶上涨11%。产品价格在下跌通道时，往往造成库存跌价损失，即使加工区间不变，产品利润率仍会下降。

表6　2013年化纤主要产品价格变化表

	年初	年末	涨跌幅
涤纶POY 150D	11900	9800	-17.65%
涤纶短纤 1.4D*38mm	11800	9900	-16.10%
锦纶FDY 70D	24800	23500	-5.24%
腈纶短纤	17600	16800	-4.55%
粘胶长丝 120D	40000	34500	-13.75%
粘胶短纤 1.5D*38mm	14200	12300	-13.38%
氨纶 40D	44500	49500	11.24%

资料来源：中纤网

（五）产销衔接不畅，库存压力较大

表7　主要产品月末库存天数变化

	1月	2月	3月	4月	5月	6月	7月	8月	9月	10月	11月	12月
涤长POY	14	25	30	17	18	16	15	15	15	16	16	15
涤长DTY	29	36	35	25	25	26	26	27	27	26	25	24
涤长FDY	18	26	29	15	16	17	16	18	21	24	21	18
涤　短	10	18	21	17	19	19	17	15	20	26	20	12
锦　纶	18	26	30	32	31	31	31	33	35	36	37	36
腈　纶	7	10	10	14	15	15	15	14	10	9	9	10
氨　纶	31	36	23	17	18	19	16	10	14	15	19	21
粘　长	76	82	77	80	82	84	84	85	82	81	78	80
粘　短	4	5	17	14	13	13	12	13	15	16	15	20

资料来源：中国化学纤维工业协会

由于下游需求持续低迷，并且整个产业链都对后市预期不佳，各环节都尽可能减少原料储备，随用随买，使得化纤企业产销衔接不畅，库存向产业链前端转移，原本应该储存在纺织企业的化纤库存转移到了化纤企业。市场下跌过程中，库存产品的跌价损失和资金占用成本上升也是影响企业经济效益的重要因素。

锦纶和粘胶长丝的库存压力尤为突出；氨纶库存明显下降；腈纶得益于近几年没有产能扩张，供需稳定，库存压力不大。

（六）效益有所增加，总体运行质量未明显恶化

国家统计局数据显示，2013年，化纤行业实现利润总额259.78亿元，同比增长18.26%。行业亏损面17.38%，同比下降5.34个百分点，同时亏损企业亏损额也同比减少9.28%。

分行业看，涤纶行业利润总额小幅减少3.07%，而氨纶行业则走出了长达两年的低迷状态，利润大幅增长3.4倍，这也与氨纶行业技术进步、成本下降有关。人造纤维盈利主要表现在醋酸纤维，而粘胶纤维行业运行困难，粘胶长丝略有盈利，粘胶短纤盈利分化，总体亏损。

表8　2013年化纤行业经济效益情况

单位：亿元

	利润总额			亏损企业亏损额		
	2013年	2012年	同比	2013年	2012年	同比
化纤	259.78	219.67	18.26%	45.43	50.08	-9.28%
其中：人纤	75.31	57.40	31.20%	13.45	16.57	-18.86%
锦纶	39.68	32.72	21.26%	1.61	1.99	-19.36%
涤纶	105.72	109.07	-3.07%	21.42	16.57	29.30%
腈纶	0.23	-0.53	-	0.47	1.52	-69.44%
维纶	0.26	-1.45	-	0.32	1.86	-82.98%
丙纶	2.91	3.15	-7.75%	0.27	0.23	15.61%
氨纶	19.11	4.34	340.06%	1.44	6.11	-76.43%
其他合成纤维制造	11.04	7.48	47.62%	3.06	2.70	13.53%

资料来源：国家统计局

化纤行业运行质量未明显恶化。行业平均负债水平变化不大，偿债能力略有提高；资金使用效率与上年持平；盈利能力略有提高，利润率为 3.57%，同比略微提高 0.3 个百分点；百元销售收入财务费用下降 14.04%，而销售费用和管理费用同比分别小幅增加 4.73%和 2.19%。

表 9　2013 年化纤行业运行质量情况

项目	2013 年	2012 年	同比
偿债能力指标			
资产负债率	64.18%	62.84%	1.34
产权比率	179.21%	169.11%	10.10
已获利息倍数	3.12	2.85	0.27
营运能力指标	（次）	（次）	（次）
应收账款周转率（次）	17.45	19.39	-1.94
产成品周转率（次）	17.02	17.01	0.01
流动资产周转率（次）	2.29	2.31	-0.02
总资产周转率（次）	1.17	1.18	-0.01
盈利能力指标			
主营业务利润率	3.57%	3.27%	0.30
成本费用利润率	3.68%	3.37%	0.31
总资产报酬率	5.47%	5.27%	0.20
净资产收益率	11.61%	10.42%	1.19
发展能力指标			
销售增长率	8.46%	4.56%	3.90
总资产增长率	10.13%	10.28%	-0.15
百元销售收入三项费用	（元/百元）	（元/百元）	
销售费用	0.9640	0.9205	4.73%
管理费用	2.1546	2.1084	2.19%
财务费用	1.5784	1.8362	-14.04%

资料来源：据国家统计局数据整理

二、影响行业运行的主要因素

（一）宏观经济平稳增长

2013 年，面对极为错综复杂的国内外形势，党中央、国务院团结带领全国各族人民，深入贯彻落实党的十八大精神，坚持稳中求进的工作总基调，坚定不移推进改革开放，科学创新宏观调控方式，国民经济实现平稳增长，增速与上年持平，但比前几年放缓。全国规模以上工业增加值比上年增长 9.7%，下半年增速比上半年有所提高。固定资产投资比上年名义增长 19.6%，增速比上年下降 0.7 个百分点。全年累计出口额增长 7.9%，增速与上年持平。

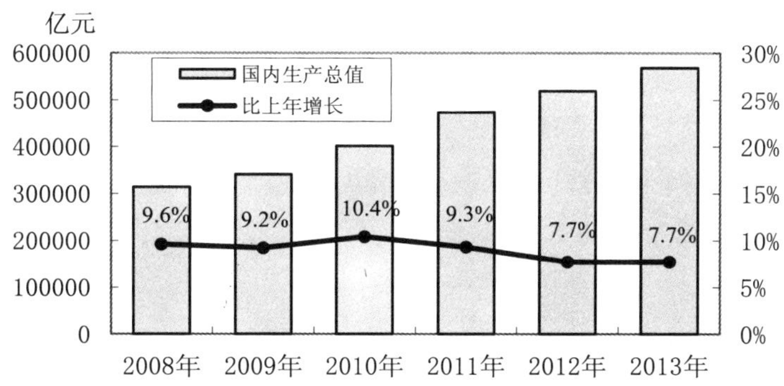

资料来源：国家统计局

图 13　2008~2013 年国内生产总值及其增长速度

（二）下游市场需求不足

下游市场需求持续不旺是影响化纤行业运行的最主要因素。

1．下游工厂开机率不足

春节过后，纺织企业逐步恢复正常开工，3、4 月份本就是上半年季节性需求相对比较集中的时期，因此江浙织机负荷稳中有升。从 4 月底开始，随着前期订单完成，同时行业也转入季节性淡季，织机开机负荷逐渐下滑。7 月份随着订单减少，企业库存积压，此外资金和限电也是促使开机率快速下滑的重要因素。到了 8 月下半月，随着高温逐渐缓解，前期的一些紧张状况也略微得到改善，织机开工负荷逐步回归正常。但下半年的旺季特征不明显，11 月下旬开始织机负荷再次下滑，12 月临近年底加速下滑。

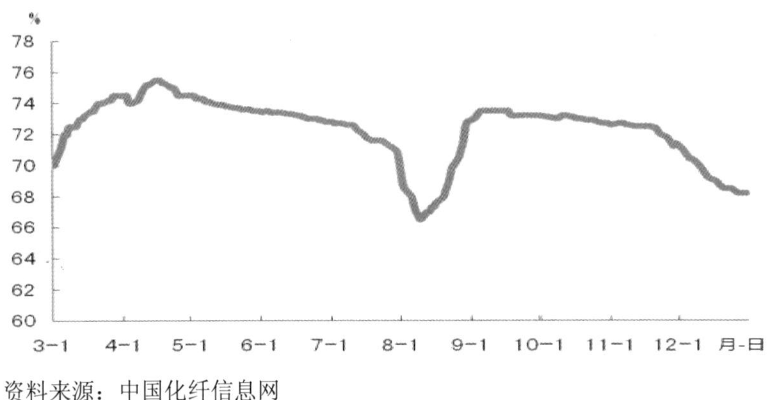

资料来源：中国化纤信息网

图 14　2013 年江浙织机开机率走势

2．下游主要产品产量增速放缓

2013 年，化纤下游主要产品中，除帘子布的产量增速比 2012 年小幅提高之外，布、非织造布、绒线、毛机织物、蚕丝及交织机织物的产量增速均比上年同期有所回落。

表 10　2013 年化纤下游主要相关品种生产情况

品　种	单位	2013 年产量	同比增速	2012 年增速	2013 年增速比 2012 年（百分点）
布	亿米	683.45	4.55%	11.56%	-7.01
其中：棉混纺布	亿米	112.73	2.40%	11.23%	-8.83
化学纤维布	亿米	178.05	4.83%	8.27%	-3.44
非织造布	万吨	257.33	12.37%	23.08%	-10.71
帘子布	万吨	87.45	13.64%	10.16%	3.48
绒线（毛线）	万吨	37.83	-2.25%	3.07%	-5.32
毛机织物（呢绒）	亿米	5.84	-1.63%	1.40%	-3.03
蚕丝及交织机织物	亿米	9.36	-1.71%	10.38%	-12.09

资料来源：国家统计局

3．下游市场成交量增长不明显

从轻纺城化纤布成交量来看，2013 年总体走势与往年基本相同，但季节性特征不明显，6~7 月份淡季的成交量比往年明显增加，而 9~10 月份的传统旺季表现平平，成交量仅与上年持平。随着产能规模的不断扩张，成交量也理应不断提高，但是 2013 年的化纤布成交量增长不明显。

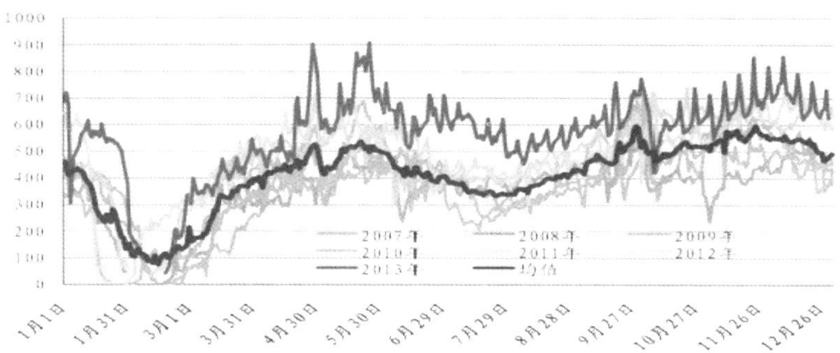

资料来源：中国化纤信息网

图 15　轻纺城化纤布历年成交量走势图

（三）原料价格持续下跌

PX 市场经过 2012 年的大涨形成了相当大的泡沫，所以 2013 年初受累于原油大跌、下游聚酯需求疲弱以及金融市场的弱势表现，自春节后快速下跌。7~8 月份在原油市场上扬的带动下有所反弹，但反弹幅度不大，9 月份又出现下跌。整体来看，PX 全年下跌 15%，PTA 下跌 16%，涤纶 POY 下跌 18%。可以看出，在市场需求低迷时，产业链自上而下的价格下跌蔓延迅速，更重要的是产业链信心备受打击，而且在价格快速下跌过程中，企业库存原料和产品跌价损失严重。

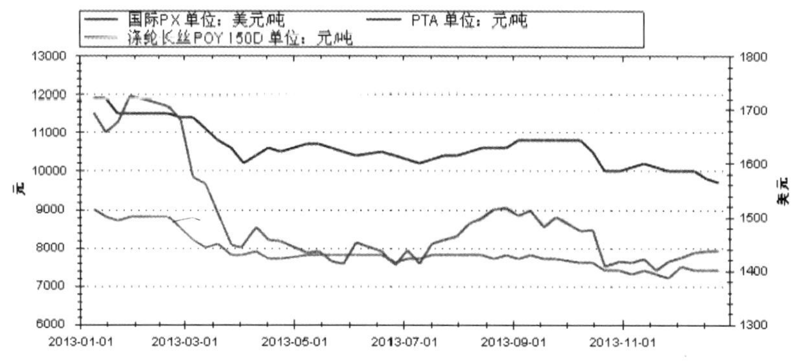

资料来源：中纤网

图 16　2013 年国际 PX/PTA/涤纶 POY 价格走势图

（四）新增产能压力仍然较大

化纤行业固定资产投资增速自2011年大幅回落，2013年投资增速稳定在25%以内。但是产能仍然处于惯性增长阶段，初步统计，2013年新投产聚酯产能430万吨，其中含聚酯瓶片125万吨，配套涤纶短纤45万吨，工业丝12.5万吨，涤纶长丝228万吨（其中有2套装置的聚合已于2012年投产，2013年完成配套涤纶长丝）。

（五）棉花价格高位运行

由于国家棉花收储政策的支撑，2013年棉价继续保持高位运行，基本稳定在1.94万元/吨上下，对涤纶短纤和粘胶短纤市场起到一定的支撑作用，但由于需求不足和原料价格下跌，涤纶短纤和粘胶短纤价格也出现了下滑，与棉花的价差逐渐增大，再加上国内外高棉价差的影响，下游纺企在一定程度上提高了化纤短纤的使用比例，消化了不少化纤增量。但从另一方面讲，国内棉价远高于外棉，大大削弱了我国棉纺行业的国际竞争力，间接影响化纤产品的用量。

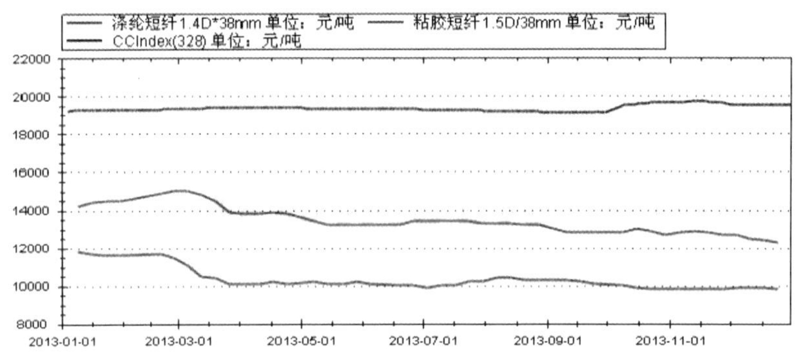

资料来源：中纤网

图17　2013年涤纶短纤、粘胶短纤与棉花价格走势对比图

三、2014年化纤行业运行预测

（一）影响化纤行业运行的因素

1.　世界经济将温和回升

2014年全球经济复苏道路仍将曲折，经济大幅回暖可能性不大，但相比2013年，经济增速很可能会出现小幅上扬。联合国于2013年12月18日发布

的《2014 年世界经济形势与展望》报告指出，2013 年世界经济增长大约 2.1%，2014 年世界经济将有所好转，预计增长 3%。国际货币基金组织（IMF）在 2014 年 1 月 21 日发布的《世界经济展望》更新报告中指出，全球经济活动在 2013 年下半年增强，预计在 2014~2015 年将进一步改善，这在很大程度上得益于先进经济体的复苏，特别是欧元区正处于从衰退到复苏的转折点，但报告同时指出，全球经济尚未摆脱困境，下行风险持续存在。预计 2014 年全球经济增长 3.7%，比 2013 年提高 0.7 个百分点。

2. 中国经济继续“稳中求进”

2013 年 12 月，中央经济工作会议提出了 2014 年要继续坚持“稳中求进”的总基调，要“统筹稳增长、调结构、促改革”，要“继续实施积极的财政政策和稳健的货币政策”。会议还提出了“努力实现经济发展质量和效益得到提高又不会带来后遗症的速度”，可以看出中央有意淡化增长概念来置换改革空间，多数机构预测 2014 年中国经济可能保持 7.5%的增长速度。

3. 纺织行业将平稳增长

从国内外的经济环境来看，将会为我国纺织化纤行业提供较为平稳的运行背景。纺织行业经过前两年的调整，已经初见回升的势头，预计 2014 年纺织行业运行将保持平稳增长的发展态势。

4. 原料价格稳中有降

2014 年石油供求关系比较宽松，投机炒作力量可能会趋弱，地缘政治风险有望缓和，美元有可能逐步走强，因此判断国际油价将呈稳中趋降态势。同时，随着 PX 新产能投产，有望打破 PX 价格坚挺的局面，预计 PX 价格稳中有降。原料价格下降可能会为化纤产品打开利润空间。

5. 棉市失去政策托底

2014 年国家将取消棉花临时收储政策，以往“政策托底”的国内棉市将失去很大支撑，棉花滑准税上调可能会对进口低价棉起到一定抑制作用，但难以改变棉价下跌的趋势，这将利好纺织企业，降低纺织企业的用棉成本，也有助于内外棉价差的收窄，提高纺织产品的国际竞争力，对纺织行业的复苏起到积极作用。但同时棉价下跌将会对化纤短纤造成一定压力。

6. 高库存或将常态化

随着电子商务的深化，终端企业把有效控制库存作为降低成本、提高盈利的重要手段，逐步由传统的直线串行式生产模式转变成网络经济下的并行式生产模式，在营销方面，压缩门店去库存，网络销售零库存，导致终端产品社会库存减少，库存向上游原料企业转移。化纤行业作为纺织产业链的前端，库存高于以往正常水平将逐步成为一种常态。

（二）2014 年化纤行业运行预测

目前化纤市场已是近十年来仅次于 2008 年经济危机的低位，而 2014 年我国化纤行业所处的宏观经济环境将保持稳中略升，这将支撑纺织和化纤产品需求的温和复苏。因此判断化纤行业运行基本见底，不会进一步下挫，但也不会轻易触底反弹，一些不确定风险和制约因素仍然存在，预计 2014 年化纤行业可能会保持底部盘整的运行态势。具体预测如下：

（1）市场：预计 2014 年化纤市场将在低位小幅震荡盘整，下半年可能出现小幅回升。

（2）产量：预计全年产量 4350 万吨，增长 6%左右。

（3）进出口：预计进口量与上年持平或略有减少；出口继续增加，预计出口量达 295 万吨，增长 10%左右。

（4）经济效益：预计利润总额 260 亿元左右，与上年持平或略有增长。

（5）运行质量：有所好转。

2013 年中国粘胶纤维行业运行分析与 2014 年运行预测

中国化学纤维工业协会粘胶纤维专业委员会　田　克

2013 年，粘胶纤维行业运行主要表现为：产量呈两位数增长，短纤维增长幅度较大，长丝同比有所下降；行业库存同比有下降；行业开工状态良好；产品价格受国际价格影响，呈持续下行状态，供求关系基本平衡；长丝产品价格一季度基本平稳，二季度持续下滑；供需基本平衡；产品出口数量长增短减，行业情况长丝好于短纤维；行业整体运行质量年初较好。由于溶解木浆反倾销的因素，纤维生产企业对原料采购的不确定性，国内浆粕生产状况不好，影响整体行业运行状况。

一、2013 年行业基本情况

（一）总量增长情况

表 1　总量增长情况表

单位：万吨

	2013 年 1~11 月	去年同期	同比
人造纤维	362.18	309.26	17.11%
粘胶短纤维	267.05	220.30	21.22%
粘胶长丝	19.75	21.80	-9.39%
醋酸长丝	33.99	28.52	19.17%

资料来源：国家统计局

根据国家统计局 2013 年 1~11 月统计数据，粘胶短纤维产量约 267.05 万吨，较去年同期增产 17.11%,；粘胶长丝产量 19.75 万吨，较去年同期减少 9.39%。从产量同比增长幅度看，情况基本符合。尚有山东雅美短纤维产量未统计，粘胶长丝江苏省统计产量过大，实际短纤维产量约 280 万吨，长丝产量约17.89万吨。预计全年产量约320余万吨。产量短纤维新增产能较大，虽形成产能时间不同，但对产量的增长有贡献，增长幅度较大亦属正常。

（二）价格变化情况

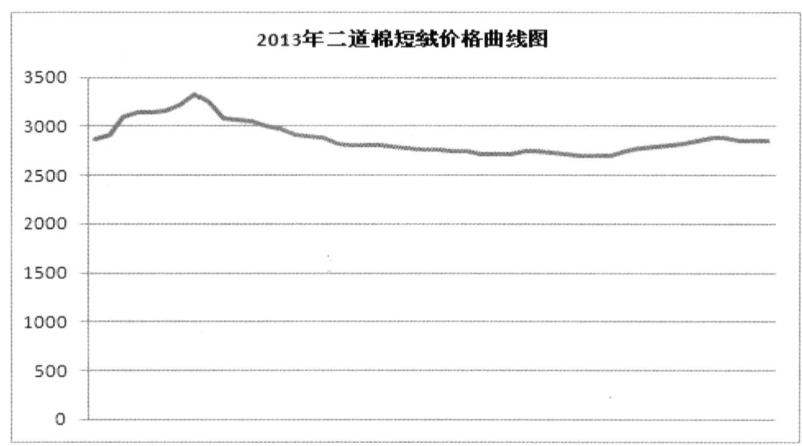

资料来源：中纤网

图1　2013年棉短绒价格曲线图

从棉短绒价格曲线看，开始持续走高，年初有一段时间的小幅增长，春节后开始回落，四季度有所抬头，年末趋稳，价格区间基本保持在2700~2900元/吼之间。

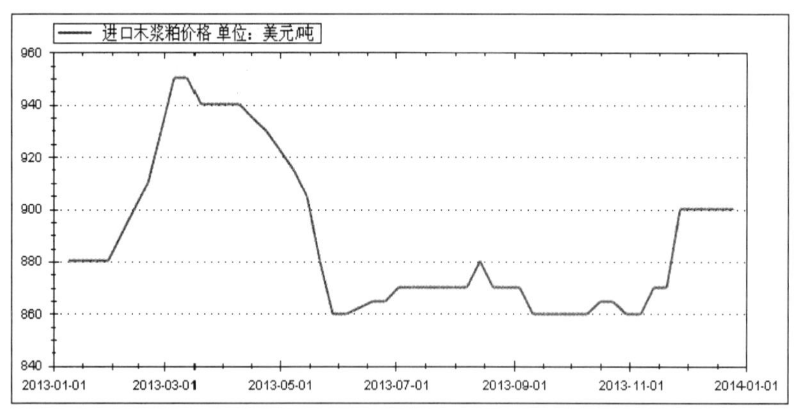

资料来源：中纤网

图2　2013年进口溶解木浆价格曲线图

从进口溶解木浆价格曲线看，2 月份开始有一个拐点，价格由 880 美元/吨持续上升至 950 美元/吨，5 月末回落至 860 美元/吨，并在 860~880 美元/吨之间波动，11 月以后开始上涨至 900 美元/吨后平稳。其表现明显受到溶解木浆反倾销的影响。

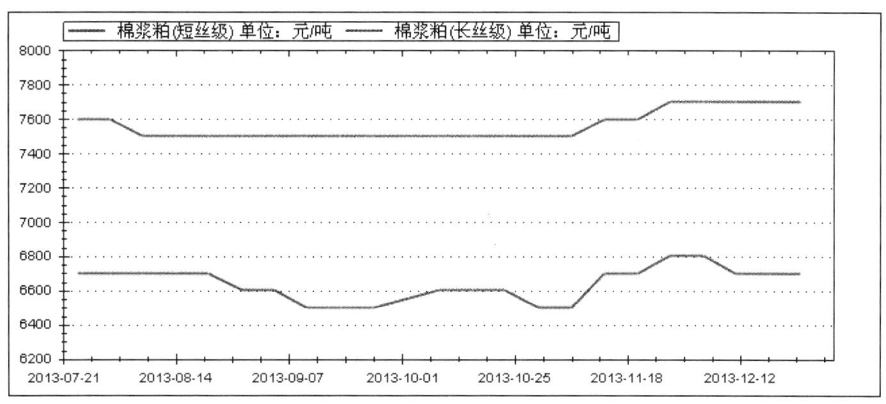

资料来源：中纤网

图 3　2013 年棉浆粕价格较曲线图

从棉浆粕（短丝级）价格看，基本在 6500~6800 元/吨之间波动。棉浆粕（长丝级）价格基本在 7500~7700 元/吨之间波动。走势基本相同，长丝浆粕价格相对平稳。

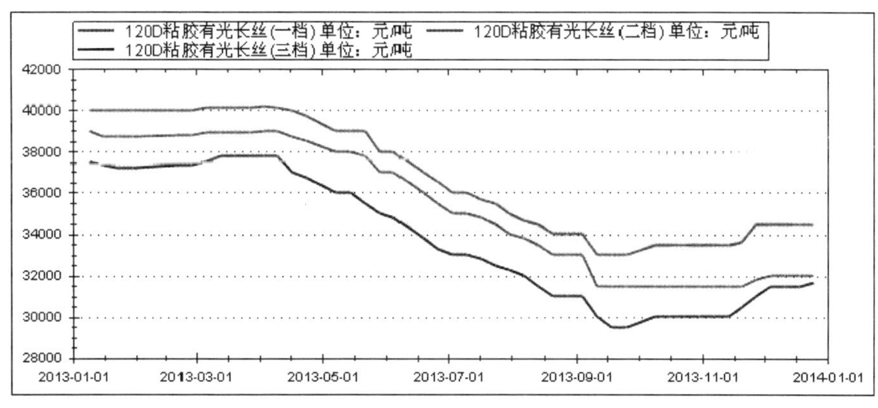

资料来源：中纤网

图 4　2013 年 120D 有光长丝价格曲线图

从粘胶长丝价格曲线看，一季度价格基本保持稳定， 3 月中旬起开始大幅下滑， 各档丝比年初下降约 7000 ~9000 元/吨。年底价格略有回升，但各档产品价差表现不正常。

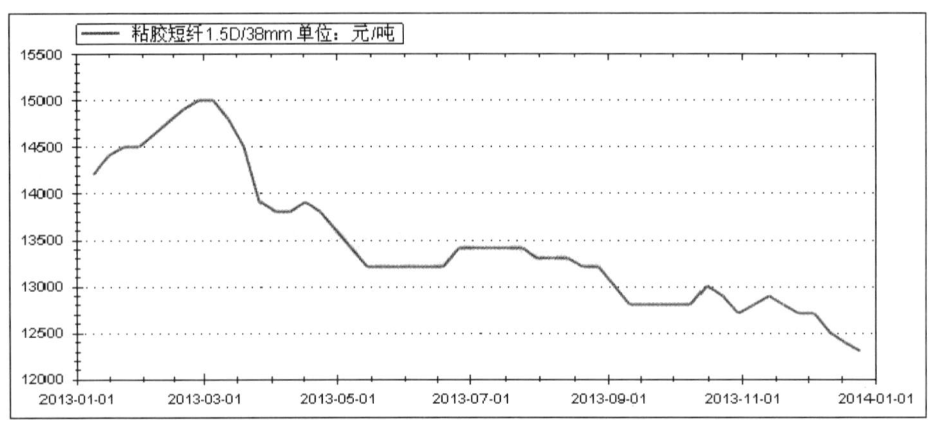

资料来源：中纤网

图 5　2013 年 1.5D×38mm 粘胶短纤价格曲线图

从短纤维价格曲线看，年初开始上涨，由 14200 元/吨开始上涨，2 月下旬涨至最高点 15000 元/吨后，开始持续下滑。年底跌至 12300 元/吨水平。

（三）原料及粘胶纤维进出口情况

表 2　2013 年人纤原料进出口数量统计

单位：万吨

类别	2013 年出口量	去年同期出口量	同比（%）	2013 年进口量	去年同期进口量	同比（%）
棉短绒	0.1	0.52	-80.77	15.56	17.04	-8.69
人纤木浆	0.015	0.076	-80.26	180.39	157.92	14.23

资料来源：据海关总署数据整理

从原料进口情况看，棉短绒数量同比有所下降，下降幅度约 8.18%，人纤木浆进口继续增长，增长幅度 11.49%。

从出口情况看，棉短绒数量减少约 4200 吨，人纤木浆数量减少约 620 吨，实际数量不大，但减少幅度较大。

表 3　人纤原料进口情况

	进口数量（吨）			进口金额（万美元）		
	2013 年	去年同期	同比	2013 年	去年同期	同比
人纤原料总计	2014587.5	1807590.9	11.45%	192962.4	195595.5	-1.35%
其中：棉短绒	155605.7	170370.6	-8.67%	6618.4	8634.8	-23.35%
人纤棉浆	2099.4	2469.1	-14.97%	471.7	690.2	-31.66%
人纤木浆	1803852.0	1579193.4	14.23%	182089.1	182277.0	-0.10%
其他纤维素浆	53030.4	55557.8	-4.55%	3783.2	3993.6	-5.27%

资料来源：据海关总署数据整理

2013 年，主要人纤原料共计进口 201.46 万吨，同比增加 11.45%。其中进口量最大的仍是人纤木浆，进口 180.38 万吨，同比增加 14.23%，占主要人纤原料进口总量的 89.54%；棉短绒进口 15.56 万吨，同比减少 8.67%，占总进口量的 7.72%，其他纤维素浆进口量减少了 4.55%，人纤棉浆下降 14.97%。

表 4　棉短绒分国别或地区进口

	进口数量（吨）			进口金额（万美元）		
	2013 年	去年同期	同比	2013 年	去年同期	同比
总计	155605.7	170370.6	-8.67%	6618.4	8634.8	-23.35%
印度	77955.5	69100.1	12.82%	2990.1	3235.4	-7.58%
土耳其	27163.7	36180.0	-24.92%	1215.2	1674.6	-27.43%
美国	22212.5	15282.4	45.35%	1139.5	1103.5	3.26%
土库曼斯坦	8505.7	23428.5	-63.70%	385.1	1174.5	-67.21%
巴基斯坦	4333.2	1557.1	178.28%	165.1	67.9	143.19%
叙利亚	3712.4	7820.7	-52.53%	151.4	435.1	-65.20%

资料来源：据海关总署数据整理

2013 年，棉短绒进口总量为 15.56 万吨，同比减少 8.67%。其中，最大进口来源地是印度，进口 7.79 万吨，同比增加 12.82%，占进口总量的 50.10%；从土耳其进口 2.71 万吨，同比减少 24.92%，占进口量的 17.45%；从美国和巴基斯坦的进口量分别大幅增加 45.35%和 178%，进口量分别为 2.22 和 0.43 万吨，占进口总量的 14.27%和 2.78%，从土库曼斯坦的进口量同比减少 63.70%，减幅较大，以上六个国家和地区共占进口总量的 92.46%。

表5　人纤木浆分国别或地区进口

	进口数量（吨）			进口金额（万美元）		
	2013年	去年同期	同比	2013年	去年同期	同比
总计	1803852.0	1579193.4	14.23%	182089.1	182277.0	-0.10%
加拿大	385333.3	309731.3	24.41%	36257.0	35808.9	1.25%
美国	368343.4	360946.7	2.05%	47785.0	48736.4	-1.95%
巴西	242218.3	232359.6	4.24%	23380.7	26206.5	-10.78%
瑞典	145896.0	104592.3	39.49%	13435.6	11544.4	16.38%
南非	138551.1	141965.4	-2.41%	12474.4	13456.0	-7.29%
芬兰	126289.1	73739.5	71.26%	11510.1	8025.8	43.41%

资料来源：据海关总署数据整理

2013年，人纤用木浆进口总量为180.38万吨，同比增加14.23%。加拿大、美国、巴西是主要进口来源地，其中自加拿大进口38.53万吨，同比增加24.41%，占进口总量的21.36%，占进口总量的比例同比增加了1.75个百分点；自从巴西、瑞典和芬兰的进口量分别占总进口量的占进口总量的13.43%、8.09%和7.00%。从南非的进口量同比减少2.41%，占进口总量的7.68%，以上六个国家和地区共占进口总量的77.97%，集中度相比其他原料较低。

表6　2013年粘胶纤维进出口数量统计表

单位：吨

类别	2013年出口量	去年同期出口量	同比	2013年进口量	去年同期进口量	同比
粘胶纤维	262500.7	345592.9	-26.91%	166175.9	155339	6.98%
其中：长丝	81853.9	76491.2	7.01%	8744.5	9762.1	-10.42%
短纤	180646.8	269101.7	-32.87%	157431.4	145576.9	8.14%

资料来源：据海关总署数据整理

从纤维进口情况看，短纤维数量同比略有增加，增加幅度约8.14%，长丝进口下降，下降幅度10.42%。

从纤维出口情况看，短纤维数量同比大幅下降，下降幅度约32.87%，长丝进口略有增加，增加幅度7.01%。

表 7　粘胶短纤分国别或地区进口

	进口数量（吨）			进口金额（万美元）		
	2013 年	去年同期	同比	2013 年	去年同期	同比
总计	157431.4	145576.9	8.14%	42694.0	47883.7	-10.84%
奥地利	64371.0	58512.4	10.01%	18205.7	20335.3	-10.47%
印度尼西亚	26879.5	29690.4	-9.47%	4875.1	6099.0	-20.07%
美国	15670.1	9950.5	57.48%	4235.8	3425.8	23.64%
英国	14195.2	16105.8	-11.86%	4436.5	6852.6	-35.26%
台湾地区	9018.6	9476.5	-4.83%	2135.1	2672.9	-20.12%
泰国	8701.4	8505.4	2.30%	1999.4	2404.2	-16.84%
印度	8665.1	4869.5	77.94%	1668.9	1045.8	59.58%
日本	6568.7	4862.6	35.09%	4031.4	3534.4	14.06%
德国	2359.2	2471.5	-4.54%	803.2	1130.0	-28.92%
澳大利亚	485.2	19.5	2388.91%	134.2	8.2	1537.14%

资料来源：据海关总署数据整理

2013 年，粘胶短纤进口 15.74 万吨，同比增加 8.14%。自奥地利进口量增加 6.44%，占进口量的 40.89%，位居第一；从英国、印度尼西亚和台湾地区进口量继续减少，同比分别下降 11.86% 、9.47%和 4.83%。自美国、印度进口量分别增加 57.48%、77.94%，但占进口总量的比例不大，合计占 15.46%。

表 8　粘胶短纤分贸易方式进口

	进口数量（吨）			进口金额（万美元）		
	2013 年	去年同期	同比	2013 年	去年同期	同比
总计	157431.4	145576.9	8.14%	42694.0	47883.7	-10.84%
一般贸易	142181.0	135009.6	5.31%	37066.7	43331.7	-14.46%
加工贸易	11779.1	7121.9	65.39%	4679.7	3538.5	32.25%
其中：来料加工	4389.5	2642.2	66.13%	2568.8	1762.9	45.71%
进料加工	7389.6	4479.7	64.96%	2110.9	1775.6	18.88%
保税区	3464.3	3435.4	0.84%	943.9	1007.3	-6.30%
其中：仓储进出境	2421.9	708.8	241.67%	738.5	236.5	212.29%
仓储转口	1042.4	2726.5	-61.77%	205.4	770.9	-73.36%

资料来源：据海关总署数据整理

表9　粘胶短纤分国别或地区出口

	出口数量（吨）			出口金额（万美元）		
	2013年	去年同期	同比	2013年	去年同期	同比
总计	180646.8	269101.7	-32.87%	35281.1	57646.3	-38.80%
土耳其	48283.3	105259.9	-54.13%	9029.5	21760.7	-58.51%
印度尼西亚	34587.2	68635.9	-49.61%	6268.5	14476.0	-56.70%
美国	30222.8	25632.7	17.91%	6786.0	6202.2	9.41%
越南	9719.1	13270.9	-26.76%	1782.5	2769.2	-35.63%
台湾地区	8620.9	7603.3	13.38%	1635.4	1592.3	2.71%
韩国	8546.0	12278.8	-30.40%	1683.2	2737.6	-38.51%

资料来源：据海关总署数据整理

2013年，粘胶短纤出口总量为18.06万吨，同比降低了32.87%，出口市场以土耳其、印度尼西亚和美国为主。其中对土耳其出口同比减少54.13%，占出口总量的26.73%；对印度尼西亚出口同比减少49.61%，占出口总量的比例达到19.14%，对美国和台湾地区出口分别占出口总量的16.73%和4.77%，对以上六个国家的出口合计占总出口量的77.49%，集中度相比其他产品较高。

表10　粘胶短纤分贸易方式出口

	出口数量（吨）			出口金额（万美元）		
	2013年	去年同期	同比	2013年	去年同期	同比
总计	180646.8	269101.7	-32.87%	35281.1	57646.3	-38.80%
一般贸易	117348.4	174076.6	-32.59%	23127.5	37469.9	-38.28%
加工贸易	62772.3	94646.1	-33.68%	12019.3	20092.8	-40.18%
其中：来料加工	3.2	10.5	-69.38%	1.5	4.5	-68.12%
进料加工	62769.1	94635.6	-33.67%	12017.9	20088.2	-40.17%
保税区	34.8	15.0	132.85%	26.7	11.1	140.10%
其中：仓储进出境	0.0	11.5	—	0.0	4.5	—
仓储转口	34.8	3.4	920.06%	26.7	6.7	301.41%

资料来源：据海关总署数据整理

2013年，粘胶短纤一般贸易的贸易方式占据出口总量的64.96%，出口量同比减少32.59%，加工贸易占总贸易量的比例为34.75%，加工贸易量同比减少 33.68%。

表 11　粘胶长丝分国别或地区出口

	出口数量（吨）			出口金额（万美元）		
	2013 年	去年同期	同比	2013 年	去年同期	同比
总计	81853.9	76491.2	7.01%	48421.8	48755.2	-0.68%
巴基斯坦	22467.2	22875.7	-1.79%	13084.4	14362.7	-8.90%
印度	17627.1	13016.9	35.42%	10578.7	8530.3	24.01%
韩国	9217.4	8657.3	6.47%	5487.8	5632.1	-2.56%
意大利	6175.2	5101.0	21.06%	3649.2	3276.9	11.36%
土耳其	6007.5	5330.0	12.71%	3657.6	3565.9	2.57%
摩洛哥	4387.7	3547.3	23.69%	2228.8	2048.2	8.82%

资料来源：据海关总署数据整理

2013 年，粘胶长丝出口总量为 8.18 万吨，同比增加 7.01%，出口市场以巴基斯坦、印度和韩国为主。其中对巴基斯坦、印度、韩国、意大利、土耳其和摩洛哥出口分别占总出口量的 27.4%、21.5%、11.2%、7.5%、7.3%和 5.3%，以上合计为 80.5%。

表 12　粘胶长丝分贸易方式出口

	出口数量（吨）			出口金额（万美元）		
	2013 年	去年同期	同比	2013 年	去年同期	同比
总计	81853.9	76491.2	7.01%	48421.8	48755.2	-0.68%
一般贸易	80819.3	74676.7	8.23%	47720.2	47766.2	-0.10%
加工贸易	721.7	1533.9	52.95%	503.7	810.1	-37.82%
其中：来料加工	0.0	19.0	—	0.0	6.6	—
进料加工	721.7	1514.8	-52.36%	503.7	803.5	-37.31%
保税区	25.7	33.6	-23.44%	25.8	34.5	-25.12%
其中：仓储进出境	25.7	33.6	-23.44%	25.8	34.5	-25.12%

资料来源：据海关总署数据整理

2013 年，粘胶长丝出口贸易方式以一般贸易为主，出口 8.08 万吨，占出口总量的 98.73%，其他贸易方式的出口量微乎其微。

（四）开工率

表 13　粘胶纤维生产企业开工情况表

产品	2013 年	2012 年	同比
粘胶短纤维	83%	87%	-4%
粘胶长丝	90%	91%	-1%

资料来源：中国化学纤维工业协会粘胶纤维专委会

2013 年按生产量计，短纤维生产企业开工率约在 83%。粘胶长丝企业开工率约 90%，除个别企业外，显示企业基本满负荷生产，但由于产能核定品种与实际生产有差异，实际开工水平相对要低。数据显示企业生产状况正常。

（五）库存

从粘胶纤维部分生产企业库存统计数据看，年末短纤维库存量低于 10 万吨，属正常水平；长丝库存量达到 4 万吨，环比略有减少，同比库存量属历史最高水平，部分企业库存压力较大。

（六）产销率

从库存和生产情况看，长、短纤维产销率均高于 100%。

二、行业投资情况

表 14　2013 年纤维素纤维原料及纤维制造行业投资情况表

行业	实际完成投资（万元）	施工项目数	新开工项目数	竣工项目数	实际完成投资比去年同期增长（%）	施工项目数比去年同期增长（%）	新开工项目数比去年同期增长（%）	竣工项目数比去年同期增长（%）
纤维素纤维原料及纤维制造	2242975	223	174	142	17.38	8.78	27.01	0.00
化纤浆粕制造	492710	42	31	28	62.63	13.51	29.17	0.00
人造纤维（纤维素纤维）制造	1750265	181	143	114	8.85	7.74	26.55	0.00

资料来源：国家统计局

2013年，纤维素纤维原料及纤维制造行业实际完成投资约224亿元，同比增长17.38%。其中化纤浆粕制造行业完成投资约49亿元，同比增长62.63%；人造纤维制造完成投资约175亿元；同比增长8.85%，增长幅度主要表现在造纸企业转产溶解浆投资和粘胶短纤维新增产能的投资。

三、行业经济效益和运行情况

从国家统计局统计数据看，2013年1~11月，纤维素纤维原料及纤维制造行业主营业务收入18296亿元，同比增加11.86%，利润总额69.58亿元，同比增加20.5亿元；化纤浆粕制造行业制造行业主营业务收入189.14亿元，同比减少6.36%，利润总额3.97亿元，同比减少1.63亿元；人造纤维（纤维素纤维）制造行业主营业务收入1640亿元，同比增加14.43%，利润总额65.61亿元，同比增加22.13亿元。其中包含大量的非粘胶纤维产品的数据，按实际粘胶纤维产量数据看，销售收入不超过450亿元。从原料与产品价差看，长丝产品（120D）约有32000～355000元的差价，平均加工成本约在32000元以上，由此可见，目前长丝产品有赢利空间；短纤产品价差约在5500～7000元之间，在平均加工成本以下，短纤产品全面亏损；可见行业实际状况不容乐观。人造纤维行业的主要赢利表现在醋酸纤维。

从纤维素纤维原料及纤维制造行业运行指标看，偿债能力下降，营运能力略有提高，盈利能力增强，发展能力提高，三项费用中财务费用下降，同比行业运行状况尚好。

从化纤浆粕制造行业运行指标看，各项指标下降，同比行业运行状况较差。

从人造纤维（纤维素纤维）制造行业运行指标看，各项指标转好，同比行业运行状况尚好。

表15　纤维素纤维原料及纤维制造行业运行指标对比表

项目	2013年1~11月	去年同期	同比
偿债能力指标			
资产负债率	67.86%	67.79%	0.07
产权比率	211.12%	210.44%	0.68
已获利息倍数	3.17	2.44	0.73

续表

项目	2013年1~11月	去年同期	同比
营运能力指标	（次）	（次）	（次）
应收账款周转率	15.11	14.29	0.82
产成品周转率	15.17	14.19	0.98
流动资产周转率	2.01	1.94	0.07
总资产周转率	1.00	0.96	0.04
盈利能力指标			
主营业务利润率	3.80%	3.00%	0.80
成本费用利润率	3.93%	3.07%	0.86
总资产报酬率	5.53%	4.87%	0.66
净资产收益率	11.78%	8.93%	2.85
发展能力指标			
销售增长率	11.86%	6.89%	4.97
总资产增长率	7.75%	10.27%	-2.52
百元销售收入三项费用	（元/百元）	（元/百元）	（元/百元）
销售费用	1.4735	1.3501	0.1234
管理费用	2.4866	2.4782	0.0084
财务费用	1.9091	2.2563	-0.3472

资料来源：据国家统计局数据整理

表16　化纤浆粕制造行业运行指标对比表

项目	2013年1~11月	去年同期	同比
偿债能力指标			
资产负债率	77.03%	76.43%	0.60
产权比率	335.30%	324.27%	11.02
已获利息倍数	2.25	2.26	-0.01
营运能力指标	（次）	（次）	（次）
应收账款周转率	11.02	13.65	-2.63
产成品周转率	11.43	12.05	-0.63
流动资产周转率	1.91	2.22	-0.32
总资产周转率	0.97	1.07	-0.10

续表

项目	2013年1~11月	去年同期	同比
盈利能力指标			
主营业务利润率	2.10%	2.77%	-0.67
成本费用利润率	2.13%	2.83%	-0.70
总资产报酬率	3.65%	5.34%	-1.69
净资产收益率	8.84%	12.61%	-3.78
发展能力指标			
销售增长率	-6.36%	-9.19%	2.83
总资产增长率	3.78%	4.94%	-1.16
百元销售收入三项费用	（元/百元）	（元/百元）	（元/百元）
销售费用	1.3294	1.5011	-0.1717
管理费用	3.3142	3.0063	0.3079
财务费用	2.3756	2.3133	0.0624

资料来源：据国家统计局数据整理

表17　人造纤维制造行业运行指标对比表

项目	2013年1~11月	去年同期	同比
偿债能力指标			
资产负债率	66.77%	66.72%	0.05
产权比率	200.91%	200.44%	0.47
已获利息倍数	3.27	2.47	0.80
营运能力指标	（次）	（次）	（次）
应收账款周转率	15.78	14.38	1.40
产成品周转率	15.77	14.55	1.22
流动资产周转率	2.03	1.91	0.12
总资产周转率	1.00	0.94	0.05
盈利能力指标			
主营业务利润率	4.00%	3.03%	0.97
成本费用利润率	4.14%	3.10%	1.03
总资产报酬率	5.75%	4.81%	0.94
净资产收益率	12.02%	8.61%	3.41

续表

项目	2013年1~11月	去年同期	同比
发展能力指标			
销售增长率	14.43%	10.09%	4.34
总资产增长率	8.24%	11.05%	-2.81
百元销售收入三项费用	（元/百元）	（元/百元）	（元/百元）
销售费用	1.4901	1.3288	0.1612
管理费用	2.3912	2.4037	-0.0126
财务费用	1.8553	2.2483	-0.3930

资料来源：据国家统计局数据整理

四、2014年预测

从企稳的经济形势看，粘胶纤维行业运行状况将会好于上年。短纤维产量预计将达到340～350万吨。长丝产能没有增长，产量变化不大。行业利润乐观预期可达15亿以上。从企业销售情况看，市场需求情况良好，虽然利润水平不高，但企业经营压力不大。棉花产业相关政策、溶解浆反倾销结果均将对粘胶纤维价格产生影响。长丝基本显示自己的独立行情，减少库存、扩大产品营销、产业升级将是企业的重要任务。

五、应对措施

首先缓解供需关系，行业应及时降低产品产量，减少库存压力，加大营销力度，引导消费，进而扩大需求，并稳定产品价格，保持价格不低于盈亏平衡点，这是企业生存的基本条件。在开发新产品，提高产品品质上加大力度。做好产品、市场细分，规范市场行为，抱团取暖，共渡难关。

2013 年中国涤纶长丝行业运行分析与 2014 年运行预测

王玉萍　刘　青　万　蕾　史巧观

涤纶行业在经历 2010 的深度调整期后，至今已调整了近三年时间，2013 年涤纶行业表现出产量增幅大幅下降，一方面是基数大、自然调整，一方面说明市场不景气；新增产能理性回归，但仍处于惯性增长通道。涤纶行业的不景气，也延缓了行业复苏的步伐行业整体运行质量下降，只有少数具有规模优势的企业处于微盈利状态。整个一年，涤纶长丝行业依然处于结构性深度调整期，尚未摆脱低谷。根据中国海关数据统计，2013 年国内纺织服装出口金额累计增速为 11.4%，较 2012 年 3.9%的增速大幅增长。在下游需求逐步好转背景下，涤纶行业不会变得更差，我们认为涤纶行业盈利已基本见底。

一、2013 年涤纶长丝行业运行情况

（一）生产现状

1. 行业生产基本正常，产量保持一定增长

2013 年 1～12 月中国化纤产量 4121.93 万吨，同比增长 7.90%。其中涤纶产量 3340.64 万吨，同比增长 6.64%，占合成纤维总产量的 89.52%，占化纤总产量的 81.04%，涤纶长丝产量 2391.90 万吨，同比增长 9.08%。

表 1　2013 年化纤及涤纶产品产量增长表

品　种	2013 年产量（万吨）	去年同期（万吨）	同比
化纤总量	4121.94	3820.14	7.90%
合成纤维	3731.53	3486.76	7.02%
涤纶	3340.64	3132.64	6.64%
其中：涤纶短纤	948.74	939.80	0.95%
涤纶长丝	2391.90	2192.86	9.08%

资料来源：据国家统计局数据整理

表2　2013年与2012年单月涤纶长丝产量对比

		2013年产量（万吨）	同比	2012年产量（万吨）	同比
1～2月	化纤产量	592.95	2.94%	575.99	15.27%
	其中：涤纶	456.22	0.43%	454.25	13.71%
	短纤	134.58	-2.87%	138.55	8.38%
	长丝	321.63	1.88%	315.70	16.22%
3月	化纤产量	338.54	12.11%	301.96	5.46%
	其中：涤纶	376.11	61.76%	232.51	-1.67%
	短纤	76.09	7.31%	70.91	-6.30%
	长丝	188.4	16.58%	161.6	0.5%
4月	化纤产量	344.83	9.34%	315.37	18.65%
	其中：涤纶	166.86	-34.92%	256.38	17.54%
	短纤	84.09	7.53%	78.20	12.03%
	长丝	194.40	9.10%	178.18	20.13%
5月	化纤产量	359.44	0.51%	357.62	22.57%
	其中：涤纶	286.99	12.40%	255.33	6.6%
	短纤	84.66	8.72%	77.87	4.5%
	长丝	202.33	14.01%	177.46	16.23%
6月	化纤产量	354.25	24.30%	285	-3.4%
	其中：涤纶	285.28	14.32%	249.55	2.0%
	短纤	84.16	10.58%	76.11	-0.47%
	长丝	201.12	15.97%	173.43	3.11%
7月	化纤产量	345.27	5.43%	327.48	16.44%
	其中：涤纶	276.97	4.10%	266.06	13.42%
	短纤	81.71	0.69%	81.15	9.13%
	长丝	195.26	5.59%	184.92	15.42%
8月	化纤产量	351.38	5.44%	333.24	13.28%
	其中：涤纶	261.00	-0.73%	262.93	6.9%
	短纤	76.99	-2.42%	78.90	1.2%
	长丝	184.01	-1.67%	187.13	11.39%

续表

		2013年产量（万吨）	同比	2012年产量（万吨）	同比
9月	化纤产量	359.46	9.68%	327.74	8.8%
	其中：涤纶	282.27	10.70%	254.98	3.9%
	短纤	83.27	7.43%	77.51	-0.3%
	长丝	199.00	12.13%	177.47	5.9%
10月	化纤产量	366.75	14.79%	319.51	19.47%
	其中：涤纶	290.74	13.53%	256.1	16.5%
	短纤	77.72	21.27%	64.09	-11.6%
	长丝	213.02	10.94%	192.01	30.3%
11月	化纤产量	351.18	6.82%	328.75	30%
	其中：涤纶	347.20	29.01%	269.13	24.42%
	短纤	110.47	61.55%	68.38	-4.23%
	长丝	236.72	17.92%	200.75	38.52%
12月	化纤产量	357.88	6.93%	334.70	16.22%
	其中：涤纶	311.00	19.18%	260.96	3.88%
	短纤	55.00	-19.57%	68.38	-13.74%
	长丝	256.01	27.53%	200.75	16.76%

资料来源：据国家统计局数据整理

2．行业库存压力较大，开工率低于同期

2013年，涤纶长丝市场行情保持低迷，产品价格也处于下降通道，加上的采购模式的变换，各环节都存在去库存化现象，导致库存逐步向上游转移，因此上半年库存压力迅速增加，在3月底，涤纶长丝各品种库存均达今年高位。受多方利好及消息影响，聚酯产业链信心有所恢复，产品库存出现明显下降。下游纺织织造行业购货积极性明显提高，几波备货行情大幅削减了产品库存，从目前企业各品种产品库存来看，库存水平普遍偏低，基本处于年内偏低库存状态。

表 3 2013 年涤纶产品库存天数变化

单位：天

	2012 年末	1 月末	2 月末	3 月末	4 月末	5 月末	6 月末	7 月末	8 月末	9 月末	10 月末	11 月末	12 月末
涤纶长丝 POY	15	15	20	23	20	18	18	15	13	13	14	15	17
涤纶长丝 DTY	24	26	33	33	27	25	25	26	27	28	28	25	24
涤纶长丝 FDY	18	17	27	25	17	16	17	18	21	24	21	18	18
涤纶短纤	11	11	19	22	17	18	18	15	15	20	17	12	12

资料来源：中国化纤信息网

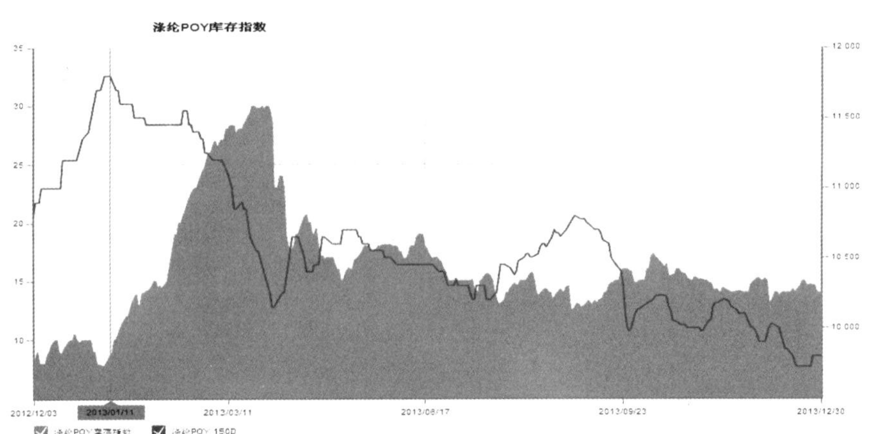

资料来源：中国化纤信息网

图 1 2013 年涤纶 POY 库存指数图

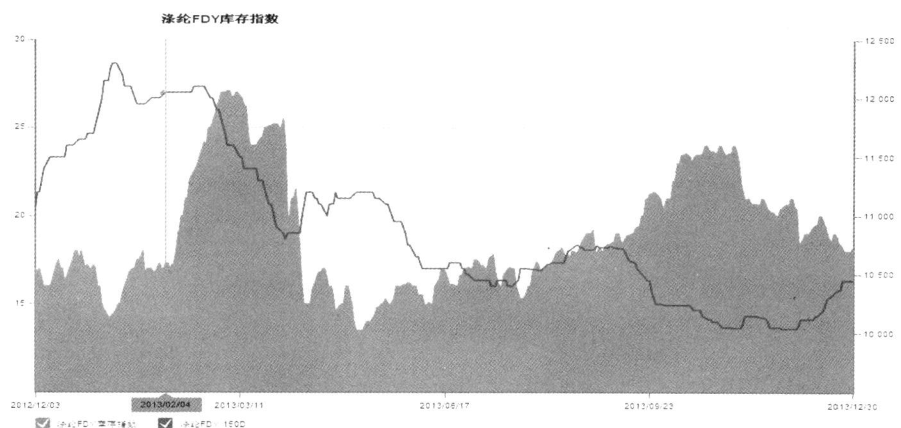

资料来源：中国化纤信息网

图2　2013年涤纶FDY库存指数图

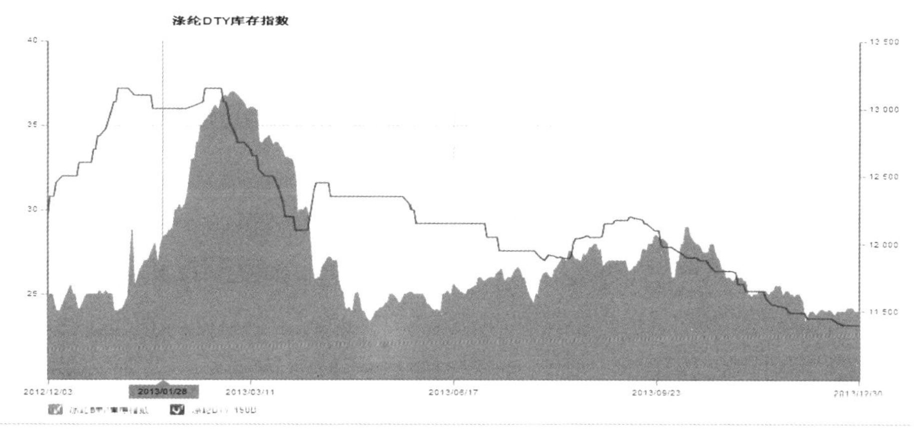

资料来源：中国化纤信息网

图3　2013年涤纶DTY库存指数图

2013年，涤纶平均月度产量达到278.38万吨，平均增速保持在5.50%。涤纶长丝和短纤的开工率除2月初的春节外，长丝基本保持在74%上下，短纤的开工率保持在70%。

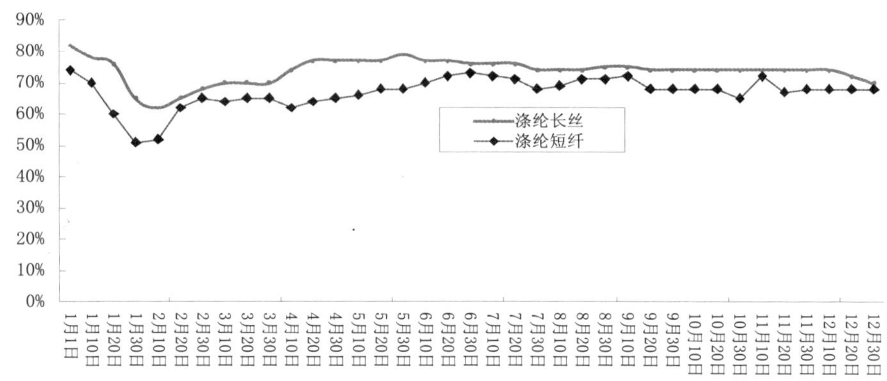

资料来源：中国化纤工业协会

图 4　2013 年涤纶长短纤开工率走势图

表 4　2013 年 1~12 月涤纶长丝企业开工率情况（每月 25 日采集）

单位：%

	1 月	2 月	3 月	4 月	5 月	6 月	7 月	8 月	9 月	10 月	11 月	12 月
直纺厂	85	77	75	80	82	84	85	85	83	80	76	73
切片纺	80	70	75	78	80	76	72	70	68	65	55	46

资料来源：中国化学纤维工业协会采集

（二）进出口现状

进口快速下降，出口增速大幅回落，仍保持净出口。2013 年，化纤进口 87.16 万吨，同比有 6.17%的上升。分品种看：涤纶长丝进口量同比减少 8.51%，涤纶短纤进口量同比增加了 14.33%，分别占进口化纤总量 12.6%、14.74%。2013 年，化纤出口共 267.97 万吨，同比增加 8.57%。分品种看：涤纶长丝出口量达 129.22 万吨，同比增长 19.78%，涤纶短纤出口 73.37 万吨，同比增长 9.41%，分别占化纤出口总量的 48.22%、27.38%；涤纶长丝和短纤品种合计占总出口量的 75.6%。

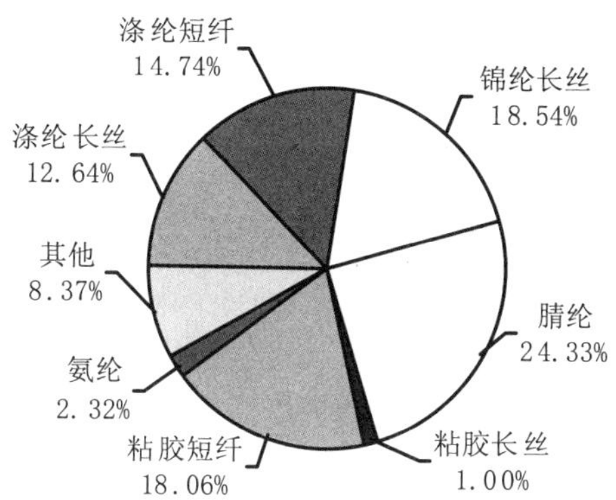

资料来源：海关总署

图 5　涤纶长丝进口占比情况

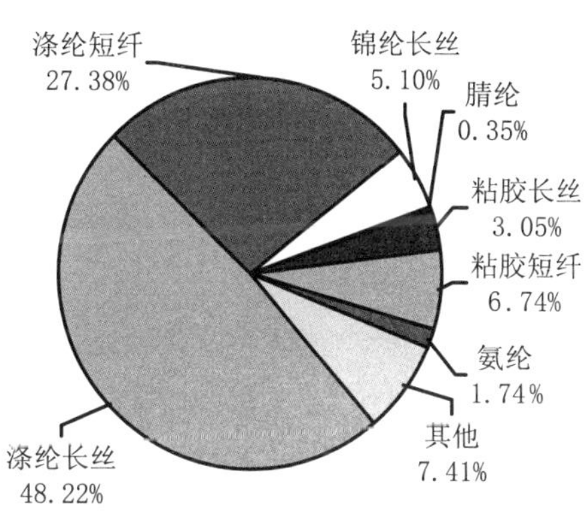

资料来源：海关总署

图 6　涤纶长丝出口占比情况

1. 2013 年涤纶长丝进口情况

2013 年国内纺织市场平稳增长，对化纤产品的需求增加，全年化纤进口量 87.16 万吨，同比增加 6.17%。其中涤纶短纤进口 12.84 万吨，同比增加 14.33%，涤纶长丝进口 11.02 万吨，同比减少 8.51%，其中工业丝进口 1.64 万吨，同比减少了 13.03%。

表5　2012~2013年化纤及涤纶主要品种进口情况

	进口数量（吨）			进口金额（万美元）		
	2013年	2012年	同比	2013年	2012年	同比
化纤进口总量	871657.5	820978.7	6.17%	320914.6	307651.7	4.31%
涤纶短纤	128459.7	112361	14.33%	24156.9	21110.3	14.43%
涤纶长丝	110166.2	120418.5	-8.51%	35419.9	33995	4.19%
其中：工业丝	16394.5	18850.8	-13.03%	4780.8	5190.5	-7.89%

资料来源：海关总署

2013年，涤纶长丝主要进口来源地仍是台湾地区、日本和韩国，权重分别为25.07%、15.81%和15.40%，但自台湾地区进口量比上年同期下降4.09%，从泰国进口增幅最大，增加了43.52%，占进口总量的6.06%。

表6　2012~2013年涤纶长丝分国别和地区进口情况

	进口数量（吨）			进口金额（万美元）		
	2013年	2012年	同比	2013年	2012年	同比
总计	110166.2	120418.5	-8.51%	35419.9	33995.0	4.19%
其中：台湾地区	53547.5	63811.6	-16.08%	14965.7	15108.2	-0.94%
韩国	21833.7	21783.3	0.23%	6379.3	6245.4	2.14%
美国	8212.4	8977.5	-8.52%	2459.4	1275.8	92.77%
中国	7957.0	8167.7	-2.58%	3414.5	3635.5	-6.08%
日本	5858.0	5613.6	4.35%	4530.3	4264.0	6.25%
泰国	5817.9	4189.3	38.88%	1329.0	956.4	38.96%
印度尼西亚	2913.7	2921.8	-0.28%	704.2	686.4	2.59%
德国	1949.5	2148.2	-9.25%	823.6	875.8	-5.97%
越南	625.7	768.6	-18.59%	113.1	156.6	-27.79%
马来西亚	415.6	527.6	-21.22%	89.1	125.0	-28.71%

资料来源：海关总署

2013年，我国涤纶长丝进口分贸易方式中，一般贸易进口量同比下降9.33%，但仍占了进口总量的50.5%，加工贸易进口量同比减少8.76%，占进口总量的比例为48.32%。涤纶长丝进口金额同比增加了4.19%，一般贸易金额比去年同期减少了 4.10%，加工贸易金额比去年同期增加了 8.42%。

表 7　2013 年涤纶长丝分贸易方式进口情况

	进口数量（吨）			进口金额（万美元）		
	2013 年	2012 年	同比	2013 年	2012 年	同比
总计	110166.2	120418.5	-8.51%	35419.9	33995.0	4.19%
一般贸易	55653.7	61377.7	-9.33%	14376.1	14991.5	-4.10%
加工贸易	53238.9	58349.8	-8.76%	20234.9	18664.0	8.42%
其中：来料加工	4931.3	4982.6	-1.03%	1268.9	1305.6	-2.81%
进料加工	48307.6	53367.2	-9.48%	18966.0	17358.4	9.26%
保税区	1256.6	669.5	87.70%	792.2	321.6	146.35%
其中：仓储进出境	380.6	179.0	112.61%	267.6	122.3	118.75%
仓储转口	876.0	490.5	78.61%	524.6	199.2	163.31%

资料来源：海关总署

2．2013 年涤纶长丝出口情况

2013 年我国化纤出口 267.97 万吨，同比增加 8.57%，其中，涤纶长丝出口 129.22 万吨，同比增长 19.78%，占化纤出口总量的 48.22%，其中涤纶工业丝出口 29.38 万吨，同比增加了 15.01%。

表 8　2012~2013 年化纤及涤纶主要品种出口情况

	出口数量（吨）			出口金额（万美元）		
	2013 年	2012 年	同比	2013 年	2012 年	同比
化纤出口总量	2679724.8	2468100.6	8.57%	623338.3	597357.6	4.35%
涤纶短纤	733730.5	670652	9.41%	101444.9	97263.1	4.30%
涤纶长丝	1292230.6	1078877	19.78%	251762.6	213625.1	17.85%
其中：工业丝	293859.1	255508.8	15.01%	63597.7	55605.3	14.37%

资料来源：海关总署

2013 年，涤纶长丝出口总量为 129.22 万吨，同比增长 19.78%。土耳其仍是第一大市场，出口量达 19.59 万吨，同比增加 17.39%，占出口总量的 15.1%；对巴基斯坦、越南、埃及和韩国出口分别占总出口量的 10.02%、9.63%、8.61% 和 7.67%，对以上六个国家的出口共占总出口量的 56.19%。

表9 涤纶长丝分国别或地区出口

	出口数量（吨）			出口金额（万美元）		
	2013年	2012年	同比	2013年	2012年	同比
总计	1292230.6	1078877.0	19.78%	251762.6	213625.1	17.85%
其中：土耳其	195893.3	166870.5	17.39%	35360.7	31332.9	12.85%
巴基斯坦	129473.0	113552.2	14.02%	23613.4	20887.0	13.05%
越南	124454.3	82922.3	50.09%	22946.9	15509.3	47.96%
埃及	111278.6	64863.5	71.56%	17781.4	10883.4	63.38%
韩国	99214.3	82526.9	20.22%	20603.8	17369.7	18.62%
美国	65806.4	56322.3	16.84%	13823.8	11847.4	16.68%

资料来源：海关总署

2013年，涤纶长丝一般贸易出口增长22.35%，占出口总量的比例为23.25%，比重仍然偏低，加工贸易的比重同比提高19.54个百分点，占出口总量的比例为76.62%，保税区出口量同比增加了27.35%，但占出口比重仅0.01%。

表10 涤纶长丝分贸易方式出口

	出口数量（吨）			出口金额（万美元）		
	2013年	2012年	同比	2013年	2012年	同比
总计	1292230.6	1078877.0	19.78%	251762.6	213625.1	17.85%
一般贸易	300432.6	245559.6	22.35%	64529.8	53742.7	20.07%
加工贸易	990066.9	828231.4	19.54%	186786.5	158896.6	17.55%
其中：来料加工	86.0	80.0	7.50%	65.1	38.3	69.85%
进料加工	989980.9	828151.4	19.54%	186721.4	158858.3	17.54%
保税区	186.7	146.6	27.35%	100.9	61.0	65.40%
其中：仓储进出境	107.2	33.3	222.37%	60.8	16.8	261.05%
仓储转口	79.4	113.3	-29.89%	40.1	44.2	-9.16%

资料来源：海关总署

3. 2013年主要合纤原料进口情况

2013年，主要合纤原料共计进口1349.52万吨，同比减少15.92%，进口金额下降14.66%。从进口数量看：进口量最大的仍是乙二醇，达823.77万吨，同比增加3.75%，占合纤原料进口总量的61.04%；对苯二甲酸进口量随着国内产能的增长而逐渐减少，进口 274.34 万吨，同比减少 48.87%，占进口总量的比例 20.33%。

表 11　2013 年主要合纤原料进口量价对比

	进口数量（吨）			进口金额（万美元）		
	2013 年	2012 年	同比	2013 年	2012 年	同比
合纤原料总计	13495179.5	16051086.2	-15.92%	1760846.8	2063333.3	-14.66%
其中：乙二醇	8237756.5	7940294.7	3.75%	870247.1	814434.5	6.85%
对苯二甲酸	2743418.6	5365149.6	-48.87%	298832.3	586330.4	-49.03%
聚酯切片	212968.4	207028.7	2.87%	40677.8	37677.3	7.96%

资料来源：海关总署

2013 年，聚酯切片（含瓶片）出口 196.4 万吨，同比增长 43.50%。日本仍是最大接受市场，交易量为 26.94 万吨，同比继续增加 27.76%，占出口总量的 13.7%，居第一位；对土耳其出口激增 238%，达到 8.75 万吨，占居出口总量的 4.46%，对以上六个国家的出口合计占总出口量的 37.98%。

表 12　聚酯切片（含瓶片）分国别或地区出口

	出口数量（吨）			出口金额（万美元）		
	2013 年	2012 年	同比	2013 年	2012 年	同比
总计	1964002.0	1368685.4	43.50%	281499.3	196141.9	43.52%
其中：日本	269396.2	210858.4	27.76%	38569.4	29955.8	28.75%
乌克兰	108984.8	97248.0	12.07%	15602.9	13890.6	12.33%
俄罗斯	99595.6	79595.2	25.13%	14036.9	11499.3	22.07%
印度尼西亚	91019.2	31928.5	185.07%	12724.6	4702.7	170.58%
埃及	89348.8	47231.7	89.17%	12619.4	6562.7	92.29%
土耳其	87551.6	25851.9	238.67%	12466.7	3650.8	241.48%

资料来源：海关总署

聚酯切片（含瓶片）的出口贸易方式以加工贸易为主，占出口总量的 99%，其他贸易方式的出口量很少。

表13 聚酯切片（含瓶片）分贸易方式出口

	出口数量（吨）			出口金额（万美元）		
	2013年	2012年	同比	2013年	2012年	同比
总计	1964002.0	1368685.4	43.50%	281499.3	196141.9	43.52%
一般贸易	13821.7	10564.5	30.83%	2957.4	2076.0	42.46%
加工贸易	1944532.6	1350674.5	43.97%	277427.4	192755.1	43.93%
其中：来料加工	3.7	3952.5	-99.91%	0.9	658.8	-99.87%
进料加工	1944528.9	1346722.0	44.39%	277426.5	192096.3	44.42%
保税区	5098.3	7086.3	-28.05%	1037.9	1264.8	-17.94%
其中：仓储进出境	106.2	58.6	81.20%	23.4	24.6	-4.76%
仓储转口	4992.2	7027.7	-28.96%	1014.5	1240.2	-18.20%

资料来源：海关总署

（三）供需现状

供给量增速减缓，下游主要产品产量增速放缓。2013年我国化纤、特别是涤纶长丝供给量继续呈增加趋势。2013年，我国化纤供给总量为4121.93万吨，同比增加了7.90%，比2012年增速（14.34%）放缓。其中：涤纶长丝供给量为3340.64万吨，同比增加了6.64%，比2012年增速（10.96%）降低了4.32个百分点，显示中国涤纶长丝行业的市场需求有所减缓。2013年，化纤下游主要产品布、非织造布、绒线、蚕丝及交织机织物的产量增速比上年同期有所回落，下游主要产品产量增速放缓。

表14 涤纶长丝2013年进出口及表观需求量

单位：万吨

	产量	进口数量	出口数量	表观消费量	同比
化纤	4121.94	87.16	267.97	3941.13	7.82%
涤纶	3340.64	23.86	202.59	3161.91	6.07%
其中：短纤	948.74	12.84	73.37	888.21	0.48%
长丝	2391.9	11.02	129.22	2273.7	8.43%

注：表观消费量=产量+进口-出口

资料来源：国家统计局、海关总署

表 15　2013 年化纤下游主要相关品种生产情况

品　种	单位	2013 年产量	同比增速	2012 年增速
布	亿米	683.45	4.55%	11.23%
非织造布	万吨	257.33	12.37%	23.08%
帘子布	万吨	87.45	13.64%	10.16%
绒线（毛线）	万吨	37.83	-2.25%	3.07%
毛机织物（呢绒）	亿米	5.84	-1.63%	1.40%
蚕丝及交织机织物	亿米	9.36	-1.71%	10.38%

资料来源：国家统计局

（五）市场现状

市场表现低迷，形势严峻，尚未走出低谷。涤纶长丝行业受到产能集中释放的影响，2013 年市场价格呈先高后低的“阶梯式下跌”走势。自 3 月份中旬起，行业自律发挥作用，企业纷纷采取应对措施，降低负荷，大型聚酯工厂降 20%左右，整个聚酯开工率降至 75%以下，聚酯原料及涤纶长丝走势从弱势下行到窄幅震荡。

表 16　2013 年 PTA、MEG、PET 及涤纶长丝主要产品价格变化表（25 日采集）

单位：万元/吨

品种	1 月	2 月	3 月	4 月	5 月	6 月	7 月	8 月	9 月	10 月	11 月	12 月
PTA	0.875	0.86	0.79	0.765	0.775	0.77	0.778	0.775	0.77	0.74	0.735	0.739
MEG	0.87	0.855	0.75	0.735	0.735	0.71	0.79	0.80	0.785	0.76	0.744	0.766
半光切片	1.09	1.095	0.99	0.95	0.95	0.935	0.94	0.965	0.94	0.90	0.92	0.91
POY75/72	1.22	1.23	1.14	1.12	1.13	1.12	1.13	1.14	1.09	1.06	1.07	1.00
DTY150/144	1.31	1.30	1.27	1.24	1.24	1.23	1.22	1.22	1.18	1.17	1.17	1.13
FDY150/96	1.21	1.21	1.11	1.11	1.10	1.06	1.06	1.08	1.04	1.00	1.015	1.03

资料来源：中国化学纤维工业协会采集

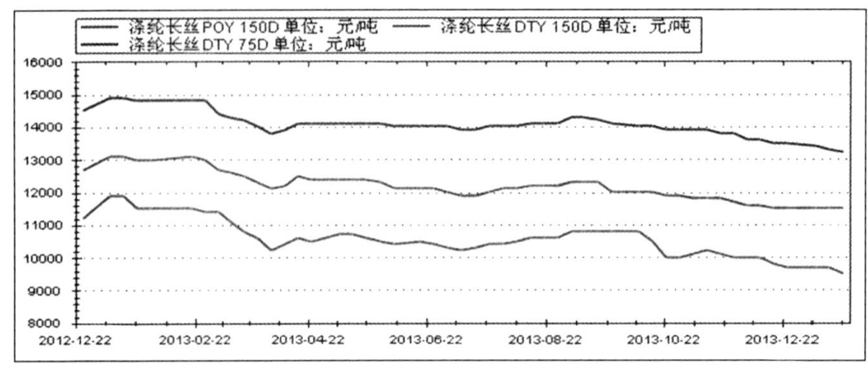

资料来源：中纤网

图7　2013年涤纶POY、FDY、DTY 走势图

涤纶长丝市场行情月度回顾：

1月份：新年开市，在成本助推以及春节前夕备货等因素推动下，涤纶长丝市场表现积极，盛泽、嘉兴两地轻纺原料市场涤纶长丝报价继续小涨，1月上旬市场行情呈上涨态势，中旬行情呈偏弱调整，下旬成交量持续回落，在批量交易时让价幅度加大。临近2月份原料成本方面依然给予涤纶长丝价格的支撑，市场价格呈企稳走势。

2月份：正逢传统春节，下游消耗量直减，春节前市场价格出现混乱，有低价位买断价的，有优惠让价的，还有按正常价成交的。节后虽迎来开门红，但是20日后销售颇为疲态，库存量增大，上游原料价格走跌，下游织造、加弹企业采购谨慎。

3月份：受上游产品价格下跌以及库存压力的影响，涤纶长丝价格跌幅有所加大，是近年来最大月跌幅，使涤纶长丝产品库存加大，但下游布市处在换季销售期，下游织造企业接单备货，采购意向有所上升。

4月份：进入4月份涤纶长丝交易量有所上升，企业平均产销率达120%~130%，基本上完成了去库存化水平，4月底企业开工率达到80%以上。在价格方面，FDY、POY均有上涨，幅度在300~500元/吨，DTY相对幅度较小，100~200元/吨范围。从下游产品的承受能力看，经编、圆机织造对价格小幅上涨压力不大，涤纶长丝产品在成本线或微利状态。

5 月份： 正逢“五一”小长假（**4 月 29 日至 5 月 1 日**），由于节日期间资金流通受制约影响，涤纶长丝市场整体表现平静，节后的 3 日受到 2 日国际油价大幅上涨，PTA 期货反弹大涨的刺激下，产销出现释放，企业产销率达到 120%~150%，价格有所回升。进入中旬市场价格基本平稳，企业产销率普遍在 80%~100%之间，到了下旬末市场价格出现小幅下调。

6 月份： 企业产销情况好于预期，上旬涤纶长丝行情呈现先抑后扬走势。受国际油价上涨以及刚性需求补库存等因素影响，涤纶长丝市场行情小幅上涨。进入中旬，上游聚合原料价格震荡调整，下游织造自身处在旺转淡之中，下游喷水织造、经编织造等的开机率已有小范围下降，使涤纶长丝市场成交价格有涨转跌。到中旬后，出现了一轮资金面偏紧行情，市场行情呈现了疲软态势走势。

7 月份： 进入 7 月，通常是涤纶长丝销售的淡季，但今年却出现一个淡季不淡的情况，在纺织产业链整体低迷的情况下，涤纶长丝企业产销平衡率平均在 100%左右。由于部分地区有序限电，下游喷水织造开机率小幅回落。

8 月份： 上旬在上游原料的上涨拉动以及下游购买力推动作用下，销售处在温和放量，市场交易价格呈“上抬”的走势，进入中旬，涤纶长丝市场行情疲软调整，价格呈“下滑”的走势，25 日后受 8 月份聚酯原料结算成本以及现货偏紧支撑，切片报价呈现较大幅度拉涨以涤纶长丝产销大幅回升的带动下，涤丝价格呈稳中有升行情，局部范围取消优惠等。

9 月份： 虽然下游织造、加弹开机率处在年内最好状态，但是由于 9 月份涤纶长丝上涨预期看淡，中旬涤纶长丝企业产销率仅为 70%~80%，市场销售压力很大，24 日起，有些企业采取批量承兑不贴息等措施，涤纶长丝行业整体行情呈现出促销下跌走势。9 月份 POY、FDY 价格累计跌幅有 600~800 元/吨，个别滞销品种跌幅甚至更大，使涤纶长丝产品跌入成本线以下，亏损面扩大。

10 月份： 涤纶长丝市场行情变化异常，涤纶长丝市场交易出现旺季不旺，成交呈缩量下滑迹象，涤纶长丝产品市场表现供大于求，市场行情一路缓慢下跌，FDY 跌幅在 300~500 元/吨，POY 跌幅在 200~300 元/吨，DTY 跌幅在 300~400 元/吨。目前上游原料成本支撑弱化，而下游布市季节性需求高峰临近尾声，10 月份涤纶长丝产品库存均有小范围的上升，但下游织造、加弹厂家涤纶长丝产品整体库存量并不大。

11 月份：上旬受到刚性需求的阶段性补仓以及“买涨不买跌”的影响，涤纶长丝市场行情表现好转，价格出现回升，涨幅在 200 元/吨左右，成交量也有所增长，企业产销率与上周相比有较大幅度提升。中旬市场行情走势呈平稳态势，成交量回落，企业产销率比上周有所下挫，POY、FDY 报价出现小范围稳中有落的现象。到了下旬，在 11 月聚合原料结价，出现了一轮小范围刚需补仓采购。

12 月份：12 月份受多种复杂因素影响，涤纶长丝行情微幅调整，市场窄幅震荡，市场价格呈涨跌互现行情，由于 FDY 减产因素，FDY 中粗旦产品出厂价出现上调，POY 价格适度下调，DTY 也小范围下调。多时企业产销率一般在 80%~100% 范围波动，也有一些企业产销率超百，但生产负荷均有下降。

2013 年涤纶工业丝市场回顾：

涤纶工业丝行业景气见底，未来空间依然广阔。涤纶工业丝下游应用十分广泛，行业景气周期受宏观经济影响较大。涤纶工业丝行业由于前几年产能扩张过快，导致近年来景气连续下滑，2012 年以来，行业年均扩产增速放缓，降至 10%以下，行业集中度也逐年提高。2013 年涤纶工业丝产能达到 148.3 万吨，受宏观经济下行和行业利润降低的影响，产能投放减少。预计未来行业需求增速将保持在 10%以上，高于产能扩张速度，供需状况将有所改善。

涤纶工业丝价格与 2012 年持平，一直在 1.3～1.5 万元/吨左右徘徊，2013 年年初达到了 1.4 万/吨的价位，但随后小幅下滑，波动不超过 500 元/吨的价格区间，稳定的价格也给整个涤纶行业一稳定支撑。8 月以来，海外需求复苏明显，涤纶工业丝同比出口增速超过 18%。

虽然涤纶工业丝行业仍处在低迷之中，但基于产业用纺织品行业前景向好、涤纶工业丝优异的特性及替代性，预计未来对涤纶工业丝的需要仍可保持较快的增长，行业前景依然看好。

（五）投资状况

行业投资增幅大幅回落，新增产能压力依然较大。2013 年，投资者对涤纶行业投资热情虽有所减弱，但是产能仍然处于惯性增长阶段，新增产能压力依然较大。2013 年 1~12 月，化纤行业施工项目数 950 个，其中新开工项目数 685 个；聚酯涤纶行业施工项目数 289 个，其中新开工项目数 200 个，投资增速大幅回落。

表 17 2013 年涤纶行业实际完成投资额变化表

	施工项目数	新开工项目数	实际完成投资（亿元）	同比
化学纤维制造业	950	685	1030.44	16.65%
合成纤维制造	727	511	806.15	16.45%
涤纶纤维制造	289	200	366.39	14.00%

资料来源：国家统计局

（六）效益状况

1. 行业利润总额大幅下滑，亏损面及亏损额也大幅增加。

2013 年，全国化纤行业实现利润总额 259.78 亿元，同比增加 40.11 亿元，亏损企业亏损额 45.43 亿元，同比减少 9.28%；其中，涤纶行业实现利润总额 105.72 亿元，比去年同期减少了 3.35 亿元，利润占全行业的 40.69%，占比比去年同期低了近 8.9 个百分点；涤纶行业亏损企业亏损额为 21.42 亿元，同比大幅增长了 29.30%，从环比情况看，从 2013 年起涤纶行业的利润逐步回升，行业效益有所提升，但与 2011 年比仍有较大差距。

表 18 2013 年份涤纶行业经济效益对比表

	利润总额（万元）			亏损企业亏损额（万元）		
	2013 年	2012 年	同比	2013 年	2012 年	同比
化纤行业	2597788	2196723	401065	454347	500826	-9.28%
涤纶行业	1057166	1090667	-33501	214182	165653	29.30%

资料来源：国家统计局

2. 运行质量下降，各项运行指标同比均有所下滑

据国家统计局公布的数据，2013 年，化纤行业实现主营业务收入 7281.76 亿元，同比增长 8.46%。涤纶行业实现主营业务收入 3854.06 亿元，同比增长 3.76%。

从行业跟踪的运行质量四大类指标来看，涤纶行业运行质量明显下降。行业偿债能力、盈利能力、营运能力和发展能力均有所下滑，特别是利润率仅为 2.74%，同比下降 0.89 个百分点，反映出行业运行已出现较为严重的问题，虽然企业技术进步、结构调整明显加快，产品附加值也提高了，但因行业产能扩张集中释放，聚酯涤纶产业链行情萎靡，利润向产业链上游PX行业集聚明显。

表19　2013年涤纶行业运行质量指标对比表

项目	2013年	去年同期	同比
偿债能力指标			
资产负债率	62.73%	61.02%	1.71
产权比率	168.32%	156.54%	11.79
已获利息倍数	2.81	2.90	-0.09
营运能力指标	（次）	（次）	（次）
应收账款周转率	20.28	25.86	-5.58
产成品周转率	17.14	17.89	-0.76
流动资产周转率	2.38	2.52	-0.15
总资产周转率	1.23	1.30	-0.07
盈利能力指标			
主营业务利润率	2.74%	2.94%	-0.19
成本费用利润率	2.80%	3.01%	-0.21
总资产报酬率	5.25%	5.83%	-0.58
净资产收益率	9.07%	9.80%	-0.73
发展能力指标			
销售增长率	3.76%	2.76%	1.00
总资产增长率	9.54%	11.17%	-1.63

资料来源：据国家统计局数据整理

表20　2013年涤纶行业每百元销售收入费用对比表

	2013年	去年同期	同比
销售费用（元/百元）	0.6517	0.6105	4.12%
管理费用（元/百元）	1.7210	1.7138	0.72%
财务费用（元/百元）	1.3362	1.5467	-21.05 %

资料来源：据国家统计局数据整理

2013 年，涤纶行业每百元销售收入计三项费用指标中，销售费用增加了 4.12%，而财务费用同比降低了 21.05%，管理费用升高 0.72%。

二、行业存在主要问题及影响因素

（一）存在的主要问题

涤纶行业周期性较大，上一轮涤纶周期起于 2009 年 3 月，在 2011 年 3 季度见顶，随后涤纶行业进入下行周期，目前行业仍在低位运行。我们看到一是企业的亏损面同比有所扩大，企业经营总体仍较困难，特别是中小企业；二是产能阶段性过剩和结构调整的压力依然突出。

从供给与需求层面上看，存在产能集中释放及下游发展速度过快，纺织品服装生产和出口增速减缓，化纤产品的需求增长减弱，国内需求领域待拓展等问题；

从产品结构层面上看，存在多数产品以量为主，差别化品种的技术含量偏低，真正意义上的高附加值、高技术含量的涤纶差别化品种产量仍偏少，功能性差别化产品比重仍较低，产业用、装饰用纺织品占比偏小等问题；

从产品成本层面上看，存在信贷政策趋紧、人民币升值、生产要素价格上涨、社会责任支出增加等多重因素集中作用，使行业发展压力明显加大等问题；（如：节能减排、清洁生产和循环经济任务艰巨，自主品牌和营销网络建设滞后重，诸多不确定因素等对价格影响较大。）

从经营环境层面上看，存在诸如国际贸易壁垒、产品反倾销，部分中小企业融资难，行业自律机制的缺失等制约性因素影响产业进一步提升。涤纶长丝行业仍将处于深刻调整期，涤纶长丝产品的盈利空间不会明显改善。

（二）主要影响因素

1. 2013 年宏观经济因素

2013年我国国民经济增长速度整体呈放缓趋势。GDP增长速度一季度保持7.7%，二季度为7.59%，三季度回升至7.68%，四季度回稳在7.67%，全年增速在7.66%，中国经济连续9个季度放缓；据国家统计局统计，2013年1到12月份，规模以上工业增加值同比增长9.7%，其中一季度增长9.5%，二季度增长9.1%，三季度增长10.1%，11月份和12月份的增长分别是10.3%和10%，其中，1～6月份纺织业同比增长8.0%，化学原料和化学制品制造业增长11.2%，1~12月纺织业同比增长6.3%，化学原料和化学制品制造业同比增长12.6%，总的来看，应该呈现一个平稳的止跌回稳的态势。12 月，三大需求投资、消费、出口的同比、环比增速均呈现不同程度的下降，反映经济增长的动能有所减弱。固定资产投资增速也有所放缓，2013 年，全国固定资产投资43.65 万亿元，同比名义增长19.6%，增速比2012 月份回落1 个百分点。2013 年，出口增长了7.9%，与2012 年增速持平；进口增长了7.3%，增速较2012 年加快3个百分点。消费2013年增长了13.1%，较2012 年增速放缓了1.2 个百分点。支出法的三驾马车增速均未增加，反应出当前需求仍然弱于供给。2013 年居民消费物价指数涨幅持平于2012 年的2.6%，但工业品价格指数却连续两年负增长，2012 年下降2.5%，2013 年下降2.6%。工业品价格连续负增长，一方面由于全球供需再平衡、大宗商品价格下跌所导致，一方面由于国内市场部分出清所导致。

总体来看 2013 年国民经济运行总体平稳，稳中向好，主要指标处在合理区间，有利于调结构、促改革。

2．下游工厂开机率不足

以江浙地区为例，织造工厂受制于订单不足、需求疲弱，3、4 月份的“传统旺季”虽不如预期，但终端需求适度的温和复苏仍是存在的，下游开机率逐步回升至 7 成以上，7 月淡季不淡，8、9 月份虽然下游织造、加弹开机率处在年内最好状态，但是由于对 9 月份后涤丝上涨预期看淡，9 月聚酯纺丝工厂产销率落在 7~8 成，销售压力普遍存在。

表 21　2013 年下游织造企业开工率情况（ 每月 25 日采集）

单位：%

品种	1 月	2 月	3 月	4 月	5 月	6 月	7 月	8 月	9 月	10 月	11 月	12 月
喷水织造	63	65	77	80	80	77	66	68	78	73	78	64
喷气织造	76	68	78	83	82	80	80	78	85	86	88	82
经编织造	68	66	73	78	79	82	81	78	88	84	84	71
圆机织造	60	57	67	70	70	68	68	64	65	60	61	51
加弹开机率	66	75	94	96	96	94	93	93	96	96	96	80

资料来源：中国化学纤维工业协会采集

3．化纤下游主要产品产量增速放缓

2013 年，化纤下游主要产品纱、布、非织造布、绒线、蚕丝及交织机织物的产量增速比上年同期有所回落。非织造布产量增速为 15.91%，虽然比上年同期增速降低了 7.17 个百分点，但仍呈现快速增长的态势，为化纤行业回稳起到一定作用。

从轻纺城化纤布成交量来看，2013 年，化纤布成交量季节性特征不明显，7~8 月份成交量比往年明显增加，但 9~10 月份的传统旺季表现平平，成交量仅与上年持平。

（三）原料价格大幅波动

2013 年 2 月和 4 月，原油市场出现两波深度调整，下跌幅度均在 10%左右，一度跌破 90 美元/桶。6 月受叙利亚局势持续紧张等因素影响，WTI 原油突破至一百美元上方，高位震荡，虽然 9 月份开始回落，但均价仍高于 6 月份。

PX 市场经过去年的大涨形成了相当大的泡沫，所以今年受累于原油大跌、下游聚酯需求疲弱以及金融市场的弱势表现，自春节后快速下跌。4~6 月保持平稳，7 月份后快速上涨，高点与低点差价达 100 美元/吨，但 10 月 25 日起的一周内，又快速下跌了 7.2%。

涤纶产品加工利润空间变化不大，但价格下跌对产业链信心打击很大，库存向产业链前端转移，导致化纤企业库存损失巨大。

由于化纤价格和原油市场具有很强的相关性，所以原油市场的波动导致化纤市场的不稳定，增加了企业的经营风险。这种风险不仅直接体现在产品价格的下跌上，更导致后续 PX 市场行情进行震荡调整，近期 PTA 行情阴跌，下游聚酯企业采购量明显不足，多以消化库存为主，导致涤纶行业行情以弱势波动。

（四）投资增速回归合理，但新增产能压力仍然较大

2013 年投资增速虽已大幅回落，部分项目也在推迟建设或投产，但新增产能压力依然很大。2013 年投产聚酯产能 430 万吨，其中含聚酯瓶片 125 万吨、聚酯膜 60 万吨，配套涤纶短纤 45 万吨，涤纶长丝 228 万吨（有 2 套装置的聚合已于 2012 年投产，2013 年配长丝），工业丝 12.5 万吨。但由于行业景气度的低迷，仍有相当一部分原计划在 2012 年、2013 年投产的聚酯装置推迟开车。据统计，2013 年 12 月份，企业降负荷、检修等达到 500 万吨产能。

三、2014 年宏观因素的影响

（一）世界经济趋稳，或将缓慢回升

预计 2014 年世界经济增速与 2013 年相比不会出现太大波动，大体持平或

轻幅上扬的可能性较大。 2013 年下半年，全球经济活动和世界贸易回升。近期数据甚至显示，这一期间的全球增长比 2013 年 10 月《世界经济展望》的预测还有所加强。先进经济体的最终需求总体上按预期情况扩张，增长强于预期在很大程度上是由于库存需求增加。在新兴市场经济体，出口反弹是经济活动改善的主要驱动因素，而国内需求普遍依然疲软，但中国除外。国际国币基金公司 2014 年 1 月 21 日更新了《2014 年世界经济形势与展望》， 全球经济活动在 2013 年下半年增强。预计经济活动在 2014~2015 年将进一步改善，这在很大程度上得益于先进经济体的复苏。目前预计 2014 年全球增长将略微加快至 3.7%左右，2015 年将升至 3%。

（二）中国经济进入增速换挡期、转型升级关键期

关于中国经济，2013 年的中央经济工作会议上，释放出了继续实施积极的财政政策和稳健的货币政策，对ＧＤＰ认识更加深化，并着力纠正不正确的政绩导向，产业结构调整双管齐下和积极防控地方政府性债务风险等多重信号，实施积极的财政政策，意味着将继续实施结构性减税，有利于促进企业发展，还意味着保持适当的赤字规模，有利于加大对基础设施、社会保障等的投资支出，有利于改善民生。中国经济进入增速换挡期、转型升级关键期，需要更深入地认识生产总值增速，并且把这种新认识通过政绩考核的指挥棒来确保实现，实施积极的财政政策，意味着将继续实施结构性减税，有利于促进企业发展。

（三）原油保持震荡，波动区间收窄

国际能源署 2013 年 12 月 11 日发布报告称，考虑到美国方面的消费量反弹至五年以来的最高水平，2014 年全球的石油需求将会相比之前的预期高出很多。在 2014 年全球需求会有每天 120 万桶的增长，至每天 9240 万桶，相当于 1.3%的增幅。初步数据显示，美国燃油用量在 11 月增长至每天 2000 万桶以上，也是 2008 年以来首次达到这个规模。预期 2014 年国际油市整体将维持震荡走势，与前 3 年整体波动区间不会有太大差异。但考虑到波动率的重新回升，我们预期 2014 年市场震荡重心将略有上移，能源品仍将为商品市场的资金重心品种。预计 WTI 和 Brent 原油分别将维持于 95~115 美元/桶和 100~120 美元/桶区间内波动，年度均价有望分别上移至 102 美元/桶和 110 美元/桶。

（四）内外棉价差大，新一代仿棉产品受益

随着全球经济的逐渐企稳好转，以及中国棉花收储政策的退台，预计 2014 年郑棉将演绎一波"价值回归"行情。预计 2014 年在高额库存的压制下，国内棉价运行重心或将下移，尽管 2013 年我国棉花减产，但棉花有上千万吨的库存，足以满足明年一年的国内棉花需求，2014 年棉花供给仍然会处于一个充裕状态；由于抛储不搭售配额，国家去库存意愿较强，或将减少 2014 年棉花的进口配额，预计 2014 年进口棉花数量不会太乐观；在棉花进口配额减少的预期下，纺织企业可能会越来越倾向于直接进口棉纱，变相解决对外棉的需求。因此，国内外高棉价差问题仍将继续存在，影响我国纺织产业的竞争力。新一代仿棉产品将会成为新的产品亮点，基于对原料成本、环境保护及功能性等方面的要求，下游企业将加大仿棉产品的认知和使用量。

（五）压力继续存在，动力更加充沛

2014 年，化纤行业面临的新增产能压力、资源环境压力、要素成本压力等问题仍将继续存在，经过 2013 年的努力，行业在推进产业结构优化调整与转型升级方面已经取得一定成绩，高性能化学纤维发展取得重点突破，产业创新联盟工作取得突破，自主创新能力进一步提高，标准体系建设更加完善，这些都为 2014 年化纤行业的发展提供了充沛的动力。

中国化纤行业面对欧美经济的复苏不稳导致的需求不旺，既而牵涉到新兴经济体发展受限，影响了中国的化纤出口表现，加至国内的经济转型升级过程没有完全完成，政府促进经济的改革及优化产业结构的政策推力尚待落地，投资多处于观望状态，多重因素导致国内化纤市场的低迷，行业整体运行前半年增速回落，效益明显下降，虽然 6 月份后出现复苏迹象，但各项指标均处于低位运行。预计 2014 年，化纤行业运行将处于低增长、低利润的平稳运行状态。

四、对 2014 年聚酯涤纶行业的要求及预测

2014 年对聚酯涤纶行业的要求是：在实现产业结构调整中要实质性进展，在自主创新能力上要有阶段性突破，在促进不同品种纱线融合上有新理念，关注涤纶行业自身发展，避免过度竞争，在国际竞争能力上要有新提高，以保证 2014 年行业实现生产平稳增长、产需衔接稳定，企业效益稳步提升，实现有质量、有效益的可持续增长。

2014 年聚酯涤纶行业仍需要推进结构调整，促进行业健康、可持续发展，

具体预测如下：

（1）市场：预计聚酯产品价格仍然低迷，呈现震荡的局面，总体呈前低后高走势。

（2）产量：预计涤纶产量与 2013 年相比仍会有所增长，全年产量预计达 3500 万吨。增速 6%～8%。

（3）进口：预计涤纶进口量 20 万吨，其中，涤纶长丝进口量为 10 万吨，降幅 10%左右。

（4）出口：预计涤纶出口量 240 万吨，其中，涤纶长丝出口量为 150 万吨，出增长 18.5%左右。

（5）经济效益：受多种因素的影响，聚酯涤纶行业利润率会略好于2013年，预计工业产值达到3850~4000亿元，全年利润在110亿元左右。

（6）运行质量：运行质量同比有所好转。

2013 年中国聚酯及涤纶短纤行业运行分析与 2014 年运行预测

中国化学纤维工业协会聚酯及涤纶短纤专业委员会　张凌清

2013 年涤纶短纤行情整体呈现弱势下行走势。供需矛盾、成本因素等相互制约下，从第二季度开始，涤纶短纤价格长期围绕万元附近小幅波动，涨跌空间都不大。

一、行业主要运行情况

（一）市场情况

原油：受多方因素影响，全年呈现“W”走势：1~3 月较为平稳，4 月中旬有急跌，从 6 月底急升至 100 美元以上。上半年总体平稳，在 95 美元上下震荡。6~8 月又抬升至 110 美元以上，9~11 月又盘整跌回 95 美元以下，12 月到年底又缓升回 100 美元。

来源：中国化纤信息网

图 1　2013 年 WTI 原油价格波动图

PX： 整体表现脱离原油的行情。由于新装置未按预期开工，供应仍然偏紧。1~2 月高位运行，3~4 月由于下游的弱势，开始缓慢下跌挤泡沫，4~6 月基本保持平稳，7~8 月仍现涨势，9 月稍有回跌，10 月至年底显稳中有跌态势 。虽然 PTA 及聚酯行情低迷，但 PX 整体表现坚挺。PX 下半年会有新装置投产，市场供应有所改善，但由于长期合约供应模式，PX 仍可能偏强势。

PTA： 1~2 月成本支撑，3~4 月受 PX 影响震荡下跌，5~9 月价格基本稳定，与 PX 价差逐步减小，加工区间变大。9~10 月受后道市场巨大压力，行情进入下跌通道。11 有至年底行情略有回升。特点：外盘比内盘表现平稳，主要用途为出口核销，进口量逐步减少是大趋势。期货波动大于现货，1~2 月低于现货，5~9 月，除 7 月中旬外，此期都高于现货。

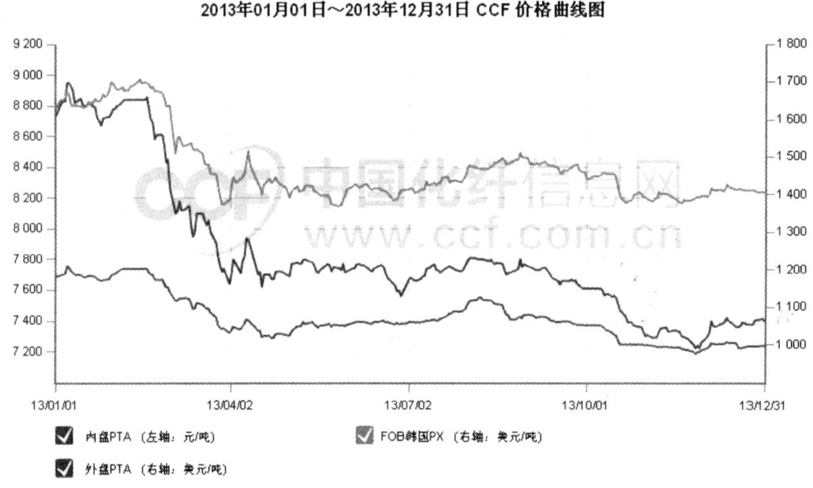

来源：中国化纤信息网

图 2　2013 年 PX、PTA 价格波动图

MEG： 1~2 月靠成本支撑，3~4 月份受聚酯行情影响，持续震荡走低，6 月份价格有所回升，进入 7 月份，MEG 出现了一波持续快速的拉涨行情，导致聚酯产品进入亏损或亏损扩大状态，随后聚酯产品纷纷打响现金流保卫战，出现了近期这轮涨价行情。8~11 月份 MEG 表现又趋跌势，11 月后虽有一波强拉动力，但因后道市场打压，至年终还是跌到 7500 元。

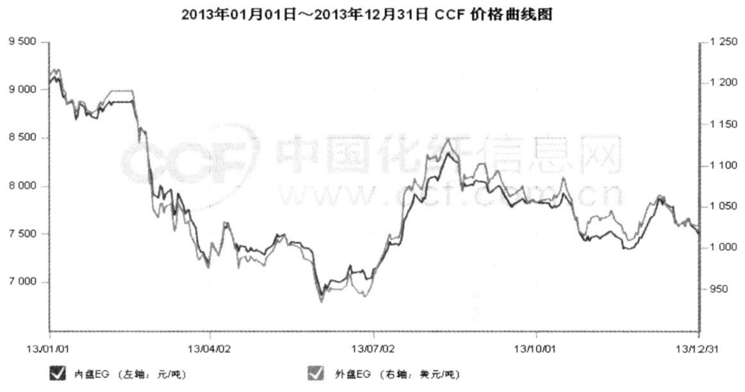

来源：中国化纤信息网

图 3　2013 年 MEG 价格波动图

棉花：2013 年，棉涤价差多数时间在8600~10000 元/吨区间波动，最高价差9918 元/吨，最低价差7485 元/吨，平均价差在8989 元/吨。年初，涤纶短纤处于全年高位，而棉花行情波动相对平缓，所以在1 月上旬，棉涤价差为全年最小，直至涤纶短纤行情在3 月转跌，价差加大。10 月之后，涤纶短纤跌至万元以下，而棉花价格出现上涨，故两者价差呈加大之势，并于11 月中旬达到年内最大价差。

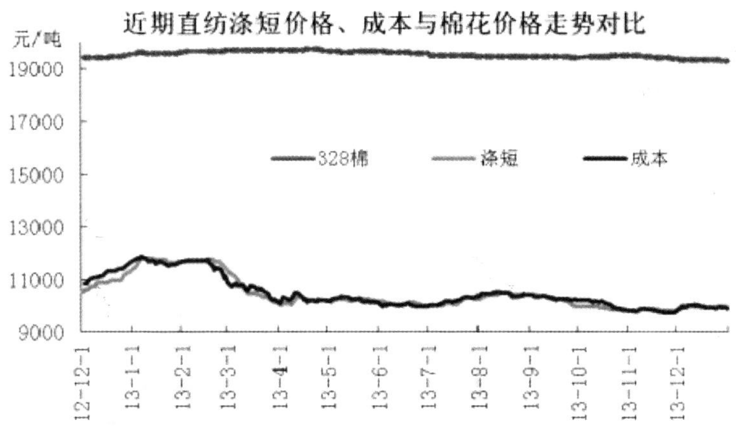

来源：中国化纤信息网

图 4　2013 年棉花与涤短价格波动对比图

聚酯切片、涤纶短纤：在原料价格及下游需求的作用下，聚酯切片、涤纶短纤的行情都呈现出1~2月PX价格坚挺，支撑聚酯产业链的价格平稳，受宏观经济及纺织需求低迷影响，聚酯需求始终未能如期启动，传统旺季需求也不明显，下游弱势使得PX带动聚酯产业链在3~4月一路下跌，造成聚酯产品库存上升。

5~6 月，聚酯产业链整体价格趋稳，企业逐步去库存，市场持稳为主，下游产品的加工区间和现金流有所好转。

进入 7 月份，由于原料 MEG 出现了一波持续快速的拉涨行情，导致包括涤丝、直纺涤短、切片等在内的聚酯产品进入亏损或亏损扩大状态，随后聚酯产品纷纷打响现金流保卫战，跟进涨价行情。

9 月份中上月直纺涤短以缓跌、阴跌为主，但中秋以后，市场跌速加快，中秋后国庆前这段时间直纺涤短的跌幅占了 9 月跌幅的一半，

随着价格靠近万元关口，导致直纺涤短快跌的因素在发生变化：原生长丝止跌走稳，部分偏低价位甚至出现反弹走势；下游补货需求结束，厂家月底冲量动作消失；成品库存得到控制，部分甚至出现库存减少的现象。

9 月底直纺涤短的价格已与 6 月底 7 月初持平了，但成本支撑力度明显强于前期，

但由于直纺涤短厂家的成品库存压力依旧偏高，加上国庆期间走货不畅影响，国庆假期后，厂家仍有去库存压力。10 月到年底，涤短行业自律工作显现，市场乱降价走货得到遏止，大企业带头控制产量和开机率，直纺涤短厂家采取限产保价措施。使得涤短行情企稳或略有回升。

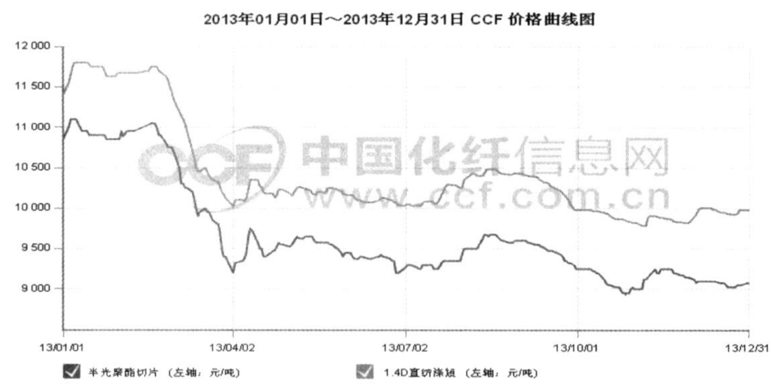

来源：中国化纤信息网

图 5　2013 年聚酯切片与涤短价格波动图

（二）产销情况

1．产量

2013 年 1~11 月涤纶产量 3029.64 万吨，同比微涨 5.90%，其中涤纶短纤产量 893.74 万吨（含部分再生涤纶短纤），同比增加 2.43%，增速小于长丝。

表 1　2013 年 1~11 月涤纶产量

	1~11 月（万吨）	去年同期（万吨）	同比增减　（%）
涤纶短纤	893.74	872.54	2.43%
涤纶长丝	2135.89	1930.05	10.66

来源：据国家统计局数据测算

从分省市产量统计看，涤纶产量浙江 1554.05 万吨，居全国之首，产量增速达到 8.36%，略高于全国的 5.67%增速，这主要是由于浙江涤纶产量以长丝为主，增速大于短纤。第二到第五位依次是江苏、福建、四川、广东，而山东、上海、河南、天津、安徽等省分居六至十位。其中上海、山东、河南产量都出现负增长。

表 2　2013 年 1~11 月涤纶纤维分省市产量

	1~11 月产量（吨）	同比（%）
全　国	30296373	5.90
浙江省	15540523	8.36
江苏省	9905013	-0.57
福建省	2717585	27.20
四川省	575003	29.30
广东省	343432	-0.80
山东省	315211	-7.86
上海市	258620	-2.17
河南省	148676	-24.78
天津市	106828	14.01
安徽省	116172	17.28
辽宁省	90100	7.90

来源：国家统计局

2013 年 1~11 月涤纶产量为 3029.61 万吨，主要 11 个省区占总产量的 99.4% 。

2．涤纶短纤产销存

表 3 2013 年 1~11 月涤纶短纤产销负荷

	1 月	2 月	3 月	4 月	5 月	6 月	7 月	8 月	9 月	10 月	11 月
生产负荷（%）	61.2	49.10	63.02	66.84	70.85	69.41	70.22	69.30	66.51	63.62	60
库存（天）	10	18	21	17	19	19	17	15	20	26	20

来源：中纤网

由于上年涤纶短纤工厂负荷提升进度快于下游，需求不畅造成库存积压。进入2013年3月原料的大幅下跌带动聚酯产业链整体下行。第二季度，下游对涤纶短纤需求逐渐恢复，短纤行业及时低价出货降库存，行情逐渐筑底。第三季度，地缘政治等因素推高国际油价，PTA 和MEG 顺势展开一轮反弹行情，聚酯大盘整体气氛回暖，涤纶短纤市场也出现上涨走势。全球经济形势复苏缓慢，人民币加速升值对国内进出口贸易形成沉重打击，终端纺织品服装内外销形势皆困难重重。下游需求持续低迷，并且整个产业链都对后市预期不佳，各环节都尽可能减少原料储备，随用随买，使得原本应该储存在纺织企业的化纤库存转移到了化纤企业。

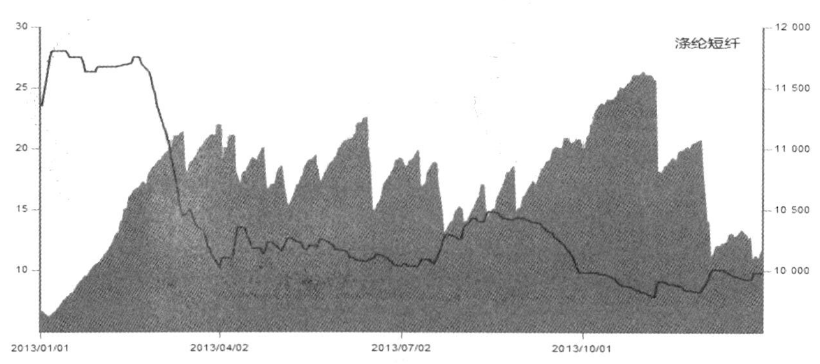

来源：中国化纤信息网

图 6 2013 年涤纶短纤价格和库存走势图

（三）原料及产品进出口情况

1．进口方面

2013年，进口对苯二甲酸274.34万吨，同比大降48.87%。从韩国、台湾地区、泰国和印度尼西亚进口量均有不同程度的减少，但从韩国进口量仍位居第一位，达179.61万吨，占进口总量的65.47%，台湾地区占15.16%；从马来西亚进口量增加24.86%，但绝对数量较少，占进口总量比例仅为4.02%，但占到了进口量的第五位，以上六个国家和地区共占进口总量的99.24%。

表4　对苯二甲酸分国别或地区进口

	进口数量（吨）			进口金额（万美元）		
	2013年	去年同期	同比	2013年	去年同期	同比
总计	2743418.6	5365149.6	-48.87%	298832.3	586330.4	-49.03%
其中：韩国	1796100.1	2716797.6	-33.89%	193983.7	294887.8	-34.22%
台湾地区	415915.3	1782575.3	-76.67%	46437.7	196325.8	-76.35%
泰国	238472.4	557877.6	-57.25%	25921.0	61109.4	-57.58%
日本	120015.3	109222.2	9.88%	13184.4	12340.6	6.84%
马来西亚	110305.5	88339.9	24.86%	12541.6	9842.1	27.43%
印度尼西亚	41681.4	55294.4	-24.62%	4465.7	6016.9	-25.78%
波兰	12364.0	38984.0	-68.28%	1345.8	4315.4	-68.81%
伊朗	3558.0	2046.2	73.88%	408.0	182.3	123.84%
印度	3454.0	2487.0	38.88%	367.8	196.4	87.34%
阿联酋	1020.2	0.0	—	119.2	0.0	—

来源：海关总署

2013年，进口乙二醇同比上升4.03%。沙特阿拉伯仍是最大进口来源地，进口378.24万吨，同比上升2.45%，占进口总量的45.9%；从加拿大进口增加24.88%，为70.52万吨，占进口总量的8.56%；从新加坡、韩国进口数量分别增加32.90%和5.86%，分别占进口量的7.2%和5.8%。从台湾地区进口125.10万吨，同比微增，占进口总量的15.18%，占据进口量的第二位，以上六个国家和地区共占进口总量的88.46%。

表5　乙二醇分国别或地区进口

	进口数量（吨）			进口金额（万美元）		
	2013年	去年同期	同比	2013年	去年同期	同比
总计	8237756.5	7940294.7	3.75%	870247.1	814434.5	6.85%
其中：沙特阿拉伯	3782399.9	3691859.4	2.45%	396888.7	376012.9	5.55%
台湾地区	1250987.0	1175002.9	6.47%	134162.6	121850.7	10.10%
加拿大	705233.9	564723.9	24.88%	73890.9	57665.8	28.14%
新加坡	592042.6	445472.4	32.90%	62315.3	45397.6	37.27%
科威特	483574.4	479840.2	0.78%	50861.6	47791.7	6.42%
韩国	473405.0	447193.8	5.86%	50662.2	46344.9	9.32%
伊朗	408818.3	435215.0	-6.07%	42973.0	45140.0	-4.80%
日本	242167.7	224047.0	8.09%	26216.3	23974.4	9.35%
阿联酋	98398.1	1422.7	6816.08%	10426.8	151.4	6787.74%
马来西亚	64094.9	82558.5	-22.36%	7009.9	8555.3	-18.06%

来源：海关总署

2013年，聚酯切片进口总量为21.29万吨，同比增长2.87%。其中，最大进口来源地为韩国，进口6.72万吨，同比增加18.94%，占进口总量的31.56%，同比增加4.26个百分点；国货复进口量大增46.89%，占进口量的14.31%，从台湾地区进口聚酯切片数量同比减少4.19%，以上六个国家和地区共占进口总量的93.68%。

表6　聚酯切片分国别或地区进口

	进口数量（吨）			进口金额（万美元）		
	2013年	去年同期	同比	2013年	去年同期	同比
总计	212968.4	207028.7	2.87%	40677.8	37677.3	7.96%
其中：韩国	67208.2	56508.0	18.94%	14096.9	11183.7	26.05%
台湾地区	36683.2	38286.3	-4.19%	5811.3	5343.3	8.76%
美国	32725.3	30773.9	6.34%	5096.1	4169.3	22.23%
中国	30477.6	20749.1	46.89%	6552.3	5234.4	25.18%
日本	23855.3	21288.4	12.06%	4695.6	4839.2	-2.97%
马来西亚	8561.1	8478.8	0.97%	1999.8	2152.4	-7.09%

续表

	进口数量（吨）			进口金额（万美元）		
	2013 年	去年同期	同比	2013 年	去年同期	同比
印度尼西亚	1858.2	3521.2	-47.23%	229.5	424.2	-45.91%
越南	1606.3	2507.6	-35.94%	224.0	302.5	-25.95%
加拿大	1594.1	1762.3	-9.54%	364.9	395.8	-7.83%
德国	1329.9	2110.0	-36.97%	475.9	644.6	-26.17%

来源：海关总署

2013 年，涤纶短纤进口总量为 12.84 万吨，同比增加 14.33%。韩国和台湾地区仍是主要进口来源地，其中从韩国进口 6.39 万吨，同比增加 24.47%，占进口总量的 49.76%；从台湾地区进口量为 2.18 万吨，同比减少 16.78%。从美国和泰国进口涤纶短纤数量同比激增 162%和 168%，但两个国家合计仅占总量的 12.35%，以上六个国家和地区合计占据了总口量的 96.28%。

表 7　涤纶短纤分国别或地区进口

	进口数量（吨）			进口金额（万美元）		
	2013 年	去年同期	同比	2013 年	去年同期	同比
总计	128459.7	112361.0	14.33%	24156.9	21110.4	14.43%
其中：韩国	63930.3	51363.3	24.47%	11908.8	9166.7	29.91%
台湾地区	21847.6	26253.9	-16.78%	4181.2	4699.8	-11.03%
马来西亚	12812.6	12267.4	4.44%	2121.4	2000.8	6.03%
日本	9220.7	8275.1	11.43%	2249.2	2275.4	-1.15%
泰国	8260.1	3077.4	168.41%	1577.6	572.6	175.53%
美国	7609.2	2906.9	161.76%	956.6	502.6	90.33%
印度尼西亚	1508.9	766.2	96.92%	280.8	169.0	66.10%
德国	1015.8	546.3	85.92%	413.9	231.3	78.97%
中国	784.6	1383.8	-43.30%	122.8	225.9	-45.63%
捷克共和国	591.9	2434.7	-75.69%	130.8	549.3	-76.19%

来源：海关总署

2013 年，涤纶短纤进口贸易方式保持稳定。一般贸易占进口总量的比例同比提高 10.63 个百分点。占进口总量的比例升至 68.44%；同时加工贸易进口比例同比下降9.57个百分点，占进口总量的比例降至30.89%。

表8　涤纶短纤分贸易方式进口

	进口数量（吨）			进口金额（万美元）		
	2013年	去年同期	同比	2013年	去年同期	同比
总计	128459.7	112361.0	14.33%	24156.9	21110.4	14.43%
一般贸易	87923.7	64957.7	35.36%	17360.2	13156.7	31.95%
加工贸易	39689.6	45476.0	-12.72%	6583.1	7558.4	-12.90%
其中：来料加工	9069.2	10770.4	-15.80%	1245.0	1536.9	-18.99%
进料加工	30620.4	34705.6	-11.77%	5338.1	6021.5	-11.35%
保税区	821.5	1899.9	-56.76%	201.8	383.4	-47.36%
其中：仓储进出境	660.6	832.0	-20.61%	144.4	171.0	-15.54%
仓储转口	160.9	1067.9	-84.93%	57.4	212.4	-72.98%

来源：海关总署

2．出口方面

表9　聚酯切片（含瓶片）分国别或地区出口

	出口数量（吨）			出口金额（万美元）		
	2013年	去年同期	同比	2013年	去年同期	同比
总计	1964002.0	1368685.4	43.50%	281499.3	196141.9	43.52%
其中：日本	269396.2	210858.4	27.76%	38569.4	29955.8	28.75%
乌克兰	108984.8	97248.0	12.07%	15602.9	13890.6	12.33%
俄罗斯	99595.6	79595.2	25.13%	14036.9	11499.3	22.07%
印度尼西亚	91019.2	31928.5	185.07%	12724.6	4702.7	170.58%
埃及	89348.8	47231.7	89.17%	12619.4	6562.7	92.29%
土耳其	87551.6	25851.9	238.67%	12466.7	3650.8	241.48%
美国	80023.2	74908.8	6.83%	11651.1	10940.4	6.50%
菲律宾	55550.3	46028.8	20.69%	7783.8	6346.9	22.64%
秘鲁	54831.6	25377.2	116.07%	7860.6	3683.1	113.42%
巴西	51117.3	25576.3	99.86%	7442.1	3778.7	96.95%

来源：海关总署

2013 年，聚酯切片（含瓶片）出口 196.4 万吨，同比增长 43.50%。日本仍是最大接受市场，交易量为 26.94 万吨，同比继续增加 27.76%，占出口总量的 13.7%，居第一位；对土耳其出口激增 238%，达到 8.75 万吨，占居出口总量的 4.46%，对以上六个国家的出口合计占总出口量的 37.98%。

聚酯切片（含瓶片）的出口贸易方式以加工贸易为主，占出口总量的 99%，其他贸易方式的出口量很少。

表 10　聚酯切片（含瓶片）分贸易方式出口

	出口数量（吨）			出口金额（万美元）		
	2013 年	去年同期	同比	2013 年	去年同期	同比
总计	1964002.0	1368685.4	43.50%	281499.3	196141.9	43.52%
一般贸易	13821.7	10564.5	30.83%	2957.4	2076.0	42.46%
加工贸易	1944532.6	1350674.5	43.97%	277427.4	192755.1	43.93%
其中：来料加工	3.7	3952.5	-99.91%	0.9	658.8	-99.87%
进料加工	1944528.9	1346722.0	44.39%	277426.5	192096.3	44.42%
保税区	5098.3	7086.3	-28.05%	1037.9	1264.8	-17.94%
其中：仓储进出境	106.2	58.6	81.20%	23.4	24.6	-4.76%
仓储转口	4992.2	7027.7	-28.96%	1014.5	1240.2	-18.20%

来源：海关总署

2013 年，涤纶短纤出口总量为 73.37 万吨，同比增长 9.41%。其中，对美国、巴基斯坦、俄罗斯出口量同比均有减少，分别占出口总量的 21.74%、11.61%和 5.35%；对印度尼西亚、越南和以色列出口量则出现增加，分别占出口总量的 6.20%、5.53%和 5.16%，对以上六个国家的出口合计占短纤总出口量的 55.59%。

表 11　涤纶短纤分国别或地区出口

	出口数量（吨）			出口金额（万美元）		
	2013 年	去年同期	同比	2013 年	去年同期	同比
总计	733730.5	670652.1	9.41%	101444.9	97263.2	4.30%
其中：美国	159510.7	161301.7	-1.11%	18653.1	21240.0	-12.18%
巴基斯坦	85186.8	88805.7	-4.08%	11691.6	12504.0	-6.50%
印度尼西亚	45497.3	39341.4	15.65%	6723.2	5827.7	15.37%

续表

	出口数量（吨）			出口金额（万美元）		
	2013年	去年同期	同比	2013年	去年同期	同比
越南	40585.9	31211.4	30.04%	6063.4	4772.3	27.05%
俄罗斯	39235.9	41874.8	-6.30%	5704.5	6282.9	-9.21%
以色列	37848.3	28343.2	33.54%	5523.2	4181.6	32.08%
巴西	32312.9	22369.0	44.45%	4550.4	3383.2	34.50%
印度	30972.8	18719.9	65.45%	4310.5	2713.7	58.84%
墨西哥	24713.1	19177.8	28.86%	3462.3	2830.3	22.33%
土耳其	20727.1	27607.4	-24.92%	2953.9	4080.8	-27.61%

来源：海关总署

2013年，涤纶短纤一般贸易出口增加了70.49%，占出口总量的比例同比也增加了7.10个百分点，为19.84%，但绝对数量仍然偏低；加工贸易出口量同比降低0.74%，占出口总量的79.7%。占出口总量的比例同比降低了6.85个百分点，这与国产涤纶原料短缺有关。

表12　涤纶短纤分贸易方式出口

	出口数量（吨）			出口金额（万美元）		
	2013年	去年同期	同比	2013年	去年同期	同比
总计	733730.5	670652.1	9.41%	101444.9	97263.2	4.30%
一般贸易	145586.5	85395.0	70.49%	18662.3	12542.1	48.80%
加工贸易	584781.9	580466.9	0.74%	82231.1	83933.2	-2.03%
其中：来料加工	176.4	18.9	831.22%	56.4	10.0	463.03%
进料加工	584605.6	580447.9	0.72%	82174.7	83923.2	-2.08%
保税区	128.2	883.0	-85.49%	36.6	161.0	-77.28%
其中：仓储进出境	23.7	14.0	69.77%	5.4	4.9	9.21%
仓储转口	104.4	869.0	-87.99%	31.2	156.1	-79.99%

来源：海关总署

（四）经济效益和运行质量

2013年1~11月，涤纶行业实现销售收3508.34亿元，同比增加5.22%；利润总额79.11亿元，同比下降7.1亿元，下降了8.2%；亏损企业亏损额23.36亿元，同比上升21.69%。虽然涤纶行业销售收入有小幅增长，但小于产量的增速，同时利润下降，企业亏损额也有所增加。其中涤纶短纤维运行情况较差，但行业整体处于亏损状态。

表 13　2013 年 1~11 月涤纶行业效益情况

	收入（亿元）	同比增（%）	利润（亿元）	同比增减（亿元）	亏损（亿元）	同比（%）
2013 年 1~11 月	3508.34	5.22%	79.11	-7.1	23.36	21.69
2012 年 1~12 月	3776.07	2.76	111.38	-91.31	16.81	235.76
2011 年 1~12 月	4087.36	32.46	226.78	26.33	7.42	59.41
2010 年 1~12 月	2783.77	30.89	167.01	111.28	5.88	-52.70
2009 年 1~12 月	2120.68	-0.72	48.40	24.58	138332	-37.77

来源：国家统计局

涤纶行业运行质量有所好转，行业运行质量四大类指标中，偿债能力指标中，资产负债率、产权比率有所上升、已获利息倍数下降；营运能力指标中，流动资产构成比率有所上升，应收帐款周转率、存货周转率、流动资产周转率、总资产周转率均下降；盈利能力指标中，主营业务利润率、成本费用利润率、总资产报酬率、净资产收益率均下降；发展能力指标中，销售增长率上升、总资产增长率下降；三项费用中除销售费用有所增长外，管理费用和财务费用均下降。说明企业库存降低，盈利能力下降，财务成本增加。

表 14　2013 年 1~11 月涤纶行业运行质量情况

项目	2013 年 1~11 月	去年同期	同比
偿债能力指标			
资产负债率	63.45%	62.81%	0.64
产权比率	173.58%	168.86%	4.72
已获利息倍数	2.55	2.67	-0.12
营运能力指标	（次）	（次）	（次）
应收账款周转率	19.59	22.27	-2.68
产成品周转率	15.18	15.52	-0.35
流动资产周转率	2.16	2.28	-0.11
总资产周转率	1.14	1.17	-0.04

续表

项目	2013年1~11月	去年同期	同比
盈利能力指标			
主营业务利润率	2.26%	2.59%	-0.33
成本费用利润率	2.30%	2.64%	-0.35
总资产报酬率	4.22%	4.85%	-0.63
净资产收益率	7.02%	8.17%	-1.15
发展能力指标			
销售增长率	5.22%	2.01%	3.21
总资产增长率	8.61%	11.29%	-2.68
百元销售收入三项费用	（元/百元）	（元/百元）	（元/百元）
销售费用	0.6340	0.6023	0.0317
管理费用	1.6477	1.7122	-0.0645
财务费用	1.4222	1.5782	-0.1560

来源：据国家统计局数据整理

二、聚酯及涤纶行业运行的主要特点及分析

（一）聚酯涤纶行业利润同比下滑，涤纶短纤行业亏损

聚酯涤纶行业经济效益自三季度出现明显好转趋势，利润同比仍少于去年，而单月利润总额环比快速增加，但亏损企业亏损额同比仍有所增加。

表15　2013年1~11月聚酯涤纶行业利润

	收入（亿元）	同比增（%）	利润（亿元）	同比增减（亿元）	亏损（亿元）	同比（%）
2013年1~11月	3508.34	5.22	79.11	-7.1	23.36	21.69
2013年1~9月	2721.41	7.93	52.36	-15.95	21.02	4.39
2013年1~5月	1581.69	8.19	22.85	-12.16	16.14	36.84
2013年1~2月	526.06	3.75	8.01	-7.99	0.04	-56.99
2012年1~12月	3776.07	2.76	111.38	-91.31	16.81	235.76
2011年1~12月	4087.36	32.46	226.78	26.33	7.42	59.41
2010年1~12月	2783.77	30.89	167.01	111.28	5.88	-52.70
2009年1~12月	2120.68	-0.72	48.40	24.58	138332	-37.77

来源：国家统计局

2013 年，涤纶短纤行业经营状况恶化，大部分时间现金流都为负数，仅在第一季度经营状况相对较好，全年最高现金流也出现在第一季度。1~11 月，涤纶短纤平均现金流为-92 元/吨，最高为541 元/吨，最低为-299 元/吨。自3 月中旬开始，涤纶短纤行业长期处于集体亏损状态。下半年，涤纶短纤行情萎靡不振，价格围绕万元中心线小幅震荡，亏损幅度较上半年增大，11 月后，在涤纶短纤行业的集体努力下，亏损幅度虽有缩小，但仍未能扭亏。

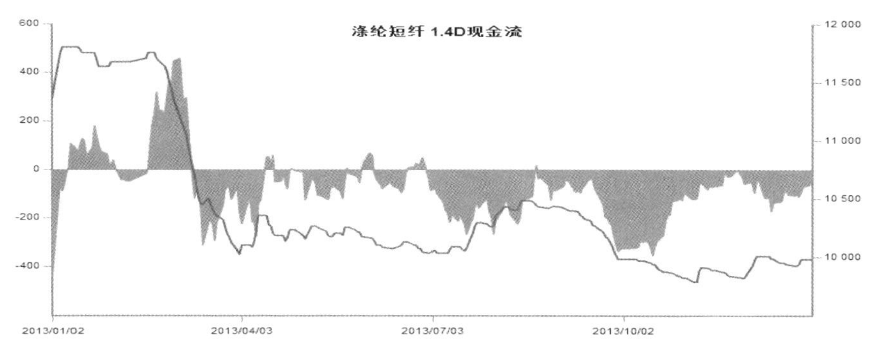

来源：中国化纤信息网

图 7　2013 年 1~11 月涤纶短纤价格和现金流走势图

2013 年1~11 月，涤纶短纤现金流多数时间处于负数状态，仅1 月和2 月为正。3~6 月现金流亏损在百元以内。7~9 月亏损幅度超过150 元/吨，10 月亏损幅度超过200 元/吨。

（二）涤纶短纤产能扩张仍处于合理区间

从行业发展周期看，2012 年及 2013 年行业都处于调整期。涤纶短纤受国内外棉花、棉纱、再生短纤、粘胶短纤以及自身新增产能的影响，行情处于近二年较差的水平。部分低熔点、色丝、中空、水刺针刺产业用差别化品种及功能化品种效益尚可，但占产量大部分的纺纱用棉型短纤品种仍在成本线上苦苦挣扎。

随着2010~2011 年涤纶短纤行业迎来高景气周期，市场投资热情再度被激发，2012 年，涤纶短纤行业迎来了新产能投产高峰，多套涤纶短纤新装置相继投产，全年新增涤纶短纤产能共计90万吨左右，因改造的涤纶短纤旧产能以及部分不可能再重启的淘汰产能总数较大，除去这部分产能，据中纤网 统计，2012 年涤纶短纤总产能较上一年新增17 万吨，行业总产能达到592 万吨。2013 年涤纶短纤行业产能继续扩张，全年新增产能50万吨，截止年底，涤短行业（原生）总产能达到627 万吨。

表16　2013 年涤纶短纤新投产项目

企业名称	投产时间	产能（万吨）	备注
仪征化纤	2013年5月	10	旧聚合，新增短纤纺丝线
福建经纬化纤	2013年11月	25	新装置
淄博岜山化纤	2013年9月	15	新装置安装完毕，未开车

来源：中国化学纤维工业协会聚酯及涤短专委会

（三）原料PX供应仍偏紧，PTA、MEG自给率仍在提升

上半年始终未真实投产的国内几套PX新装置——腾龙80+80万吨、彭州石化60万吨，再加上海南炼化的60万吨，累计280万吨的新产能，下半年PX市场来自供应面上的利空消息仍然积蓄着等待释放。

2013年上半年国内MEG新增一套MTO装置，宁波禾元50万吨装置的顺利投产也标志着我国MEG技术上的又一大突破。同时新疆天业5万吨煤制乙二醇投产也使得国内煤制技术产能升至85万吨/年，其中已有25万吨能顺利用于聚合级生产。截止至2013年6月底，国内MEG产能在480万吨/年，上半年累计产量为177.7万吨左右（包含煤制及甲醇制），较2012年增加34.5万吨左右，增幅达24.1%。下半年有将近78万吨新增产能将要投放，到2013年年底，MEG国内产能将升至560万吨左右，产能增速较去年明显上升。

由于2012年PTA产能大幅扩张，造成行业供需严重失衡，故而2013年PTA投产速度明显减慢。上半年仅在3月份的时候，台化宁波装置进行了一次去瓶颈改造，改造后产能扩张至120万吨。此外，在接近6月底的时候，海伦石化120万吨装置也开始进行去瓶颈项目，改造后同样能够增能20万吨/年。

截至2013 年6月底，国内PTA 产能3297 万吨/年，上半年累计产量为1212.4 万吨左右，较2012年增加243万吨左右，增幅达25%。而下半年有将近600万吨新增产能将要投放，预计到2013年年底，PTA国内产能将升至3907万

吨左右，产能增速较去年已有所放缓。

（四）下游需求不足，产量与出口增速下降

2013年，涤纶主要下游产品如化纤纱、化纤布、帘子布和非织造布的产量、同比均有所增加，使其对主要纺织原料涤纶的需求也在增加。从环比情况看，产量增速逐步下降。

表17　2013年1~11月化纤下游产量增长情况

名称	2013年1~11月同比（%）	2012年同比（%）	2011年同比（%）
纱	8.28	9.80	12.43
布	5.65	11.56	11.61
其中：色织布	6.01	-0.68	-1.83
其中：1.棉布	5.83	13.15	8.50
2.棉混纺布	6.16	11.23	18.54
3.化学纤维布	4.94	8.27	14.82
印染布	-2.47	-2.06	6.67
帘子布	12.27	23.08	15.27
非织造布（非织造织物）	11.54	10.16	14.70

来源：国家统计局

从纺织出口看，2013 年1~11月中国纺织品服装出口2653.47亿美元，同比增长11.6%，化纤制产品出口1175.05亿美元，同比增长12.11%，从表面情况看，出口金额都有两位数增长，但几个月徘徊不前，扣除价格及汇率因素，实际出口数量没有太多的增量。

表18　2013年1~11月全国纺织品服装出口情况表

	纺织品服装出口额（亿美元）	同比（%）	其中：化纤制产品（亿美元）	同比（%）
2011年1~9月	1861.71	24.25	829.61	30.91
2011年1~12月	2541.23	19.87	1114.18	26.72
2012年1~9月	1926.93	1.04	846.50	2.04
2013年1月	253.83	14.73	104.59	9.46

续表

	纺织品服装出口额（亿美元）	同比（%）	其中：化纤制产品（亿美元）	同比（%）
2013年1~2月	423.14	31.62	172.85	26.45
2013年1~3月	595.87	15.55	243.13	18.81
2013年1~4月	825.35	16.24	340.09	12.1
2013年1~5月	1061.94	13.55	442.93	10.69
2013年1~6月	1309.43	11.85	551.91	10.13
2013年1~7月	1592.7	12.49	680.33	11.35
2013年1~8月	1880.04	12.69	815.84	12.11
2013年1~9月	2153.11	11.74	944.04	11.52
2013年1~10月	2401.39	11.1	1059.25	11.23
2013年1~11月	2653.47	11.6	1175.05	12.11

来源：中国纺织工业协会统计中心

（五）贸易摩擦风险进一步加剧

由于近年中国聚酯涤纶产品（含再生）质量、品种与竞争力不断提升，出口量大幅增加，2013年1~11月，涤纶短纤出口总量为65.84万吨，同比增长7.10%，增幅稳定。欧盟于2013年12月19日立案对中国出口的聚酯短纤进行反补贴调查，调查期为2012年10月1日到2013年9月30日，涉案企业主要是国内涤纶短纤原生和再生企业，目前案件正在应诉中。

三、2014年行业运行预测

（一）宏观经济

1. 国内

2013年中国经济“稳增长”政策逐步见效，在保证经济增长率、就业水平等不滑出下限”、物价涨幅等不超出“上限”的合理区间内，保持了宏观政策的针对性和稳定性。预计GDP将增长7.6%，其中固定资产投资将增长20.1%，超过18%的预期目标，消费品零售总额增长13%，低于14.5%的预期目标，外贸出口增长8%左右，接近预期目标。

中央经济工作会议提出了坚持“稳中求进”的总基调，要“统筹稳增长、调结构、促改革”，要“继续实施积极的财政政策和稳健的货币政策”；会议提出“努力实现经济发展质量和效益得到提高又不会带来后遗症的速度”。

大力调整产业结构。要着力抓好化解产能过剩和实施创新驱动发展。

国内流动性总体仍然趋紧，融资成本难回落；

2．国际

2014 年世界经济仍将延续危机后期的发展特征，有可能面临更加大的波动性和不确定性因素影响。整体来看，需要关注以下几点：

（1）美国是否退出量化宽松政策，全球金融市场受其影响下的波动；

（2）日本经济受消费税上升影响，其经济增长前景不明，或拖累亚太地区经济表现；

（3）欧元区内部的政治协调、银行业联盟和劳动力市场改革掣肘了其经济表现，很难希望欧元区在2014 年有大的起色；

（4）新兴市场国家的结构调整和改革探索是否具有可持续性和其实际影响仍有待观望；

（5）发展中国家尤其是最不发达国家依然面临严峻的外部经济形势考验，在资金获得、市场占有和基础设施建设上仍有很多不确定性。

无论如何，对于企业或者市场参与者而言，2014 年全球宏观经济形势的变化仍会对聚酯行情起到较大的决定作用，需要密切关注和及时规避风险。

从国内外的经济环境来看将会为我国纺织化纤行业提供较为平稳的运行背景。

（二） 纺织

预期 2014 年纺织行业运行将保持平稳增长的发展态势。

（三） 原料

2014 年石油供求关系比较宽松，投机炒作力量可能会趋弱，地缘政治风险有望缓和，美元有可能逐步走强，因此判断国际油价将呈稳中趋降态势。随着 PX 新产能投产，有望打破 PX 价格坚挺的局面。

（四）棉花

取消棉花收储，以往“政策托底”的国内棉价将失去很大支撑。棉花滑准税上调，可能会对进口低价棉起到一定抑制作用，但难以改变棉市下跌的趋势。棉价下跌将会对化纤短纤造成一定压力。

（五）预测

综合以上多种因素，预计 2014 年聚酯及短纤行业仍处于调整期。

（1）市场：预计聚酯产品价格仍然低迷，呈现震荡的局面。

（2）产量：纺织品对化纤的需求仍会有一定增长，产量与2013 年相比仍会有所增长，预计全年增速6%～8%，涤纶短纤产能、产量增速合理，企业库存及开工率不会明显恶化。

（3）进出口：预计直接产品出口继续有所上升，进口小幅下降。

（4）经济效益：受多种因素的影响，2014 年涤纶行业利润率会略好于2013 年，全年利润在110 亿元左右，但一些差异化品种将不受影响，甚至会有高利润。

2013 年中国聚酯瓶片行业运行分析与 2014 年运行预测

中国化学纤维工业协会非纤用聚酯专业委员会　张凌清

在2012年瓶片市场供应饱和以及下游整体需求增速有限的情况下，2013年中国聚酯瓶片产能虽仍有增加，但相对较为理性。并且有一部分如恒力40万吨装置、恒逸上海25万吨大装置、裕华15万吨装置等选择常年开聚酯切片、而另一部分如海南盛之业、四川普什等装置全年开工率较低，故而新增的80万吨产能对市场构成的影响并没有预期那般强烈。四季度起，多套装置进入检修。2013年1~11月理论开工率虽在在69%的位置，但实际开工率能够在78.7%左右。

一、2013 年聚酯瓶片行业运行基本情况

（一）行情振荡下滑，但运行好于上年

2013年，市场面临的经济形势仍然严峻，又恰逢国内政府换届，宏观面上长期处于观望阶段，而虽欧债美债危机略减缓，但国内的债务危机又愈演愈烈。故而，开年以来聚酯各产品价格便一路震荡下滑。今年全年国内聚酯瓶片产能共增加80万吨，且基本都在三季度末四季度初投放，因此瓶片市场此方压力尚可，上半年基本呈现盈利状态，综合今年1~11月份现金流利润来看，亦基本持平于去年。今年1~11月份由中纤网测得聚酯水瓶片内盘1~11月份均价为10144元/吨，较去年年底下降365元/吨，其中相对高点为11500元/吨，相对低点为9375元/吨；出口现货均价为1421美元/吨（FOB中国主港），较去年年底下跌4美元，其中相对高点为1580美元/吨，相对低点为1302美元/吨。

上半年：宏观施压，瓶片走弱。

2013年上半年中，1~2月中旬市场高位整理，而2月中旬至6月底行情则急转直下后，保持震荡走弱。但年后聚酯产销开始明显下滑，外围偏空、油价连跌、原料走弱、MEG出现逼罐问题等，市场信心明显受到打击，瓶片跟随出现急跌，内盘重心在一个多月时间内重挫逾1500元/吨。二季度开始，PTA工厂连

续的限产行动开始收效，PTA价格逐步走入震荡整理通道，再加上5月初外围暖风频吹致使聚酯产销逐步提升，聚酯瓶片市场也跟随调整。在盘整了接近两个月之后，随着市场库存的增大，6月聚酯瓶片重心再度出现阴跌的情况，至6月底，内盘水瓶片成交重心跌至9500元/吨（出厂）。

下半年：供需矛盾放大，成本带动上涨。

下半年7月~11月间，瓶片价格整体跟随原料呈现先扬后抑走势。

7月开始，叙利亚、埃及局势紧张，原油库存大幅下降等种种利多因素炒作下，油价大幅上冲。MEG在空单回补需求、市场翻多人士逐步增多等刚需因素影响，价格持续水涨船高。而8月又有多套PTA装置检修。瓶片成本高企，再加上7~8月又是瓶片的传统旺季，需求支撑较足。故而，瓶片重心逐渐攀升至10200元/吨（出厂）附近。

8月中旬开始，油价多呈跌势；而9月瓶片又步入淡季，需求减弱；同时瓶片两套新装置的升温使得市场供应增多，厂家信心削减；再加上9月因季末资金压力致使聚酯产品低价套现现象层出不穷。多方影响下，聚酯瓶片再度震荡下行，即使10~11月市场多套装置陆续检修，亦难以转变其下跌趋势。

11月上旬，第十八届三中全会召开，会议前期及中期，宏观偏稳，聚酯瓶片一方面由于前期亏损严重，另一方面下游低位不断出现大单补货，厂家乘机拉涨。但由于原料市场缺乏支撑，回弹力度并不大，重心至9600元/吨（出厂）后再度僵持，月末走弱至9400~9500元/吨（出厂）。

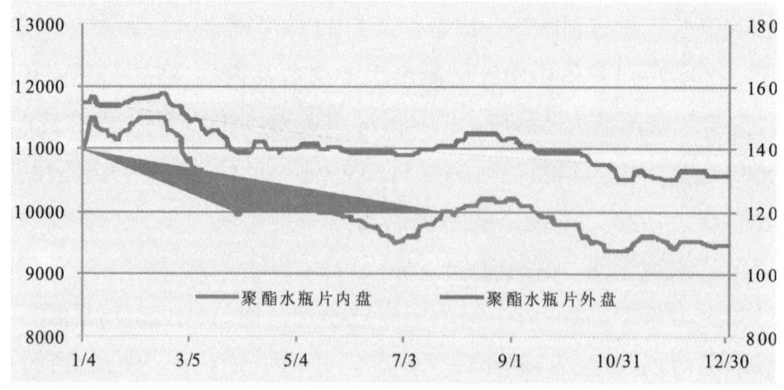

来源：中纤网

图1　2013年1~12月聚酯瓶片市场价格走势变化

（二）聚酯瓶片产量、产能

2013年1~12月，中国聚酯瓶片年总产量为533.1万吨。2013年随着今年投放的新增产能顺利运行，平均月产量较去年同期有所提高；全年月平均生产能力在44.4万吨以上；2~3季度行业旺季内，月平均生产能力已近50万吨；第四季度开始，由于行业淡季的来临，部分厂家开始减停产，但同时又有新产能的投入，故而，生产负荷方面变化较去年相对平缓，其中相对开工较低的11月份也仍有56%，较去年同期上升了3.1%。

表1　2013年1~12月中国聚酯瓶片产量统计

月份	1月	2月	3月	4月	5月	6月	7月	8月	9月	10月	11月	12月
产量（万吨）	36.6	36.9	43.6	49.0	51.8	50.3	49.5	46.7	49.0	44.0	34.6	41.1
开工率（%）	64.0	71.7	76.0	88.3	90.0	90.5	86.1	81.2	88.2	73.7	56.0	67.8

来源：中纤网、协会非纤用聚酯专委会

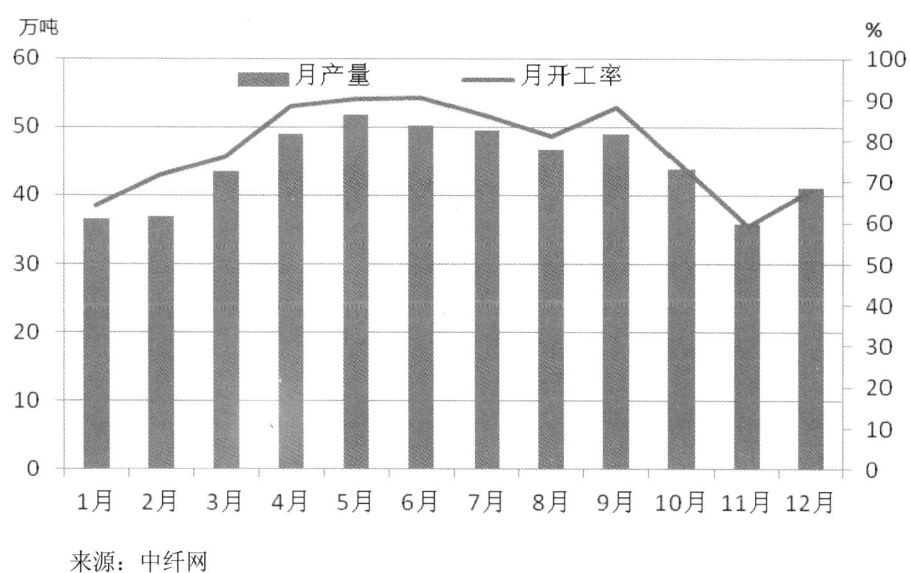

来源：中纤网

图2　2013年1~12月中国瓶片单月产量和开工率

表 2　2013 年底中国聚酯瓶片有效产能

公司名称	产能（万吨/年）	备注
江苏三房巷集团	150	2013年新上30万吨
华润化工控股有限公司	130	其中珠海30万吨
中石化仪征化纤股份有限公司	40	
中石化海南盛之业高新技术有限公司	24	2013年7月起已全停
浙江万凯新材料有限公司	65	
珠海裕华聚酯有限公司	15	未开瓶片
远纺工业（上海）有限公司	55	
广东泰宝聚合物有限公司	40	
江苏恒力化纤股份有限公司	40	未开瓶片
上海恒逸化纤有限公司	25	
四川省宜宾普拉斯包装材料有限公司	15	
腾龙特种树脂（厦门）有限公司	24	
逸盛石化（海南）	50	
宁波SK振邦化学有限公司	15	
江阴澄高包装材料有限公司	20	2013年底前旧厂搬迁停车
中石油辽阳石油化纤公司	10	
南亚聚酯长纤（昆山）股份有限公司	15	
广州泛亚聚酯有限公司	26	
新疆蓝山屯河聚酯有限公司	6.5	
合计	765.5	

来源：协会非纤用聚酯专委会

（三）聚酯瓶片进出口

2013 年，聚酯瓶片出口 177.74 万吨，同比增加 43.14%，占聚酯切片出口量的 90.49%。日本仍是最大接受市场，交易量为 23.74 万吨，同比增加 20.90%，占聚酯瓶片出口总量的 12.08%，位居第一；对土耳其出口 7.20 万吨，同比大增 333.53%，增幅居首，但仅占聚酯瓶片出口总量的 4.05%；对乌克兰、俄罗斯和埃及分别出口 10.89 万吨、8.90 万吨和 7.10 万吨，分别占 6.12%、5.0%和 4.0%。对美国的出口同比增加 4.4%，为 7.96 万吨。

表 3　聚酯瓶片分国别或地区出口

	出口数量（吨）			出口金额（万美元）		
	2013 年	去年同期	同比	2013 年	去年同期	同比
总计	1777447.0	1241723.3	43.14%	252596.8	175962.4	43.55%
日本	237404.7	196369.4	20.90%	33801.4	27662.4	22.19%
乌克兰	108920.0	97227.0	12.03%	15576.4	13887.5	12.16%
俄罗斯	89078.7	69675.6	27.85%	12474.7	10029.8	24.38%
美国	79682.0	74666.5	6.72%	11522.8	10850.4	6.20%
土耳其	71979.2	16603.0	333.53%	10249.2	2274.3	350.65%
埃及	71047.1	40718.0	74.49%	10075.3	5655.0	78.17%
印度尼西亚	60186.7	29270.7	105.62%	8440.2	4317.3	95.50%
菲律宾	55517.3	45972.2	20.76%	7770.3	6326.5	22.82%
秘鲁	51687.0	25123.1	105.73%	7405.6	3646.7	103.07%
克罗地亚	50782.0	51987.0	-2.32%	7145.6	7241.8	-1.33%

来源：据海关总署数据整理

聚酯瓶片出口贸易方式以加工贸易为主，占出口总量的 99.40%，其他贸易方式的出口量很少。

表 4　聚酯瓶片分贸易方式出口

	出口数量（吨）			出口金额（万美元）		
	2013 年	去年同期	同比	2013 年	去年同期	同比
总计	1777447.0	1241723.3	43.14%	252596.8	175962.4	43.55%
一般贸易	6829.1	5545.2	23.15%	1133.0	769.1	47.30%
加工贸易	1766803.7	1233018.0	43.29%	250852.4	174622.9	43.65%
其中：来料加工	0.0	3948.0	—	0.0	657.8	—
进料加工	1766803.7	1229070.0	43.75%	250852.4	173965.1	44.20%
保税区	3779.4	3026.4	24.88%	606.3	550.6	10.13%
其中：仓储进出境	62.5	0.0	—	13.7	0.0	—
仓储转口	3717.0	3026.4	22.82%	592.6	550.6	7.63%

来源：据海关总署数据整理

2013年聚酯瓶片出口能力显著提升，1~12月总出口量达177.79万吨，已较去年全年增加53.6万吨，出口报关均价为1424美元/吨。由于国内市场趋于饱和，今年瓶片在出口方面大做文章，除了2月份外，基本每月的增幅都相当明显。其中7月的同比增幅达到98.98%，几乎较去年同期翻了一番，而当月19.3万吨的出口总量更达到全年之最，也是至今为止的历史最高点。全年已有8个月月出口量在15万吨以上的，说明我国瓶片国际市场竞争力明显提升。

表5　2013年1~12月中国瓶片单月进出口数量及单价

	进口数量（万吨）	平均单价（美元/吨）	出口数量（万吨）	平均单价（美元/吨）
1月	0.24	1882	10.5	1427
2月	0.28	1676	9.81	1501
3月	0.28	1902	16.3	1532
4月	0.23	1967	15.7	1468
5月	0.39	2001	17.3	1419
6月	0.32	1869	15.8	1400
7月	0.37	1934	19.28	1387
8月	0.33	2107	16.1	1395
9月	0.39	1966	13.32	1424
10月	0.32	2027	12.6	1405
11月	0.31	1858	15.1	1375
12月	0.32	2028	16.1	1356
合计	3．80	1935	177.74	1424

来源：据海关总署数据整理

2013年1~12月瓶片总产量为533.1万吨，总出口量为177.9万吨，出口比重占了近33.3%，较去年全年的30.6%增长了2.7个百分点。产能扩张后的中国瓶片市场在内需不足以消耗的情况下，对于国外需求的依赖性明显提高。

表 6　2009~2013 年以来聚酯瓶片出口情况

月/年	出口量（万吨）					2013/2012 年增幅（%）
	2009 年	2010 年	2011 年	2012 年	2013 年	
1 月	4.2	4	3.9	6.7	10.5	56.72
2 月	4.3	3	5.8	8.3	9.81	18.19
3 月	5.4	6.5	10.4	13.1	16.3	24.43
4 月	6.4	7.8	10.8	10.31	15.7	52.43
5 月	6.2	8.7	10.1	9.74	17.3	78.35
6 月	5.8	6.2	11	10.21	15.8	54.90
7 月	5.9	5.6	9.4	9.72	19.3	98.97
8 月	4	6.3	7.5	9.64	16.1	67.71
9 月	3.8	6.7	6	10.9	13.3	22.02
10 月	4.7	6.4	5.4	9.3	12.6	35.48
11 月	3.9	6.3	7.3	13.3	15.1	13.53
12 月	4.6	3.3	8	13.1	16.1	22.90
合计	59.2	70.8	87.6	124.32	177.74	43.0

来源：据海关总署数据整理

（四）聚酯瓶片行业利润

2013年上半年，宏观偏弱、原料整体不振，但瓶片内需由于下游提前签单等因素相对尚可，而外需则增长明显，因此，两相对冲下，瓶片市场除去1月份，基本处于盈利的阶段。从6月中开始，情况出现反转，成本压力增大，瓶片出现亏损。

长期以来，聚酯瓶片市场以有别于涤纶化纤行业的销售模式而独立于聚酯圈内。因其终端产品的季节因素性，淡旺季特征极为明显，使得其刚性需求更为恒定，买方市场也易于掌控自己的采购时期，大部分为波段式采购，造成了瓶片供应商在定价权上的被动立场。相比涤纶化纤市场多在7~10天左右的一个备货周期，处在快消领域内的饮料行业备货周期往往会被拉长至1~2月，有些大厂诸如可口可乐、百事可乐等的备货期甚至会提前一个季度以上。由此也造成了瓶片工厂在售出大单时对于价格的把握上包含了更多的预测性，一旦行情出现大幅暴涨的情况，低价出单、高价成本结算的双重压力轻易就能让一家瓶片厂家归还全年所得的每一滴利润。

另一方面，从成本转嫁的力度来看，化纤行业也要远大于瓶片行业。瓶片价格每上涨千元，以500mL左右的瓶坯来计，相当于转嫁了0.14元的成本压力，而这0.14元再向饮料消费者传导，如果不是物价进一步哄抬，饮料售价明确上涨，这0.14元则将由吹瓶厂或者饮料厂家来埋单。而鉴于现阶段瓶片市场的话语权落在上下游，故而瓶片生产厂家无疑成为了被动的埋单者。

2013年聚酯水瓶片工缴较去年减少200元左右，因此，通过修正后，今年1~11月现金流从去年整年的-57.1元/吨上升为-32.0元/吨，虽依然处于亏损状态，但有有好转迹象。1~11月平均月合同利润为-411.9，较去年稍有好转，但极为微小。2013年聚酯水瓶片现金流利润在1月下旬~6月上旬表现较好，逾5个月时间内平均盈利约130.7元/吨，但之后市场由于成本压力以及宏观经济状况欠佳而持续亏损，其中10月份亏损为303.9元/吨，成为今年行业盈利相对比较艰难的一个月份，当月的合同利润也是全年垫底。

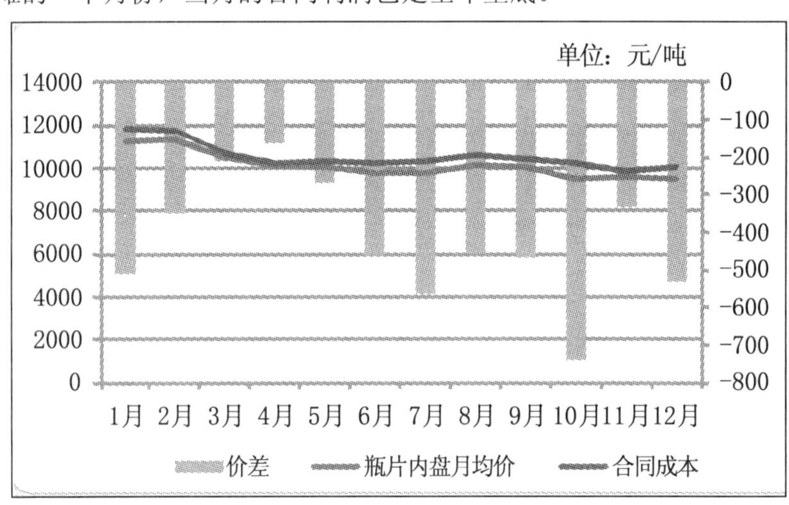

注：取PTA/MEG中石化结算价及中纤网聚酯水瓶片月均价进行测算。

来源：中纤网

图3 2013 年聚酯水瓶片月合同成本利润图（单位：元/吨）

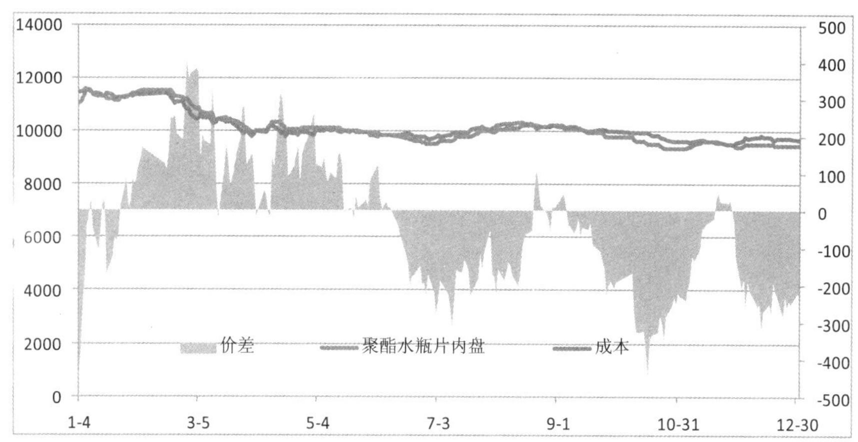

注：取现货 PTA/MEG 日均价进行测算。

来源：中纤网

图 4　2013 年聚酯水瓶片现金流利润图（单位：元/吨）

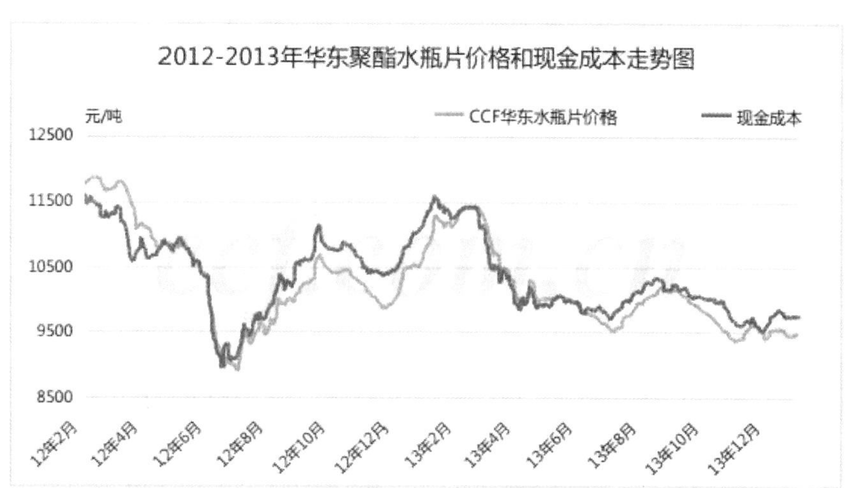

来源：中国化纤信息网

图 5　2012~2013 年华东聚酯水瓶片价格和现金成本走势图

（五）聚酯瓶片国内需求

2013年聚酯瓶片内需增长不及预期。据中国化纤协会非纤用聚酯专业委员会统计，全年聚酯瓶片产量为533万吨，全年出口178万吨，进口3.8万吨，那么表观需求仅344万吨（2011年内需304万吨，2012年表观需求为330万吨）。

2013年除3月及5月外，我国的居民消费价格指数（CPI）基本处于稳定增长状态，但软饮料人均饮料消费量尚低于世界平均水平，随着人民生活水平的不断提高、消费能力的增强，软饮料市场将继续扩大，并步入一个新的发展时期，迎来更好的发展前景。当然，产品结构也将进一步调整。目前软饮料行业以瓶装水、茶/果蔬汁/功能性饮料、碳酸饮料为主体，其中前两者倚靠健康型饮料继续为市场发展所推崇。

表7　2009~2013年1~10月聚酯瓶片各相关下游饮料生产总量

单位：万吨

年份	2009年	2010年	2011年	2012年	2013年1~10月
总产量	8086	9984	11800	13024	12478
增长率	25%	18%	22%	12%	12%
瓶装水	3159	4250	4789	5563	5637
增长率	24%	22%	13%	19%	15%
茶/果汁/功能饮料	2737	3503	2405	2422	—
增长率	31%	28%	-31%	-6%	—
碳酸饮料	1254	1265	1606	1311	1411
增长率	9%	1%	27%	-1%	17%

来源：国家统计局

2013年，我国食品饮料行业虽然仍有不和谐音符出现，比如水质达标问题等等，但整体增长幅度并没有回落太多。1~10月份总产量在1.25亿吨附近，同比增幅保持在12%附近。其中瓶装水的比例仍然较高，增幅也相对集中在瓶装水生产上。但今年的碳酸饮料的增长幅度较去年有明显好转，是所有软饮料产品中增幅最大的一个，这也与今年炎热的天气有部分关系，而果汁及功能性饮料情况类似去年。

正是借由国内饮料行业如此向上的增长力，我国聚酯瓶片行业的内需消化能力亦在逐年扩大，2007年以前，我国内需增长率保持在15%以上的水平；2007年后，年增长率开始逐步放大至20%附近。但是从去年起，随着饮料行业增长率的回落，我国聚酯瓶片内需增长率也迅速回落，尤其在大幅扩产以后，今年内需压力可见一斑，1~12月的内需总量在344万吨，全年内需增长率仅为4.2%左右。

表 8　2009~2013 年聚酯瓶片表观消费量

单位：万吨

年份	2009年	2010年	2011年	2012年	2013年
产量	273	339	401	467	533
进口量	3.3	2.0	2.1	3.4	3.8
出口量	59.2	70.6	95.5	124.2	177.74
内需量	210	260	304	330	359.16
内需增长率	23.5%	23.8%	16.9%	8.6%	8.7%

来源：中纤网

从消费类型来看，2013 年聚酯瓶片仍然主要消耗在饮料灌装上，其中瓶装水包装用量预计在累计达 160.4 万吨，占内需消耗总量的 47%，较去年同比减小 1%；热灌饮料包装用量约为 66 万吨，约占内需消耗总量的 19%，较去年同比预期减少 1%；碳酸饮料包装用量上升，预计总量为 47.9 万吨，占内需消耗总量的 14%，较去年同期上升 1%；食用油包装用量有所上升，约为 26 万吨左右，占内需消耗总量的 8%，较去年同期上升 1%；此外，胶片用量约为 40 万吨，占内需消耗总量的 12%。

从区域消费能力来看，2013年华东地区内需消费量预估为136万吨，占全国消费量的39%左右；华南地区内需消费量预计为126万吨，占全国消费量的36%左右；华北地区内需消费量预计为51万吨，占全国消费量的15%左右；华中/华西地区内需消费量约为34万吨，占全国消费量的10%左右。整体分布量较去年变化不大。而相比全国聚酯瓶片产能分布，华南地区的缺口已经基由去年加上今年三套大装置的投产所弥补，这也促成为未来几年新增产能向中、西部地区转移的一部分原因。

（六）聚酯瓶片库存

据中国化纤工业协会非纤用聚酯专业委员会测算，年底社会库存虽有下降，即便以半个月的合理库存核算，社会库存取 35 万吨左右，属正常水平。由于各企业操作风格不一，库存和资金状况各异，工厂销售策略和心态也有所差异，总体弱势心态仍在。

二、影响行业平稳运行的主要因素

（一）以出口为主导，产能扩张太快

江苏省目前依然是我国瓶片最为集中的生产地，三房巷由于今年一套30万吨/年的新装置的投产，总产能上升至160万吨/年，为业内老大。今年海南逸盛凭借一套50万吨新装置一举成为产能较大的几大厂家之一，但由于投产较晚，尚未能加入大单竞争。江苏恒力的40万吨产能今年则持续产聚酯切片。而扬州宝生15万吨装置在11月底点火，目前新料并未稳定入市。

表9　2013年国内聚酯瓶片新增产能装置一览表

单位：万吨

企业名称	新增产能	投产时间	备注
江阴三房巷	30	9月	新装置，初期可能生产一小段时间切片
海南逸盛	50	9月	新装置
扬州宝生	15	第四季度	原常州华润老装置
安阳龙宇	30	第四季度	新装置
2013年合计	**125**		

来源：中纤网

由于去年华南地区新增60万吨的产能，华南市场供应情况已过饱和，再加上今年逸盛在海南投产的一套50万吨/年的装置，其另外50万吨的产能也将于2014年年初投放。未来行业在投产区域性选择方向上，也将逐步向中、西部地区转移。近两年，国家开始着力资助中、西部地区的工业化生产，除了一些政策上的优惠措施，中、西部地区目前正在兴建一批大型石化项目配套PTA生产线、以及煤制乙二醇装置，后期该类型原料厂家的配套聚酯生产线也会首选聚酯瓶片项目。但由于瓶片市场去年产能投放太集中，市场消化力度不够，故而部分原先将于今年投产的新装置纷纷选择延期，如重庆蓬威、四川晟达等，再加上后期远纺扬州项目、澄高江阴扩能项目已经上马，而逸盛在宁波及大连还有各配套的50万吨瓶片项目有待竣工，我国瓶片产能全球霸主的地位依然难以撼动。

未来，国内仍然将引来进一步的产能放大，预计到2015年，我国聚酯瓶片有效产能将上升至1200万吨/年以上。

表10　2014年后预计新增产能表

单位：万吨

企业名称	新增产能	预计投产时间	备注
海南逸盛	50	2014年Q1	新装置
珠海华润	30	2014年Q2~Q3	新装置
重庆蓬威	30	2015年	新装置
扬州远纺	85	2015年	新装置，其中40万吨转移到台湾地区投产，大陆只投45万吨
江阴澄高	70	2015年	新装置
广东泰宝	60	2015年	新装置
厦门腾龙	50	2015年后	新装置
四川晟达	30	2015年后	新装置
2014年计划新增	80		
2014年后计划新增	325		

来源：中纤网

（二）瓶级聚酯消费结构可在片材等市场进行探索

片材市场是瓶级聚酯一个潜在的市场，日本每年进口约40~45万吨水瓶片全部用于生产以包装电子产品为主的片材。而目前我国的片材市场还在大量使用PVC材料，由于PVC材料会分解出有毒的邻苯二甲酸甲酯，因此随着国际社会对环保要求的提高，对用PVC材料包装的产品征收的环保回收费用会比用PET材料包装的产品征收的环保回收费用高100%。我国出口到发达国家的产品包装已逐渐升级到PET片材包装，但出口到非发达国家和国内内销产品的包装还在大量使用PVC片材，因为PVC产品相较PET产品价格低廉，例如2013年PET均价大致在10507元/吨左右，而PVC全年均价仅在7500元/吨上下，价格上非常有竞争力。目前市场上中等厚度（0.3~0.5mm）片材的利润空间非常小，相对而言，厚度在0.6mm以上的厚片有较好的利润空间，一般情况下，生产中等厚度的片材均使用水瓶片。随着国家对环保的重视，可以预见不久的将来PVC产品将被淘汰，届时PET片材需求将从目前的约40万吨/年上升至50万吨/年。虽然有些片材生产商会采用回收料来降低生产成本，但这些低档产品不能完全满足下游客户的需求。

（三）原料价格波动影响瓶片行情

据中纤网分析，自2010年起，原油价格的起落与聚酯大盘走势的相关性便在逐年下降。2009年瓶片内盘全年价格与WTI全年价格相关系数高达0.8，但2010年，随着行业金融属性的进一步上升，与基本面上端的原油产品相关度明显减弱。2010年水瓶片内盘全年价格与WTI全年价格相关系数降至0.51。2011年，受四季度背离走势影响，相关系数直降为0.08。进入2012年后，WTI与水瓶片价格的相似性再度提升至0.83；而2013年1~10月，WTI与聚酯瓶片价格的相关系数仅为-0.23；但如今作为国际原油专业风向标的布伦特价格，与聚酯瓶片价格的相关系数仍能在0.55附近，其中上半年的相关性高达0.88。

而PTA等原料价格波动仍影响瓶片行情：由于瓶片价格和PTA市场具有很强的相关性，所以PTA市场的波动导致瓶片市场的不稳定，增加了企业的经营风险。从价格走势来看，瓶片市场走势基本等同于PTA市场，上半年一路震荡向下，但下半年由于聚酯瓶片明显的旺季特征，波动幅度相对较大。

2013年上半年，MEG走势基本等同于之前数个“上半年”走势，背负着罐区库存持续偏高的压力，始终处于振荡下行的状态。煤制乙二醇无法真正聚酯化量化生产，使得MEG市场进口依存度持续保持在高位，由此带来的贸易商“上半年”囤货热情高涨永远是近年来每一个“上半年”市场重心走弱的主要原因。而进入下半年，虽然今年没有了2012年亚洲装置大规模的“检修事件”，但因为罐区库存的减小，三季度MEG仍然迎来了一定的反弹，当然力度远远小于供应量大幅下降的去年；故而四季度起，MEG市场在外围趋势下，再度走弱。

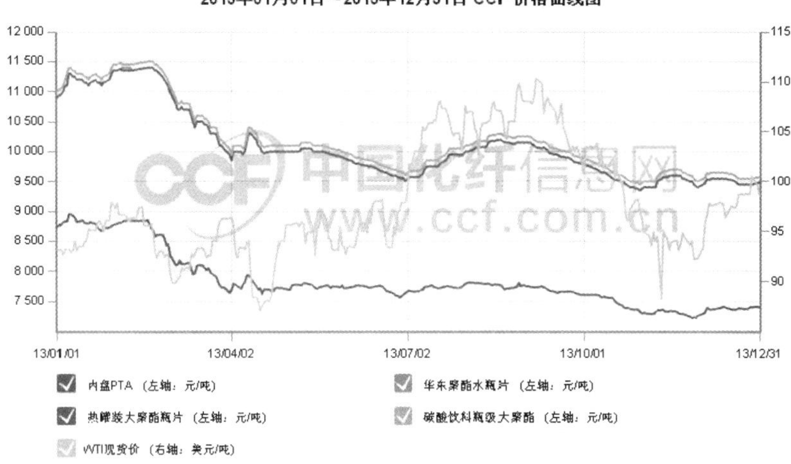

来源：中国化纤信息网

图 6　2013 年原油/PTA/瓶片价格走势图

三、2014年聚酯瓶片行业运行预测

（一）近期展望

中国聚酯瓶片的未来发展仍然维持净出口型形态，并且随着国内产能的过剩，出口所占比重也将持续增加。但其实中国聚酯瓶片在生产成本方面不具有明显的成本优势，因为瓶片生产与纤维生产不一样，不是劳动力密集型的。

反观近两年异军突起的中东军团，其在人力成本以及原料成本上的双重优势让话语权极其微弱的国内瓶片工厂望洋兴叹。近两年，中东地区仍有接近95万吨的产能将被投放，与国内市场的竞争也将愈演愈烈。

由近两年我国出口方向的转移不难看出，应对愈发严峻的国际市场，已经有企业针对性地去开发全新的出口领域。纵观目前全球的消费市场，南美洲、东欧南非及中东地区仍需依靠一定量的进口，但中东地区自身扩产较快，目前已经在逐步地从进口依赖型转变为出口型地区，此外，按照2004年11月中国与东盟自由区签署的《货物贸易协议》，中国和东盟六国间（东盟老成员：文莱、印尼、马来西亚、菲律宾、新加坡和泰国）的协定关税将逐年内降低，最终在2012年1月1日降为零。这无疑为在价格上存在较大优势的中东料进入中国市场提供有利的销售条件。

当然，由于东盟《货物贸易协议》是双向的，故而对于国内的生产厂家也不失为一个新的出口方向，2011年去往马来西亚的出口量已明显上升，菲律宾、新加坡和泰国的出口量也出现了小幅增长。

此外，南美及东欧仍将会是未来两年内我国瓶片出口的主攻方向，但欧盟反倾销及REACH法规的存在仍将是制约中国出口到欧盟国家的主要阻力。同时作为中国近两年来主要的出口输送国之一，日本REACH法规的推行，也或将会对我国出口市场形成一定冲击。而南非地区则在今年异军突起。

由此可见，在欧美经济形势并不明朗的未来两年内，瓶片出口市场想要保持今年较为客观的增长量，难度不小。

（二）对2014年瓶片行业预测

宏观面，十八届三中全会后，国内改革预期继续，国外宽松依旧，似也难见大跌势头。预计短期聚酯瓶片仍将维持稳中小幅波动走势。

市场：随着经济的回升和饮料等下游产业的回暖，预计瓶片市场将恢复正常的季节性规律，总体呈前低后高走势。

产量：预计2014年聚酯瓶片产量380万吨，增长15%左右。

出口：预计2014年聚酯瓶片出口量230万吨，增长30%左右。

经济效益：预计聚酯瓶片行业2014年利润总额达10～12亿元，增长12%。

2013 年中国锦纶行业运行分析与 2014 年运行预测

中国化学纤维工业协会锦纶专业委员会　邓　军

2013 年锦纶行业运行总体情况是：产量大幅增长，进口基本持平、出口大幅增长，利润继续增长，运行质量略微好转。

1、供求关系

表 1　2013 年锦纶供需情况分析表

单位：万吨

	2013 年	2012 年	同比
供应总量	214.07	198.93	7.61%
其中：产　量	211.00（预测）	181.46	16.28%
进口量	17.17	17.47	-1.72%
出口量	14.10	12.05	17.01%

资料来源：国家统计局、中国海关总署

2013 年 1~12 月锦纶产量继续保持大幅增长，预计完成产量 211.0 万吨，同比增加 16.28%。锦纶进口 17.17 万吨，比上年同期小幅下降 1.72%；锦纶出口 14.10 万吨，同比大幅增加了 17.01%，因此 2013 年锦纶供应总量预计为 214.07 万吨，同比增加了 7.61%。

表 2　2013 年 1~11 月锦纶纤维分省市生产情况

单位：吨

地　　区	2013 年 1~11 月	同比（%）	占总量比例（%）
全　　国	1936738	15.19	
江苏省	634883	17.82	32.78
福建省	564950	25.39	29.17
浙江省	453927	14.82	23.44

续表

地　　区	2013年1~11月	同比（%）	占总量比例（%）
河南省	103156	-0.79	5.33
广东省	54804	-7.98	2.83
安徽省	32260	-7.26	1.67
山东省	31813	-19.17	1.64
湖南省	25730	25.41	1.33
江西省	16580	-19.21	0.86
上海市	9364	8.95	0.48
四川省	5389	-12.40	0.28
辽宁省	3882	24.26	0.20

资料来源：国家统计局

从锦纶纤维分省市生产情况看，江苏省锦纶产量达到63.49万吨，比去年同期大幅提高了17.82%，占全国总产量的比例为32.78%；其次是福建省，产量为56.50万吨，比去年同期大幅提高了25.39%，占全国总产量的29.17%；浙江省锦纶产量退居第三位为45.39万吨，比去年同期增长了14.82% 。

排在前三位的江苏、福建、浙江三个省的锦纶产量之和占全国锦纶总产量的85.39%，锦纶生产继续加速向这三个地区集中。

其余省份中湖南、上海和辽宁的锦纶产量有不同幅度的增加，其他省市的锦纶产量均有不同程度的下降。

2、锦纶产品及原料进口情况

表3　2013年锦纶原料进口情况

品　种	数　量（吨）	同比	金　额（万美元）	同比
己内酰胺	452889.2	-35.90%	107591.8	-40.68%
聚酰胺切片	913576.3	7.52%	284819.2	3.42%
尼龙66盐	9621.0	-2.78%	2091.0	-16.30%

资料来源：据海关总署数据整理

锦纶原料进口情况：己内酰胺的进口量为45.29万吨，同比大幅度下降了

35.90%。主要原因是巴陵恒逸石化、山东海力化工、山东方明化工、湖北三宁化工等装置的投产，大大增加了国内己内酰胺的供应，导致进口己内酰胺的大幅度下降。

锦纶纺丝新装置的陆续投产加大了对聚酰胺切片的需求，增加的需求量主要通过长乐力恒、锦江科技、义乌华鼎等新增产量供应，还有少部分通过进口弥补。2013 年聚酰胺切片的进口量为 91.36 万吨，同比增加了 7.52%。

由于锦纶 66 产品链价格较高，下游接受较困难，导致锦纶 66 产品的消费市场不振，行业开工率下降，对原料的需求也随之减少，2013 年共进口尼龙 66 盐 9621 吨，同比小幅下降了 2.78%。

表 4 己内酰胺分国别或地区进口

	进口数量（吨）			进口金额（万美元）		
	2013 年	去年同期	同比	2013 年	去年同期	同比
总计	452889.2	706546.9	-35.90%	107591.8	181370.5	-40.68%
俄罗斯	113388.0	169358.0	-33.05%	26610.7	43331.4	-38.59%
日本	108985.9	118759.0	-8.23%	26282.2	30456.4	-13.71%
墨西哥	46482.0	52040.5	-10.68%	11055.4	13467.2	-17.91%
比利时	41323.3	55910.0	-26.09%	9940.4	14211.2	-30.05%
美国	31480.9	94203.0	-66.58%	7423.1	23739.8	-68.73%
白俄罗斯	28525.7	41948.6	-32.00%	6746.8	10846.2	-37.80%
波兰	24860.0	31300.0	-20.58%	5741.5	8088.5	-29.02%
荷兰	20700.1	35306.6	-41.37%	5006.1	9079.5	-44.86%
泰国	16992.0	22016.0	-22.82%	4059.1	5484.3	-25.99%
台湾地区	8710.0	5632.0	54.65%	2038.6	1367.8	49.05%

资料来源：据海关总署数据整理

2013 年，己内酰胺从主要国家和地区进口全部有不同程度下降，进口总量为 45.29 万吨，同比减少 35.90%。其中，从俄罗斯、日本、墨西哥、比利时、美国和白俄罗斯进口量分别大幅减少 33.05%、8.23%、10.68%、26.09%、66.58%和 32.00%。

表5 聚酰胺切片分国别或地区进口

	进口数量（吨）			进口金额（万美元）		
	2013年	去年同期	同比	2013年	去年同期	同比
总计	913576.3	849662.7	7.52%	284819.2	275404.7	3.42%
台湾地区	332041.2	310835.0	6.82%	91861.6	89075.9	3.13%
美国	97228.5	90252.8	7.73%	31082.6	29744.9	4.50%
韩国	81397.7	79819.3	1.98%	25597.9	26178.1	-2.22%
德国	47239.4	48405.1	-2.41%	17745.4	18602.4	-4.61%
俄罗斯	42175.3	37900.3	11.28%	10384.9	9070.6	14.49%
中国	39835.9	46273.7	-13.91%	15414.1	17431.5	-11.57%
日本	35901.1	36287.7	-1.07%	18607.9	19342.3	-3.80%
加拿大	35280.9	22462.7	57.06%	11325.8	7495.0	51.11%
泰国	34117.8	33989.3	0.38%	9629.1	10344.8	-6.92%
新加坡	28145.3	19807.7	42.09%	10100.4	7850.4	28.66%

资料来源：据海关总署数据整理

2013年，聚酰胺切片进口总量为91.36万吨，同比微增7.52%。其中，最大进口来源地是台湾地区，进口33.20万吨，同比略增6.82%，占进口总量的36.35%；从美国和韩国进口分别增加7.73%和1.98%；国货复进口量减少13.91%，占进口量的4.36%。

表6 锦纶长丝分国别或地区进口

	进口数量（吨）			进口金额（万美元）		
	2013年	去年同期	同比	2013年	去年同期	同比
总计	161592.8	164018.5	-1.48%	67861.9	66565.1	1.95%
台湾地区	88461.3	86389.3	2.40%	33204.7	31610.5	5.04%
韩国	13408.4	18917.1	-29.12%	6639.3	7988.7	-16.89%
越南	13283.9	13317.7	-0.25%	4368.8	4230.3	3.27%
马来西亚	9154.7	9294.0	-1.50%	2828.7	2989.7	-5.39%
中国	8242.3	7725.6	6.69%	3973.1	3484.5	14.02%
美国	7241.5	6417.7	12.84%	3766.0	3402.2	10.69%
泰国	5889.9	4290.7	37.27%	3246.1	2252.4	44.12%
日本	5845.3	4100.5	42.55%	4432.8	3436.5	28.99%
意大利	2511.6	2141.7	17.27%	1299.0	1084.5	19.78%
印度尼西亚	1992.4	3045.3	-34.58%	842.6	1405.5	-40.05%

资料来源：据海关总署数据整理

2013 年，锦纶长丝进口总量为 16.16 万吨，同比减少 1.48%。台湾地区是最大进口来源地，进口量为 8.47 万吨，同比小幅增加了 2.40%，占进口总量的 54.74%；韩国超越越南位居第二，进口 1.34 万吨，同比减少 29.12%，占进口总量比例为 8.30%；从越南进口量同比下降 0.25%，占进口总量 8.22%，跃居第三位，从美国进口量同比增长 12.84%，仅占总量为 4.48%，占比较小。

表 7　锦纶长丝分贸易方式进口

	进口数量（吨）			进口金额（万美元）		
	2013 年	去年同期	同比	2013 年	去年同期	同比
总计	161592.8	164018.5	-1.48%	67861.9	66565.1	1.95%
一般贸易	94355.8	93308.0	1.12%	37880.3	37923.0	-0.11%
加工贸易	55179.3	61253.5	-9.92%	25853.7	25129.8	2.88%
其中：来料加工	7627.8	17296.4	-55.90%	2843.3	4870.6	-41.62%
进料加工	47551.5	43957.1	8.18%	23010.4	20259.2	13.58%
保税区	12011.5	9372.3	28.16%	4108.6	3477.6	18.14%
其中：仓储进出境	11580.0	8669.2	33.58%	3935.9	3096.5	27.11%
仓储转口	431.4	703.2	-38.64%	172.7	381.1	-54.69%

资料来源：据海关总署数据整理

2013 年，锦纶长丝进口贸易方式中，一般贸易同比增加 1.50%，占进口量的比例同比增加了 1.12 个百分点，占到 58.39%，与上半年相比增加趋势放缓；加工贸易进口量同比下降 9.92%，降至 34.15%；保税区进口量同比增加了 28.16%，占进口总量的 7.43%，占进口量的比例同比增加了 1.72 个百分点。

3、锦纶相关产品供应及进出口情况

2013 年 1~11 月锦纶下游的几个主要行业呈现不同的发展态势，其中与锦纶纤维关联度较大的行业如羽绒服和帘子布等行业，其中羽绒服的产量同比增加了 2.28%，羽绒服装对锦纶 FDY 纤维的需求量较大，纯化纤布产量增长 4.94%，帘子布产量同比增长 12.27%，针织服装与蚕丝及交织机织物行业呈小幅下降的态势。

表8　2013年1~11锦纶与下游相应产品产量增速对比表

品　种	单位	2013年1~11月	同　比
锦纶纤维	万吨	193.67	15.19%
纯化纤布	万米	1607269	4.94%
羽绒服	万件	25944	2.28%
帘子布	吨	790092	12.27%
针织服装	万件	1177156	-2.09%
蚕丝及交织机织物	万米	84725	-2.34%

资料来源：国家统计局

2013年1~12月，锦纶纤维及锦纶下游制品中除了花边织物以外的制品出口均有不同程度增加，锦纶长丝织物出口3.84万吨，同比增加了9.71%，占合纤长丝织物出口总量的2.20%；出口金额为3.10亿美元，同比大幅增长了13.64%，占合纤长丝织物出口总额的2.78%。锦纶帘子布出口了10.15万吨，同比减少了7.16%；渔网出口数量为6.23万吨，同比小幅增长了1.96%。

表9　2013年1~12月我国锦纶及其主要制品出口情况

品　种	出口数量（万吨）	同比增	出口金额（万美元）	同比增
锦　纶	14.10	16.98%	2155.8	8.46%
合纤长丝机织物	174.69	11.10%	1116604.0	12.93%
其中：锦纶长丝机织物	3.84	9.71%	31037.4	13.64%
锦纶帘子布	10.15	2.94%	40446.2	-2.72%
花边织物	4.02	-7.16%	42568.9	7.18%
渔　网	6.23	1.96%	31379.8	7.26%

资料来源：据海关总署数据整理

二、2013年锦纶行业市场情况

春节前己内酰胺的价格从18000元/吨一路攀升至2月底的20000元/吨，之后随着传统淡季及纯苯价格的下跌，己内酰胺的价格也随之下跌，到4月下旬跌至一年中的最低点17300元/吨。然后随着下游开工率的提升，己内酰胺的价格也随之上涨，并在18500元/吨的价位维持，11月初随着纯苯价格的下跌再次下跌，并于12月旺季的到来开始探头。

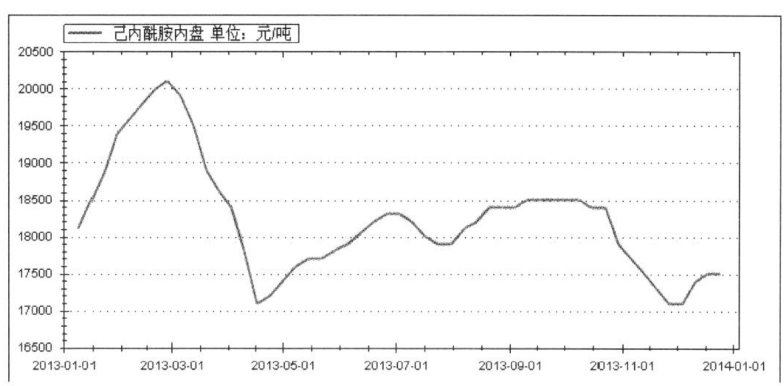

资料来源：中纤网

图 1　2013 年己内酰胺价格走势图

锦纶高速纺切片价格走势与原料己内酰胺走势基本一致，年初价格从 27200 元/吨开始走高至 2 月底的 28700 元/吨开始下跌，至 5 月初跌至 26700 元/吨，并在 26500 元/吨至 27000 元/吨之间徘徊。

资料来源：中纤网

图 2　2013 年高速纺切片价格情况

2013 年锦纶的价格走势都呈现出先扬后抑的走势，从图 3 的即时走势来看，3 月上旬以前锦纶价格随着原料价格的上涨而上涨，基本能保持微利经营，3 月中旬以后随着锦纶切片价格的下跌，锦纶纤维的价格也跟着下跌，到 5 月中旬以后价格基本稳定，但锦纶 FDY 不如 DTY 的价格走势平稳，锦纶 FDY 处于保本或微亏损的状态，进入 11 月以后随着原料价格的下跌锦纶纤维的价格再次向下。

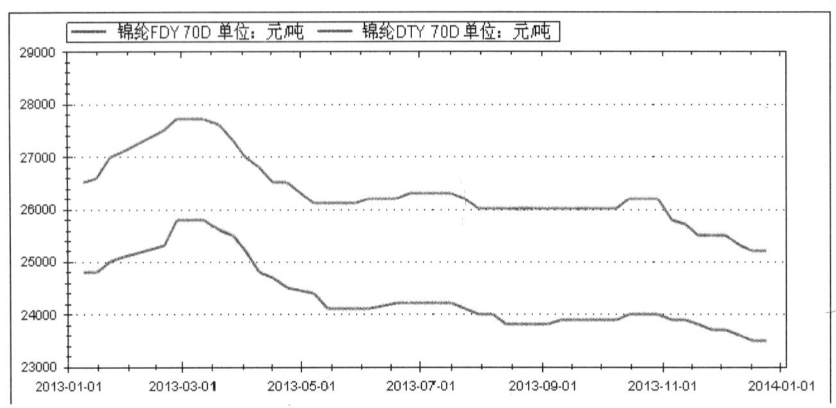

资料来源：中纤网

图3　2013年锦纶FDY 与DTY价格走势图

三、2013年1~11月锦纶行业经济效益和运行质量

2013年1~11月锦纶行业经济效益出现好转，实现利润总额29.00亿元，比去年同期增加了5.68亿元，锦纶行业实现利润占化纤全行业实现利润总额的14.08%；锦纶亏损企业亏损面为12.12%，亏损企业亏损额为1.33亿元，亏损同比减少了33.86%，锦纶行业亏损额占全行业亏损总额的3.00%。

表10　2013年1~11月化纤行业利润完成情况表

单位：万元

行　业	2013年1~11月	去年同期	同比增减
化学纤维制造业	2062858	1698763	364095
纤维素纤维原料及纤维制造	695786	490759	205027
合成纤维制造	1367072	1208004	159068
锦纶制造	290035	233205	56830
涤纶制造	791152	862377	-71225
腈纶制造	2532	-11076	13609
维纶制造	2320	-9153	11473
丙纶制造	29177	27943	1234
氨纶制造	169060	35347	133714
其他合成纤维制造	82795	69361	13433

资料来源：国家统计局

在行业运行四大类指标中需要具体分析：从偿债能力指标看，行业资产负债率下降了1.12个百分点，产权比率下降了8.81个百分点，已获利息倍数提高了0.71个百分点，说明总体偿债能力在提高；从营运能力指标看，流动资产周转率提高了0.17次，总资产周转率基本持平，其余三项指标均出现不同程度的下降，说明运营能力略有下降；盈利能力的四项指标均有提高，说明行业的盈利能力出现好转；从发展能力指标看，销售增长率大幅度提高12.14个百分点，总资产增长率同比下降了3.90%，说明行业发展出现放缓迹象，但发展品质略有提高。

表11　2013年1~11月锦纶行业运行质量指标对比表

项目	2013年1~11月	去年同期	同比
偿债能力指标			
资产负债率	63.82%	64.94%	-1.12
产权比率	176.41%	185.22%	-8.81
已获利息倍数	4.42	3.72	0.71
营运能力指标	（次）	（次）	（次）
应收账款周转率	12.33	13.29	-0.96
产成品周转率	13.82	14.07	-0.25
流动资产周转率	1.88	1.72	0.17
总资产周转率	1.11	1.04	0.07
盈利能力指标			
主营业务利润率	5.54%	5.31%	0.24
成本费用利润率	5.86%	5.59%	0.27
总资产报酬率	7.96%	7.57%	0.38
净资产收益率	17.02%	15.79%	1.23
发展能力指标			
销售增长率	19.07%	6.93%	12.14
总资产增长率	11.81%	15.71%	-3.90

资料来源：据国家统计局数据整理

从百元销售收入三项费用看：虽然各种生产要素成本持续上升，但锦纶行业的每百元销售收入三项费用都存在不同程度的下降，其中财务费用同比下降幅度最大，为 13.69%。

表 12　2013 年 1~11 月每百元销售收入三项费用

单位：元/百元

	2013 年 1~11 月	2012 年 1~11 月	同比
销售费用	0.9101	1.0236	-0.1136
管理费用	1.7778	1.8350	-0.0571
财务费用	1.8055	2.0918	-0.2863

资料来源：据国家统计局数据推算

四、影响锦纶行业运行的因素

1. 下游化纤服装需求反弹

表 13　2013 年 1~11 月全国化纤服装出口情况表

商品名称	2013 年 1~11 月数量（亿件套）	同比	2013 年 1~11 月金额（亿美元）	同比
化纤针织服装	178.61	6.07%	352.07	10.20%
化纤梭织服装	64.35	11.05%	281.92	15.56%
化纤服装总计	242.96	7.34%	633.98	15.52%

资料来源：据海关总署数据整理

2013 年 1~11 月，化纤服装出口开始反弹，出口数量为 242.96 亿件套，同比增加了 7.34%，出口金额为 633.98 亿美元，同比大幅上涨 15.52%，而去年同期增速为 3.33%。化纤服装出口呈增长趋势，为扩大锦纶纤维的使用量起到了促进作用。

2. 己内酰胺供应量开始放大

我国己内酰胺受技术发展影响，在 2011 年之前仅有南京 DSM、巴陵石化、石家庄炼化、浙江巨化 4 家己内酰胺生产企业。近年我国己内酰胺工业发展较快，生产能力和产量均保持两位数的年均增长率，随着巴陵恒逸石化、海力化工、方明化工、湖北三宁化工、鲁西化工的陆续投产，2013 年我国己内酰胺的生产能力达到 161.5 万吨。

据统计显示，2014 年还会有近 150 万吨的己内酰胺新装置投产，己内酰胺供应瓶颈的缓解为锦纶行业的发展提供了有力支撑。

3．锦纶行业投资回归理性

表 14　2013 年 1~11 月化纤行业固定资产投资情况

	实际完成投资额（亿元）	同比增减（%）
化学纤维制造业	1030.44	16.65
纤维素纤维原料及纤维制造	224.30	17.38
合成纤维制造	806.15	16.45
锦纶纤维制造	112.86	28.18

资料来源：国家统计局

2013 年 1~11 月，化纤行业实际完成投资额 1030.44 亿元，同比增加了 16.65%，说明化纤行业投资增速回归合理水平。锦纶行业实际完成投资额 112.86 亿元，同比增加了 28.18%，比上年锦纶行业投资增幅下降了 40.3 个百分点，锦纶行业投资已经趋于理性。

尽管有以上因素支撑锦纶行业的发展，给锦纶行业的发展提供了一定的空间，但这些空间未必能完全消化锦纶行业的新增产量。锦纶行业的竞争进一步加剧成为必然。

五、2014 年锦纶行业运行预测

初步判断，随着锦纶的主要原料已内酰胺供应的大幅增加，锦纶下游聚合、纺丝行业会得到较快的发展，整个锦纶产业链的整合及竞争将会加剧，企业运营风险加大。

锦纶行业 2014 年运行具体预测如下：

产　量：预计全年产量 240 万吨，增长 12%左右。

出口量：预计出口量 16 万吨，增长 15%左右。

进口量：预计进口量 15 万吨，与上年持平。

经济效益：预计利润总额可能达 40 亿元，与 2013 年基本持平。

2013年中国腈纶行业运行分析与2014年运行预测

中国化学纤维工业协会腈纶专业委员会　薄广明　吴文静

2013年是我国“十二五”规划的第三年，伴随着全球经济复苏的不确定性和我国经济发展的放缓，腈纶行业延续着近几年的低迷状况。行业总产能没有任何变化，产量与2012年持平；腈纶市场价格较为平稳，而原料价格波动相对较大。全年来看，腈纶行业经济效益在盈亏平衡线上下波动。

一、2013年腈纶行业运行情况

（一）生产情况

自兰州化工公司腈纶厂和山东大成公司腈纶厂相继关闭，秦皇岛奥莱特腈纶厂、宁波金甬腈纶厂和大庆炼化腈纶厂等多家企业长期处于停产状态，中石油抚顺腈纶厂也于2012年6月停产，至此，关闭及停产企业合计产能达22万吨，在此期间，亦无新增企业和产能。目前，腈纶行业正常运行企业仅余8家，合计有效产能72万吨，占全国腈纶总产能的78%。2013年，不考虑停产企业，正常运行的腈纶企业平均开工率达90%以上。

表1　2013年腈纶行业生产能力

企业名称	产能（万吨/年）	装置运行情况	备　　注
上海石化	16	正常	
安庆石化	7	正常	
齐鲁石化	6	正常	
大庆石化	6.5	正常	
吉林奇峰	14	正常	
吉林吉盟	10	正常	
杭州湾腈纶	7	正常	

续表

企业名称	产能（万吨/年）	装置运行情况	备　　注
宁波中新腈纶	5.5	正常	
抚顺石化	5.5	停产	2012 年 6 月停车，重启时间未定
大庆炼化	3	停产	2008 年 1 月开始停产
浙江金甬	6	停产	2008 年 9 月开始停产
秦皇岛奥莱特	5.5	停产	2008 年 5 月开始停产
合计	92		
说 明	大庆炼化、秦皇岛和金甬恐难重启，抚顺重启难度较大，其他正常。		

资料来源：中国化学纤维工业协会腈纶专业委员会

据国家统计局统计，2013 年，我国化纤产量为 4121.94 万吨，同比增长 7.9%。其中腈纶产量为 69.43 万吨，仅增长 0.43%，是所有化纤产品中除丙纶外增幅最小的品种。腈纶占化纤总产量的比重仅为 1.68%。

表 2　2013 年全国化纤各品种产量完成情况

品　　种	2013 年（万吨）	2012 年同期（万吨）	同比
化 纤 总 量	4121.94	3820.15	7.90%
人造纤维	390.41	333.48	17.07%
合成纤维	3731.53	3486.76	7.02%
涤　纶	3340.64	3132.63	6.64%
锦　纶	211.28	187.90	12.44%
腈　纶	69.43	69.13	0.43%
维　纶	10.09	8.71	15.83%
丙　纶	26.43	27.25	-3.02%
氨　纶	38.97	30.61	27.31%

资料来源：国家统计局

（二）进口情况

表 3　腈纶分国别或地区进口情况

	进口数量（吨）			进口金额（万美元）		
	2013 年	去年同期	同比	2013 年	去年同期	同比
总计	212094.4	186527.2	13.71%	66770.6	59248.1	12.70%
其中：日本	86977.7	76273.3	14.03%	34299.6	30165.1	13.71%
台湾地区	28246.7	29997.3	-5.84%	7715.9	8257.7	-6.56%
土耳其	26447.0	17313.0	52.76%	6743.3	4521.5	49.14%
韩国	22048.8	15574.5	41.57%	5639.5	4111.6	37.16%
泰国	19910.1	13292.8	49.78%	4634.1	3047.6	52.06%
德国	7080.0	7461.5	-5.11%	2155.1	2125.4	1.40%

资料来源：据海关总署数据整理

2013 年，我国腈纶进口总量为 21.21 万吨，同比增加 13.71%。主要来自亚洲国家和地区，分别是东亚的日本、韩国和我国的台湾地区，以及东南亚的泰国，合计进口量达到了 15.72 万吨，约占腈纶总进口量的 74.12%。进口量与去年同期相比除台湾地区外，均有较大幅度的上升。其中，日本仍是腈纶第一进口来源地，进口 8.70 万吨，同比增加 14.03%，占进口总量的 41.02%，而且进口单价达到了 3943.49 美元/吨，远远高于其他国家和地区的进口价格，说明自日本进口的腈纶多为差别化或高附加值产品；自土耳其进口增长幅度最大，高达 52.76%，进口量达 2.64 万吨，占腈纶进口总量的 12.45%，是第三大进口来源地，但进口单价仅为 2549.74 美元/吨，同比下降 2.43%，并且远低于日本，值得重点关注是否存在倾销行为。

2013 年，我国腈纶进口贸易方式以一般贸易和加工贸易为主。其中，一般贸易占进口总量的比例为 62.80%，同比提高 3.35 个百分点；加工贸易占进口总量比例为 30.59%，同比小幅下降 0.55 个百分点。

表 4　腈纶分贸易方式进口情况

	进口数量（吨）			进口金额（万美元）		
	2013 年	去年同期	同比	2013 年	去年同期	同比
总计	212094.4	186527.2	13.71%	66770.6	59248.1	12.70%
一般贸易	133184.7	110885.4	20.11%	42522.2	35729.0	19.01%
加工贸易	64871.7	58075.8	11.70%	20553.4	18572.8	10.66%
其中：来料加工	7548.9	5066.4	49.00%	3069.3	1892.6	62.17%
进料加工	57322.9	53009.4	8.14%	17484.1	16680.2	4.82%
保税区	14017.7	17556.4	-20.16%	3684.9	4934.1	-25.32%
其中：仓储进出境	1492.5	2553.5	-41.55%	564.9	980.2	-42.37%
仓储转口	12525.1	15002.9	-16.52%	3120.0	3953.9	-21.09%

资料来源：据海关总署数据整理

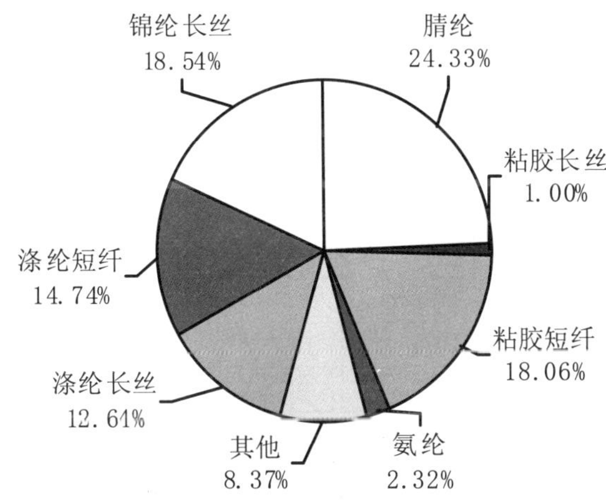

资料来源：据海关总署数据整理

图 1　2013 年化纤进口品种所占比重

在化纤进口产品中，腈纶是进口量最大的品种。2013 年化纤总进口量为 87.17 万吨，其中腈纶达到了 21.21 万吨，占化纤总进口量的 24.33%，这说明国内腈纶产品在数量、产品种类和品质上仍不能满足下游的需求。

表5 腈纶原料丙烯腈进口情况

	进口数量（吨）			进口金额（万美元）		
	2013年	去年同期	同比	2013年	去年同期	同比
总计	547582.0	555444.3	-1.42%	98337.4	104152.0	-5.58%
其中：韩国	223237.8	147922.6	50.92%	40120.8	27864.2	43.99%
台湾地区	128435.4	119693.3	7.30%	22661.3	22339.0	1.44%
美国	119680.5	147093.4	-18.64%	21236.8	27380.6	-22.44%
日本	43159.2	96046.8	-55.06%	8159.2	18294.4	-55.40%
泰国	26938.6	7355.5	266.24%	5109.4	1380.6	270.09%
巴西	3129.7	8326.9	-62.41%	515.5	1400.1	-63.18%

原料丙烯腈短缺始终是制约腈纶行业发展的一个重要因素，2013年进口丙烯腈54.76万吨。其中，从韩国进口22.32万吨，同比大增50.92%，占进口丙烯腈总量的40.77%；从台湾地区进口12.84万吨，同比增加7.30%，占进口总量的23.45%；从美国进口11.97万吨，同比减少18.64%；自泰国的进口量同比激增266%，值得关注。

（三）出口情况

表6 2013年化纤主要品种出口情况

	出口数量（吨）			出口金额（万美元）		
	2013年	去年同期	同比	2013年	去年同期	同比
化学纤维	2679724.8	2468100.7	8.75%	623338.3	597357.6	4.35%
其中：涤纶长丝	1292230.6	1078877.0	19.78%	251762.6	213625.1	17.85%
涤纶短纤	733730.5	670652.1	9.41%	101444.9	97263.2	4.30%
锦纶长丝	136564.3	116210.2	17.52%	56217.7	51818.1	8.49%
腈　　纶	9382.1	5780.9	62.29%	3135.0	1846.0	69.82%
粘胶长丝	81853.9	76491.2	7.01%	48421.8	48755.2	-0.68%
粘胶短纤	180646.8	269101.7	-32.87%	35281.1	57646.3	-38.80%
氨　　纶	46721.7	44148.8	5.83%	33024.8	29570.4	11.68%

资料来源：据海关总署数据整理

2013年，腈纶出口量增长幅度虽然达到62.29%，但实际出口量仍不到1万吨，一方面是因为我国腈纶产量还不足以满足下游需求，另一方面也说明我国腈纶产品的国际竞争力较弱。

（四）表观需求情况

表 7　2013 年我国腈纶的表观需求情况

单位：万吨

	2013 年	2012 年同期	同比增减
产　量	69.43	69.13	0.43%
进口量	21.21	18.65	13.73%
出口量	0.94	0.58	62.29%
表观需求量	89.70	87.11	2.97%

注：表观需求量=产量+进口量-出口量。

资料来源：国家统计局、海关总署

2013 年，腈纶表观需求量为 89.7 万吨,同比仅小幅增长 2.97%。近五年来，腈纶市场需求相对比较稳定，年均需求量在 90 万吨左右，其中有 20 万吨左右需要依赖进口，国产腈纶自给率不足 80%，说明我国腈纶产品的竞争能力不够强大。我国腈纶行业要充分挖掘潜在发展空间，一方面要提升现有产品的质量，提高腈纶产品与其他合纤产品的性价比，加大腈纶在传统应用领域的使用量；另一方面要加大研发力度，开发高附加值、差别化的腈纶产品，来顶替进口产品的冲击，拓展新的应用领域。

（五）市场情况

1. 主要原料丙烯腈的价格走势

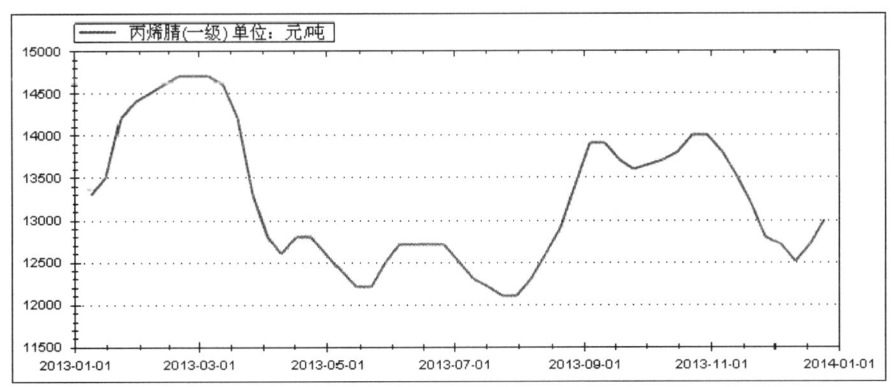

资料来源：中纤网

图 2　2013 年腈纶主要原料丙烯腈的价格走势

近年来丙烯腈的用途发生了较大变化，原来丙烯腈的半数以上是用于生产腈纶纤维，而目前用于生产ABS、AS树酯的用量逐年增长，已超过了生产腈纶纤维的用量，此外，用于生产丙烯酰胺、己二腈等用量也在迅速增长。因此丙烯腈的价格走势也是受到多种因素的影响。

2013年，丙烯腈价格波动较大。从年初开始价格一路走高，波峰出现在2013年2月底，最高价格达到14700元/吨；自3月份起，价格陡然下跌，然后在四个月内振荡下行，至七月末达到谷底，最低价位仅为12100元/吨；随后迅速触底反弹，9~10月份保持在13500~14000元/吨之间波动；进入11月后，由于没有下游企业的有力支撑，丙烯腈价格再次震荡下行。

2．腈纶产品价格走势图

进入2013年，受丙烯腈价格上涨的推动，腈纶产品市场价格也快速上涨。3月至10月，腈纶市场供需面波动不大，行情持续盘整走稳，也是2013年内最高价，腈纶短纤最高18300元/吨，比2012年最高21800元/吨的价格下降16.1%。进入第四季度，由于腈纶产品前期一直保持较高的价位，下游企业又开始重新选择一些其他合纤产品作为替代原料，致使腈纶产品销售受阻，库存量加大，腈纶生产企业为了降低库存，采取降价销售，因此腈纶市场行情开始走跌下滑，腈纶短纤跌至年内最低价16800元/吨，但比2012年最低价15400元/吨还高出9.1%。可以看出，2013年价格走势涨跌幅度减少，大幅波动减少，行情平稳增加。

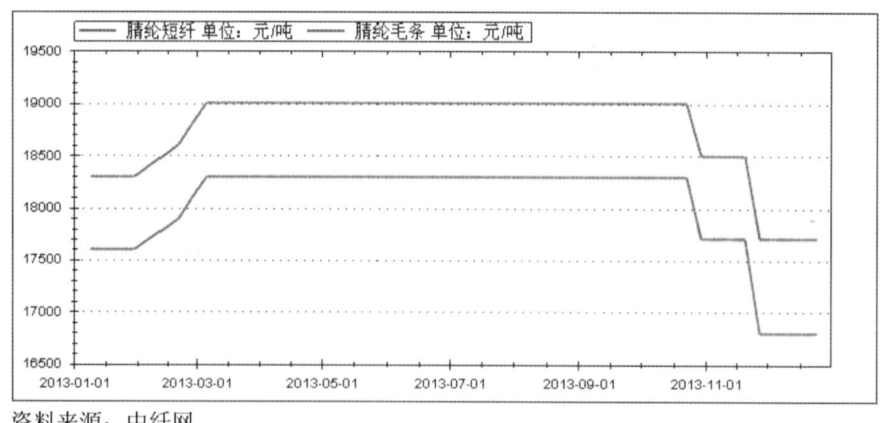

资料来源：中纤网

图3　2013年腈纶短纤和腈纶毛条价格走势

3. 腈纶短纤与涤纶短纤价格对比

腈纶产品的价格除受原料丙烯腈价格的影响外，还受到其他相关化纤产品的制约，尤其是涤纶短纤对其影响最大。

随着涤纶行业的技术进步和产品研发能力的提高，涤纶产品特性得到改善，在毛纺领域的应用也逐渐拓展，尽管不能完全替代腈纶，但对腈纶下游企业而言，性价比是他们选择原料的重要依据之一。

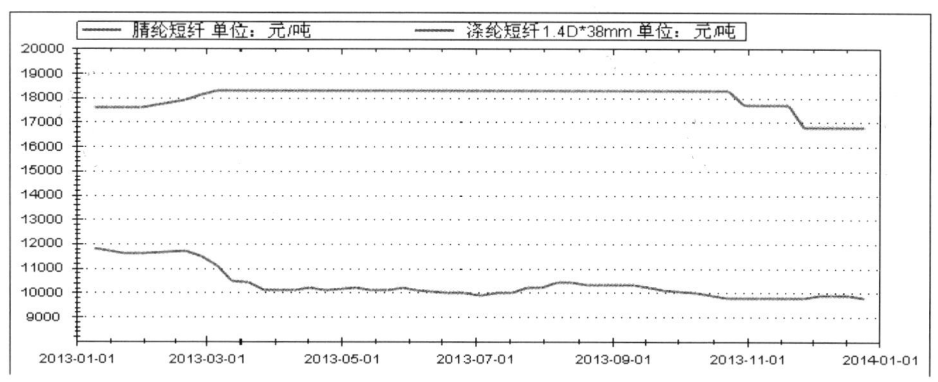

资料来源：中纤网

图4　2013年腈纶短纤价格走势与涤纶短纤价格走势对比图

2013年，涤纶短纤价格呈波动下行走势，而腈纶短纤价格总体平稳。因此，腈纶短纤和涤纶短纤价位差逐渐拉大，大部分时间处于7000~8000元/吨之间，而行业内普遍认为腈纶短纤与涤纶短纤的价位差在6000元/吨，比较符合两个产品的性价比。因此按照上述两品种的价位差，腈纶产品的销售市场受到比较严重的冲击。

（六）经济效益情况

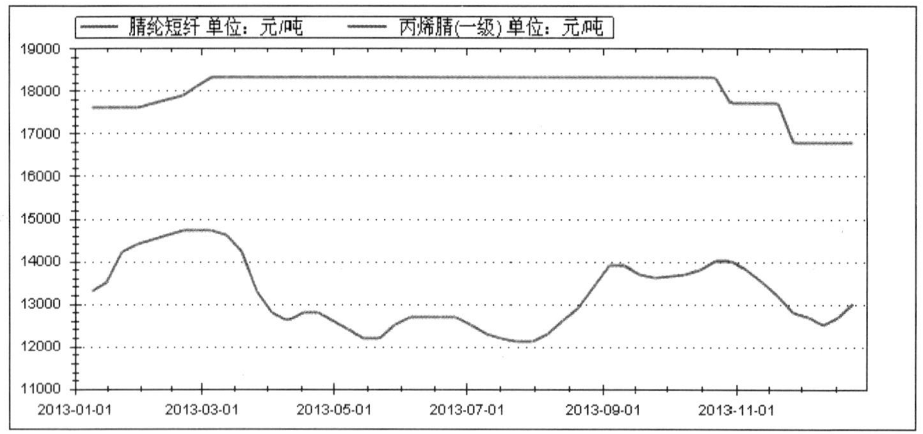

资料来源：中纤网

图5　2013年腈纶短纤与丙烯腈价差图

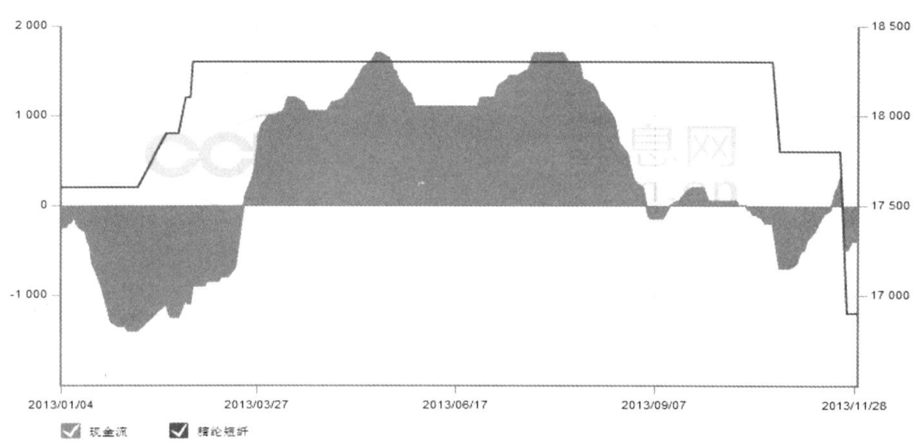

资料来源：中国化纤信息网

图6　2013年腈纶短纤现金流走势图

目前，腈纶行业正常加工成本在4200~4500元/吨。2013年3月以前腈纶短纤与丙烯腈的价位差在3500元/吨左右，远未到腈纶的加工成本，因此在此期间腈纶行业处于全面亏损状态。进入3月份以后，随着丙烯腈价格的回落，腈纶短纤与丙烯腈的价位差逐渐拉大，从4月初至8月初价差达到了5500元/吨以上，腈纶行业全面实现盈利。但9月份之后，原料与产品的价差再度缩小，腈纶行业也再次出现亏损局面。全年来看，腈纶行业经济效益在盈亏线上下波动，略有盈利。

二、2014 年腈纶行业运行预测

（一）产量微幅增长

由于腈纶行业的投资成本明显高于其他化纤品种，而经济效益并不优于其他产品，因此 2014 年并无新上项目或扩充产能的计划。从需求面看，可能会和 2013 年持平或者略好。预计 2014 年腈纶产量将约为 70 万吨，比 2013 年微幅增长

（二）生产经营状况有所改观

由于近几年我国劳动力成本逐年上升，环境的压力也要求腈纶生产企业要加大清洁生产和“三废”治理的投入，企业生产成本大幅上升。另外，腈纶产品原有的应用领域也受到替代产品的冲击，因此腈纶企业的生存压力仍然很大。但是，2014 年国内外经济环境将会保持平稳运行、温和增长，对腈纶行业运行将起到一定的支撑作用。

腈纶纤维的特性非常接近羊毛，质轻保暖、易染、防蛀、耐日晒的优良性能是其他化纤产品无法比拟的。随着人们生活水平的不断提高，人们对纺织品、服装的需求量将进一步增长。有能力的企业可利用腈纶的特性，加大研发力度，开发一些遮阳伞、帐蓬以及抗老化、防紫外线的户外休闲用品等。2013 年以来，国内多家企业把开发新产品、开拓新的应用领域作为提高腈纶竞争能力和摆脱困境的手段，在新产品研发上加大了投入，如：吉林化纤开发的阻燃腈纶、抗起球腈纶；上海石化开发的远红外腈纶、抗菌防臭腈纶；以及大庆石化开发的抗静电腈纶等都已实现了批量生产，为企业带来了一定的经济效益。另外，国内腈纶企业数量较少，而每年腈纶的刚性需求量变化不大。因此，只要全行业企业务实求变，在提高产品质量和开发新品种上多做努力，腈纶行业仍然有一定的生存空间。

（三）经济效益小幅增长

随着党的“十八大”胜利召开，我国政府以深化调整经济结构、加快转型升级作为今后一段时期的发展战略目标，我国化纤行业的转型升级正好顺应国家经济体制改革的潮流。化纤业内人士普遍认为，我国化纤行业目前的经济形势已经基本触底，再下挫的可能性不大。腈纶行业的经济形势与整个化纤行业基本一致，预计腈纶行业在 2014 年将逐步向好的方向发展，经济效益有望比 2013 年小幅增长，行业运行质量将得到进一步改善。

2013年中国氨纶行业运行分析与2014年运行预测

中国化学纤维工业协会氨纶专业委员会　戎中钰　李增俊

2013年，氨纶行业整体运行情况与2012年有较大的差别。总体运行质量转好，产品价格持续升高，产量增幅稳定，销售情况良好，企业库存压力普遍减小，经济效益实现了扭亏为盈。

一、氨纶行业运行基本情况

（一）市场行情

2013年氨纶行业整体表现为需求增速加快，淡旺季需求差距缩小，市场价格在2012年底部盘整一年后，2013年得到强势反弹。各规格品种根据需求的季节性周期呈现出阶梯型上升走势。

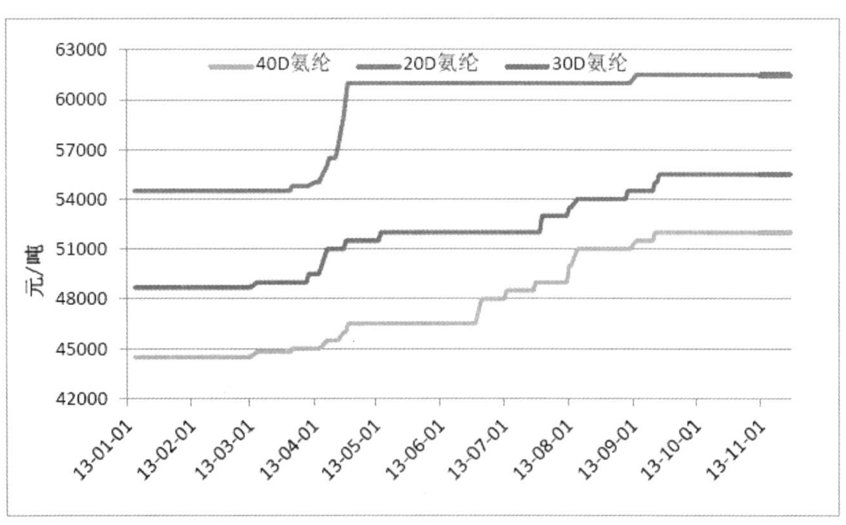

资料来源：中国化纤信息网

图1　2013年氨纶价格走势图

20D 氨纶价格在上半年旺季需求拉动下表现抢眼，从3月中旬开始快速上涨，全年上涨达7000元/吨，涨幅达到14%；40D 氨纶在上半年价格以底部复苏为主，而下半年开始随着需求回暖，价格进入快速上升通道，进入9月份价格重心达到52000元/吨，部分高价货源价格达到55000元/吨，10月份开始由于下游订单逐渐变淡，年内上涨约8000元/吨，涨幅高达16.9%；在20D 和40D 氨纶价格上涨气氛带动下，30D 及其他规格氨纶也表现不俗，价格多有不同程度的跟随上涨。

2013年度氨纶产品价格实现全线复苏，行业景气度明显回升。

（二）生产情况

2013 年 1~11 月份，氨纶产量为 35.38 万吨，同比增幅达 26.77%，增加 7.47 万吨。年内产能增幅虽小，但受高负荷装置运行带动，产量随着需求大幅增加。一季度受春节假期的影响较小，增幅依然稳定，二季度以来随着需求上升，行业产量增幅渐趋明显化。

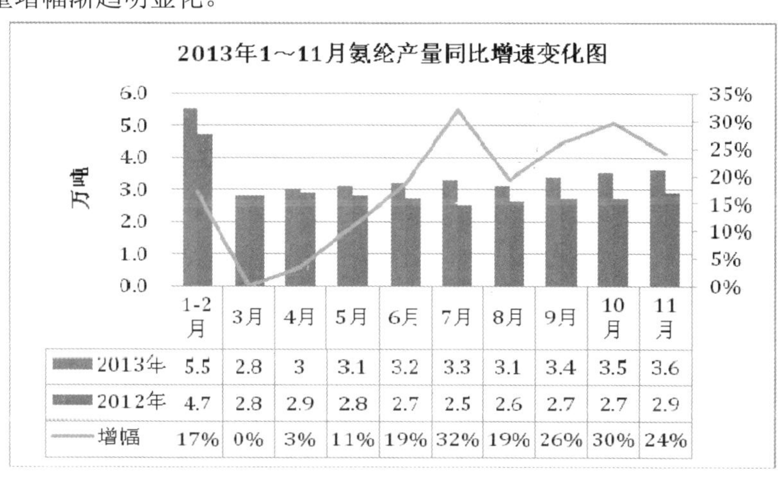

	1-2月	3月	4月	5月	6月	7月	8月	9月	10月	11月
2013年	5.5	2.8	3	3.1	3.2	3.3	3.1	3.4	3.5	3.6
2012年	4.7	2.8	2.9	2.8	2.7	2.5	2.6	2.7	2.7	2.9
增幅	17%	0%	3%	11%	19%	32%	19%	26%	30%	24%

资料来源：国家统计局

图 2　2013 年 1～11 月氨纶产量同比增速变化图

（三）企业产销率和库存情况

1．产销率

2013 年上半年，氨纶呈现出旺季表现，产销率一度达到 120%，且 7~8 月份的传统淡季也表现出旺季的行情，产销持续过百，四季度供需紧张的局面出现缓和，产销率在90%附近。

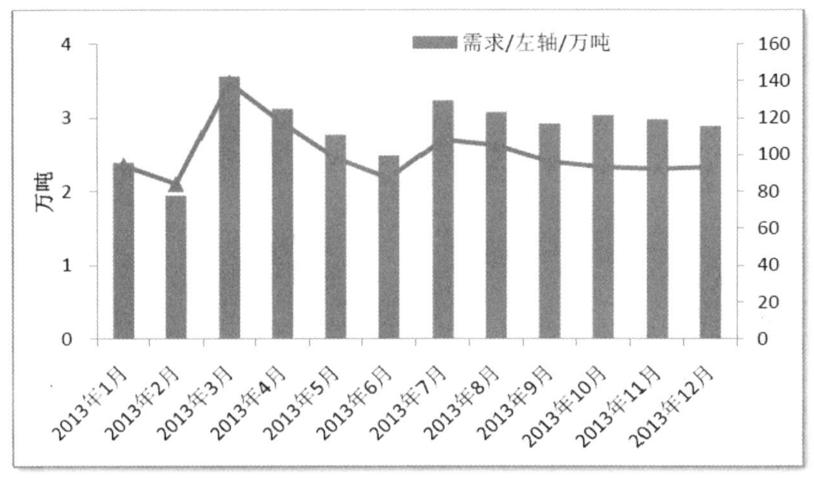

资料来源：中国化纤信息网

图3　2013年氨纶需求及产销率走势图

2．库存情况

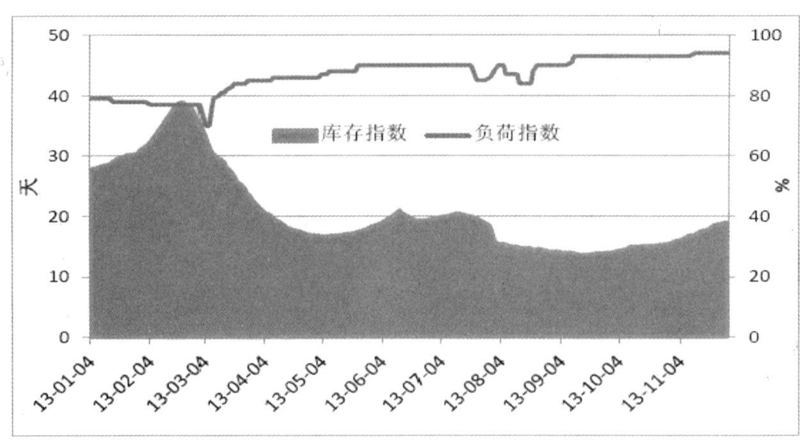

资料来源：中国化纤信息网

图4　2013年氨纶工厂平均生产负荷、产品库存走势图

2013年一季度氨纶负荷多维持在8成附近开工，但从二季度开始，由于国内氨纶需求及氨纶出口均出现明显增量，工厂库存持续走低，之后氨纶开工

负荷逐渐回升至 9 成以上并维稳，氨纶库存半个月附近维持。

三季度开始，40D 及以上规格氨纶需求强劲，7~8 月份，浙江地区部分工厂受限电影响，减产 15~20 天，再加上个别大厂的短期停产检修因素，氨纶行业开工降至年内低位，氨纶货源供应持续紧张。

四季度由于是金九银十的传统旺季，订单增量不及预期，织造企业生产积极性下滑，氨纶采购渐趋谨慎，氨纶工厂库存出现小幅回升，但仍处于历史较低水平，氨纶行业开工高位维持，同时随着部分前期关停和新扩的氨纶装置陆续投产，四季度氨纶行业开工仍有小幅提升。

（四）进口情况

2013 年全年进口氨纶 2.02 万吨，同比增长 7.48%，进口金额达 2.03 亿美元，同比增长 16.95%。其中，国货复进口 0.46 万吨，同比增加 89.13%，占进口量的 23.17%；从日本、韩国、新加坡、英国进口都有不同程度增加，同比分别增加 19.40%、40.78%、9.77%%和 17.43%。其他国家和地区进口量下降。

表 1　氨纶分国别或地区进口

	进口数量（吨）			进口金额（万美元）		
	2013 年	去年同期	同比	2013 年	去年同期	同比
总计	20227.7	18819.6	7.48%	20267.3	17329.4	16.95%
中国	4687.4	2478.4	89.13%	4629.6	2162.9	114.05%
日本	3316.8	2777.9	19.40%	5264.1	4424.9	18.97%
韩国	2917.8	2072.6	40.78%	2040.9	1521.8	34.11%
新加坡	2586.4	2356.3	9.77%	2865.4	2180.5	31.41%
泰国	2368.0	2473.4	-4.26%	2132.4	2100.5	1.52%
英国	2047.4	1743.5	17.43%	1725.8	1386.7	24.45%

资料来源：据海关总署数据整理

2013 年氨纶进口贸易方式无明显变化，一般贸易占进口总量的 39.35%，比例同比略增 4.2 个百分点；而加工贸易占进口总量的比例占到了 59.74%，比例比去年同期降低了 3.66 个百分点。

表2　氨纶分贸易方式进口

	进口数量（吨）			进口金额（万美元）		
	2013年	去年同期	同比	2013年	去年同期	同比
总计	20227.7	18819.6	7.48%	20267.3	17329.4	16.95%
一般贸易	7959.8	6615.8	20.32%	6478.8	5464.2	18.57%
加工贸易	12083.1	11930.8	1.28%	13675.9	11775.6	16.14%
其中：来料加工	875.5	2391.7	-63.39%	639.8	1509.8	-57.63%
进料加工	11207.6	9539.2	17.49%	13036.1	10265.8	26.99%
保税区	180.0	271.3	-33.66%	107.4	87.4	22.88%
其中：仓储进出境	0.1	0.1	-34.75%	0.1	0.1	32.36%
仓储转口	179.9	271.2	-33.66%	107.3	87.4	22.88%

资料来源：据海关总署数据整理

（五）出口情况

表3　氨纶分国别或地区出口

	出口数量（吨）			出口金额（万美元）		
	2013年	去年同期	同比	2013年	去年同期	同比
总计	46721.7	44148.8	5.83%	33024.8	29570.4	11.68%
韩国	6688.0	6890.6	-2.94%	4597.1	4623.9	-0.58%
比利时	5110.8	5596.7	-8.68%	3321.8	3638.4	-8.70%
香港地区	5018.7	2987.6	67.98%	4238.3	2320.9	82.62%
台湾地区	3599.9	2268.4	58.70%	2653.8	1623.1	63.50%
越南	3516.4	3305.6	6.38%	2316.5	2048.5	13.08%
土耳其	3361.7	3612.7	-6.95%	2345.8	2359.8	-0.59%

资料来源：据海关总署数据整理

2013年我国氨纶出口总量为4.67万吨，同比增加5.83%，出口金额3.3亿元，同比增长11.68%。出口量按出口市场分比较分散，韩国仍是我国氨纶第一出口市场，出口量为0.67万吨，同比减少2.94%，占出口总量的14.31%；对香港地区和台湾地区出口大幅增长67.98%和58.70%，分别占出口总量的10.74%和7.71%；排名第六位的是土耳其，出口量为0.34万吨，同比减少6.95%，占出口总量的 7.2%；对其他市场的出口量都很少。

表 4　氨纶分贸易方式出口

	出口数量（吨）			出口金额（万美元）		
	2013 年	去年同期	同比	2013 年	去年同期	同比
总计	46721.7	44148.8	5.83%	33024.8	29570.4	11.68%
一般贸易	26486.8	25030.3	5.82%	18680.6	16543.9	12.92%
加工贸易	20005.3	18646.7	7.29%	14217.6	12727.2	11.71%
其中：来料加工	0.0	0.0	—	0.0	0.1	—
进料加工	20005.3	18646.7	7.29%	14217.6	12727.1	11.71%
保税区	193.5	99.1	95.38%	104.5	76.3	37.02%
其中：仓储进出境	0.2	2.7	-91.98%	0.2	2.3	-91.69%
仓储转口	193.3	96.4	100.59%	104.3	73.9	41.08%

资料来源：据海关总署数据整理

2013 年氨纶出口 4.67 万吨，其中：一般贸易出口量 2.65 万吨，同比增加 5.82%，占出口总量的 56.69%；加工贸易出口量 2 万吨，同比增加 7.29%，占出口总量的 42.82%。一般贸易与加工贸易占出口量的比例同比也基本持平。

（六）投资情况

2013 年 1~12 月份实际完成投资额 402578 万元，施工项目 34 个，新开工项目 22 个，竣工项目 20 个。实际完成投资同比增加 54.55%，施工项目数同比增加 36%，新开工项目数同比增长 37.5%，竣工项目同比增长 100%，氨纶行业投资也处于增长态势，2013 年新增产能 13000 吨。

（七）经济效益

2013 年 1~11 月，氨纶行业实现利润总额 16.91 亿，同比大幅增长 387.3%，实际增加利润 13.37 亿元，利润率为 8.66%，大幅提升 6.43 个百分点。这主要受益于氨纶售价的提高及成本的下降，市场需求的复苏使许多企业的生产意愿明显提高，整个氨纶行业的效益得到显著改善，氨纶行业实现扭亏为盈。

表5　2013年氨纶行业经济效益情况表

	利润总额（万元）			利润率（%）		
	1~11月	去年同期	同比增减	1~11月	去年同期	同比（百分点）
化学纤维	2062858	1698763	364095	3.14	2.82	0.32
氨纶纤维	169060	35347	133714	8.66	2.23	6.43

资料来源：国家统计局

（八）运行质量情况

从行业运行质量指标看，氨纶行业总体运行质量有较大幅度的回升，企业偿债能力增强。各项营运能力指标及盈利能力指标同比均有所上升，特别是盈利能力和发展能力指标大幅提升，氨纶行业整体步入了上升周期。

表6　2013年1~11月氨纶行业运行质量指标表

项目	2013年1~11月	去年同期	同比
偿债能力指标			
资产负债率	48.87%	50.72%	-1.84
产权比率	95.60%	102.92%	-7.32
已获利息倍数	4.85	1.75	3.10
营运能力指标	（次）	（次）	（次）
总资产周转率	0.65	0.54	0.12
应收账款周转率	8.61	7.98	0.64
产成品周转率	10.31	8.67	1.63
盈利能力指标			
主营业务利润率	8.66%	2.23%	6.43
成本费用利润率	11.08%	2.43%	8.66
总资产报酬率	9.39%	2.26%	7.13
净资产收益率	7.14%	2.79%	4.35
发展能力指标			
销售增长率	23.16%	0.85%	22.31
总资产增长率	0.95%	-0.96%	1.91

资料来源：据国家统计局数据整理

近几年，氨纶行业在长期不景气的情况下，行业不断通过苦练内功，创新发展，行业技术进步明显，产品质量显著提升，由于前几年亏损的情况下，产能增长缓慢，在 2013 年市场行情好的情况下，盈利能力大幅提升。

2013 年氨纶价格步入景气周期，氨纶价格反弹上行，受需求季节的影响，40D 等氨纶在 2 季度初小幅上行后，价格在需求旺季三季度一路上行，年内涨幅近 8000 元/吨，涨幅近 17%，20D、30D 在二季度涨势明显，涨幅与 40D 接近。氨纶从 2013 年 4 月份开始实现扭亏为盈，利润空间也随着氨纶价格的上涨不断扩大，氨纶企业效益得到明显改善，企业生产意愿明显提高，部分停产的氨纶装置从年中开始陆续重启投产。

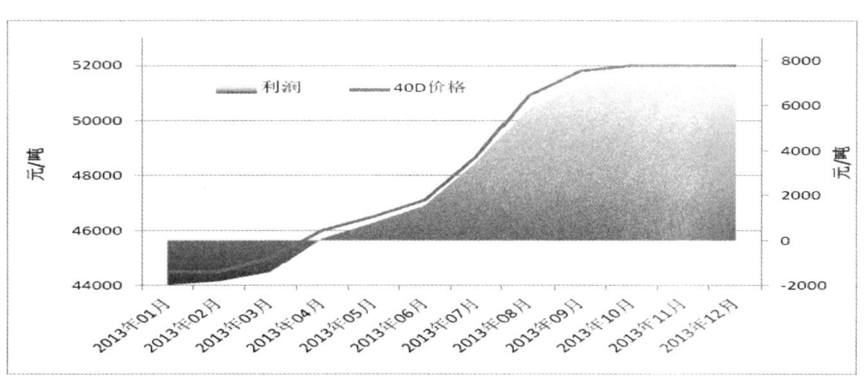

资料来源：中纤网

图 5　2013 年氨纶利润走势图

二、影响氨纶行业运行的主要原因

（一）下游需求旺盛

氨纶行业运行明显好转，织造行业需求的回暖是最为关键的带动因素，据统计，2013 年上半年氨纶行业各主要需求市场开工情况同比明显提升。

2013 年上半年经编、浙江机包行业有小幅下降，这两个市场开工的下滑在一定程度上与其近几年的持续大幅扩容有关，据不完全统计，经编及机包市场近两年机台的增幅在 15%左右。大量的机台增加，使得行业的开工率有了小幅的下滑，但整体的需求量依旧保持增长。

圆机、花边市场在 2013 年的开工率均有所提高，且也伴随着这两个产业机台的增加。

另外，2013 年表现较为突出的高速空包、一体机以及江浙一带小圆机市场的机台大幅增加 10~15%，成为氨纶需求增量的一大亮点。

相对而言，下半年市场需求较上半年将更加明显，根据轻纺城弹力布的成交情况分析有两个特点：第一，化纤类弹力布的量增幅逐渐扩大，明显超过了棉氨类弹力布。第二，从时间分布上，上半年是启动的过程，下半年的表现多比上半年出色。

全年来看，二季度旺季的开工率直线上升，三季度传统淡季不淡，开工率依然保持高位，几大市场的开工率同比提升约一成左右。下半年氨纶行业随着需求面的扩大，行业的需求量要比上半年更加出色，几大市场全年供求量增幅扩大均在 3%以上。

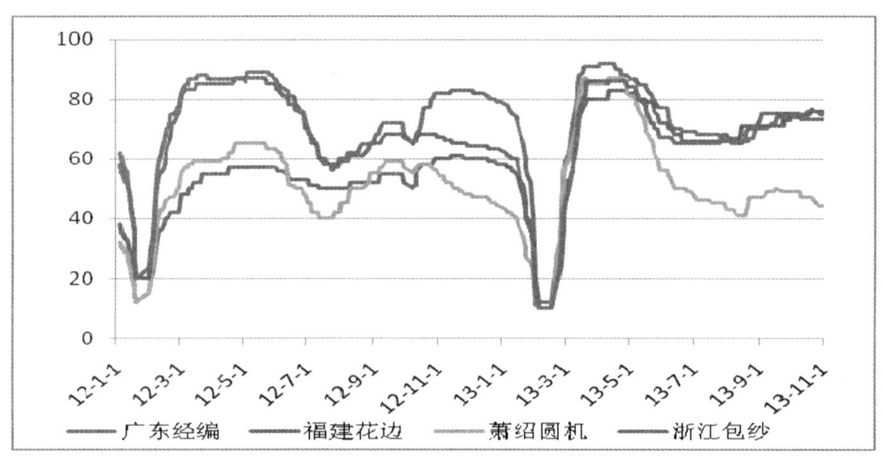

资料来源：中国化纤信息网

图 6　2012～2013 年氨纶下游部分市场开机负荷变化图

（二）生产成本明显降低

2013 年，氨纶主要原料 PTMEG 价格在 2012 年押尾行情下逐步下行，相对而言，一季度受货源供应增量有限的支撑，价格走势表现为弱稳状态，而二季度以来，虽然下游需求增加，但 PTMEG 受制于供应增长，价格逐步下跌。

年尾商谈价格水平人民币货源回落至 25000~25700 元/吨左右，小单高位在 25800 元/吨左右，下半年新增货源低价冲击影响表现明显，较正常货源价格低约 1000 元/吨促销。外盘货源价格亦回落至 3430~3520 美元/吨附近。

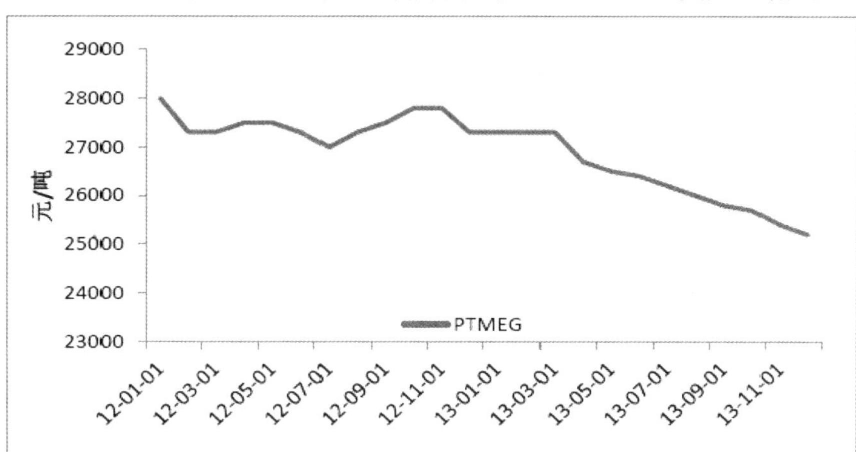

资料来源：中国化纤信息网

图 7　2013 年 PTMEG 价格走势图

2013 年，纯 MDI 走势偏弱，一季度小幅上冲后，整体呈下行走势。纯 MDI 呈现弱势行情主要受供需两方面的影响。一方面，国内货源供应稳定，进口量延续增加。另一方，纯 MDI 的主要需求市场浆料、鞋底原液、汽车、家装需求显弱，压制了纯 MDI 的价格走势。

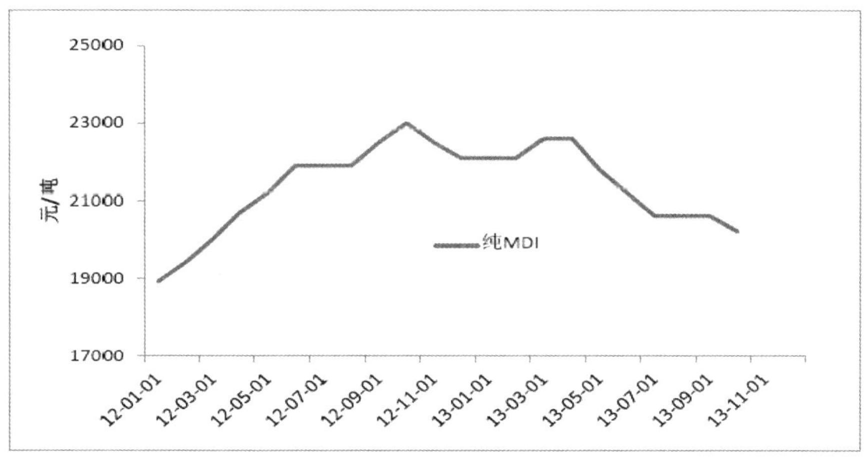

资料来源：中国化纤信息网

图 8　2013 年纯 MDI 价格走势图

（三）新增产能趋缓

前几年，氨纶行业产能快速增加，2010年新增近5万吨，2011年原计划新增10万吨，但由于市场低迷，多个项目缓建或推迟投产，实际投产约5.5万吨，2012年又新增近6万吨，这些新增产能使得在需求不旺时的市场竞争更加激烈，氨纶产品价格难以反弹。

2013年，氨纶行业新增产能明显减少，并且主要集中在年底，新增约13000吨，产能增幅约2%左右。2014年行业内计划扩产项目同样主要集中在三、四季度，如全部如期投产，新增产能将超过10万吨，到时市场供求关系又将受到较大影响。

表7　氨纶2013年及2014年主要新增产能表

企业名称	能力（吨）	投产时间
2013年新增		
杭州舒尔姿氨纶有限公司	8000	2013年10月
新乡白鹭化纤集团有限责任公司	5000	2013年11月
2013年合计	13000	
2014年预计		
长乐恒申合纤科技有限公司	20000	2014年二季度
烟台泰和新材料股份有限公司	10000	2014年三季度
浙江开普特氨纶有限公司	7000	2014年三季度
浙江华峰氨纶股份有限公司	30000	2014年四季度
晓星氨纶（嘉兴）有限公司	20000	2014年四季度
新乡白鹭化纤集团有限责任公司	20000	2014年年底到2015年年初
2014年合计	107000	

三、2014年氨纶行业运行预测

2014年，氨纶行业总体保持高负荷运行，高产销维稳。氨纶的供需将稳步增长，需求增幅预计延续大于供应增幅。在价格方面，得益于良好的供求基本面，价格预计延续回升通道，但年尾由于扩能集中，需谨慎押尾行情。氨纶主要原料PTMEG短期面临扩能带来的行业内部竞争，氨纶成本有望继续小幅下降。随着氨纶产品的价格提升，成本下降，盈利空间有望进一步扩大。具体预测如下：

产量：约 42 万吨，增长 8%左右。

出口：超过 5 万吨，增长 5%左右。

利润总额：达到 18~20 亿元。

运行质量：2014 年仍属于氨纶行业的景气周期，尤其是上半年行业的供需仍将偏紧。

2013年中国丙纶行业运行分析与2014年运行预测

中国化学纤维工业协会丙纶专业委员会　李增俊

2013年，在国内宏观经济总体运行平稳，稳中向好的形势下，国内化纤行业在整体运行增速回落的情况下，部分子行业出现复苏，丙纶与其他纤维行业一样受下游需求低迷、原料价格上涨的影响下，总体运行质量呈基本平稳下滑态势，1~11月份产量同比减少1.50%，利润率同比略降0.41个百分点。

一、2013年丙纶行业运行情况

（一）市场情况

1. 聚丙烯原料

最近几年，国内聚丙烯产业发展迅速，产能不断增长，截至2012年年底，国内聚丙烯总产能达1214万吨，较2011年增长200万吨以上。2013年仍然是国内聚丙烯产能急剧扩张之年，预计全年新增产能在400万吨以上。随着新增产能的投放，国内聚丙烯产能全球占比越来越高 。预计到2013年年底，国内聚丙烯产能占全球产能四分之一以上。

中国聚丙烯行业发展的明显趋势表现为：

（1）PP上游原料多元化发展。

（2）美国页岩气革命带来市场参与者对于更低廉原料成本的追逐。

（3）国内有多套拟在建的煤制烯烃和丙烷脱氢装置。

在高油价背景下，这些新技术的成本优势越发明显，或将成为新增产能中的主力军。但受环保因素、资金问题以及原料供应稳定性等制约，这些装置能否按期投产仍然存在一定变数。

表1　2013年及未来几年内聚丙烯新装置投产汇总表

单位：万吨/年

装置名称	产能	投产时间
浙江天圣公司	30	2013年
青海盐湖工业股份有限公司	16	2013年下半年
中景80万吨聚丙烯项目	80	2013年6月份
陕西延长中煤榆林能源	60	2013年6月份
陕西蒲城清洁能源公司（煤化工）	40	2013年
中石化中原公司	10	2013年
延安炼化（富县煤化工）	25	2013年
兖州煤业（2013年）	30	2013年
延南能源化工公司	30	2013年
神华宁煤二期扩能	50	2013年
中石化湛江中料100万吨乙烯	75	2014年
中石化上海石化（上海）	25	2014年
久泰能源集团（煤化工）	30	2014 年
山西焦化	30	2014年
鄂尔多斯煤化工项目	聚烯烃共计120	2014～2015年
神华宁煤三期扩能	48	2015年
中海炼化（惠州）	70	2015年
中石化扬子石化（南京）	35	2015年
陕西延长集团（延安）	25	2016年
中石化上海石化（漕泾）	25	2017年
河南鹤壁煤化工项目	聚烯烃共计40	待定
中安煤化工项目	30	待定
山东神达化工	30	待定
广州新建乙烯项目	20	待定
洛阳石化装置扩能	14	待定
安徽淮化（甲醇制聚丙烯）	49	待定
河北海伟	60	待定
华亭煤业集团（甘肃）	20	待定
同煤集团	30	待定
合　　计	1207	

资料来源：卓创资讯

（以上新投产装置汇总为不完全统计，具体投产时间仅供参考）

2．聚丙烯市场行情

2013 年 1 季度，聚丙烯粒料市场整体呈现下跌走势，石化工厂连续调降，承压市场重心，下游需求不振，继续制约市场成交，华东地区拉丝料报价至 10300~10700 元/吨。进入 4 月份下旬（见图 1），聚丙烯行情随着原油价格的上升一路震荡上扬，由 4 月份的 10300 元/吨涨到 12 月中的 12300 元/吨，涨幅达 2000 元/吨。2 季度以来，聚丙烯粒料市场稳中有涨。受石化企业控制货源影响，市场供应不多，石化企业调涨操作下，商家多小幅跟涨出货，但下游对高价货源较抵触，成交小单刚需为主，至月中，华东地区拉丝料报价至 12000~12200 元/吨。

3．丙纶纤维市场行情

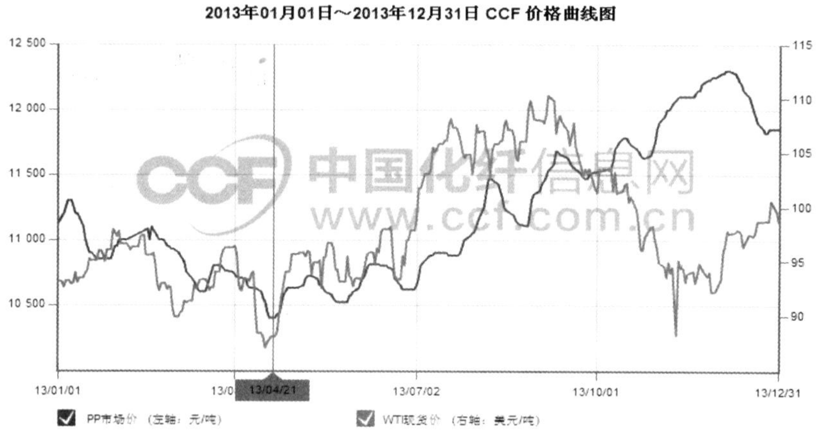

资料来源：中国化纤信息网

图 1　2013 年原油与聚丙烯走势图

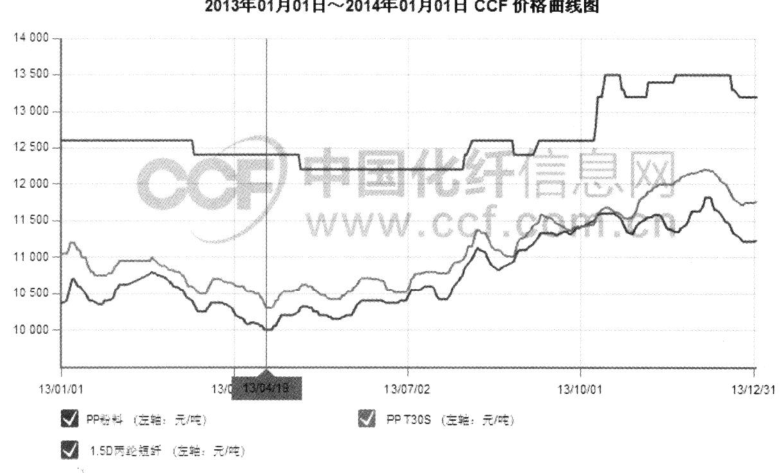

资料来源：中国化纤信息网

图2　2013年丙纶短纤与原料价格走势图

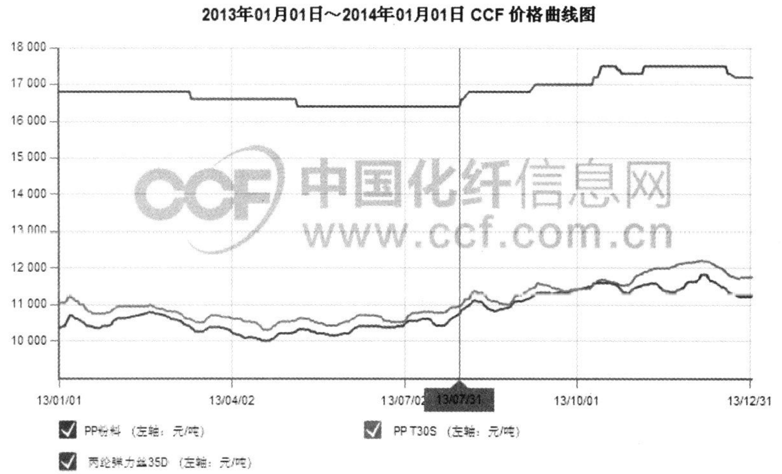

资料来源：中国化纤信息网

图3　2013年丙纶长丝与原料价格走势图

表2　2013年国内聚丙烯、丙纶市场行情月均变化表

单位：元/吨

月份	PP T30S	PP粉料	短纤 1.5D×38mm	弹力丝 35D	丙纶 FDY 900D
1	10935.90	10488.18	12600.00	16800.00	14700.00
2	10917.69	10710.76	12600.00	16800.00	14700.00
3	10935.90	10390.47	12466.66	16666.66	14566.66
4	10478.09	10109.04	12400.00	16600.00	14500.00
5	10512.27	10224.09	12227.27	16427.27	14413.63
6	10621.57	10363.68	12200.00	16400.00	14500.00
7	10790.00	10540.00	12200.00	16400.00	14400.00
8	11167.85	10966.81	12545.45	16781.81	14781.81
9	11438.09	11290.95	12552.38	16952.38	14952.38
10	11604.21	11508.42	13252.63	17326.31	15326.31
11	12012.38	11492.38	13423.80	17480.95	15480.95
12	11965.90	11484.54	13386.36	17386.36	15386.36

资料来源：中国化纤信息网

（二）生产情况

表3　2013年1~11月化学纤维产量完成情况表

单位：万吨

产品名称	1~11月	2012年同期	同比
化学纤维	3764.05	3498.52	7.59%
其中：丙纶	27.45	27.87	-1.50%

资料来源：国家统计局

据国家统计局统计（见表3），1~11月全国化纤产量3764.05万吨，同比增长7.59%。丙纶58户生产企业统计，产量为27.45万吨，同比降低1.5%。2013年由于聚丙烯原料上涨，下游需求疲弱，企业开工不足，产量同比减少。各省份丙纶纤维产量详见表4。

表 4　2013 年 1~11 月丙纶分省市产量统计表

	11 月产量（吨）	1~11 月产量（吨）	同比（%）
全　国	28094	274495	-1.50
江苏省	7705	76424	-1.99
山东省	6820	40019	-13.44
湖北省	5127	58744	34.45
浙江省	3320	33419	-5.92
广东省	2239	27415	-28.38
河南省	1787	25931	0.76
天津市	523	5159	36.30
上海市	420	4616	13.92
四川省	109	1209	
黑龙江省	44	901	47.95
河北省	0	300	-80.20
重庆市		358	-71.90

资料来源：国家统计局

开工率：2013 年丙纶行业全年开工率整体不高，年初开工率 50~55%，第二季度整体开工率约 30~40%，三、四季度随着销售情况好转而略有回升，开工率约 45~50%，好的企业可达 65~70%。

库存情况：2013 年 1~11 月存货值 51784 元，上年同期为 52332 元，同比下降 1.05%。（按加权平均售价 15000 元/吨折算，丙纶纤维的库存量达到 3.45 万吨）

（三）进出口情况

根据海关总署数据，丙纶纤维 2013 年 1~12 月进口量 5661.9 吨，同比增加 1.49%；出口量 29233.4 吨，同比增加 8.75%。外需市场比下半年有一定回暖，丙纶主要出口巴西、南美、中东和东南亚。

表5 2013年1~12月丙纶纤维进出口情况表

商品名称	出口				进口			
	数量（吨）	同比（%）	金额（万美元）	同比（%）	数量（吨）	同比（%）	金额（万美元）	同比（%）
丙纶长丝（含股线、缆线）	20106.3	7.72	5152.7	11.44	1651.1	-2.22	588.4	5.58
丙纶短纤（含丝束）	9127.1	11.09	2151.0	5.18	4010.8	3.02	1100.6	2.20
丙纶合计	29233.4	8.75	7303.7	9.52	5661.9	1.49	1689.0	3.35

资料来源：海关总署

（四）投资情况

2013年1~12月份实际完成投资额202017万元，施工项目28个，新开工项目21个，竣工项目17个。实际完成投资同比下降17.73%，施工项目数同比增加16.67%，新开工项目数同比增长61.54%，竣工项目同比增长41.67%，丙纶投资也处于一个惯性增长态势。

（五）经济效益和运行质量

表6 2013年1~11月化纤行业经济效益情况表

单位：亿元

	利润总额			亏损企业亏损额		
	1~11月	去年同期	同比增减	1~11月	去年同期	同比
化纤	206.29	169.88	36.41	44.42	51.09	-13.06%
其中：人纤（含浆粕）	69.58	49.08	20.50	14.67	18.46	-20.53%
锦纶	29.00	23.32	5.68	1.33	2.02	-33.86%
涤纶	79.12	86.24	-7.12	23.36	19.20	21.69%
腈纶	0.25	-1.11	1.36	0.35	1.52	-76.79%
维纶	0.23	-0.92	1.15	0.24	1.26	-81.20%
丙纶	2.92	2.79	0.12	0.25	0.23	8.73%
氨纶	16.91	3.53	13.37	1.43	6.07	-76.40%
其他合纤	8.28	6.94	1.34	2.78	2.33	19.30%

资料来源：国家统计局

从丙纶企业生产经营和盈利状况看，2013年呈下行走势。1~11月份59户企业统计，亏损企业9户，亏损面占15.25%。亏损企业亏损额2504.8万元，同比增加8.73%，高于化纤行业平均水平。丙纶行业利润总额2.92亿元，同比增加1233.7万元，提高4.4%；利润率5.07%，同比略降0.41个百分点。

参见图4~6丙纶相关品种与聚丙烯原料的价差走势图。

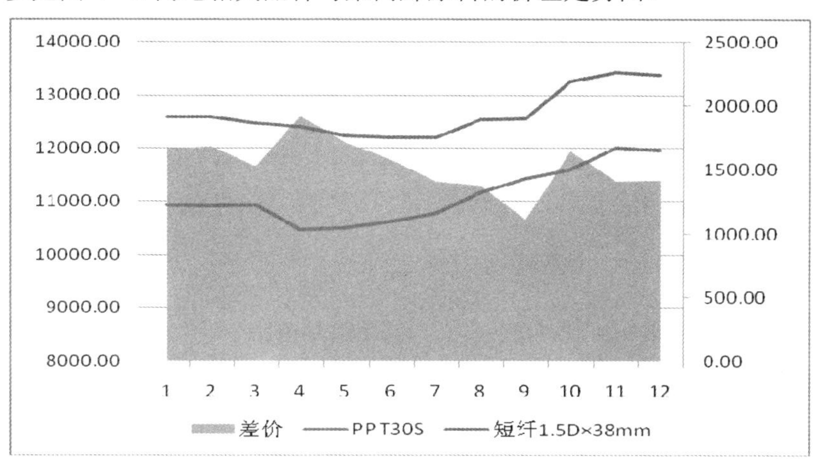

资料来源：中国化学纤维工业协会丙纶专业委员会

图4　2013年丙纶短纤与聚丙烯原料差价走势图（元/吨）

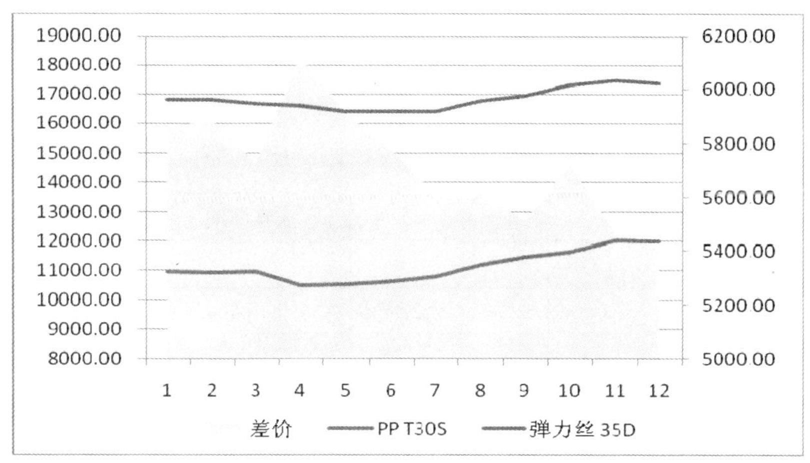

资料来源：中国化学纤维工业协会丙纶专业委员会

图5　2013年丙纶弹力丝与聚丙烯原料差价走势图（元/吨）

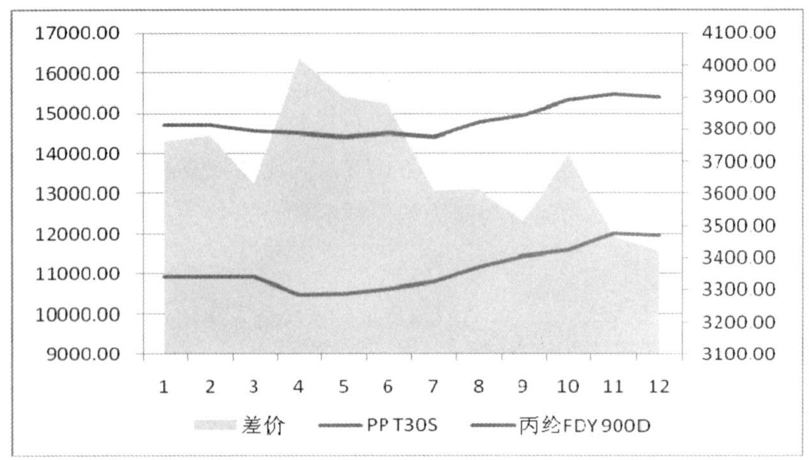

资料来源：中国化学纤维工业协会丙纶专业委员会

图6　2013年丙纶FDY900D与聚丙烯原料差价走势图（元/吨）

丙纶行业总体运行质量呈基本平稳、略有下滑态势：

（1）资产负债有所下降5.77个百分点，产权比率下降48.41百分点，丙纶企业偿还长期债务的能力较强。

（2）资金使用效率同比略有下降（总资产周转率增0.09个百分点）。

（3）盈利能力略有下降，利润率、成本利润率、总资产报酬率、净资产报酬率均呈下降态势。

（4）销售、管理、财务三项费用略降。

表7　2013年1~11月丙纶行业运行质量指标

项目	2013年1~11月	去年同期	同比
偿债能力指标			
资产负债率	62.47%	68.24%	-5.77
产权比率	166.45%	214.86%	-48.41
已获利息倍数	5.97	5.05	0.92
营运能力指标	（次）	（次）	（次）
应收账款周转率	10.49	10.29	0.20
产成品周转率	22.44	16.55	5.89

续表

项目	2013年1~11月	去年同期	同比
流动资产周转率	2.16	1.98	0.18
总资产周转率	1.48	1.39	0.09
盈利能力指标			
主营业务利润率	5.07%	5.47%	-0.41
成本费用利润率	5.38%	5.96%	-0.57
总资产报酬率	9.01%	9.47%	-0.46
净资产收益率	19.99%	23.92%	-3.92
发展能力指标			
销售增长率	12.82%	15.03%	-2.21
总资产增长率	5.71%	22.80%	-17.09
百元销售收入三项费用	（元/百元）	（元/百元）	（元/百元）
销售费用	1.5948	1.7670	-0.1722
管理费用	2.5682	2.8525	-0.2843
财务费用	1.3202	1.4060	-0.0858

资料来源：据国家统计局数据整理

二、2013年丙纶行业存在的问题及原因分析

（1）世界经济企稳回升，四季度进一步向好，我国化纤行业所处的宏观经济环境比较平稳，这将提高各相关子行业和上下游企业的信心，从而形成良性循环，保持化纤行业的运行稳定。

（2）原料价格坚挺，4月份以后T30S、粉料持续上涨，受原料聚丙烯大幅波动和下游需求不足影响，丙纶市场弱势下行，7月中旬之后，受成本支撑小幅反弹。

（3）受国内外市场因素的影响，企业开工不足，产量继续下滑。

（4）市场需求疲软，下游实际订单减少，丙纶企业开工率持续低迷，产品价格难于跟进原料价格。

（5）受成本支撑和市场弱势影响，企业盈利能力进一步减弱，外需市场有一定回暖，出口略增，全年丙纶出口同比提高9.52%。

三、2013年丙纶行业运行预测

宏观经济稳中向好，内需预期总体平稳。化纤行业所处的宏观经济环境比较平稳，这将提高化纤上下游产业链的共同信心，从而形成良性循环，保持化纤行业的运行稳定。

丙纶行业在宏观经济向好，化纤行业的运行稳定的环境下，上游原料多元化发展，将降低原料成本，对丙纶行业的运行带来长期利好。

预计2014年，PP原料价格延续2013年底的行情，呈周期性波动、下降态势。丙纶纤维行情也将维持平稳运行，波幅不大，总体呈上升走势，2014年规模以上企业，丙纶纤维总产量35万吨。企业盈利能力将会得到提升，预计全年利润总额约3.5亿元。

聚酯我们深知
污垢我们了解
清洗我们有办法
让废瓶片成为优良的化纤原料

we know polyester
we understand the dirt
we have a way to clean
et the waste boottle flakes become excellent chemical fiber materials

洛阳市柯莱尔清洗材料有限公司

电话:1833676829 传真(86)0379-63380727
E-mail:18939009287@189.cn

2013年中国再生化学纤维行业运行分析与2014年运行预测

中国化学纤维工业协会再生化学纤维专业委员会
林世东　赵　力　周国祥

一、行业运行综述

2013年再生化学纤维（涤纶）行业的运行突出特点是：淡季明显、旺季没有，原料、产品价格双双出现阴跌，反弹的力度不大，反弹属于成本抵抗型。原料、产品的库存管理及资金链的控制，成为企业能否赢利的关键。

行业在运行中也有很多亮点：部分企业的技术改造热情高涨，个别企业、个别产品、个别品种的吨毛利润还是很高（比如高品质的有色短纤、仿毛、ES纤维、功能性短纤、DTY及再生制品出口等）。大路货产品的衰败，将成为行业下一步产业转型升级、调整结构、转变增长方式的警示标。现全面回顾2013年再生化学纤维（涤纶）行业运行及展望来年。

（一）从行业所处的宏观环境分析

在复杂和困难的内外部环境下，中国政府为实现稳增长目标，于2013年三季度初期连续出台八项促进经济发展的措施，对提升国内经济活力有正面作用，全年GDP增速达到7.7%。同时随着国际上其他主要经济体渐渐走出危机，我国政府稳定经济增长的态度更明确，我国具备比较长时间维持中速发展的潜力。

2013年纺织行业主要经济运行指标均实现稳定增长，多数指标增速较上年有所提升。1～11月，全国3.8万户规模以上纺织企业累计实现主营业务收入57401.8亿元，同比增长11.5%，增速低于上年同期0.11个百分点；实现利润总额2896.0亿元，同比增长17.1%，低于上年同期1.24个百分点。1～11月，全国纺织品服装出口总额2580亿美元，同比增长11.8%，高于上年同期9.3个百分点；全行业500万元以上项目固定资产投资完成额为8351.5亿元，同比增长18.3%，增速较上年同期加快2.6个百分点。大型企业运行状况明显好于小型企业。

内需方面，社会消费品零售总额同比增速整体依然延续下降趋势。在主要工业品的进口方面，由于美元走势强劲，导致大宗商品价格走低，再加上人民币一直以来的强势升值，使得国内企业大宗商品采购成本大幅降低。内销预计增长有进一步提升的空间，但提升空间比较有限。结合市场情况，行业生产、效益情况基本平稳，但随着统计基数提升，增速将较目前水平略有放缓。截至2012年全国纺织服装电子商务交易规模已经达到714亿元，直接从业人员约为280万人，电子商务已成为行业重要的发展方向之一。

外需方面，对出口增速的预期趋于谨慎。2013年5月份出口增速暴跌，受政府打击热钱（利用套利\套息\套汇等三种模式）流入的影响。欧洲及新兴经济体增长乏力，对中国出口形成压制。贸易顺差稳中有升，或与进口相对于出口、内需相对于外需更加疲弱有关。也表明，在进口难以扩大的情况下，中国的贸易盈余仍将以较快的速度积累，也将造成人民币的不断升值压力。

同时，劳动力成本不断上升，资源压力、环保压力、资金压力（包括融资成本高）等因素也会对企业生产经营构成不利影响。

（二）从行业所处的微观环境分析

就企业自身而言，由于绝大多数企业由于自身缺乏核心竞争力，产品自主创新能力不足，产品品牌附加值不高等，造成了这些企业无法抵御日益恶化的外部环境。加上纺织企业差异性不大，创新性区分度有限，行业内并未建立占据行业主导的品牌产品。还有就是新增产能较快扩张，进入行业的新面孔多，对于新企业来说，在渠道资源方面（特别是原材料收购渠道，产品销售渠道方面）竞争力不足，增加了企业经营的风险。据不完全统计，再生三维的产能已超过200万吨，再生长丝的产能也已超过100万吨。

（三）从行业所处的国际竞争环境分析

世界各地对纺织、化纤传统产业的重新定位与参与，特别是东南亚国家对我国低端产品的产业替代、转移也是影响因素，加大了我国化纤行业的国际竞争。特别是一些发达国家以绿色壁垒、技术壁垒、反倾销、反补贴和知识产权保护等非关税壁垒为措施的新贸易保护主义盛行，一些国家的竞争性货币贬值引发的热钱袭扰，人民币持续升值和输入性通胀等，导致我国出口的贸易环境更加恶劣。例如：2013 年已有墨西哥、土耳其、印度尼西亚三起针对我国涤纶贸易争端案件。11 月 18 日，欧盟对我国聚酯短纤发起反补贴调查。

特别是人民币大幅升值影响出口产品竞争力。自 2012 年四季度开始，人民币开始高歌猛进，2013 年更被称为人民币的升值年。据统计，2013 年人民币汇率中间价已经累计 41 次创新高，上涨了 1984 个基点。人民币汇率形成机制改革 8 年来，人民币对美元汇率累积升值幅度超过 34%，对欧元累积升值超过 20%。

二、行业运行情况分析

（一）2013 年再生瓶片行情分析

1．再生瓶片价格走势

1 月份，原料收购难及节前提前放假，价格稳中有升；

2 月份，由于需求未明显改善，加上节后开工推迟，价格有所回落；

3～4 月份，再生瓶片的价格就跟随再生化纤的跌势进入下行通道；

5 月份，随着天气转暖，市场上瓶源供应渐多，下跌步伐加快；

6 月份，淡季如约而至，企业受资金影响，价格阴跌；

7 月份，聚酯产业链气氛提振及成本支撑，价格僵持整理；

8 月份，高温及局部限电影响，行业开工率及开工负荷下调，价格走弱；

9 月份，“金九”未现，价格走势平稳；

10 月份，下游产品库存高位，原料采购意向淡薄，价格小幅阴跌；

11～12 月份，成本支撑增强，成交价格盘整（详见图 1）。

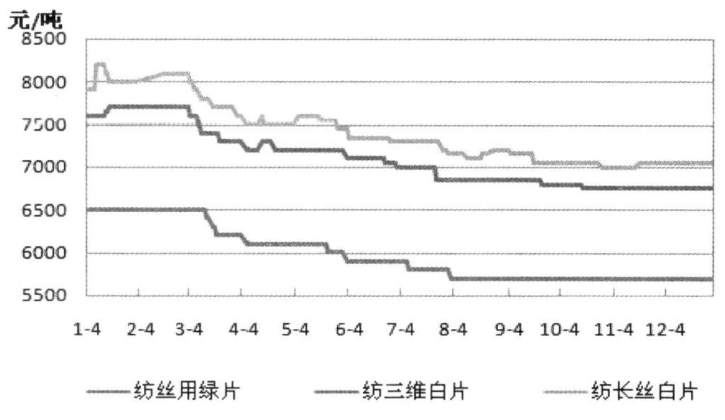

资料来源：中纤网

图 1　2013 年 1～12 月再生瓶片价格走势

2、原料进出口分析

表1　1～12月PET废料进出口一览表

PET废料	进口量（万吨）	进口价格（美元/吨）	出口量（吨）	出口价格（美元/吨）
1月	15.3	780.5	47.9	388.1
2月	12.0	799.6	118.1	494.6
3月	19.7	808.7	148.8	467.0
4月	17.9	803.7	0	0
5月	18.2	760.7	64.0	681.5
6月	16.2	743.0	19.8	1010.9
7月	19.2	745	6.1	2000
8月	21	733.6	124	734.3
9月	20.1	736.2	101.9	666.7
10月	17.2	748.3	24.1	384.4
11月	21.9	728.4	107.9	444.7
12月	21.16	719	96.7	384.4

数据来源：中国海关总署

从表1可以看出：2013年PET废碎料及下脚料的进口总量为219.97万吨，与去年同期204.54万吨相比，增加15.43万吨，增幅7%；2013年PET废碎料及下脚料的进口均价为758美元/吨，与去年同期837美元/吨相比，降低了79美元/吨，降幅9.4%。进口原料呈量增价跌走势。

（二）2013年再生涤纶短纤行情分析

1、再生三维涤纶短纤行情分析

1月份，三维中空涤纶短纤价格疲弱维持为主，由于出口方面订单不佳，价格平稳；

2月份，节前有补仓，节后需求平淡，价格较为稳定；

3月份，由于外单不佳，出口方面价格回调，三维中空涤纶短纤内销行情普降；

4月份，厂家库存逐渐增长，三维中空涤纶短纤行情疲弱阴跌；

5～9月份，外单好转不明显，厂家库存压力增加，价格阴跌；

10月份，随着旺季到来，产销较顺畅，厂家库存压力减小；

11～12月份，产销走淡，厂家库存压力略增（详见图2）。

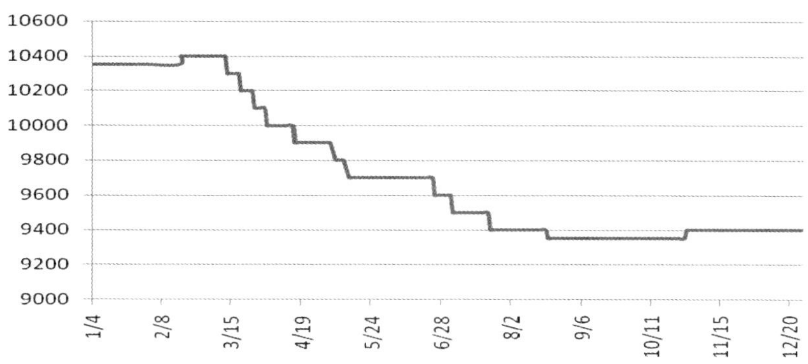

资料来源：中纤网

图 2　2013 年 1～12 月再生三维中空涤纶短纤价格走势

2. 再生棉型涤纶短纤行情分析

1 月份，再生棉型涤纶短纤有节前备货行情；

2～3 月份，由于下游纱厂需求不足，再生棉型涤短一路下行；

4 月份，再生棉型涤纶短纤盘跌为主；

5 月份，市场气氛逐渐走弱，但总体产销率尚可；

6 月份，进入传统淡季，再生棉型涤纶短纤市场气氛平淡，价格继续探底；

7～9 月份，价格进入平台整理，总体产销率一般；

10 月份，受外围原生涤纶短纤下跌影响，价格下跌，个别厂家停产；

11 月份，平稳维持为主，销售气氛尚可；

12 月份，销售不佳，价格呈现抵抗型下跌（详见图 3）。

资料来源：中纤网

图 3　2013 年 1～12 月再生仿大化涤纶短纤价格走势

3. 再生涤纶短纤进出口分析

表2　1～12月涤纶短纤进出口一览表

涤短	进口量（万吨）	进口价格（美元/吨）	出口量（万吨）	出口价格（美元/吨）
1月	1.11	1923	5.26	1437
2月	0.57	1863	6.53	1406
3月	1.03	1911	6.46	1441
4月	1.11	1996	4.24	1447
5月	1.13	1826	5.42	1393
6月	0.95	1852	5.05	1356
7月	1.09	1786	6.64	1359
8月	1.22	1825	5.93	1345
9月	1.30	1861	6.51	1363
10月	1.12	1869	7	1382
11月	1.08	1952	6.8	1352
12月	1.12	1904	7.5	1343

数据来源：中国海关总署

从表2可以看出：2013年出口涤短为73.4万吨，较去年同期65.1万吨增加了8.3万吨，同比增加12%；2013年涤短出口平均价格预计为1385美元/吨，较去年同期均价1462美元/吨下跌了77美元/吨，同比下跌了5%。产品出口呈量增价跌走势。

（三）2013年再生涤纶长丝行情分析

1月份，受传统备货及资金宽松因素，再生涤纶长丝稳步上涨；

2月份，由于春节后开工较晚，加上有效订单不足，再生涤纶长丝先涨后跌；

3～5月份，受原生涤纶长丝下跌影响，继续下行探底；

6～7月份，受成本强支撑，再生涤纶长丝价格平稳；

8月份，传统旺季来临前夕，产销顺畅，厂家多无库存压力，价格上扬；

9～10月份，资金压力大，销售不佳，库存压力上升，成交价格逐级回落；

11～12月份，价格以小幅阴跌为主，个别厂家采取减负负荷措施（详见图4）。

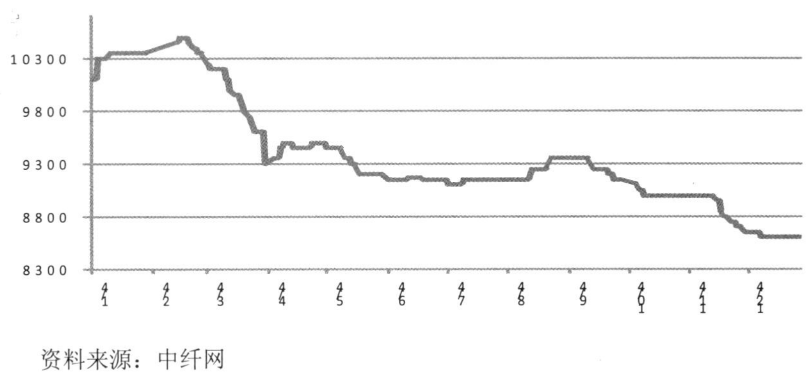

资料来源：中纤网

图 4　2013 年 1～12 月再生涤纶长丝价格走势

（四）2013 年再生涤纶行业产量、开工率、产销率

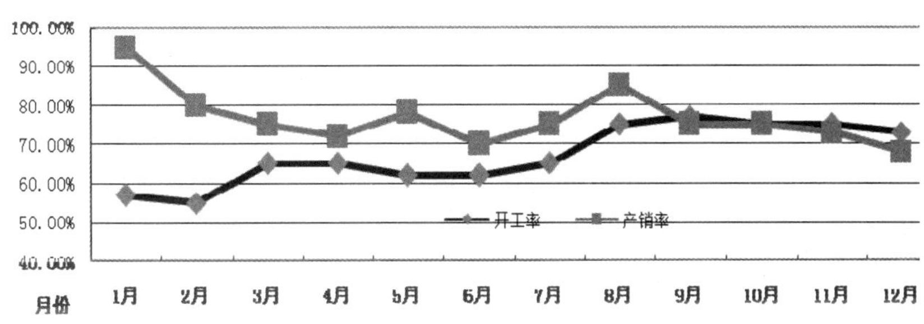

资料来源：中纤网

图 5　2013 年 1～12 月再生涤纶开工率、产销率分析

据不完全统计：一季度的再生化学纤维（涤纶）的产量估计为 130 万吨（开工率约 70%，扣除春节因素，开工率约 60%），二季度的再生化学纤维（涤纶）的产量估计为 140 万吨（开工率约 65%），三季度的再生化学纤维（涤纶）的产量估计为 150 万吨（开工率约 70%），四季度的再生化学纤维（涤纶）的产量估计为 160 万吨（开工率约 75%），再生化学纤维（涤纶）产量合计 580 万吨。

从图 5 可以看出：产销率；总体在 7 成；开工率方面：持续反弹，逐步回升趋势。

（五）2013 年再生涤纶行业利润分析

1. 再生三维涤纶短纤利润分析

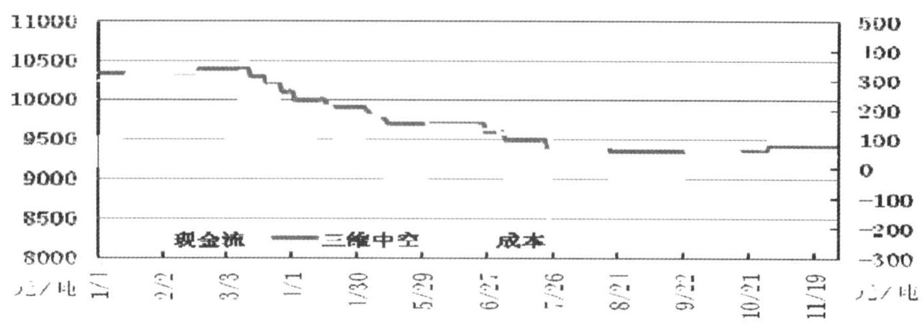

资料来源：中纤网

图 6　2013 年 1～12 月再生三维中空涤纶短纤利润

从图 6 可以看出：今年再生三维中空涤纶短纤现金流增加，但是受新增产能逐步达产，利润空间正在不断缩小。

2．再生仿大化涤纶短纤利润分析

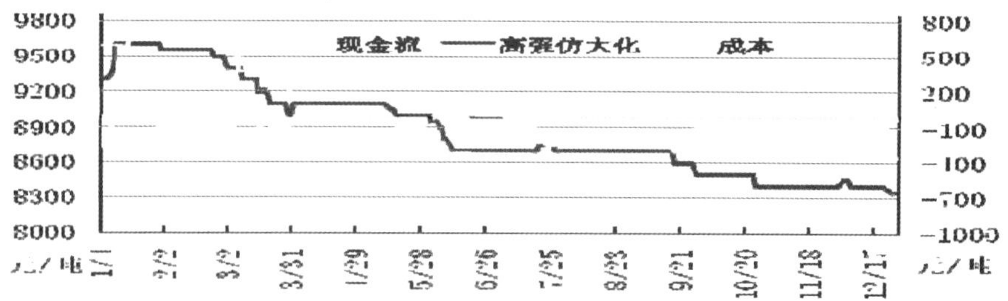

资料来源：中纤网

图 7　2013 年 1～12 月高强仿大化涤纶短纤利润

从图 7 可以看出：由于行情连续下滑，再生棉型涤纶短纤生产企业经营困难。若全用瓶片原料生产，今年上半年大部分时间处于亏损阶段，进入 5～6 月企业亏损面增加（实际上，再生棉型涤纶短纤除个别品种外[如特白、高强等品种]，行业添加布泡料比例高达 30%～100%，所以亏损面及亏损额会有所变化），至 7 月后略有好转，9～12 月亏损额持续增加。

3．再生涤纶 POY 长丝利润分析

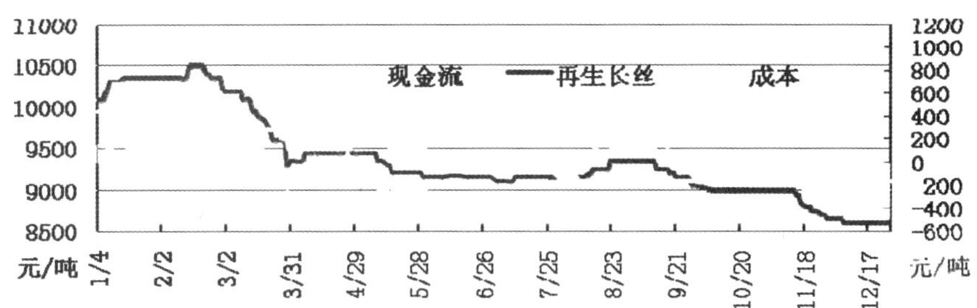

资料来源：中纤网

图8　2013年1～12月再生涤纶长丝利润

从图8看以看出：今年再生涤纶长丝表现不佳，年初稍有盈利，进入3月后一直处于亏损运营，7～8月稍有好转，11～12月亏损额增加。主要原因是新上长丝产能集中释放。

三、2013年国家相关部委涉及再生化学纤维（涤纶）行业相关政策汇总

2012年12月26日，工信部办公厅以工信厅节函[2012]985号文征集再生资源综合利用先进适用技术。

2013年1月18日，环保部部公布了《进口废塑料环境保护管理规定》，自2013年4月1日起施行。

2013年1月30日，为落实《循环经济促进法》，根据《关于印发国家循环经济教育示范基地有关申报管理规定的通知》（发改办环资[2013]1762号），国家发改委、教育部、财政部、国家旅游局委托专家国家循环经济教育示范基地备选单位进行了评选。

2013年2月16日，国家发展改革委第21号令公布了《产业结构调整指导目录（2011年本）（修正）》，并规定自2013年5月1日起施行。

从2013年2月24日至2013年11月30日，在全国范围开展加强进口固体废物监管，严厉打击洋垃圾走私的“绿篱”专项行动。

2013年2月18日，国家发改委、国家认监委关于印发《低碳产品认证管理暂行办法》发改气候[2013]279号的通知。

2013年3月28日，工业和信息化部组织编制了《工业固体废物综合利用先进适用技术目录（第一批）》。

2013年4月8日，国家七部委以第20号文，稳定棉花生产、经营者和用棉企业市场预期，保护棉农利益，保障市场供应，特制定了《2013年度棉花临时收储预案》。

2013年4月10日，工信部颁布了国家鼓励的重大工业节水工艺、技术和装备目录。

2013年4月11日，为落实好“十二五”期间工业领域重点行业淘汰落后产能目标任务，工业和信息化部下达了2013年19个工业行业淘汰落后产能目标任务，其中：印染236150万米，化纤31.4万吨。

2013年4月25日，财政部发布了《关于享受资源综合利用增值税优惠政策的纳税人执行污染物排放标准有关问题的通知》（财税[2013]23号），通知自2013年4月1日起执行。

2013年5月6日，商务部在沪召开全国再生资源回收体系建设现场会议。商务部副部长姜增伟指出，力争在“十二五”期末，初步建立拥有现代回收方式、先进的技术设备、完善的回收网络、良好的分拣与处理、规范化管理的废旧商品回收体系，使得全国主要品种再生资源回收率达到70%。

2013年5月～11月，环保部等七部委联合在全国组织开展整治违法排污企业保障群众健康环保专项行动。

2013年6月5日，国务院印发了《深化流通体制改革加快流通产业发展重点工作部门分工方案的通知》，主要精神就是深化流通领域改革开放完善财政金融支持政策。加快制定和完善促进废旧商品回收体系建设的税收政策。

2013年6月5日，为加快形成统一、系统的清洁生产技术支撑体系，国家发改委、环保部会同工信部等有关部门组织编制《清洁生产评价指标体系编制通则》（试行稿），对已发布的清洁生产评价指标体系、清洁生产标准、清洁生产技术水平评价体系进行整合修编。

商务部正在会同国务院有关部门进一步研究采取支持措施促进外贸发展。外贸新规划的出台纺织企业有望先获益。

2013年7月16日，为推动再制造产业健康有序发展，加强再制造行业管理，确保再制造产品质量，引导再制造产品消费，根据《再制造产品认定管理暂行办法》（工信部节〔2010〕303 号）及《再制造产品认定实施指南》（工信厅节〔2010〕192 号），组织开展了第三批再制造产品认定工作。

2013 年 7 月 24 日，当前我国经贸环境复杂严峻，进出口增速均明显放缓。国务院研究确定促进贸易便利化，推动进出口稳定发展的措施。通过制度创新，提高贸易便利化水平，增强企业竞争力。

2013 年 7 月 30 日，发改环资[2013]1471 号，经国务院批准，六部委组织开展了两批国家循环经济示范试点工作，试点范围涉及重点行业（企业）产业园区、重点领域以及省市，共计 178 家单位。

2013 年 8 月 1 日，国务院以国发〔2013〕30 号文提出加快节能环保产品的意见。

2013 年 9 月 16 日，工信部印发《产业关键共性技术发展指南（2013 年）》。2013 年版指南确定了当前优先发展的节能环保与资源综合利用、原材料、装备制造、消费品工业、电子制造业、软件和信息技术服务业、通信业、信息化与生产性服务业等 8 大领域共 261 项技术。其中，消费品工业领域包括循环再生材料制备技术、纺织印染节水、节能、减污新技术等。

2013 年 9 月 17 日，国务院印发《关于加强城市基础设施建设的意见》。提出，到 2015 年，全国所有设市城市实现生活垃圾无害化处理率达到 90%左右。

为指导和推动循环经济加快发展，实现“十二五”规划纲要提出的资源产出率提高 15%的目标，国家编制了《循环经济发展战略及近期行动计划》，对发展循环经济作出战略规划，对今后一个时期的工作进行具体部署。

2013 年 10 月 30 日，国家发改委副主任解振华在浙江省诸暨市调研废旧军服综合利用示范项目建设情况时指出，发展循环经济是破解我国资源环境约束、实现经济社会可持续发展的惟一出路。“废旧纺织品综合利用既是转变纺织工业发展方式、缓解资源环境瓶颈约束的重要内容，也是推广绿色低碳生活方式的重要抓手。”

《固体废物处理处置工程技术导则》国家环境保护标准于 2013 年 9 月 26 日发布，12 月 1 日实施。

2013 年 12 月 24 日，环保部发布了《固体废物再生利用污染防治技术导则》国家环境保护标准正式向相关单位征求意见，并要求相关单位于 2014 年 2 月 15 日前反馈给环保部或编制单位。

四、2014年度再生化学纤维（涤纶）行业展望

外需影响因素：世界各国鼓励再生行业发展，外需虽没有锐减，但对中国的替代日益增强，预计我国出口会有部分萎缩。

内需影响因素：国家维稳财税政策下，行业具有完备的产业链、产业集群，行业不断加大营销模式创新，可扩大内销，特别是扩大对中西部的销售梯度。

棉花影响因素：受2014/2015年棉花直补政策的影响，预计棉花价格前高后低，纺织厂将会对增加棉花用量比例，对短纤行业影响很大。

PTA新增产能因素：受PTA全年有近1200万吨以上投产，特别是在5月～6月份的集中投产的影响，加上有400万吨以上原生聚酯产能的释放，行业产品价格将受到很大抑制。加上今年因资金紧张，下游备货消极，产品库存的压力全部在纤维生产厂，春节前后造成产品的价格稳定性差。

行业规范影响因素：2014年《再生化学纤维（涤纶）行业规范条件》的实施，对淘汰落后产能，减少产能进一步无序发展，提升行业竞争力有正面影响。

（一）经济效益预计

分品种效益预测：三维产品利润在300元/吨以下；棉型受棉花、原生产品影响较大，利润在盈亏平衡线上下200～400元/吨，普通二维、长丝等产品基本在盈亏平衡点上下300～500元/吨之间运行。

（二）再生化纤产品的价格行情走势预测：一季度先低，二季度盘整，三季度为稳步盘升，四季度为继续盘升。

（三）运行质量：预计全年开工率65%～75%、产销率在85%～95%。

（四）行业产量：全年产量在550～620万吨/年之间。

（五）行业投资：预计全年新增产能30～50万吨/年（主要是淘汰落产能转新上项目。新上项目主要集中在再生长丝、棉型仿大化及部分改扩造三维中空项目）。

（六）产品进出口：产品出口在5～7万吨/月上下，进口基本在1.0～1.3万吨/月左右。受欧盟反补贴调查影响，假若企业积极应诉，并取得较好个税，印度3万吨/年，越南2万吨/年的出口欧盟的市场份额，对我国有利。出口欧洲市场会有更大发展空间。

（七）原料（瓶片+整瓶）进口：全年预计在220～250万吨/年。

2013 年中国高性能化学纤维现状分析与 2014 年发展前景

中国化学纤维工业协会高新技术纤维专业委员会
王玉萍　吕佳滨

一、2013 年高性能化学纤维现状分析

2013 年是实施“十二五”国家战略性新兴产业发展规划的关键一年，同时全球高性能纤维围绕技术、产品、市场的全方位竞争日趋激烈，而国内正处在转变经济发展方式和调整产业结构的关键时期。面对复杂的国际国内发展环境，高性能纤维经过“十一五”时期的快速发展，在关键技术和装备的研发、下游产品的开发和全产业链建设方面都取得了瞩目的成就，同时也积累了一定的发展经验，此外，在国内外市场需求和宏观政策方面也都有了明显的提高。可以说，高性能纤维的发展正处于重大转折时期，也是关键时期，更是历史上最好的发展机遇期。

（一）现状分析

我国的高性能纤维发展更多的是依靠自主创新和科技进步，经过“十一五”期间和“十二五”前期地快速发展及经验积累，我国高性能纤维的产业化取得了前所未有的突破。在国家相关政策和规划的指引下，国产高性能纤维行业实现快速发展，不仅产能形成了发展优势，在工程化技术、配套装备、产品应用和标准法规方面也取得了较好的进展。

1．高性能纤维超额完成“十一五”目标任务，实现全面突破

目前，我国高性能纤维总的生产能力约 8.7 万吨：纤维的生产几乎覆盖所有品种领域，其中 T300 级碳纤维进一步实现了稳定生产；T700 级高性能碳纤维突破干喷湿法纺丝工艺，超大容量聚合釜、高压蒸汽牵伸机等关键装备实现自主设计和应用，产业化生产及应用逐步加快；T800 级、MJ 系列高性能碳纤维已突破关键制备技术；间位芳纶、超高分子量聚乙烯、连续玄武岩纤维、聚

苯硫醚纤维等产品性能达到国际先进水平；对位芳纶、聚酰亚胺纤维、聚四氟乙烯纤维和高强高模聚乙烯醇纤维实现产业化生产，产能在持续扩大，高性能纤维行业总体达到国际先进水平。

表1　2013年主要高性能纤维产能汇总（单位：吨）

名　称	产能（吨）
PAN基碳纤维	9120
芳纶	19300
超高分子量聚乙烯纤维	20500
聚苯硫醚	16500
玄武岩纤维	17500
聚酰亚胺	4000
合计	86920

数据来源：中国化学纤维工业协会

2．行业龙头企业发展壮大，区域优势特色经济突出

在国家、行业和其他相关部门的支持下，已形成一批纤维及复合材料龙头企业，经过近几年的发展不断壮大，是“十二五”期间乃至将来行业发展领军企业，如中复神鹰、江苏恒神、威海拓展等碳纤维生产企业；烟台泰和、中蓝晨光等芳纶生产企业；仪征化纤、北京同益中等超高分子量聚乙烯纤维生产企业；四川得阳、四川安费尔等聚苯硫醚纤维生产企业；长春高琦、江苏奥神等聚酰亚胺纤维生产企业；浙江石金玄武岩、四川航天拓鑫等玄武岩纤维生产企业。此外，这些企业均已建立企业研发机构，企业的研发资金投入逐年增加，自主创新能力显著加强，同时在与科研院所及下游应用企业合作过程中，产学研用机制进一步得到完善，科技成果转化步伐加快。

高性能纤维的发展以行业龙头企业为带动，形成了较强的地域性特点，已在山东、江苏、吉林和四川等地建立并形成了一批高性能纤维产业基地，产业集群的发展有力推动了地区优势特色资源的开发，培育和延伸了产业链，提升了产业的整体素质，形成了具有辐射带动力的科技创新重点区和协同效应。

3．标准工作步伐加快，行业组织地位逐步提高

随着高性能纤维的产业化进程不断加快，国家及行业也加快了标准工作步伐，自2012年起，相继完成高强高模聚乙烯醇超短纤维、聚丙烯腈基碳纤维原丝、超高分子量聚乙烯/碳纳米管长丝的产品行业标准，及碳纤维预浸料和超高分子量聚乙烯纤维产品国家标准。

近期，工信部发布了《新材料产业标准化工作三年行动计划》，旨在进一步增强新材料产业的标准协调性，实现产品标准、方法标准、基础标准的相互配套、紧密衔接。力争通过 3 年的努力，建立起一个与新材料产业发展相适应，并具有一定前瞻性的新材料产业标准体系。重点任务中涵盖了六大领域，其中在高性能复合材料领域中，要制定和完善碳纤维、玄武岩纤维等高性能纤维标准，加快制定发布纤维增强复合材料相关标准，积极研制树脂基、陶瓷基复合材料制品标准，研究复合材料分类方法标准、性能测试标准、专用原料标准等配套标准。此外，值得注意的是，该《计划》强调要发挥行业组织作用。各有关行业协会及专业标准化技术组织要主动做好标准化技术归口，组织重点生产企业、用户单位、研究机构，结合新材料重点产品，做好新材料标准起草及技术审查，加快重点新材料标准研究及制修订。要主动加强行业沟通协调，做好上下游衔接。积极参加国际标准化技术活动，推动重点新材料标准国际。

4．进出口情况

根据国家海关数据，2013 年全年主要高性能纤维进口 24214.29 吨，产品主要包含碳纤维、芳纶、聚苯硫醚和超高分子量聚乙烯纤维。

表 2　2013 年主要高性能纤维进口情况

名称	金额（万美元）	金额同比（%）	数量（吨）	数量同比（%）
PAN 基碳纤维	38296.2	16.8	12386.2	34.5
玄武岩及其制品	0.4	—	0.3	—
芳纶	14501.8	2.8	6979.8	12.3
聚苯硫醚及其制品	5863.3	22.2	4797.9	38.5
超高分子量聚乙烯纤维	69.1	-26.8	50.03	-32.5
合计	5863.28		24214.29	

注：2013 年海关数据中，碳纤维进口总量包含预浸料进口量

数据来源：海关总署

（1）碳纤维及其制品。2013 年碳纤维及制品进口量为 12386.2 吨，贸易方式以加工贸易为主，占 60.6%，以进料加工为主，占 57.9%；一般贸易占 34.7%。

日本仍是最大的进口国，2013 年进口量为 6160.7 吨（含预浸料），同比增长 42.7%，占进口量的 49.7%，其后依次为台湾地区、土耳其、韩国、美国等。从应用领域看，体育休闲依然占据首位，工业用和航天航空用量相较 2012 年有一定增加。

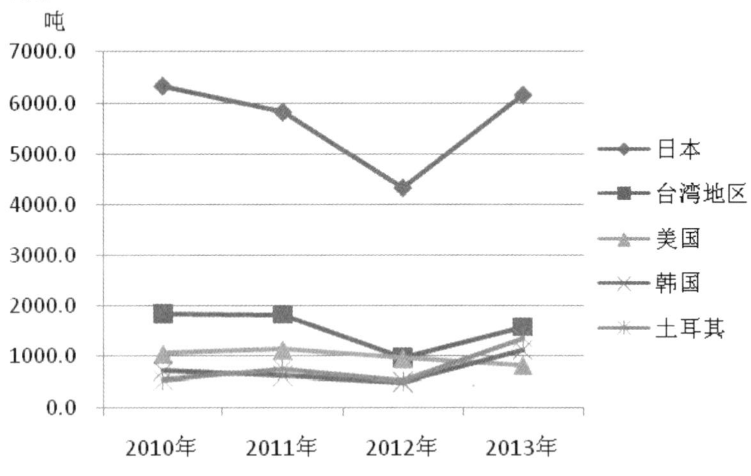

图 1　2010~2013 年碳纤维及制品分国别和地区进口量变化图

就具体产品看，碳纤维进口量 2007.5 吨，碳布 1533.2 吨，其他碳纤维制品 7483.4 吨，碳纤维预浸料 1362.1 吨，前三项同比分别增长 32.2%、-22.7% 和 48.0%。分析原因是 2013 年全球碳纤维市场开始回暖，再加上国外新装置投产，特别是日本增加了对中国市场的销量，韩国、土耳其等国也把市场目标锁定在需求相对旺盛的中国，而美国因 Zoltek 公司被收购而市场份额相应减少。

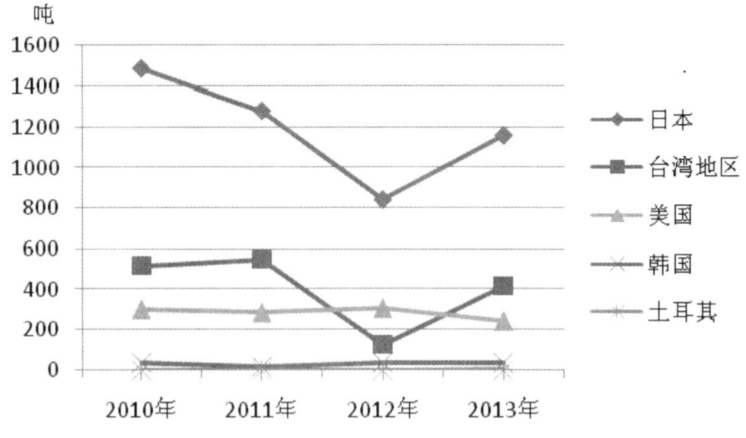

图 2　2010~2013 年碳纤维分国别和地区进口量变化图

（2）芳纶。2013年芳纶纤维其计进口6979.8吨，同比增长12.3%，进口品种以对位芳纶为主，可占到总量的75%。荷兰为最大进口国，2013年进口量为1949.2吨，占进口量的27.9%。其后依次为美国、英国、日本、西班牙等国家。我国芳纶纤维进口国分布见图3。

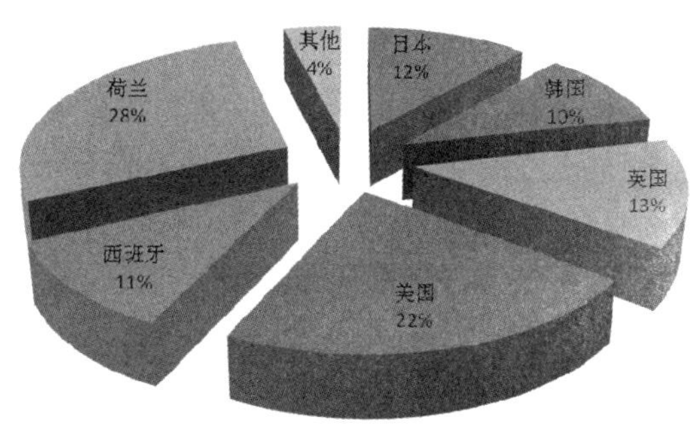

图3　我国芳纶进口国比例（按进口量）

从进口量来看，日本、韩国和西班牙都有不同程度的降低，美国、荷兰有所增加，由此可知，进口产品以对位芳纶为主，杜邦公司在国内芳纶市场仍然占有主导地位。此外，我国对位芳纶需求依然旺盛，但国内产品尚不能满足需求，仍以进口产品为主。从进口金额来看，2013年芳纶进口金额为14501.8万美元，同比增长仅为2.8%，可见国产芳纶的产业化极大地降低了芳纶产品的市场价格。从海关数据看，在应用领域方面，进口的对外芳纶主要应用在安全防护材料、汽车用材料和光缆增强材料三大领域；间位芳纶多用于制成芳纶无纬布、防弹布、机/针织面料及安全防护用品，如防割手套等。

（3）超高分了量聚乙烯纤维。2013年超高分子量聚乙烯纤维进口量为50吨，同比减少32.5%，进口金额69.1万美元，同比减少26.8%，分析原因是国产纤维品质和数量较快提升，部分已经替代了进口产品，从美国、荷兰等国一般贸易同比锐减可以明显的看出这种替代关系。海关数据显示，进口超高分子量聚乙烯纤维主要应用在绳缆领域。

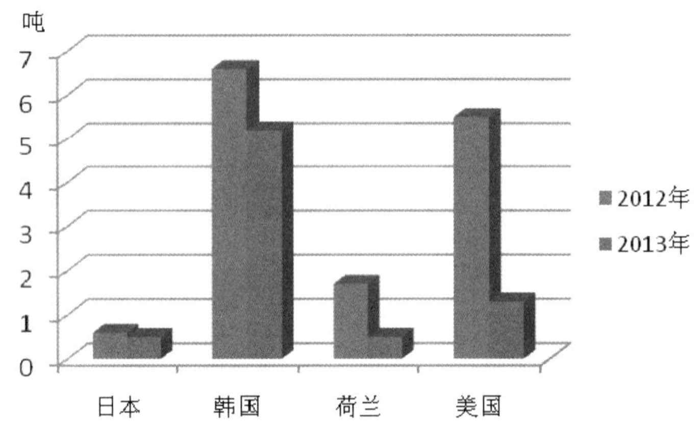

图4　2012~2013年超高分子量聚乙烯纤维一般贸易进口量对比图

（4）聚苯硫醚。2013年聚苯硫醚进口量为4797.9吨，同比增长38.5%，主要进口国仍为日本，进口量为4188.7吨，同比增长31.4%，占进口总量的87.3%。原因在于国家对环境保护的意识不断增强，为治理大气污染、遏制PM2.5，聚苯硫醚纤维用于高温过滤的用量大幅增加，而国外产品在性能和质量上优势，使得部分滤袋生产企业依然选择从国外进口，目前国外产品依然占据着约50%的国内市场份额。

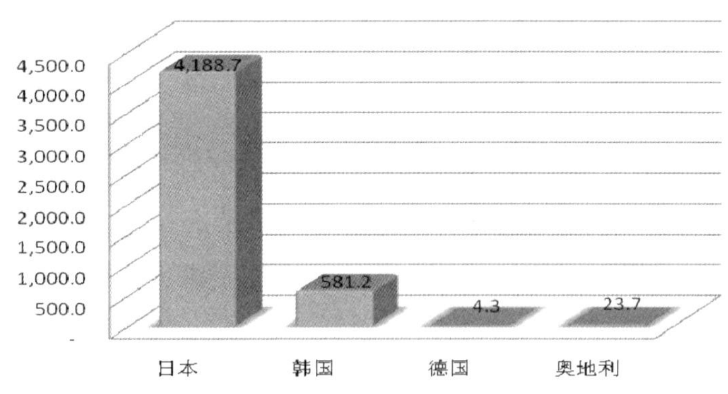

图5　2013年聚苯硫醚纤维进口量

（二）技术发展情况

2013年，高性能纤维行业通过以企业为主体的科技进步和自主创新，以及产学研用合作的进一步深化，在关键技术和装备国产化方面取得稳步进展。

1．PAN基碳纤维

PAN基碳纤维是我国高性能纤维体系中的核心，技术发展主要体现在三个方面：生产工艺的突破（纤维性能的提高、生产成本的降低），应用领域的拓展和关键装备的突破。

（1）工艺技术：PAN基碳纤维原丝方面，吉林碳谷碳纤维公司集成创新水相悬浮聚合湿法二步法新技术，具有流程短、质量稳定和成本低的特点；PAN基碳纤维方面，基本解决了拉伸强度大于3.5GPa，拉伸模量220-240GPa的T300级碳纤维工业化生产过程中的工艺控制、关键装备自主创新、生产系统集成等工程化难题，初步积累起国产碳纤维工业化生产线建设所需的工程化经验，碳纤维产业的技术创新能力得到了大幅度提升，为进一步实现更高性能碳纤维如T700、T800、M50J型的产业化奠定了良好的技术基础；中复神鹰碳纤维有限责任公司突破了干喷湿法纺丝工艺，可以显著提高生产效率和降低生产成本，目前已稳定运行。

（2）应用领域：在航空航天和武器装备等高端领域的应用牵引下，依托国产碳纤维建立的军用高性能碳纤维复合材料体系已基本形成。高性能碳纤维复合材料已在运载火箭，卫星，大运飞机和战斗机等系列高端装备上陆续得到应用。此外，在工业领域的应用比例也大幅增长，由2009年21%提高到现在的32%，尤其在风力发电叶片、压力容器、建筑补强、纺织器材、电加热、摩擦材料等新兴领域发展速度较快。

（3）关键装备：由于国外发达国家对高温碳化炉、高温石墨化炉等关键设备对我国实施出口限制，为了实现碳纤维国产化技术的全面突破，我国碳纤维制备技术均包含着工艺和装备的同步开发。目前，我国自主开发的高温碳化炉设计温度已达2000℃，运行温度可达1800℃，依托国产技术和关键装备已经能够生产出满足应用需求的T300级碳纤维。

2．芳纶

芳纶是继碳纤维后的高性能纤维体系中的又一重要高性能纤维。国产间位芳纶已突破技术难关，产品性能趋于稳定，实现了规模化生产和相关产品出口，在国内外市场占有一定份额；国产对位芳纶突破了工程化技术，产业化步伐加速。

（1）间位芳纶：国内间位芳纶已成功突破规模化生产技术，产能规模已超过万吨，形成了经济规模，生产成本较低，产品品质已接近国外先进水平，产品差别化程度较高，烟台泰和新材料股份有限公司目前为国内间位芳纶差别化程度最高的企业，已形成长丝、短纤和间位芳纶纸三大品种结构，以及本白纤维、易染纤维、可染纤维、纺前着色纤维、长丝、芳纶基导电纤维、沉析纤维和间位芳纶纸8个系列的上百个品种，能够满足国内各个领域对间位芳纶的应用需求，同时也已具备了一定的国际竞争力。此外，间位芳纶所需的两种主原料间苯二甲酰氯和间苯二胺的生产技术实现突破，年产能均超过2万吨，可满足国内间位芳纶的需求；目前，国内间位芳纶的应用主要集中在高温滤料，高温滤料主要用于袋式除尘器，占比约为63%，已基本占据国内全部市场，而在高端的防护服装和芳纶纸领域占比较小，分别约为26%和5%。因此，间位芳纶在防护领域和芳纶纸应用领域需求市场潜力较大。

（2）对位芳纶：对位芳纶已成功突破国产化生产技术，可批量生产供应拉伸强度为2.9GPa，拉伸模量为70GPa为特征的Kevlar29型对位芳纶，在解决纤维有无的同时，已成功应用于乘用子午胎的冠带层、带束层和胎体等部位，并已批量应用在汽车胶管和室内光缆，同时在搜/排爆服等装备的应用上取得实质性进展。此外，东华大学在高分子量树脂和凝聚态结构控制等关键技术的方面取得了实质性进展，高强度和高模量等高性能芳纶纤维（相当于Kevlar49和 Kevlar129）制备技术实现突破，为满足国内复合材料以及防弹等高端领域具有重要意义，也为实现对位芳纶的差别化和高性能化奠定了坚实的基础。

3. 超高分子量聚乙烯纤维

超高分子量聚乙烯纤维在高性能纤维体系中的重要地位日益突出。国内的超高分子量聚乙烯纤维已具备了一定的国际竞争力，其中湿法工艺单线生产线最大产能为300吨 /年，纤维产品成本相对较低，产品质量普遍达到荷兰帝斯曼 SK65系列水平（400D；强度31.6cN/dtex；模量1000 cN/dtex），个别可达到SK75水平（400D；强度 37.4cN/dtex；模量1160 cN/dtex），产品均匀性好，纤度不匀率可控制在 2%左右；中石化仪征化纤股份有限公司已突破干法生产工艺，解决了干法纺丝过程中超高分子量聚乙烯大分子缠结点控制难题，与国外的干法技术相比，无冻胶过程，生产过程能耗低，产品形成20D/20F~4800D/4140F 等多系列品种，单丝纤度在0.6~1.7D，主要技术指标可达到国外同类产品先进水平。

4. 聚苯硫醚纤维

我国纤维级聚苯硫醚树脂合成技术的研发方面取得了一定的成效，国内相关企业已与科研机构加强合作，加大科研开发力度，从原料研究开发入手，其中四川得阳特种新材料有限公司研发了以高选择性、高活性、易分离复合催化剂和错流式缩聚反应釜控制技术为主要创新的国产纤维级树脂聚合与纯化成套技术，并建立了国产纤维级树脂的评价体系。以此为基础，在纤维生产工艺上创新性的开发了连续无氧去硫树脂预处理技术、短程冷却纺程控制技术、单步高倍拉伸与超喂定型相结合的纤维结晶控制技术，实现了完全国产化的聚苯硫醚长丝和短纤维工业化关键技术集成。同时，聚苯硫醚纤维专用熔体制备和高温牵伸机等关键部件与设备，以及高效地溶剂、助剂回收技术和纺丝组件专用清洗技术等得到进一步完善。在应用方面，企业根据产品不同领域对纤维进行改性研究，选择合适的共混组分、最佳的共混配比进而改善纤维的使用性能。目前，国内用于燃煤锅炉烟气净化的滤料主要是聚苯硫醚针刺毡，并以聚四氟乙烯浸渍。针对煤质、炉型、烟尘特性等条件的不同，有关企业推出多种结构和后处理的滤料进行尝试，例如：聚苯硫醚针刺毡覆膜；聚苯硫醚纤维＋聚酰亚胺面层并覆膜；聚四氟乙烯基布＋聚苯硫醚面层；聚苯硫醚纤维＋超细聚苯硫醚面层并聚四氟乙烯浸渍处理等，以上诸多研究突破了聚苯硫醚纤维生产的技术瓶颈，推动了我国聚苯硫醚纤维的工业化进程。

5. 聚酰亚胺纤维

耐热型聚酰亚胺纤维实现了产业化生产，总体技术水平已达国际先进水平。长春高琦聚酰亚胺纤维有限公司突破了聚酰胺酸溶液直接湿法纺丝、干燥、酰亚胺化、高温牵伸的连续生产工艺，研制了聚合反应釜、纺丝机、牵伸炉和亚胺化炉等关键生产设备，建成了千吨级聚酰亚胺纤维产业化生产线，并实现了生产线的稳定生产。产品除应用在大型水泥窑尾袋式除尘器上外，还通过了瑞士 OEKO 最高级别检测，可用于服用领域。此外，江苏奥神新材料有限责任公司与东华大学合作解决了干法纺丝方法制备聚酰亚胺纤维的关键工程、设备和技术瓶颈，并通过聚合物结构的调节和纺丝工艺的调控，实现了纤维的细旦化，提高了纤维的可纺性。此外，干法纺丝技术最大优势在于生产效率高、成本低和溶剂回收率高，整个生产过程资源综合利用率高。

6. 聚四氟乙烯纤维

国内膜裂法聚四氟乙烯纤维技术实现产业化。上海金由氟材料有限公司和总后勤军需装备研究所合作完成了膜裂法高性能聚四氟乙烯纤维技术及千吨级产业化生产线，解决了膜生产过程中微孔控制和厚度不均匀等技术难题，还开发出温度梯度控制非等速、变幅宽、多道拉伸、膜裂分纤等多项新技术，由此提高了膜裂法生产聚四氟乙烯纤维的强度和线密度均匀性。国产聚四氟乙烯纤维的批量生产，降低了产品价格，不仅是对传统环保除尘材料的突破，还能促进间位芳纶和聚苯硫醚纤维等高性能纤维在滤料上的应用，推动化纤产业结构的调整升级。

随着聚四氟乙烯滤料的国产化程度越来越高，在解决聚四氟乙烯滤料生产过程中的静电、过滤性能和纤维强度等问题后，近年来在应用方面已取得突破。国产聚四氟乙烯的成膜和覆膜技术有了很大提高，很多企业拥有热熔覆膜的工艺和装备，覆膜滤料的质量更加接近国外先进产品。值得一提的是，对覆膜滤料优点和缺点的认识更加清楚，选用更趋于理性，更多遵循“扬长避短”的原则进行。

7. 连续玄武岩纤维

凭借近几年的不断摸索创新，我国玄武岩纤维产业形成了具有自主知识产权的工艺生产技术。在炉窑方面，浙江石金玄武岩纤维有限公司在国家相关部委的支撑下，独创的形成了全电熔炉生产工艺，与以天然气为能源的火焰炉相比，全电炉自动化控制较好，原丝线密度较为稳定，可以拉制生产单丝直径5.7μm的连续玄武岩纤维，此外，电熔炉更加清洁稳定，没有CO_2排放，是先进的低碳生产技术，实现了温室气体、废气和噪音的“零排放”；漏板方面，国内个别企业已突破800孔漏板拉丝工艺，并在此基础上逐步尝试更大漏板拉丝技术。

总得来说，高性能纤维材料产业化取得了重大的突破，已产业化的纤维正在进一步稳定性能，开发系列化品种，通过上下游合作扩大应用，强化应用需求对高性能纤维制造的牵引作用。此外，PBO、PEEN和POM等纤维产业化技术也在逐步攻关。

（三）高性能纤维行业发展存在的问题

我国高性能纤维虽然取了长足的进步，但与国外发达国家仍有近十年的差距，存在问题主要有以下几个方面：

1．自主创新能力不足，制约高性能纤维的发展

现阶段，我国高性能纤维行业不可回避的事实就是自主创新能力薄弱，特别是基础理论研究和集成创新能力的不足。由于历史的原因，致使我国的基础研发水平不高，许多科研单位的研究成果难以实现有效的集成，关键工程技术未能得到有效突破。以碳纤维为例，碳纤维的生产涉及聚合、纺丝、预氧化、碳化和表面处理等多道复杂工艺，是一个系统化工程，前后涉及的学科和工程关联度高，统筹和协调高分子化学、物理、加工成型、无机化学和材料科学等基础科学是发展碳纤维的关键。此外，纤维的高性能化和低成本化技术、纤维成型技术、精细化控制技术及纤维回收再利用技术等也是高性能纤维行业需重点突破的领域。

2．生产成本居高不下，导致高性能纤维难以扩大应用

目前，制约高性能纤维扩大应用的一个主要因素是居高不下的成本，因此，如何降低生产成本是行业内关注的焦点。过滤用玻璃纤维每吨价格几千元，而国产聚苯硫醚纤维和间位芳纶价格在每吨为十万元左右，更别提每吨近二十万元的聚四氟乙烯纤维。高性能纤维的高价格使国内下游企业难以承受，特别是民用领域。因此通过技术进步、加强上下游产业链合作、节能减排、循环利用等方式，降低纤维材料的研发、生产成本，降低产品价格，进而拓宽应用领域，扩大市场覆盖率是未来高性能纤维发展路线。

3．应用技术开发滞后，影响高性能纤维产能发挥和国内需求

目前，国内高性能纤维的生产虽取得较为瞩目的成就，但应用开发技术与发达国家相比还有较大差距。高性能纤维是基础材料，并不是终端产品，纤维研发和生产企业一般只关注纤维制造技术的提升，而忽视了纤维下游应用的同步发展，导致纤维制造技术与纤维应用技术脱节，无法形成技术推动和应用拉动的双向互动作用。此外，纤维应用领域也不尽相同，在碳纤维方面，据相关资料统计，国内碳纤维应用仍以体育休闲用品为主，比例约为60%，而发达国家碳纤维在该领域的应用约为20%；芳纶纤维方面，国内间位芳纶纤维主要应用在过滤材料领域，比例高达 60%以上，而发达国家在该领域的应用已降至20%左右；国内对位芳纶纤维主要应用于光纤补强材料和子午线轮胎骨架，其次才是防弹材料领域，而国际上在航天航空和防弹材料的应用比例可达 50%以上，分析原因不难得出主要是由于国内高性能纤维产品单一，应用技术滞后。

4．原、辅材料和关键生产装备的研发和制造不配套

高性能纤维是具有高技术含量的基础性材料，需要有原材料、制备技术、关键生产装备、辅助材料到下游应用的成套技术的支撑。我国大多数高性能纤维企业只关注生产环节，而忽略了其他环节，这样就导致无法满足整个产业链的一体化研发与生产。如我国生产间苯二甲酰氯的重要原料间苯二甲酸（TPA）还需外购解决，在一定程度上制约着国产芳纶的规模化发展。其他配套的辅料、助剂和油剂等，要么国内无法生产，要么产品质量尚不能满足实际生产需要。此外，受我国整体工业水平限制，部分关键生产装备需要关键材料国内尚无法生产，而国外发达国家以战略物资为由禁止向中国出口，这也是阻碍我国高性能纤维产业发展的重要因素。

二、未来高性能纤维发展前景

产业政策方面，高性能纤维是支撑国家高科技产业发展的关键性材料，也是一个国家高科技水平的重要体现。从2007年的国债专项到2012年十八大报告，无不体现出国家对高性能纤维的重视和支持。针对高性能纤维现存的问题，未来国家将会进一步加大对高性能纤维及其材料的支持力度，继续推动我国高性能纤维及其材料的产业化、规模化、系列化和低成本化发展。

从市场需求看，党的十八大提出建设生态文明，势必会加大基础设施建设和环境治理的力度，将对国内高性能纤维的发展提供强有力的支撑。对生活环境的重视和国家环保投入的加大，过滤用高性能纤维的需求和价值将继续保持高速增长，2012年烟气除尘滤料市场的需求总量39亿元，大约60%来源于纤维的价值，纤维的总量约24亿元左右，其中特种耐高温纤维聚四氟乙烯纤维，聚酰亚胺纤维，聚苯硫醚纤维和间位芳纶等高温纤维占60%以上；国家对公路、铁路和水利等基础设施建设的投资加大，也将进一步扩大土木工程方面对高性能纤维的需求，2012年用于土木工程的国产碳纤维约为1000吨，强有力的支撑了国产碳纤维的发展；石油、冶金、电力和军警等人群对个体防护装备具有特殊要求，也会带动芳纶、芳砜纶等高性能纤维的增长。随着工艺技术的成熟，纤维成本的进一步降低，高性能纤维及其材料的应用范围将进一步拓展，并逐步扩大在民用领域的应用。

从技术创新上看，随着对高性能纤维理解的逐步加深，国家将进一步做好高性能纤维产业顶层设计，行业内企业通过政、产、学、研、用合作，加强纵向一体化技术集成能力，通过高性能纤维应用领域的拓展和应用水平的提高，为纤维生产企业提出新的要求，进而推动制造技术向新的领域深入发展，而纤维制造技术的进步又会推动应用技术的不断深化和应用领域的拓展。

综上所述，由于高性能纤维市场需求潜力大，产品应用范围多为关系国计民生的领域，意义重大，且国内相关的工程化技术已有一定积累，国家扶持政策和行业整体热情等有利因素的持续存在，在未来将继续推进高性能纤维产业化进程。

2013年中国化纤产业链进出口情况分析

万　蕾

一、进口情况

（一）化纤进口整体情况

表1　化纤进口主要品种

	进口数量（吨）			进口金额（万美元）		
	2013年	去年同期	同比	2013年	去年同期	同比
化学纤维	871657.5	820978.7	6.17%	320914.6	307651.8	4.31%
其中：涤纶长丝	110166.2	120418.5	-8.51%	35419.9	33995.0	4.19%
涤纶短纤	128459.7	112361.0	14.33%	24156.9	21110.4	14.43%
锦纶长丝	161592.8	164018.5	-1.48%	67861.9	66565.1	1.95%
腈　　纶	212094.4	186527.2	13.71%	66770.6	59248.1	12.70%
粘胶长丝	8744.5	9762.1	-10.42%	7432.3	7093.6	4.78%
粘胶短纤	157431.4	145576.9	8.14%	42694.0	47883.7	-10.84%
氨　　纶	20227.7	18819.6	7.48%	20267.3	17329.4	16.95%

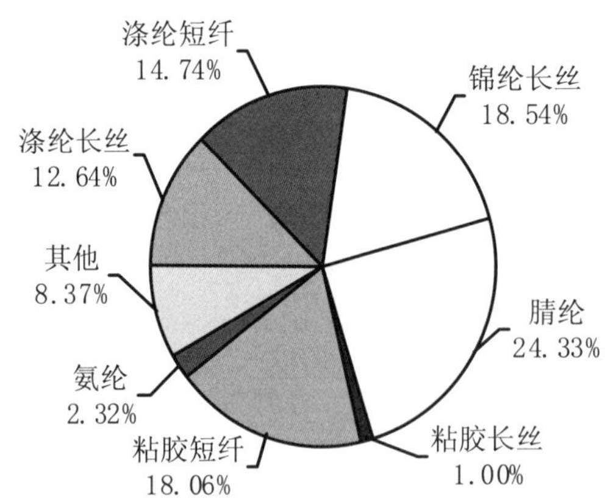

2013年，共进口化纤87.16万吨，同比有6.17%的上升。分品种看：腈纶进口量最多，达21.21万吨，同比增加13.71%，占进口化纤总量的24.33%；此外还有涤纶短纤进口量同比增加了14.33%，占进口化纤总量的14.74%；氨纶进口量增加了7.48%。进口量减幅最大的是粘胶长丝，同比减少10.42%；涤纶长丝减少8.51%，锦纶长丝减少1.48%。

表 2　化纤分国家或地区进口

	进口数量（吨）			进口金额（万美元）		
	2013 年	去年同期	同比	2013 年	去年同期	同比
总计	871657.5	820978.7	6.17%	320914.6	307651.8	4.31%
其中：台湾地区	218526.1	227850.0	-4.09%	67641.5	66397.6	1.87%
日本	137821.3	119232.4	15.59%	75622.7	69590.4	8.67%
韩国	134211.7	117906.6	13.83%	38288.8	34491.1	11.01%
奥地利	64677.3	59050.2	9.53%	18777.1	21111.1	-11.06%
泰国	52829.8	36809.5	43.52%	15544.3	11695.5	32.91%
美国	48196.0	39015.9	23.53%	20322.0	18710.9	8.61%

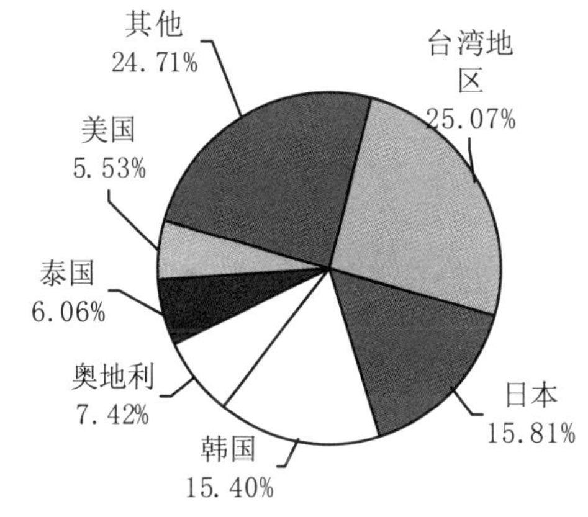

2013 年，分进口来源地看，台湾地区、日本、韩国位居前三位。其中从台湾地区进口 21.85 万吨，同比减少 4.09%，占进口总量的 25.07%；从日本进口 13.78 万吨，占进口总量的 15.81%；从韩国进口 13.42 万吨，占进口总量的 15.39%。从泰国进口增幅最大，增加了 43.52%，占进口总量的比例达到 6.06%，并逐渐上升。

表 3　化纤分贸易方式进口

	进口数量（吨）			进口金额（万美元）		
	2013 年	去年同期	同比	2013 年	去年同期	同比
总计	871657.5	820978.7	6.17%	320914.6	307651.8	4.31%
一般贸易	563432.3	503419.5	11.92%	183729.1	175196.5	4.87%
加工贸易	269219.7	277012.1	-2.81%	115701.5	109237.1	5.92%
其中：来料加工	40522.0	51724.7	-21.66%	17033.4	18811.3	-9.45%
进料加工	228697.7	225287.4	1.51%	98668.1	90425.8	9.11%
保税区	38742.8	40333.7	-3.94%	21280.7	23050.8	-7.68%
其中：仓储进出境	16661.6	13231.7	25.92%	5698.9	4717.3	20.81%
仓储转口	22081.2	27102.0	-18.53%	15581.8	18333.5	-15.01%

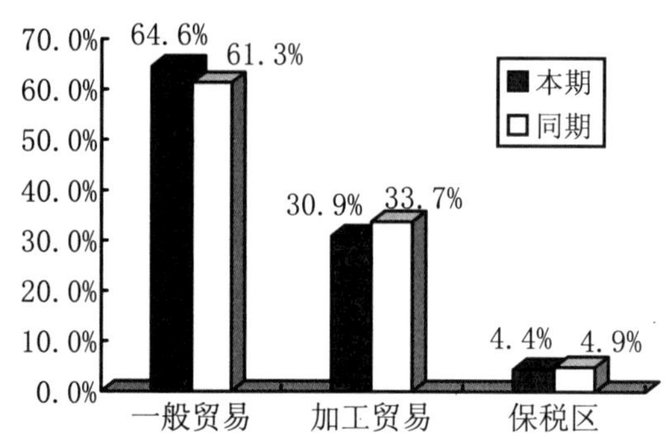

2013年，化纤一般贸易占进口总量的比例同比提高3.32个百分点，达到64.64%，继续向好；同期加工贸易占进口总量的比例同比下降2.85个百分点，降至30.88%。具有国内产业链长、增加值较高特点的一般贸易比重的持续提高，一定程度上反映出我国化纤进口贸易方式的优化。

表4　化纤及主要品种进口贸易方式占总量比例

	贸易方式	2013年（%）	去年同期（%）	同比（百分点）
化学纤维	一般贸易	64.64%	61.32%	3.32
	加工贸易	30.89%	33.74%	-2.86
其中：涤纶长丝	一般贸易	50.52%	50.97%	-0.45
	加工贸易	48.33%	48.46%	-0.13
涤纶短纤	一般贸易	68.44%	57.81%	10.63
	加工贸易	30.90%	40.47%	-9.58
锦纶长丝	一般贸易	58.39%	56.89%	1.50
	加工贸易	34.15%	37.35%	-3.20
腈　纶	一般贸易	62.80%	59.45%	3.35
	加工贸易	30.59%	31.14%	-0.55
粘胶长丝	一般贸易	11.06%	12.20%	-1.14
	加工贸易	88.75%	87.68%	1.07
粘胶短纤	一般贸易	90.31%	92.74%	-2.43
	加工贸易	7.48%	4.89%	2.59
氨　纶	一般贸易	39.35%	35.15%	4.20
	加工贸易	59.74%	63.40%	-3.66

2013年，大部分化纤品种的进口贸易方式所占比重保持稳定，粘胶长丝、粘胶短纤的加工贸易比例同比有所提高，比例分别提高1.07、2.59个百分点；涤纶短纤的加工贸易比例同比下降最多，下降了9.58个百分点。

（二）化纤分品种进口情况

1. 涤纶进口情况

表5 涤纶长丝分国别或地区进口

	进口数量（吨）			进口金额（万美元）		
	2013年	去年同期	同比	2013年	去年同期	同比
总计	110166.2	120418.5	-8.51%	35419.9	33995.0	4.19%
其中：台湾地区	53547.5	63811.6	-16.08%	14965.7	15108.2	-0.94%
韩国	21833.7	21783.3	0.23%	6379.3	6245.4	2.14%
美国	8212.4	8977.5	-8.52%	2459.4	1275.8	92.77%
中国	7957.0	8167.7	-2.58%	3414.5	3635.5	-6.08%
日本	5858.0	5613.6	4.35%	4530.3	4264.0	6.25%
泰国	5817.9	4189.3	38.88%	1329.0	956.4	38.96%

2013年，涤纶长丝进口总量为11.01万吨，同比下降8.51%。台湾地区是最大进口来源地，进口5.35万吨，同比下降16.08%，占进口总量的48.60%；其次是韩国，进口2.18万吨，同比略增了0.23%，占进口总量的19.82%；从中国国货复进口0.79万吨，同比减少2.58%，占进口总量比例为7.22%，居第三位；从泰国进口同比增加38.88%，为0.58万吨，占进口总量的5.28%；虽然从泰国和日本进口的涤纶长丝出现增加，但从前两大进口地台湾地区和韩国的进口仍占到整个进口量近68.4%，以上六个国家和地区占据了进口总量的93.70%。

表6 涤纶长丝分贸易方式进口

	进口数量（吨）			进口金额（万美元）		
	2013年	去年同期	同比	2013年	去年同期	同比
总计	110166.2	120418.5	-8.51%	35419.9	33995.0	4.19%
一般贸易	55653.7	61377.7	-9.33%	14376.1	14991.5	-4.10%
加工贸易	53238.9	58349.8	-8.76%	20234.9	18664.0	8.42%
其中：来料加工	4931.3	4982.6	-1.03%	1268.9	1305.6	-2.81%
进料加工	48307.6	53367.2	-9.48%	18966.0	17358.4	9.26%
保税区	1256.6	669.5	87.70%	792.2	321.6	146.35%
其中：仓储进出境	380.6	179.0	112.61%	267.6	122.3	118.75%
仓储转口	876.0	490.5	78.61%	524.6	199.2	163.31%

2013年，涤纶长丝进口贸易方式中，一般贸易进口量同比下降9.33%，但仍占了进口总量的50.5%，加工贸易进口量同比减少8.76%，占进口总量的比例为48.32%，比去年同期基本持平。

表7　涤纶短纤分国别或地区进口

	进口数量（吨）			进口金额（万美元）		
	2013年	去年同期	同比	2013年	去年同期	同比
总计	128459.7	112361.0	14.33%	24156.9	21110.4	14.43%
其中：韩国	63930.3	51363.3	24.47%	11908.8	9166.7	29.91%
台湾地区	21847.6	26253.9	-16.78%	4181.2	4699.8	-11.03%
马来西亚	12812.6	12267.4	4.44%	2121.4	2000.8	6.03%
日本	9220.7	8275.1	11.43%	2249.2	2275.4	-1.15%
泰国	8260.1	3077.4	168.41%	1577.6	572.6	175.53%
美国	7609.2	2906.9	161.76%	956.6	502.6	90.33%

2013年，涤纶短纤进口总量为12.84万吨，同比增加14.33%。韩国和台湾地区仍是主要进口来源地，其中从韩国进口6.39万吨，同比增加24.47%，占进口总量的49.76%；从台湾地区进口量为2.18万吨，同比减少16.78%。从美国和泰国进口涤纶短纤数量同比激增162%和168%，但两个国家合计仅占总量的12.35%，以上六个国家和地区合计占据了总口量的96.28%。

表8　涤纶短纤分贸易方式进口

	进口数量（吨）			进口金额（万美元）		
	2013年	去年同期	同比	2013年	去年同期	同比
总计	128459.7	112361.0	14.33%	24156.9	21110.4	14.43%
一般贸易	87923.7	64957.7	35.36%	17360.2	13156.7	31.95%
加工贸易	39689.6	45476.0	-12.72%	6583.1	7558.4	-12.90%
其中：来料加工	9069.2	10770.4	-15.80%	1245.0	1536.9	-18.99%
进料加工	30620.4	34705.6	-11.77%	5338.1	6021.5	-11.35%
保税区	821.5	1899.9	-56.76%	201.8	383.4	-47.36%
其中：仓储进出境	660.6	832.0	-20.61%	144.4	171.0	-15.54%
仓储转口	160.9	1067.9	-84.93%	57.4	212.4	-72.98%

2013 年，涤纶短纤进口贸易方式保持稳定。一般贸易占进口总量的比例同比提高 10.63 个百分点。占进口总量的比例升至 68.44%；同时加工贸易进口比例同比下降 9.57 个百分点，占进口总量的比例降至 30.89%。

2．锦纶长丝进口情况

表 9　锦纶长丝分国别或地区进口

	进口数量（吨）			进口金额（万美元）		
	2013 年	去年同期	同比	2013 年	去年同期	同比
总计	161592.8	164018.5	-1.48%	67861.9	66565.1	1.95%
其中：台湾地区	88461.3	86389.3	2.40%	33204.7	31610.5	5.04%
韩国	13408.4	18917.1	-29.12%	6639.3	7988.7	-16.89%
越南	13283.9	13317.7	-0.25%	4368.8	4230.3	3.27%
马来西亚	9154.7	9294.0	-1.50%	2828.7	2989.7	-5.39%
中国	8242.3	7725.6	6.69%	3973.1	3484.5	14.02%
美国	7241.5	6417.7	12.84%	3766.0	3402.2	10.69%

2013 年，锦纶长丝进口总量为 16.16 万吨，同比减少 1.48%。台湾地区是最大进口来源地，进口量为 8.84 万吨，同比基本持平，占进口总量的 54.74%；韩国仍居第二位，进口 1.34 万吨，同比减少 29.12%，占进口总量比例为 8.30%；从越南进口量同比略降 0.25%，占进口总量 8.22%，居第三位，从美国进口量同比增长 12.84%，仅占总量为 4.48%，以上六个国家和地区共占进口总量的 86.51%。

表 10　锦纶长丝分贸易方式进口

	进口数量（吨）			进口金额（万美元）		
	2013 年	去年同期	同比	2013 年	去年同期	同比
总计	161592.8	164018.5	-1.48%	67861.9	66565.1	1.95%
一般贸易	94355.8	93308.0	1.12%	37880.3	37923.0	-0.11%
加工贸易	55179.3	61253.5	-9.92%	25853.7	25129.8	2.88%
其中：来料加工	7627.8	17296.4	-55.90%	2843.3	4870.6	-41.62%
进料加工	47551.5	43957.1	8.18%	23010.4	20259.2	13.58%
保税区	12011.5	9372.3	28.16%	4108.6	3477.6	18.14%
其中：仓储进出境	11580.0	8669.2	33.58%	3935.9	3096.5	27.11%
仓储转口	431.4	703.2	-38.64%	172.7	381.1	-54.69%

2013年，锦纶长丝进口贸易方式中，一般贸易同比增加1.12%，占进口量的比例同比增加了1.50个百分点，占到58.39%，与上半年相比增加趋势放缓；加工贸易进口量同比下降 9.92%，降至 34.15%；保税区进口量同比增加了28.16%，占进口总量的7.43%，占进口量的比例同比增加了1.72个百分点。

3．腈纶进口情况

表11　腈纶分国别或地区进口

	进口数量（吨）			进口金额（万美元）		
	2013年	去年同期	同比	2013年	去年同期	同比
总计	212094.4	186527.2	13.71%	66770.6	59248.1	12.70%
其中：日本	86977.6	76273.3	14.03%	34299.6	30165.1	13.71%
台湾地区	28246.7	29997.3	-5.84%	7715.9	8257.7	-6.56%
土耳其	26447.5	17313.0	52.76%	6743.3	4521.5	49.14%
韩国	22048.8	15574.5	41.57%	5639.5	4111.6	37.16%
泰国	19910.1	13292.8	49.78%	4634.1	3047.6	52.06%
德国	7080.0	7461.5	-5.11%	2155.1	2125.4	1.40%

2013年，腈纶进口总量为21.21万吨，同比增加13.71%。其中，从日本仍是第一进口国，进口8.70万吨，增加14.03%，占进口总量的41.01%；从土耳其进口2.64万吨，大幅增加52.76%，占进口总量的12.47%； 从台湾地区进口2.82万吨，减少5.84%，占13.32%；从韩国进口增加41.57%，占进口总量的10.39%；从泰国进口数量增加49.78%，以上六个国家和地区共占进口总量的89.92%。

表12　腈纶分贸易方式进口

	进口数量（吨）			进口金额（万美元）		
	2013年	去年同期	同比	2013年	去年同期	同比
总计	212094.4	186527.2	13.71%	66770.6	59248.1	12.70%
一般贸易	133184.9	110885.4	20.11%	42522.2	35729.0	19.01%
加工贸易	64871.7	58075.8	11.70%	20553.4	18572.8	10.66%
其中：来料加工	7548.9	5066.4	49.00%	3069.3	1892.6	62.17%
进料加工	57322.9	53009.4	8.14%	17484.1	16680.2	4.82%
保税区	14017.7	17556.4	-20.16%	3684.9	4934.1	-25.32%
其中：仓储进出境	1492.5	2553.5	-41.55%	564.9	980.2	-42.37%
仓储转口	12525.1	15002.9	-16.52%	3120.0	3953.9	-21.09%

2013 年，腈纶进口贸易方式中，一般贸易占进口总量的比例同比提高 3.35 个百分点，达到 62.79%；同时加工贸易占进口总量比例同比基本持平，占比为 30.58%；保税区进口量同比下降了 20.16 个百分点，占总进口量的 6.61%。

4．粘胶短纤进口情况

2013 年，粘胶短纤进口 15.74 万吨，同比增加 8.14%。自奥地利进口量增加 10.01%，占进口量的 40.89%，位居第一；从英国和印度尼西亚进口量同比分别下降了 11.86%和 9.47%。自美国进口比例增加了 57.48%，但进口量仍占很小，占进口总量的比例为 9.95%，以上六个国家和地区共占进口总量的 88.19%。

表 13　粘胶短纤分国别或地区进口

	进口数量（吨）			进口金额（万美元）		
	2013 年	去年同期	同比	2013 年	去年同期	同比
总计	157431.4	145576.9	8.14%	42694.0	47883.7	-10.84%
其中：奥地利	64371.0	58512.4	10.01%	18205.7	20335.3	-10.47%
印度尼西亚	26879.5	29690.4	-9.47%	4875.1	6099.0	-20.07%
美国	15670.1	9950.5	57.48%	4235.8	3425.8	23.64%
英国	14195.2	16105.8	-11.86%	4436.5	6852.6	-35.26%
台湾地区	9018.6	9476.5	-4.83%	2135.1	2672.9	-20.12%
泰国	8701.4	8505.4	2.30%	1999.4	2404.2	-16.84%

表 14　粘胶短纤分贸易方式进口

	进口数量（吨）			进口金额（万美元）		
	2013 年	去年同期	同比	2013 年	去年同期	同比
总计	157431.4	145576.9	8.14%	42694.0	47883.7	-10.84%
一般贸易	142181.0	135009.6	5.31%	37066.7	43331.7	-14.46%
加工贸易	11779.1	7121.9	65.39%	4679.7	3538.5	32.25%
其中：来料加工	4389.5	2642.2	66.13%	2568.8	1762.9	45.71%
进料加工	7389.6	4479.7	64.96%	2110.9	1775.6	18.88%
保税区	3464.3	3435.4	0.84%	943.9	1007.3	-6.30%
其中：仓储进出境	2421.9	708.8	241.67%	738.5	236.5	212.29%
仓储转口	1042.4	2726.5	-61.77%	205.4	770.9	-73.36%

2013年，粘胶短纤进口贸易方式中，一般贸易进口量同比增加5.31%，占进口总量的90.31%，占进口总量的比例同比下降了2.43个百分点；加工贸易进口量同比增加65.39%，占进口总量的7.48%，占进口总量的比例同比增加了2.59个百分点。

5. 氨纶进口情况

表15 氨纶分国别或地区进口

	进口数量（吨）			进口金额（万美元）		
	2013年	去年同期	同比	2013年	去年同期	同比
总计	20227.7	18819.6	7.48%	20267.3	17329.4	16.95%
其中：中国	4687.4	2478.4	89.13%	4629.6	2162.9	114.05%
日本	3316.8	2777.9	19.40%	5264.1	4424.9	18.97%
韩国	2917.8	2072.6	40.78%	2040.9	1521.8	34.11%
新加坡	2586.4	2356.3	9.77%	2865.4	2180.5	31.41%
泰国	2368.0	2473.4	-4.26%	2132.4	2100.5	1.52%
英国	2047.4	1743.5	17.43%	1725.8	1386.7	24.45%

2013年，进口氨纶2.02万吨，同比增加7.48%。国货复进口0.47万吨，同比增加89.13%，占进口量的23.17%；从日本、韩国、英国、新加坡进口都有不同程度增加，分别达19.40%、40.78%、17.43%和9.77%。从泰国进口下降4.26%，以上六个国家和地区共占进口总量的88.61%。

表16 氨纶分贸易方式进口

	进口数量（吨）			进口金额（万美元）		
	2013年	去年同期	同比	2013年	去年同期	同比
总计	20227.7	18819.6	7.48%	20267.3	17329.4	16.95%
一般贸易	7959.8	6615.8	20.32%	6478.8	5464.2	18.57%
加工贸易	12083.1	11930.8	1.28%	13675.9	11775.6	16.14%
其中：来料加工	875.5	2391.7	-63.39%	639.8	1509.8	-57.63%
进料加工	11207.6	9539.2	17.49%	13036.1	10265.8	26.99%
保税区	180.0	271.3	-33.66%	107.4	87.4	22.88%
其中：仓储进出境	0.1	0.1	-34.75%	0.1	0.1	32.36%
仓储转口	179.9	271.2	-33.66%	107.3	87.4	22.88%

2013年，氨纶进口贸易方式无明显变化，一般贸易占进口总量的39.35%，比例同比增加4.19个百分点；而加工贸易占进口总量的比例，占到了59.73%，比例比去年同期降低了3.66个百分点。

（三）化纤原料进口情况

表17　合纤主要原料进口情况

	进口数量（吨）			进口金额（万美元）		
	2013年	去年同期	同比	2013年	去年同期	同比
合纤原料总计	13495179.5	16051086.2	-15.92%	1760846.8	2063333.3	-14.66%
其中：乙二醇	8237756.5	7940294.7	3.75%	870247.1	814434.5	6.85%
对苯二甲酸	2743418.6	5365149.6	-48.87%	298832.3	586330.4	-49.03%
聚酯切片	212968.4	207028.7	2.87%	40677.8	37677.3	7.96%
已内酰胺	452889.2	706546.9	-35.90%	107591.8	181370.5	-40.68%
聚酰胺切片	913576.3	849662.7	7.52%	284819.2	275404.7	3.42%
尼龙66盐	9621.0	9895.7	-2.78%	2091.0	2498.1	-16.30%
丙烯腈	547582.0	555444.3	-1.42%	98337.4	104152.0	-5.58%

2013年，主要合纤原料共计进口1349.52万吨，同比减少15.92%，进口金额下降14.66%。从进口数量看：进口量最大的仍是乙二醇，达823.77万吨，占合纤原料进口总量的61.04%；对苯二甲酸进口量随着国内产能的增长而逐渐下降，进口274.34万吨，占进口总量的比例下降至20.33%；已内酰胺、尼龙66盐进口量分别下降35.90%和2.78%；聚酰胺切片进口量增加7.52%。

表18　乙二醇分国别或地区进口

	进口数量（吨）			进口金额（万美元）		
	2013年	去年同期	同比	2013年	去年同期	同比
总计	8237756.5	7940294.7	3.75%	870247.1	814434.5	6.85%
其中：沙特阿拉伯	3782399.9	3691859.4	2.45%	396888.7	376012.9	5.55%
台湾地区	1250987.0	1175002.9	6.47%	134162.6	121850.7	10.10%
加拿大	705233.9	564723.9	24.88%	73890.9	57665.8	28.14%
新加坡	592042.6	445472.4	32.90%	62315.3	45397.6	37.27%
科威特	483574.4	479840.2	0.78%	50861.6	47791.7	6.42%
韩国	473405.0	447193.8	5.86%	50662.2	46344.9	9.32%

2013年，进口乙二醇同比上升4.03%。沙特阿拉伯仍是最大进口来源地，进口378.24万吨，同比上升2.45%，占进口总量的45.9%；从加拿大进口增加24.88%，为70.52万吨，占进口总量的8.56%；从新加坡、韩国进口数量分别增加32.90%和5.86%，分别占进口量的7.2%和5.8%。从台湾地区进口125.10万吨，同比微增，占进口总量的15.18%，占据进口量的第二位，以上六个国家和地区共占进口总量的88.46%。

表19　对苯二甲酸分国别或地区进口

	进口数量（吨）			进口金额（万美元）		
	2013年	去年同期	同比	2013年	去年同期	同比
总计	2743418.6	5365149.6	-48.87%	298832.3	586330.4	-49.03%
其中：韩国	1796100.1	2716797.6	-33.89%	193983.7	294887.8	-34.22%
台湾地区	415915.3	1782575.3	-76.67%	46437.7	196325.8	-76.35%
泰国	238472.4	557877.6	-57.25%	25921.0	61109.4	-57.58%
日本	120015.3	109222.2	9.88%	13184.4	12340.6	6.84%
马来西亚	110305.5	88339.9	24.86%	12541.6	9842.1	27.43%
印度尼西亚	41681.4	55294.4	-24.62%	4465.7	6016.9	-25.78%

2013年，进口对苯二甲酸274.34万吨，同比大降48.87%。从韩国、台湾地区、泰国和印度尼西亚进口量均有不同程度的减少，但从韩国进口量仍位居第一位，达179.61万吨，占进口总量的65.47%，台湾地区占15.16%；从马来西亚进口量增加24.86%，但绝对数量较少，占进口总量比例仅为4.02%，但占到了进口量的第五位，以上六个国家和地区共占进口总量的99.24%。

表20　聚酯切片分国别或地区进口

	进口数量（吨）			进口金额（万美元）		
	2013年	去年同期	同比	2013年	去年同期	同比
总计	212968.4	207028.7	2.87%	40677.8	37677.3	7.96%
其中：韩国	67208.2	56508.0	18.94%	14096.9	11183.7	26.05%
台湾地区	36683.2	38286.3	-4.19%	5811.3	5343.3	8.76%
美国	32725.3	30773.9	6.34%	5096.1	4169.3	22.23%
中国	30477.6	20749.1	46.89%	6552.3	5234.4	25.18%
日本	23855.3	21288.4	12.06%	4695.6	4839.2	-2.97%
马来西亚	8561.1	8478.8	0.97%	1999.8	2152.4	-7.09%

2013年，聚酯切片进口总量为21.29万吨，同比增长2.87%。其中，最大进口来源地为韩国，进口6.72万吨，同比增加18.94%，占进口总量的31.56%，同比增加4.26个百分点；国货复进口量大增46.89%，占进口量的14.31%，从台湾地区进口聚酯切片数量同比减少4.19%，以上六个国家和地区共占进口总量的93.68%。

表21　己内酰胺分国别或地区进口

	进口数量（吨）			进口金额（万美元）		
	2013年	去年同期	同比	2013年	去年同期	同比
总计	452889.2	706546.9	-35.90%	107591.8	181370.5	-40.68%
其中：俄罗斯	113388.0	169358.0	-33.05%	26610.7	43331.4	-38.59%
日本	108985.9	118759.0	-8.23%	26282.2	30456.4	-13.71%
墨西哥	46482.0	52040.5	-10.68%	11055.4	13467.2	-17.91%
比利时	41323.3	55910.0	-26.09%	9940.4	14211.2	-30.05%
美国	31480.9	94203.0	-66.58%	7423.1	23739.8	-68.73%
白俄罗斯	28525.7	41948.6	-32.00%	6746.8	10846.2	-37.80%

2013年，己内酰胺从主要国家和地区进口全部有不同程度下降，进口总量为45.29万吨，同比减少35.90%。其中，俄罗斯、日本、墨西哥、比利时、美国和白俄罗斯进口量分别占总进口量的比例为25.03%、24.06%、10.26%、9.12%、6.95%和6.30%，以上六个国家和地区共占进口总量的81.74%。

表22　聚酰胺切片分国别或地区进口

	进口数量（吨）			进口金额（万美元）		
	2013年	去年同期	同比	2013年	去年同期	同比
总计	913576.3	849662.7	7.52%	284819.2	275404.7	3.42%
其中：台湾地区	332041.2	310835.0	6.82%	91861.6	89075.9	3.13%
美国	97228.5	90252.8	7.73%	31082.6	29744.9	4.50%
韩国	81397.7	79819.3	1.98%	25597.9	26178.1	-2.22%
德国	47239.4	48405.1	-2.41%	17745.4	18602.4	-4.61%
俄罗斯	42175.3	37900.3	11.28%	10384.9	9070.6	14.49%
中国	39835.9	46273.7	-13.91%	15414.1	17431.5	-11.57%

2013年，聚酰胺切片进口总量为91.36万吨，同比增加7.52%。其中，最大进口来源地是台湾地区，进口33.20万吨，同比略增6.82%，占进口总量的36.34%；从美国和俄罗斯进口分别增加 7.73%和 11.28%；国货复进口量减少13.91%，占进口量的 4.36%，以上六个国家和地区共占进口总量的 70.00%，集中度相比其他原料较低。

表23　丙烯腈分国别或地区进口

	进口数量（吨）			进口金额（万美元）		
	2013年	去年同期	同比	2013年	去年同期	同比
总计	547582.0	555444.3	-1.42%	98337.4	104152.0	-5.58%
其中：韩国	223237.8	147922.6	50.92%	40120.8	27864.2	43.99%
台湾地区	128435.4	119693.3	7.30%	22661.3	22339.0	1.44%
美国	119680.5	147093.4	-18.64%	21236.8	27380.6	-22.44%
日本	43159.2	96046.8	-55.06%	8159.2	18294.4	-55.40%
泰国	26938.6	7355.5	266.24%	5109.4	1380.6	270.09%
巴西	3129.7	8326.9	-62.41%	515.5	1400.1	-63.18%

2013年，丙烯腈进口总量为54.76万吨，同比减少1.42%。从韩国进口量22.32万吨，同比大增50.92%，占进口量40.77%，其中从台湾地区进口量增加7.30%，占进口总量的 23.45%。从美国的进口量降低 18.64%；从泰国的进口量同比激增 266%，增幅较大，但绝对量仍偏小，从巴西的进口量比同比减少了62.41%，以上六个国家和地区共占进口总量的99.45%。

表24　人纤原料进口情况

	进口数量（吨）			进口金额（万美元）		
	2013年	去年同期	同比	2013年	去年同期	同比
人纤原料总计	2014587.5	1807590.9	11.45%	192962.4	195595.5	-1.35%
其中：棉短绒	155605.7	170370.6	-8.67%	6618.4	8634.8	-23.35%
人纤棉浆	2099.4	2469.1	-14.97%	471.7	690.2	-31.66%
人纤木浆	1803852.0	1579193.4	14.23%	182089.1	182277.0	-0.10%
其他纤维素浆	53030.4	55557.8	-4.55%	3783.2	3993.6	-5.27%

2013年，主要人纤原料共计进口201.46万吨，同比增加11.45%。其中进口量最大的仍是人纤木浆，进口180.38万吨，同比增加14.23%，占主要人纤原料进口总量的89.54%；棉短绒进口15.56万吨，同比减少8.67%，占总进口量的7.72%，其他纤维素浆进口量减少了4.55%，人纤棉浆下降14.97%。

表25 棉短绒分国别或地区进口

	进口数量（吨）			进口金额（万美元）		
	2013年	去年同期	同比	2013年	去年同期	同比
总计	155605.7	170370.6	-8.67%	6618.4	8634.8	-23.35%
其中：印度	77955.5	69100.1	12.82%	2990.1	3235.4	-7.58%
土耳其	27163.7	36180.0	-24.92%	1215.2	1674.6	-27.43%
美国	22212.5	15282.4	45.35%	1139.5	1103.5	3.26%
土库曼斯坦	8505.7	23428.5	-63.70%	385.1	1174.5	-67.21%
巴基斯坦	4333.2	1557.1	178.28%	165.1	67.9	143.19%
叙利亚	3712.4	7820.7	-52.53%	151.4	435.1	-65.20%

2013年，棉短绒进口总量为15.56万吨，同比减少8.67%。其中，最大进口来源地是印度，进口7.79万吨，同比增加12.82%，占进口总量的50.10%；从土耳其进口2.71万吨，同比减少24.92%，占进口量的17.45%；从美国和巴基斯坦的进口量分别大幅增加45.35%和178%，进口量分别为2.22和0.43万吨，占进口总量的14.27%和2.78%，从土库曼斯坦的进口量同比减少63.70%，减幅较大，以上六个国家和地区共占进口总量的92.46%。

表26 人纤木浆分国别或地区进口

	进口数量（吨）			进口金额（万美元）		
	2013年	去年同期	同比	2013年	去年同期	同比
总计	1803852.0	1579193.4	14.23%	182089.1	182277.0	-0.10%
其中：加拿大	385333.3	309731.3	24.41%	36257.0	35808.9	1.25%
美国	368343.4	360946.7	2.05%	47785.0	48736.4	-1.95%
巴西	242218.3	232359.6	4.24%	23380.7	26206.5	-10.78%
瑞典	145896.0	104592.3	39.49%	13435.6	11544.4	16.38%
南非	138551.1	141965.4	-2.41%	12474.4	13456.0	-7.29%
芬兰	126289.1	73739.5	71.26%	11510.1	8025.8	43.41%

2013年，人纤用木浆进口总量为180.38万吨，同比增加14.23%。加拿大、美国、巴西是主要进口来源地，其中自加拿大进口38.53万吨，同比增加24.41%，占进口总量的21.36%，占进口总量的比例同比增加了1.75个百分点；自从巴西、瑞典和芬兰的进口量分别占总进口量的占进口总量的13.43%、8.09%和7.00%。从南非的进口量同比减少2.41%，占进口总量的7.68%，以上六个国家和地区共占进口总量的77.97%，集中度相比其他原料较低。

二、出口情况

（一）化纤出口整体情况

表27　化纤出口主要品种

	出口数量（吨）			出口金额（万美元）		
	2013年	去年同期	同比	2013年	去年同期	同比
化学纤维	2679724.8	2468100.7	8.57%	623338.3	597357.6	4.35%
其中：涤纶长丝	1292230.6	1078877.0	19.78%	251762.6	213625.1	17.85%
涤纶短纤	733730.5	670652.1	9.41%	101444.9	97263.2	4.30%
锦纶长丝	136564.3	116210.0	17.52%	56217.7	51818.1	8.49%
腈　　纶	9382.1	5780.9	62.29%	3135.0	1846.0	69.82%
粘胶长丝	81853.9	76491.2	7.01%	48421.8	48755.2	-0.68%
粘胶短纤	180646.8	269101.7	-32.87%	35281.1	57646.3	-38.80%
氨　　纶	46721.7	44148.8	5.83%	33024.8	29570.4	11.68%

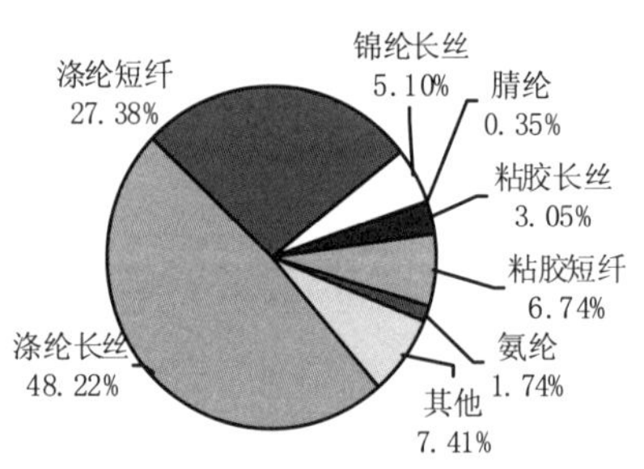

2013年，共出口化纤267.97万吨，同比增加8.57%。分品种看：涤纶长丝出口量最多，达129.22万吨，同比增长19.78%，占化纤出口总量的48.22%；涤纶短纤出口73.37万吨，同比增长9.41%，占出口总量的27.38%，涤纶长丝和短纤品种合计占总出口量的75.6%；粘胶短纤出口18.06万吨，同比降低了32.87%，占出口量的6.74%；其他品种出口量较少。

表 28　化纤分国家或地区出口

	出口数量（吨）			出口金额（万美元）		
	2013 年	去年同期	同比	2013 年	去年同期	同比
总计	2679724.8	2468100.7	8.57%	623338.3	597357.6	4.35%
其中：土耳其	287672.5	319863.6	-10.06%	58264.2	67680.7	-13.91%
美国	271377.4	259509.6	4.57%	47045.4	47822.2	-1.62%
巴基斯坦	260857.3	254841.1	2.36%	57707.0	58792.7	-1.85%
越南	197332.7	143088.1	37.91%	41199.0	30466.8	35.23%
韩国	147349.1	131762.0	11.83%	42955.7	39813.1	7.89%
印度尼西亚	130463.8	151908.9	-14.12%	27372.8	33607.7	-18.55%

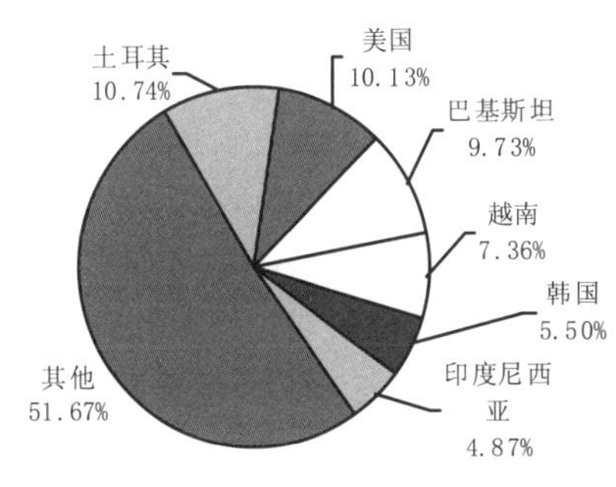

2013 年，化纤出口市场以土耳其、美国、巴基斯坦、越南、韩国和印度尼西亚为主，分别占化纤出口总量的 10.73%、10.13%、9.73%、7.36%、5.50%和 4.87%，对土耳其、印度尼西亚出口分别减少 10.06%、14.12%。对越南、韩国出口量增加，说明这些新兴国家的纺织产业快速发展加大了对化纤的需求，对以上六个国家的出口共占总出口量的 48.33%。

表 29　化纤分贸易方式出口

	出口数量（吨）			出口金额（万美元）		
	2013 年	去年同期	同比	2013 年	去年同期	同比
总计	2679724.8	2468100.7	8.57%	623338.3	597357.6	4.35%
一般贸易	872549.5	794420.2	9.83%	263810.0	257696.6	2.37%
加工贸易	1779331.0	1644863.6	8.17%	347194.1	328178.6	5.79%
其中：来料加工	3506.2	3689.6	-4.97%	1475.9	1643.2	-10.18%
进料加工	1775824.8	1641174.0	8.20%	345718.2	326535.4	5.87%
保税区	12935.4	9459.9	36.74%	7985.1	6382.2	25.11%
其中：仓储进出境	624.4	776.7	-19.60%	440.4	452.4	-2.65%
仓储转口	12310.9	8683.2	41.78%	7544.6	5929.8	27.23%

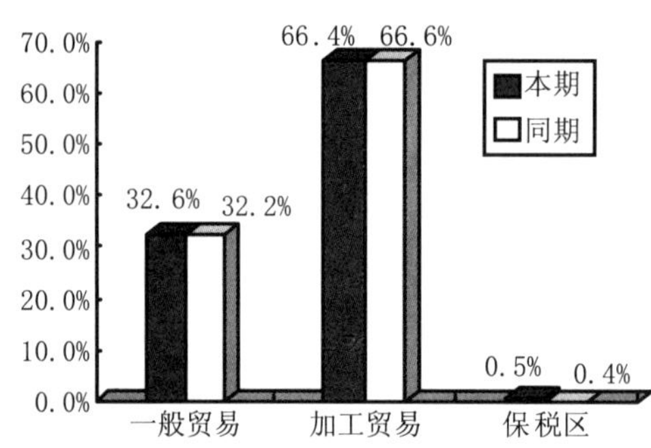

2013 年，化纤出口贸易方式和去年同期相比没有明显变化，加工贸易所占份额基本稳定，占 66.40%，一般贸易占 32.56%；这和我国化纤原料短缺需大量进口有关。

（二）化纤分品种出口情况

1. 涤纶出口情况

表 30　涤纶长丝分国别或地区出口

	出口数量（吨）			出口金额（万美元）		
	2013 年	去年同期	同比	2013 年	去年同期	同比
总计	1292230.6	1078877.0	19.78%	251762.6	213625.1	17.85%
其中：土耳其	195893.3	166870.5	17.39%	35360.7	31332.9	12.85%
巴基斯坦	129473.0	113552.2	14.02%	23613.4	20887.0	13.05%
越南	124454.3	82922.3	50.09%	22946.9	15509.3	47.96%
埃及	111278.6	64863.5	71.56%	17781.4	10883.4	63.38%
韩国	99214.3	82526.9	20.22%	20603.8	17369.7	18.62%
美国	65806.4	56322.3	16.84%	13823.8	11847.4	16.68%

2013 年，涤纶长丝出口总量为 129.22 万吨，同比增长 19.78%。土耳其仍是第一大市场，出口量达 19.59 万吨，同比增加 17.39%，占出口总量的 15.1%；对巴基斯坦、越南、埃及和韩国出口分别占总出口量的 10.02%、9.63%、8.61% 和 7.67%，对以上六个国家的出口共占总出口量的 56.19%。

表 31　涤纶长丝分贸易方式出口

	出口数量（吨）			出口金额（万美元）		
	2013 年	去年同期	同比	2013 年	去年同期	同比
总计	1292230.6	1078877.0	19.78%	251762.6	213625.1	17.85%
一般贸易	300432.6	245559.6	22.35%	64529.8	53742.7	20.07%

续表

	出口数量（吨）			出口金额（万美元）		
	2013 年	去年同期	同比	2013 年	去年同期	同比
加工贸易	990066.9	828231.4	19.54%	186786.5	158896.6	17.55%
其中：来料加工	86.0	80.0	7.50%	65.1	38.3	69.85%
进料加工	989980.9	828151.4	19.54%	186721.4	158858.3	17.54%
保税区	186.7	146.6	27.35%	100.9	61.0	65.40%
其中：仓储进出境	107.2	33.3	222.37%	60.8	16.8	261.05%
仓储转口	79.4	113.3	-29.89%	40.1	44.2	-9.16%

2013 年，涤纶长丝一般贸易出口增长 22.35%，占出口总量的比例为 23.25%，比重仍然偏低，加工贸易的比重同比提高 19.54 个百分点，占出口总量的比例为 76.62%，保税区出口量同比增加了 27.35%，但占出口比重仅 0.01%。

表 32　涤纶短纤分国别或地区出口

	出口数量（吨）			出口金额（万美元）		
	2013 年	去年同期	同比	2013 年	去年同期	同比
总计	733730.5	670652.1	9.41%	101444.9	97263.2	4.30%
其中：美国	159510.7	161301.7	-1.11%	18653.1	21240.0	-12.18%
巴基斯坦	85186.8	88805.7	-4.08%	11691.6	12504.0	-6.50%
印度尼西亚	45497.3	39341.4	15.65%	6723.2	5827.7	15.37%
越南	40585.9	31211.4	30.04%	6063.4	4772.3	27.05%
俄罗斯	39235.9	41874.8	-6.30%	5704.5	6282.9	-9.21%
以色列	37848.3	28343.2	33.54%	5523.2	4181.6	32.08%

2013 年，涤纶短纤出口总量为 73.37 万吨，同比增长 9.41%。其中，对美国、巴基斯坦、俄罗斯出口量同比均有减少，分别占出口总量的 21.74%、11.61% 和 5.35%；对印度尼西亚、越南和以色列出口量则出现增加，分别占出口总量的 6.20%、5.53%和 5.16%，对以上六个国家的出口合计占短纤总出口量的 55.59%。

表 33 涤纶短纤分贸易方式出口

	出口数量（吨）			出口金额（万美元）		
	2013 年	去年同期	同比	2013 年	去年同期	同比
总计	733730.5	670652.1	9.41%	101444.9	97263.2	4.30%
一般贸易	145586.5	85395.0	70.49%	18662.3	12542.1	48.80%
加工贸易	584781.9	580466.9	0.74%	82231.1	83933.2	-2.03%
其中：来料加工	176.4	18.9	831.22%	56.4	10.0	463.03%
进料加工	584605.6	580447.9	0.72%	82174.7	83923.2	-2.08%
保税区	128.2	883.0	-85.49%	36.6	161.0	-77.28%
其中：仓储进出境	23.7	14.0	69.77%	5.4	4.9	9.21%
仓储转口	104.4	869.0	-87.99%	31.2	156.1	-79.99%

2013 年，涤纶短纤一般贸易出口增加了 70.49%，占出口总量的比例同比也增加了 7.10 个百分点，为 19.84%，但绝对数量仍然偏低；加工贸易出口量同比降低 0.74%，占出口总量的 79.7%。占出口总量的比例同比降低了 6.85 个百分点，这与国产涤纶原料短缺有关。

2. 锦纶长丝出口情况

表 34 锦纶长丝分国别或地区出口

	出口数量（吨）			出口金额（万美元）		
	2013 年	去年同期	同比	2013 年	去年同期	同比
总计	136564.3	116210.0	17.52%	56217.7	51818.1	8.49%
其中：韩国	12975.2	9628.9	34.75%	5980.7	4889.2	22.33%
印度	11202.2	11634.2	-3.71%	3750.5	4145.8	-9.54%
台湾地区	9857.4	9104.0	8.27%	3639.0	3778.8	-3.70%
越南	9406.8	3331.7	182.34%	3217.1	1218.4	164.04%
中国香港	8790.3	8621.4	1.96%	4433.5	4706.9	-5.81%
菲律宾	6131.2	2118.7	189.38%	2859.2	1171.1	144.14%

2013 年，锦纶长丝出口总量为 13.65 万吨，同比增加 17.52%。对韩国、越南和菲律宾出口都有大幅增长，分别增长加 34.75%、182%和 189%。印度的出口量减少了 3.71%，对菲律宾的出口量取代美国进入前六， 对以上六个

国家的出口合计占总出口量的 42.73%。

表 35　锦纶长丝分贸易方式出口

	出口数量（吨）			出口金额（万美元）		
	2013 年	去年同期	同比	2013 年	去年同期	同比
总计	136564.3	116210.0	17.52%	56217.7	51818.1	8.49%
一般贸易	47103.7	43275.8	8.85%	19321.9	19857.8	-2.70%
加工贸易	78412.4	65674.0	19.40%	31044.1	27809.4	11.63%
其中：来料加工	101.6	740.9	-86.29%	41.6	309.1	-86.55%
进料加工	78310.8	64933.1	20.60%	31002.5	27500.3	12.74%
保税区	10748.5	7169.5	49.92%	5719.7	4123.3	38.72%
其中：仓储进出境	26.3	347.2	-92.43%	12.9	129.4	-90.02%
仓储转口	10722.2	6822.3	57.16%	5706.8	3993.9	42.89%

2013 年，锦纶长丝一般贸易出口量 4.71 万吨，同比增加 8.85%，占出口总量的比例同比下降 2.74 个百分点，为 34.5%；加工贸易出口量增加 19.4%，占出口总量的比例提高了 0.9 个百分点，达到 57.42%。

3. 粘胶长丝出口情况

表 36　粘胶长丝分国别或地区出口

	出口数量（吨）			出口金额（万美元）		
	2013 年	去年同期	同比	2013 年	去年同期	同比
总计	81853.9	76491.2	7.01%	48421.8	48755.2	-0.68%
其中：巴基斯坦	22467.2	22875.7	-1.79%	13084.4	14362.7	-8.90%
印度	17627.1	13016.9	35.42%	10578.7	8530.3	24.01%
韩国	9217.4	8657.3	6.47%	5487.8	5632.1	-2.56%
意大利	6175.2	5101.0	21.06%	3649.2	3276.9	11.36%
土耳其	6007.5	5330.0	12.71%	3657.6	3565.9	2.57%
摩洛哥	4387.7	3547.3	23.69%	2228.8	2048.2	8.82%

2013 年，粘胶长丝出口总量为 8.18 万吨，同比增加 7.01%，出口市场以巴基斯坦、印度和韩国为主。其中对巴基斯坦、印度、韩国、意大利、土耳其和摩洛哥出口分别占总出口量的 27.4%、21.5%、11.2%、7.5%、7.3%和 5.3%，

以上合计为80.5%。

表37 粘胶长丝分贸易方式出口

	出口数量（吨）			出口金额（万美元）		
	2013年	去年同期	同比	2013年	去年同期	同比
总计	81853.9	76491.2	7.01%	48421.8	48755.2	-0.68%
一般贸易	80819.3	74676.7	8.23%	47720.2	47766.2	-0.10%
加工贸易	721.7	1533.9	-52.95%	503.7	810.1	-37.82%
其中：来料加工	0.0	19.0	—	0.0	6.6	—
进料加工	721.7	1514.8	-52.36%	503.7	803.5	-37.31%
保税区	25.7	33.6	-23.44%	25.8	34.5	-25.12%
其中：仓储进出境	25.7	33.6	-23.44%	25.8	34.5	-25.12%
仓储转口	—	—	—	—	—	—

2013年，粘胶长丝出口贸易方式以一般贸易为主，出口8.08万吨，占出口总量的98.73%，其他贸易方式的出口量微乎其微。

4．粘胶短纤出口情况

表38 粘胶短纤分国别或地区出口

	出口数量（吨）			出口金额（万美元）		
	2013年	去年同期	同比	2013年	去年同期	同比
总计	180646.8	269101.7	-32.87%	35281.1	57646.3	-38.80%
其中：土耳其	48283.3	105259.9	-54.13%	9029.5	21760.7	-58.51%
印度尼西亚	34587.2	68635.9	-49.61%	6268.5	14476.0	-56.70%
美国	30222.8	25632.7	17.91%	6786.0	6202.2	9.41%
越南	9719.1	13270.9	-26.76%	1782.5	2769.2	-35.63%
台湾地区	8620.9	7603.3	13.38%	1635.4	1592.3	2.71%
韩国	8546.0	12278.8	-30.40%	1683.2	2737.6	-38.51%

2013年，粘胶短纤出口总量为18.06万吨，同比降低了32.87%，出口市场以土耳其、印度尼西亚和美国为主。其中对土耳其出口同比减少54.13%，占出口总量的26.73%；对印度尼西亚出口同比减少49.61%，占出口总量的比例达到19.14%，对美国和台湾地区出口分别占出口总量的16.73%和4.77%，

对以上六个国家的出口合计占总出口量的 77.49%，集中度相比其他产品较高。

表 39　粘胶短纤分贸易方式出口

	出口数量（吨）			出口金额（万美元）		
	2013 年	去年同期	同比	2013 年	去年同期	同比
总计	180646.8	269101.7	-32.87%	35281.1	57646.3	-38.80%
一般贸易	117348.4	174076.6	-32.59%	23127.5	37469.9	-38.28%
加工贸易	62772.3	94646.1	-33.68%	12019.3	20092.8	-40.18%
其中：来料加工	3.2	10.5	-69.38%	1.5	4.5	-68.12%
进料加工	62769.1	94635.6	-33.67%	12017.9	20088.2	-40.17%
保税区	34.8	15.0	132.85%	26.7	11.1	140.10%
其中：仓储进出境	0.0	11.5	—	0.0	4.5	—
仓储转口	34.8	3.4	920.06%	26.7	6.7	301.41%

2013 年，粘胶短纤一般贸易的贸易方式占据出口总量的 64.96%，出口量同比减少 32.59%，加工贸易占总贸易量的比例为 34.75%，加工贸易量同比减少 33.68%。

5. 氨纶出口情况

表 40　氨纶分国别或地区出口

	出口数量（吨）			出口金额（万美元）		
	2013 年	去年同期	同比	2013 年	去年同期	同比
总计	46721.7	44148.8	5.83%	33024.8	29570.4	11.68%
其中：韩国	6688.0	6890.6	-2.94%	4597.1	4623.9	-0.58%
比利时	5110.8	5596.7	-8.68%	3321.8	3638.4	-8.70%
中国香港	5018.7	2987.6	67.98%	4238.3	2320.9	82.62%
台湾地区	3599.9	2268.4	58.70%	2653.8	1623.1	63.50%
越南	3516.4	3305.6	6.38%	2316.5	2048.5	13.08%
土耳其	3361.7	3612.7	-6.95%	2345.8	2359.8	-0.59%

2013 年，氨纶出口总量为 4.67 万吨，同比增加 5.83%。出口量按出口市场分比较分散，韩国仍是我国氨纶第一出口市场，出口量为 0.66 万吨，同比减少 2.94%，但也只占出口总量的 14.31%，排名第六位的是土耳其，出口量为

0.33万吨，同比减少6.95%，占出口总量的7.19%，对以上六个国家的出口合计占总出口量的58.42%，对其他市场的出口量都很少。

表41 氨纶分贸易方式出口

	出口数量（吨）			出口金额（万美元）		
	2013年	去年同期	同比	2013年	去年同期	同比
总计	46721.7	44148.8	5.83%	33024.8	29570.4	11.68%
一般贸易	26486.8	25030.3	5.82%	18680.6	16543.9	12.92%
加工贸易	20005.3	18646.7	7.29%	14217.6	12727.2	11.71%
其中：来料加工	0.0	0.0	—	0.0	0.1	—
进料加工	20005.3	18646.7	7.29%	14217.6	12727.1	11.71%
保税区	193.5	99.1	95.38%	104.5	76.3	37.02%
其中：仓储进出境	0.2	2.7	-91.98%	0.2	2.3	-91.69%
仓储转口	193.3	96.4	100.59%	104.3	73.9	41.08%

2013年，氨纶一般贸易出口量增加5.82%，占出口总量的56.69%，占出口量的比例基本持平；加工贸易出口量增加7.29%，占出口总量的42.82%，占出口量的比例同比也与同期基本持平。

（三）聚酯切片出口情况

表42 聚酯切片（含瓶片）分国别或地区出口

	出口数量（吨）			出口金额（万美元）		
	2013年	去年同期	同比	2013年	去年同期	同比
总计	1964002.0	1368685.4	43.50%	281499.3	196141.9	43.52%
其中：日本	269396.2	210858.4	27.76%	38569.4	29955.8	28.75%
乌克兰	108984.8	97248.0	12.07%	15602.9	13890.6	12.33%
俄罗斯	99595.6	79595.2	25.13%	14036.9	11499.3	22.07%
印度尼西亚	91019.2	31928.5	185.07%	12724.6	4702.7	170.58%
埃及	89348.8	47231.7	89.17%	12619.4	6562.7	92.29%
土耳其	87551.6	25851.9	238.67%	12466.7	3650.8	241.48%

2013年，聚酯切片（含瓶片）出口196.4万吨，同比增长43.50%。日本仍是最大接受市场，交易量为26.94万吨，同比继续增加27.76%，占出口总量

的 13.7%，居第一位；对土耳其出口激增 238%，达到 8.75 万吨，占居出口总量的 4.46%，对以上六个国家的出口合计占总出口量的 37.98%。

聚酯切片（含瓶片）的出口贸易方式以加工贸易为主，占出口总量的 99%，其他贸易方式的出口量很少。

表 43　聚酯切片（含瓶片）分贸易方式出口

	出口数量（吨）			出口金额（万美元）		
	2013 年	去年同期	同比	2013 年	去年同期	同比
总计	1964002.0	1368685.4	43.50%	281499.3	196141.9	43.52%
一般贸易	13821.7	10564.5	30.83%	2957.4	2076.0	42.46%
加工贸易	1944532.6	1350674.5	43.97%	277427.4	192755.1	43.93%
其中：来料加工	3.7	3952.5	-99.91%	0.9	658.8	-99.87%
进料加工	1944528.9	1346722.0	44.39%	277426.5	192096.3	44.42%
保税区	5098.3	7086.3	-28.05%	1037.9	1264.8	-17.94%
其中：仓储进出境	106.2	58.6	81.20%	23.4	24.6	-4.76%
仓储转口	4992.2	7027.7	-28.96%	1014.5	1240.2	-18.20%

2013 年，聚酯瓶片出口 177.74 万吨，同比增加 43.14%，占聚酯切片出口量的 90.5%。日本仍是最大接受市场，交易量为 23.74 万吨，同比增加 20.90%，占聚酯瓶片出口总量的 13.3%，位居第一；对土耳其出口 7.20 万吨，同比大增 333%，增幅居首，但仅占聚酯瓶片出口总量的 4.05%；对乌克兰、俄罗斯和埃及的出口分别分别占总出口量的 6.13%、5.01%和 4.00%。对美国的出口同比增加 6.72%，占比为 4.48%，对以上六个国家的出口合计占总出口量的 37.02%。

表 44　聚酯瓶片分国别或地区出口

	出口数量（吨）			出口金额（万美元）		
	2013 年	去年同期	同比	2013 年	去年同期	同比
总计	1777447.0	1241723.3	43.14%	252596.8	175962.4	43.55%
其中：日本	237404.7	196369.4	20.90%	33801.4	27662.4	22.19%
乌克兰	108920.0	97227.0	12.03%	15576.4	13887.5	12.16%
俄罗斯	89078.7	69675.6	27.85%	12474.7	10029.8	24.38%
美国	79682.0	74666.5	6.72%	11522.8	10850.4	6.20%
土耳其	71979.2	16603.0	333.53%	10249.2	2274.3	350.65%
埃及	71047.1	40718.0	74.49%	10075.3	5655.0	78.17%

表45　聚酯瓶片分贸易方式出口

	出口数量（吨）			出口金额（万美元）		
	2013年	去年同期	同比	2013年	去年同期	同比
总计	1777447.0	1241723.3	43.14%	252596.8	175962.4	43.55%
一般贸易	6829.1	5545.2	23.15%	1133.0	769.1	47.30%
加工贸易	1766803.7	1233018.0	43.29%	250852.4	174622.9	43.65%
其中：来料加工	0.0	3948.0	—	0.0	657.8	—
进料加工	1766803.7	1229070.0	43.75%	250852.4	173965.1	44.20%
保税区	3779.4	3026.4	24.88%	606.3	550.6	10.13%
其中：仓储进出境	62.5	0.0	—	13.7	0.0	—
仓储转口	3717.0	3026.4	22.82%	592.6	550.6	7.63%

聚酯瓶片出口贸易方式以加工贸易为主，占出口总量的 99.40%，其他贸易方式的出口量很少。

（四）化纤制纺织品服装出口情况

1. 化纤纺织品出口情况

表46　化纤纺织品分国别或地区出口

	出口数量（吨）			出口金额（万美元）		
	2013年	去年同期	同比	2013年	去年同期	同比
总计	5241552.7	4711432.8	11.25%	3279598.8	2966365.0	10.56%
其中：越南	300746.0	203706.9	47.64%	234637.9	170446.5	37.66%
美国	247302.4	230217.0	7.42%	183427.3	179972.2	1.92%
阿联酋	240868.9	207895.3	15.86%	172219.7	151923.2	13.36%
孟加拉国	229020.0	196644.8	16.46%	146899.0	123770.3	18.69%
巴西	206534.1	169515.8	21.84%	110167.2	94362.2	16.75%
印度尼西亚	190695.8	181792.7	4.90%	111119.0	107412.5	3.45%

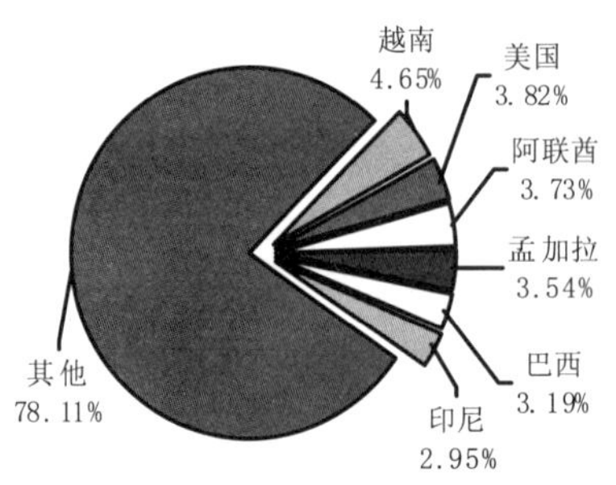

2013 年，化纤纺织品共出口 524.15 万吨，同比增加 11.25%。主要出口市场是越南、美国、阿联酋、孟加拉国、巴西和印度尼西亚，占出口总量的比重分别为 5.74%、4.72%、4.59%、4.37%、3.94%、3.64%，对以上六个国家的出口

合计占总出口量的 26.99%。

表 47　化纤纺织品分贸易方式出口

	出口数量（吨）			出口金额（万美元）		
	2013 年	去年同期	同比	2013 年	去年同期	同比
总计	5241552.7	4711432.8	11.25%	3279598.8	2966365.0	10.56%
一般贸易	4363607.9	3893484.3	12.07%	2791387.8	2525934.5	10.51%
加工贸易	582698.4	547644.6	6.40%	289206.3	267776.9	8.00%
其中：来料加工	31598.3	36708.2	-13.92%	17618.0	19672.0	-10.44%
进料加工	551100.1	510936.4	7.86%	271588.3	248105.0	9.47%
保税区	22357.5	22588.6	-1.02%	19837.1	22282.9	-10.98%
其中：仓储进出境	14159.0	12241.4	15.66%	12031.6	10656.8	12.90%
仓储转口	8198.5	10347.1	-20.77%	7805.6	11626.1	-32.86%

2013 年，化纤纺织品出口贸易方式以一般贸易为主，占出口总量的 83.25%，同比增长 12.07 个百分点；加工贸易出口量增加了 6.40%，占出口总量的比重为 11.11%。

表 48　化纤机织物分国别或地区出口

	出口数量（吨）			出口金额（万美元）		
	2013 年	去年同期	同比	2013 年	去年同期	同比
总计	3024411.4	2710575.5	11.58%	1832916.9	1623670.5	12.89%
其中：越南	212950.4	136154.5	56.40%	154434.0	110935.2	39.21%
阿联酋	194085.6	165788.9	17.07%	136120.5	117908.2	15.45%
巴西	147608.2	120110.9	22.89%	74882.0	63574.6	17.79%
印度尼西亚	116877.5	111310.8	5.00%	71185.5	69583.4	2.30%
巴基斯坦	112148.4	67948.1	65.05%	95500.2	55331.6	72.60%
俄罗斯	94791.8	101609.9	-6.71%	57665.9	60196.0	-4.20%

2013 年，化纤机织物共出口 302.44 万吨，同比增加 11.58%。主要出口市场是越南、阿联酋、巴西、印度尼西亚、巴基斯坦和俄罗斯，占出口总量的比重分别为 7.04%、6.42%、4.88%、3.86%、3.71%、3.13%。对以上六个国家的出口合计占总出口量的 29.04%，此外，对缅甸、墨西哥、孟加拉和美国也有

部分出口。

表49 化纤机织物分贸易方式出口

	出口数量（吨）			出口金额（万美元）		
	1－12月	去年同期	同比	2013年	去年同期	同比
总计	3024411.4	2710575.5	11.58%	1832916.9	1623670.5	12.89%
一般贸易	2766673.1	2483877.9	11.39%	1681936.5	1494221.2	12.56%
加工贸易	85906.1	76083.7	12.91%	41070.6	37701.9	8.94%
其中：来料加工	5268.5	7114.6	-25.95%	1309.3	1582.4	-17.26%
进料加工	80637.6	68969.1	16.92%	39761.3	36119.5	10.08%
保税区	9612.9	9217.6	4.29%	7721.8	8996.1	-14.16%
其中：仓储进出境	6205.9	4798.6	29.33%	4546.6	3614.4	25.79%
仓储转口	3407.0	4419.0	-22.90%	3175.3	5381.7	-41.00%

2013年，化纤机织物出口贸易方式以一般贸易为主，同比增加11.39%，占出口总量的91.48%；加工贸易仅占出口总量的2.84%。

2．化纤针织品出口情况

表50 化纤针织品分国别或地区出口

	出口数量（吨）			出口金额（万美元）		
	2013年	去年同期	同比	2013年	去年同期	同比
总计	6102354.7	5197638.9	17.41%	739573.2	621399.4	19.02%
其中：越南	567407.8	348719.6	62.71%	68889.9	47468.4	45.13%
印度	538286.7	516528.0	4.21%	28832.0	27120.6	6.31%
美国	410251.2	365600.5	12.21%	53230.1	46012.5	15.69%
巴西	337774.4	357287.1	-5.46%	37090.5	39306.5	-5.64%
巴基斯坦	271880.2	65210.2	316.93%	22016.2	7061.5	211.78%
墨西哥	264083.5	276717.6	-4.57%	29853.3	31027.5	-3.78%

2013年，化纤针织品共出口610.23万吨，同比增长17.41%。其中，第一大市场为越南，出口量56.74万吨，占出口总量的比例为9.30%，出口量同比增加62.71%。对巴西和墨西哥的出口均有所减少，对以上六个国家的出口合计占总出口量的39.16%。

表51　化纤针织品分贸易方式出口

	出口数量（吨）			出口金额（万美元）		
	2013年	去年同期	同比	2013年	去年同期	同比
总计	6102354.7	5197638.9	17.41%	739573.2	621399.4	19.02%
一般贸易	5674208.9	4866623.1	16.59%	678209.0	578169.5	17.30%
加工贸易	149474.8	157245.0	-4.94%	23243.5	20272.5	14.66%
其中：来料加工	17470.7	16512.8	5.80%	1335.3	1720.3	-22.38%
进料加工	132004.1	140732.3	-6.20%	21908.1	18552.2	18.09%
保税区	19038.5	16542.1	15.09%	3564.6	2460.3	44.88%
其中：仓储进出境	13020.6	10254.6	26.97%	2322.2	1681.3	38.12%
仓储转口	6017.9	6287.6	-4.29%	1242.5	779.0	59.49%

2013年，化纤针织品出口贸易方式以一般贸易为主，占出口总量的92.98%，同比增长17.41%；加工贸易出口量同比下降4.94%，占出口总量的2.45%。

3．化纤服装出口情况

表52　化纤服装分国别或地区出口

	出口数量（万件套）			出口金额（万美元）		
	2013年	去年同期	同比	2013年	去年同期	同比
总计	2669013.8	2474265.3	7.87%	6993081.1	6197512.2	12.84%
其中：美国	554443.3	502025.0	10.44%	1131862.7	1017160.0	11.28%
日本	263897.9	254725.8	3.60%	1002599.2	1014665.9	-1.19%
阿联酋	122617.0	130136.7	-5.78%	224510.8	212490.0	5.66%
德国	102731.9	98261.3	4.55%	334635.1	300164.3	11.48%
英国	95828.0	80687.1	18.76%	350038.3	274505.0	27.52%
中国香港	82876.3	69753.3	18.81%	287519.2	237077.2	21.28%

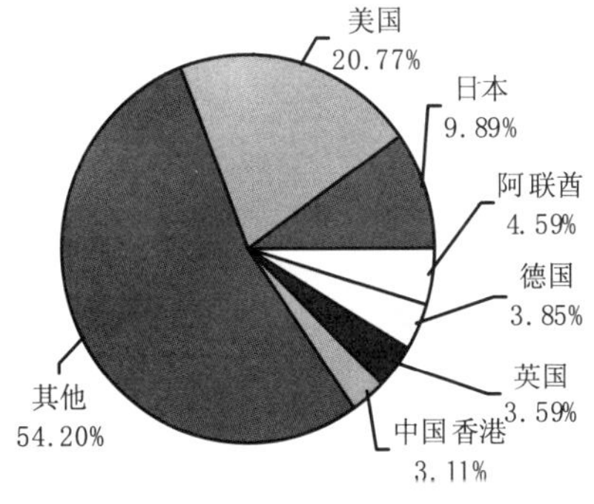

2013年，化纤服装共出口266.9亿件套，同比增加7.87%。主要出口市场继续呈现增长趋势是美国、日本、英国和中国香港，占出口总量比重分别达到20.8%、9.88%、3.6%和3.1%，德国本月出现了4.55%的增加，占比为3.85%，对以上六个国家的出口合计占

总出口量的45.80%。

表53　化纤服装分贸易方式出口

	出口数量（万件套）			出口金额（万美元）		
	2013年	去年同期	同比	2013年	去年同期	同比
总计	2669013.8	2474265.3	7.87%	6993081.1	6197512.2	12.84%
一般贸易	2033020.6	1870396.8	8.69%	5088796.0	4484676.3	13.47%
加工贸易	207089.8	215105.0	-3.73%	934422.3	953345.1	-1.98%
其中：来料加工	68771.3	77733.8	-11.53%	360255.5	399998.5	-9.94%
进料加工	138318.5	137371.2	0.69%	574166.8	553346.6	3.76%
保税区	55263.6	52220.7	5.83%	191694.7	164923.9	16.23%
其中：仓储进出境	31614.5	29001.5	9.01%	105979.5	86388.1	22.68%
仓储转口	23649.2	23219.2	1.85%	85715.2	78535.9	9.14%

2013年，化纤服装出口贸易方式以一般贸易为主，同比增加8.69%，占出口总量的76.17%；加工贸易出口量同比下降3.73%，占出口总量的7.76%。

（五）化纤主要品种进出口情况对比

表54　化纤主要品种进出口对比

	进口数量（吨）		出口数量（吨）		净出口数量（出口总量减去进口总量）（吨）	
	2013年	去年同期	2013年	去年同期	2013年	去年同期
化学纤维	871657.5	820978.7	2679724.8	2468100.7	1808067.3	1647122
其中：涤纶长丝	110166.2	120418.5	1292230.6	1078877	1182064.4	958458.5
涤纶短纤	128459.7	112361	733730.5	670652.1	605270.8	558291.1
锦纶长丝	161592.8	164018.5	136564.3	116210	-25028.5	-47808.5
腈　纶	212094.4	186527.2	9382.1	5780.9	-202712.3	-180746.3
粘胶长丝	8744.5	9762.1	81853.9	76491.2	73109.4	66729.1
粘胶短纤	157431.4	145576.9	180646.8	269101.7	23215.4	123524.8
氨　纶	20227.7	18819.6	46721.7	44148.8	26494	25329.2

2013年全年，我国化纤主要品种净出口量为180.80万吨，其中涤纶长丝净出口118.20万吨，占到净出口量的65.37%，涤纶短纤净出口量60.53万吨，

占到净出口量的 33.47%，粘胶长丝、粘胶短纤和氨纶，虽然进口产品的品质有所不同，但从量上看均为正值。但锦纶长丝和腈纶则显现出进口量大于出口量。

表 55　化纤主要品种进出口均价对比

	2013 年进口		2013 年出口		均价（美元/吨）		
	数量（吨）	金额（万美元）	数量（吨）	金额（万美元）	进口	出口	价差
化学纤维	871657.5	320914.6	2679724.8	623338.3			
其中：涤纶长丝	110166.2	35419.9	1292230.6	251762.6	3215.1	1948.3	1266.9
涤纶短纤	128459.7	24156.9	733730.5	101444.9	1880.5	1382.6	497.9
锦纶长丝	161592.8	67861.9	136564.3	56217.7	4199.6	4116.6	83.0
腈　　纶	212094.4	66770.6	9382.1	3135	3148.2	3341.5	-193.3
粘胶长丝	8744.5	7432.3	81853.9	48421.8	8499.4	5915.6	2583.8
粘胶短纤	157431.4	42694	180646.8	35281.1	2711.9	1953.0	758.9
氨　　纶	20227.7	20267.3	46721.7	33024.8	10019.6	7068.4	2951.2

2013 年，我国化纤主要品种合计进口金额 32.09 亿美元，合计出口金额 62.33 亿美元，顺差 30.24 亿美元。分品种分析，涤纶长丝进出口产品的均价每吨有 1266.9 美元的价差，价差最大的氨纶，为 2951.2 美元/吨，进口价格低于出口价格的仅有腈纶，差价为 193.3 美元/吨，除考虑运输、保险成本外，品质差距、原材料受限也是造成价差的主要原因，要提高产品的附加值，还需要根据整个产业链，结合结构调整和技术进步，共同努力。

表 56　2008~2012 年化纤主要品种进口情况

	2008 年（吨）	2009 年（吨）	2010 年（吨）	2011 年（吨）	2012 年（吨）
化学纤维	816844.5	861533.2	902250.3	884910.5	820978.7
其中：涤纶长丝	172398.2	168339.9	165104.7	154963.4	120418.5
涤纶短纤	145284.7	151418.8	143019.2	120205.0	112361.0
锦　　纶	200622.4	197986.8	199951.5	169007.7	174689.1
腈　　纶	145703.4	179966.0	196424.8	195291.7	186527.2
丙　　纶	8128.4	7227.9	7214.5	5903.0	5577.4
氨　　纶	15476.0	17159.9	18838.0	22803.7	18819.6

2008年至2013年，我国化纤进口总量年均增长1.34%，分品种分析，涤纶长丝、涤纶短纤、锦纶基本呈下降趋势，这是国内近几年化纤的产量和品质得到提升满足了国内需要，氨纶的进口量经过了2008年以来三年连续增加，2011年达到进口量的峰值，2012年进口量下降后于2013年回升，但2013年的20227.7吨仍低于2011年进口量，腈纶的进口量在2010年达到高点后，经过了2012年的低谷后，2013年的进口量达到212094吨。

表57　2008~2012年化纤主要品种出口情况

	2008年（吨）	2009年（吨）	2010年（吨）	2011年（吨）	2012年（吨）
化学纤维	1707824.4	1476689.3	1925339.4	2363068.5	2468100.6
其中：涤纶长丝	794840.5	623321.2	808462.5	945181.8	1078877.0
涤纶短纤	462747.4	406355.2	595611.8	816101.7	670652.0
锦　　纶	96348.1	99013.2	129438.3	122589.8	120494.0
腈　　纶	10032.0	5085.2	4411.7	4052.5	5780.9
丙　　纶	17260.4	13634.4	17284.5	32078.5	26880.5
氨　　纶	28902.6	28929.2	38805.8	34922.4	44148.8

2008年至2013年，我国化纤近5年出口总量年均增长11.4%，分品种分析，涤纶长丝和锦纶呈增加趋势，这和国内近几年化纤的产量和品质得到提升有关；腈纶的出口量在2008年达到峰值后，随后四年大幅降低，但在2013年回升到9382.1万吨，氨纶的出口量除2011年下降外，也呈增加趋势，2013年氨纶出口46721.7吨。

（以上数据，均据海关总署数据整理）

行业运行篇

专题研究篇

热点问题
趋势预测
贸易环境
前瞻研究

产业政策篇

统计数据篇

2014年中国化纤

Analysis and Forecast of China Chemical Fibers' Economy of 2014

《化纤工业“十二五”发展规划》中期评估报告

中国化学纤维工业协会

“十二五”以来，化纤行业以科学发展观为指导，将自主创新作为保障实施《化纤工业“十二五”发展规划》（以下简称《规划》）的核心和提高综合竞争力的关键，加快转变发展方式，推动科技进步，强化节能减排和循环经济，促进结构调整和产业升级。

截止2013年6月底，《规划》实施时间已过半，为客观评价《规划》实施效果，以及在“十二五”以来的新形势下，分析化纤行业结构调整和产业升级面临的新问题和新特点，中国化学纤维工业协会开展了《规划》的中期评估工作，总结和评价了《规划》实施的进度与效果，研究分析了实施过程中遇到的一些问题，并对《规划》后半期继续实施和推进提出了措施建议。

一、《规划》中期目标完成情况

（一）行业规模指标完成进度较快

2012年，规模以上化纤企业实现工业总产值6888.5亿元，比2010年增长39.2%，年均增长18%；化纤产能达到4021万吨，比2010年增长14.2%，年均增长6.9%；化纤产量3792.16万吨，比2010年增长22.7%，年均增长10.8%；化纤在纺织纤维加工量的比重由2010年的70.0%提高到2012年的74%，提高了4个百分点；棉纺使用化纤量由2010年的1060万吨提高到2012年的1170万吨，增加了10.4%；化纤产量占全球比重达67.7%，比2010年提高近0.8个百分点。

（二）产业结构进一步优化

2012化纤产品差别化率为53%，比2010年提高了7个百分点，化纤产品品种更加丰富，质量和附加值持续提高，新一代聚酯（仿棉）纤维，新一代仿真（功能性）纤维，原液着色纤维等差别化纤维迅速发展，占化纤总产量21.1%。

高档面料及制品用化纤自给率达到82%；产业用化纤比例达27.8%。

产业集中度不断提高，2012年，化纤产能达20万吨/年及以上生产规模的企业达到46家，比2010年增加13家，合计产能占全行业60.7 %，提高了11.7个百分点。

（三）行业技术进步成效显著

行业技术水平进步显著，以聚酯涤纶行业为代表的中国化纤企业单线规模从八五、九五期间的6万吨，扩展到现在的30万~40万吨，规模增加近7倍，且制造成本低，处于全球领先地位。纤维规格从最早的常规规格（dpf＞1），到现在的细旦、超细旦（dpf为0.15），纺丝速度从600~800m/min，到现在的4000~6000 m/min。以国产化、大容量、在线添加等柔性化聚酯工程与技术（从200t/d 到1200t/d）及切片纺、熔体直纺POY、FDY 国产化技术与装备的开发与广泛应用为代表，中国化纤产业技术已全面升级，具备了较强的国际、国内市场竞争力。具体表现在：

（1）．科技投入加大，科技活动经费占产品销售收入比重提高。2012年行业科研投入经费占产品销售收入比重达到1~1.5%、重点企业达到3%以上。

（2）．技术中心、工程中心建设进展加快。截至2012年已建立国家级企业技术中心13个，建有省级以上技术中心的化纤企业从2010年的20家增加到40家。在现有基础上，新建和完善工程研究中心，提升产业技术集成创新能力。

（3）．以企业为主的产学研用创新平台、产业联盟平台建设进一步加快。加快整合基础研究、应用开发、工程化开发、生产技术开发、应用技术开发资源，提高自主创新水平、创新能力。鼓励纺织产业链上下游企业加强合作，加强产学研用联合，提高协同创新能力。

（4）．劳动生产率进一步提高。从2010年到2012年化纤行业劳动生产率（万元/人·年）由117.26提高到144.1，2012年比2010年提高22.95%。新产品产值率由14%提高到16.5%；着重培养高层次创新型科技人才，造就一批科技领军人才、高水平创新团队。注重培养一线创新人才和青年科技人才，培养化纤业界的领军人物、高校学科带头人。

（四）质量管理和品牌建设推进显著

1. 企业自主品牌建设推进

化纤企业的自主品牌意识正在逐渐形成，质量管理体系和快速反应体系普遍建立，社会责任体系建设也在逐步展开。企业普遍认识到研发对于企业可持续发展的重要意义，技术实力是企业开展品牌建设的重要支点之一。更多以差别化产品为主营业务的化纤企业通过与下游品牌企业合作来打造和推广自身品牌。

2. 化纤行业品牌建设的创新

从 2012 年开始，由国家工业和信息化部消费品工业司、中国化学纤维工业协会、东华大学、国家纺织化纤产品开发中心联合连续两年开展了中国纤维流行趋势研究与发布活动，将当前中国最新、最前沿、差异化程度最高、国际领先的十大纤维品种推荐给下游企业和终端消费者，通过发布流行趋势的方式，促使纤维品牌与终端品牌相互促进，产生叠加效应，共同提升中国纺织行业的整体水平和品牌价值。

据统计，中国纤维流行趋势发布两年来，共拉动相关纤维销售近 200 万吨，增加销售收入超过 300 亿元人民币。纤维流行趋势的研究与发布是化纤工业走品牌发展的一种有益探索，也是中国化纤工业从追求量的增长到注重质的提升的转变的一个重要标志。

（五）标准化建设得到较快推进

"十二五"以来，化纤协会组织完成了 62 项国家标准、行业标准制修订工作，其中国家标准修订 2 项，制定行业标准 53 项，修订 7 项，化纤标准数量比"十一五"期末增加 47%。其中高新技术纤维产品标准 28 项，比"十一五"期末增加 17 项。

此外，还开展了协会标准的编制修订工作，目前已完成 9 项协会标准，成为国标和行标的补充，在业内得到认可，为协会标准上升为行业标准、国家标准乃至国际标准奠定基础。2012 年 9 月化纤协会又主动发起成立了化纤标准国际化推进委员会，近 30 家行业龙头企业成为推进委员会成员。在协会组织推动下，《纺织品—弹性纤维耐氯化水（游泳池水）性能试验》（ISO/WD 17608）等 3 项国际标准已经进展到委员会草案（CD）阶段。《纺织化学纤维截面形状测量方法》等 2 项国际标准提案通过 ISO/TC38 国内对口单位组织的专家评审，准备形成国际标准草案。

（六）节能减排工作取得明显成效

"十二五"期间，化纤行业为促进节能减排和清洁生产，编制了《中国化纤行业发展与环境保护》白皮书，在全行业进行推广应用，并在行业内开展节能减排先进企业评选，以推动行业节能减排技术进步。编制了《氨纶工业清洁生产评价技术要求》、《聚酯、涤纶工业清洁生产评价技术要求》和《聚酰胺6工业清洁生产评价技术要求》等标准。率先在聚酯行业开展了碳足迹认证、再生企业体系认证。推荐了重点节能减排技术40余项。

据环保部统计显示，化学纤维制造业在具体减排领域的进展情况如下：

项目	2010年	2011年	减排	吨纤维产品排放下降
废水排放量（万吨）	42370.5	41428.1	924	10%
废气排放总量（亿立方米）	2766.9	2069.3	697.6	32%
燃料煤消费量（万吨）	1190.7	1120.4	70.3	12%
氮氧化物排放总量（万吨）	7.8	5.3	2.5	36%

上述减排指标是在2011年增加了化纤产量272万吨的情况下取得的，说明化纤行业“十二五”期间节能减排效果明显。

1．粘胶纤维推进行业节能减排及进行准入条件评估

2012年，化纤协会配合工信部有关部门在粘胶行业进行了第一批企业行业准入的评估及公示，参加企业占行业80%，参评企业26家，合格企业16家。短纤维装置废水分级、分质处理、梯级利用技术得到推广应用，吨产品用水量从120吨降至65吨以下、吨产品能耗下降18%。废气集中回收，采用吸附、燃烧制酸等技术，全硫回收率达到85%以上。酸站一步提硝制元明粉技术的应用进一步降低能耗及资源再利用成本。化纤浆粕行业黑液治理研究取得了新进展，将黑液浓缩后燃烧制碱，既减少排放，还可回收资源。

2．淘汰二高一低落后生产工艺和设备

“十二五”期间，行业加快推动淘汰高能耗、高污染、低效率的生产工艺和设备工作。2010年—2012年，化纤行业共计淘汰落后产能122.33万吨。其中：粘胶行业淘汰13.92万吨、聚酯涤纶行业淘汰105.35万吨、其余小品种3.06万吨。截止到2012年底，氨纶、腈纶落后工艺已基本淘汰完毕。

3．行业节能减排技术开发及推广应用

废旧瓶片清洗废水回用采用膜技术处理清洗废水，水回用率达到85%以上，该项技术获得纺织之光科技进步二等奖，并已在再生涤纶行业大力推广应用。截至到2013年初， 应用大型聚酯聚合装置乙醛回收利用技术的聚酯总产能共计达727万吨。此外，化纤原液着色纤维发展较快，从2010年的252万吨增加到2012年的330万吨，已完提前完成规划要求。

4．继续推进碳足迹认证研究工作

截止2012年底，已有14家涤纶企业和再生化学纤维企业成为国内首批化纤协会推荐进行碳足迹核算的企业，并顺利获得Intertek-CCFA产品碳足迹证书及绿叶标签. 其中涤纶企业12家，再生企业2家，涉及产品包括涤纶切片、瓶片、短纤、POY、FDY、DTY、DT长丝和工业用丝IPY等。

5．推进行业清洁生产、合同能源管理

公用工程部分的空压机、制冷系统、水泵等设备大部分都安装了变频系统，照明也都使用了先进节能设备。工艺设备部分，每台纺丝机都自带变频系统。从单纯节电方面来看，化纤企业的输电线路相对较短，加之大量变频设备的使用，进线侧的功率因素已经达到0.97左右，属于比较高的水平。根据2012年粘胶行业准入条件评估调查，粘胶企业清洁生产审核率100%。

《规划》各项具体指标完成情况见下表：

专栏1　"十二五"中期化纤工业发展的主要指标完成情况

类别	指　标	2010年	2015年	年均增长（%）	2012年	完成情况
工业增长	化纤产能（万吨）	3450	4600	5.9	4021	87.4%
	化纤产量（万吨）	3090	4100	5.8	3792	92.5%
	化纤加工量（万吨）	2987	3900	5.5	3627	93%
	化纤占纺织纤维加工总量（%）	70	76		74	[6]
	工业增加值增长率			8	—	
结构调整	化纤原料自给率（%）	59	70		62	[11]
	化纤差别化率（%）	46	60		52.5	[14]
	高档面料及制品原料自给率（%）	70	85		—	[15]
	高性能纤维产能（万吨）	5.5	16	23.8	7.6	
	生物基纤维产能（万吨）	0.6	20	100	9.8	

续表

类别	指　标	2010年	2015年	年均增长（%）	2012年	完成情况
技术进步	研发投入比例（%）	1	1.5		1.2	[0.5]
	劳动生产率（万元/人·年）	20.1	32.3	10	25.4	
	新产品产值比重（%）	14	20		16.5	[6]
可持续发展	万元工业增加值能耗下降（%）					[15]
	万元工业增加值用水量下降（%）					[20]
	主要污染物排放总量下降（%）					[10]
	其中：COD排放总量下降（%）					[12]
	SO_2排放总量下降（%）					[10]

注：1. 带[ ]的为五年累计提高或下降百分点
2. 工业增长、技术进步各项指标为规模以上企业指标
3. 可持续发展各项指标为约束性指标

二、《规划》重点任务完成情况

（一）常规产品优质化进一步推进，产品附加值不断提升

行业通过技术创新推动产品创新，重点解决生产装备的柔性化、常规产品的优质化，积极推广原液着色纺丝技术，加强化纤与下游应用的联合开发，加快发展高仿真、功能性、多功能复合等差别化纤维，取得了重大成果。

1. 纶行业 超细纤维纺丝技术，各种截面纤维纺丝技术，微粒子共混纺丝技术，聚合物微量改性技术，复合纤维技术都取得突破；有色纤维、有光纤维、消光纤维、异形纤维、细旦、超细旦纤维、高强力丝、高收缩丝、阳离子可染、多功能混纤复合纤维提升了涤纶产品的附加值。

（1）3万吨/年PTT聚合及5万吨/年纺丝实现产业化。

（2）2万吨/年PBT国产化聚合装置已建成，正开发5万吨级国产化PBT成套工艺技术及装备。

（3）PEN纤维以及PET/PEN共混纤维项目研究取得进展，原料及聚合亟待突破。

（4）可完全降解的聚酯PBS、PBST已建成万吨聚合生产装置。

（5）切片纺复合纺丝技术已产业化生产、开发了PET/PTT、PET/PBT等

多种新型复合纤维品种。

（6）新一代聚酯（仿棉）纤维 吸湿排汗、亲水型、易染深染型三大系列产品实现产业化。

（7）聚酯瓶片循环利用生产高强涤纶工业丝实现产业化。

2．纤维素纤维行业 竹浆、麻浆纤维、Lyocell 纤维新品种快速发展。采用绿色环保新工艺替代落后传统三高工艺路线。规模化生产的品种有：细旦、有色、阻燃、高白、竹浆、高湿模量等品种。

（1）国产化千吨级 Lyocell 纤维已实现产业化突破，为万吨级 Lyocell 纤维生产线打下基础

（2）5000 吨/年尿素溶剂法纤维素纤维连续纺长丝正在建设

（3）麻浆纤维、竹浆纤实现规模化生产，总产能达 15 万吨/年

3．锦纶行业 细旦、超细旦、吸湿排汗、抗菌、防臭等差别化、功能性纤维品种，并已生产出了凉爽纤维、发热纤维、防熔滴等新产品。

4．腈纶行业 高收缩、高吸水、抗菌和高强腈纶纤维在行业内已经完全掌握了生产技术，耐高温、阻燃及其复合纤维，正在研发中。

5．丙纶行业 采用一步法工艺技术，开发了 35D、40D 细旦化、功能化丙纶长丝，扩大了在服装领域的应用。丙纶短纤维实现大丝束、短流程纺。

再生丙纶长丝快速发展，2012 年总产能达 21 万吨，占丙纶总产能的 19.8%。

6．氨纶行业 15 吨/日大容量聚合连续纺丝，纺速 900m/min，32-48 头纺。开发了 20D、30D 细旦、超细旦、异型等差别化品种，以及抗紫外、耐氯等功能化产品。

（二）高性能纤维产业化取得新突破

“十二五”期间高性能纤维的生产几乎覆盖所有品种领域，其中 T300 级碳纤维进一步实现了稳定生产，单线产能提高到 1200 吨；T700 级高性能碳纤维突破干喷湿法纺丝工艺，超大容量聚合釜、高压蒸汽牵伸机等关键装备实现自主设计和应用，产业化生产及应用逐步加快；T800 级、MJ 系列高性能碳纤维已突破关键制备技术；芳纶 1313、超高分子量聚乙烯、连续玄武岩纤维、聚苯硫醚纤维等产品性能达到国际先进水平；芳纶 1414、聚酰亚胺纤维、聚四氟乙烯纤维和高强高模聚乙烯醇纤维实现产业化生产，产能在持续扩大。2012 年国内高性能纤维总产能达到 7.2 万吨，实现出口共计 3.8 万吨，高性能

纤维行业总体达到国际先进水平。

（三）生物基化学纤维及原料加快发展步伐

《“十二五”国家战略性新兴产业发展规划》将生物基化学纤维及其原料列为支持产业之一，进一步推动了生物基化学纤维及原料的发展。

2012年新型生物基纤维总产能达15万吨。竹浆纤维、麻浆纤维、聚对苯二甲酸混合二元醇酯（PDT）纤维、聚对苯二甲酸丙二醇酯（PTT）纤维、对苯二甲酸丁二醇酯（PBT）纤维、聚乳酸（PLA）纤维、壳聚糖纤维、蛋白纤维等已实现产业化；Lyocell纤维、PHBV与PLA共混纤维、海藻纤维已突破产业化关键技术；聚丁二酸丁二醇酯（PBS）系列纤维、离子液体法纤维素纤维等由中试向产业化突破。

（四）节能减排和资源循环利用工作有力推进

加强行业低碳技术经济研究，加快节能减排、清洁生产新技术应用、建立化纤工业循环经济发展模式，引导社会绿色消费，推动节能减排和资源循环具体，具体进展情况如下：

1. 重点推广的节能减排技术 粘胶行业开展棉浆粕黑液治理研究，将黑液浓缩后燃烧制碱工艺，既减少排放，还可回收资源。粘胶短纤维废气治理装置已普遍应用各生产企业。一步提硝工艺已形成示范项目，将逐步推广应用。

大力推广大型聚酯聚合装置乙醛回收利用技术，截至到2013年初，应用该项技术的企业有3家（聚酯累计产能387万吨）、在建的有1家企业（100万吨），已经确定在2013年开工建设的有4家企业（聚酯累计产能340万吨），总计聚酯产能727万吨；

大型尼龙聚合装置己内酰胺回收利用技术开发，以串级三效蒸发为基础，开发了高效裂解流程，低聚物、齐聚物实现了全回用；

在化纤行业普遍采用余热综合利用技术，以余热推动溴化锂制冷机组为空调、侧吹风提供冷源节约能耗30%以上，节能效果显著。粘胶企业利用水源热泵技术收集低品质余热（50℃-60℃水）加以应用。

高效节能低排放的低温短流程聚酯技术是我国自主知识产权的成套技术。该技术在能耗、物耗及产品质量上已超过或达到世界先进聚酯技术。截止到2012年底已建成15条生产线，形成150万吨差别化聚酯生产能力。

聚酯聚合，固相增粘尾气气提焚烧技术在聚酯行业已普遍采用。

废旧聚酯瓶片清洗，采用膜技术处理废水，水回用率达到80%以上。

2. 废旧聚酯再生饮料瓶片生产技术 主要解决再生瓶片通过固相聚合和液相增粘的方法，使粘度范围在0.75~0.8dL/g之间。已形成单线能力为5万~7万吨产业化能力。在再生行业通过碳足迹认证、再生体系认证、生态纺织品认证、协会绿色吊牌等形式引领时尚消费。

3. 废旧聚酯再生纤维 再生涤纶长丝、工业丝和中高强涤纶短纤维的产品已基本接近原生产品品质，2012年的再生利用规模已超过500万吨，其中50万吨的产品品质已达到或接近原生水平。

4. 废旧化纤纺织制品回收利用技术 采用化学法回收工艺技术装备对废旧纺织品回收再利用。2012年已形成年产650万吨的再生利用规模。其中边角料300万吨左右，废旧家用纺织品回收量350万吨。

（五）重点技术与装备自主化和工程化水平不断提高

“十二五”以来，行业不断加强集成创新，发展拥有自主知识产权的先进实用技术，突破重大技术装备研制、重点工程设计、关键装备技术，提高工程公司研发能力和工程化建设能力，增强技术服务能力和水平，注重节能、高效和环保型化纤及其原料装备的开发与应用。主要成果有：

大型国产化聚酯成套装置及配套直纺长丝设备在高效节能、在线添加、精密化、柔性化功能组合、低成本化等方面均取得很大进步。聚酯单线产能达1200~1500吨/日，与”十一五”时期相比，单位产能投资下降20-30%，综合能耗下降10-20%，运行成本明显下降；

锦纶聚合装置突破了大容量生产装置的传热、传质等技术难题，实现了生产工艺中均质、均热，关键设备VK管直径可达2.6米以上，单线产能突破200t/d。

绿色制浆及浆纤一体化10万吨/年项目已启动， 8万吨/年短纤维生产线已投产。

采用在线添加技术、短流程、直接纺工艺、直接纺原液着色，大容量、多头纺、高精度的牵伸热辊及高速全自动换筒卷绕头成功应用于涤纶长丝、原液着色涤纶长丝；涤纶工业丝采用熔体直纺、液相或高效短程固相增粘；采用最新节能、高效、多头、二十头、二十四头纺新技术，大大提高生产效率；

1. 高新技术纤维 产业通过增强基础创新能力，建设产、学、研、用创新平台，提升产业化水平：芳纶 1313、连续玄武岩纤维和聚酰亚胺纤维产品性能已接近或达到国际先进水平；碳纤维 T300、聚苯硫醚和高强高模聚乙烯醇纤维已实现产业化生产，产品应用开发方面也取得较大进展，在满足航天、航空等领域急需的同时，不断向工业用和民用市场拓展。

开发改性环氧丙烷/环氧乙烷聚醚及有低摩擦、超耐热、易湿润等特种功能的成分和添加剂组成的油剂。通过大扭矩大直径高频感应加热辊和双锭轴高速自动换筒卷绕头的开发，用于生产 1500 旦、8 头/位、强度大于 9 克/旦涤纶工业丝。已形成万吨生产能力。

（六）转变行业发展方式，企业核心竞争力不断提升

推进行业从规模向效益型的进一步转变，提高产业集中度，推动重点企业做大做强，据协会统计，目前化纤企业集团年营业收入超过 500 亿元的企业有 2 家，超过 200 亿元的企业 6 家，共有 13 家化纤企业入围 2013 年民营企业 500 强榜单，上述大型化纤企业和集团具备产业链综合竞争优势。

面对化纤行业在原料来源的瓶颈，企业贯彻走出去的发展战略，在人纤原料、石油炼化等项目上取得了向产业链上游整合的成功突破。粘胶企业浙江富丽达集团在 2011 年成功收购了加拿大纽西尔特种纤维素有限公司，保障公司粘胶短纤生产的优质稳定原料；浙江恒逸集团在文莱投资建设炼化一体化项目，打通现有 PTA-聚酯产业链瓶颈，化解现有产品原料供应的市场风险，并培育新的业务及利润增长点。

大型企业在管理创新领域积极推进两化融合，如盛虹集团在功能性差别化纤维生产线上全面采用智能加工系统及信息化升级改造，包括纺丝智能加工（落筒包装）系统的研发与应用，加弹智能加工系统的研发与应用，及工厂环节智能物流系统的研发与应用，旨在建立工业化、智能化、信息化融合的现代化企业。

在产品开发技术方面，行业协会搭建国际技术合作平台，鼓励化纤企业与国际知名跨国公司开展多方面技术合作，将引进的先进技术和商业运作理念与广阔的中国市场有机结合起来。

（七）发展现代产业集群，推进化纤行业转型升级

1．继续促进产业集聚发展

近两年，化纤产业园区的发展进一步规范化和科学化。各地化纤园区在基础建设、规划布局和配套服务等方面均加大投入和服务力度，引导业务关联度高、产品附加值高的优质企业入园集聚发展。

2．加快公共服务体系建设

在产业聚集效应明显的地区，当地政府部门均确立了以化纤产业为龙头和主导的区域发展计划，政策向区域内优质企业倾斜，继续扶优扶强，进一步提升产业集中度，构建研发设计、质量检测、信息服务、商贸物流等公共服务体系。

3．推动产业集群升级

化纤协会从2011年开始在行业内指导建设了7个产业集群，涵括了涤纶、锦纶、粘胶、氨纶、丙纶、高新技术纤维、纺机配件和纤维检测等多个领域，覆盖江苏、浙江、广东、福建、山东、河北等多个化纤行业发达地区。此外，产业集群升级结合推广特色基地的建设，明确了产业集群和企业未来的发展方向和特色，又可引领我国化纤行业的持续发展，带动整个行业在产品开发和拓展应用方面的探索与提升。

（八）继续优化产业区域布局

"十二五"以来，东部沿海地区由于具备区位优势、经济优势及产业链配套优势，因而依然是化纤产业最为集聚的地区，东北地区集中发展优势产业：吉林、辽宁为主分布有化纤产能，产品以粘胶、涤纶、腈纶为主，其中粘胶纤维总产量占全国的6.2%，腈纶产量占全国的39.7%；辽宁配套有化纤下游产业用纺织品，非织造布产量占全国 6.6%。中西部地区具有原料等资源优势，呈现出资源原料引导型承接化纤产业转移的特点。例如：人造纤维素纤维企业利用新疆、四川等地区棉花、棉短绒、竹浆等化学纤维资源优势，从源头获取更多原料资源，将产业链延伸到前道，提升加工能力。2010 年，蓬威石化在涪陵新建了一套百万吨PTA装置，为聚酯涤纶产业的发展提供了条件。

但应该看到，化纤产业向中西部产业转移的落脚点在于产业的整体布局和产业链的配套，后续的发展需要发挥转移地区内的油气煤电方面的优势，并实现相应的下游产业链配套。

三、"十二五"以来政策措施实施情况

为保障《规划》顺利实施，促进行业加快调整升级，《规划》制定的六类政策措施得到不同程度推进，产业指导、创新平台建设、协会作用等政策和措施落实体现积极成效，但财税、标准体系建设等重要政策和措施亟待调整和加

快落实。

（一）目前实施较好的政策和措施

1. 产业政策发挥指导作用

发改委、商务部、工信部等有关部门修订了《产业结构调整指导目录》和《外商投资产业指导目录》，编制了《工业转型升级投资指南》和《产业转移指导目录》，对于优化行业投资结构发挥重要指导作用。

工信部组织实施了粘胶纤维企业准入公告管理，正在制定再生化学纤维准入条件，进一步促进化纤企业淘汰落后产能、深化行业产能结构调整。

进口方面增列相关高新技术纤维新产品关税税目，适时调整化纤及原料进口关税税率。

财政专项支持发挥重要作用，科技部、发改委、工信部下达的科技支撑计划、产业振兴与技术改造专项、中小企业发展专项等财政资金，继续支持高新技术纤维等重点领域的关键技术研发与企业技术改造；生物基化学纤维及原料作为《生物基材料重大工程实施方案》的重要组成部分，将得到专项支持并进行组织实施工作。

2. 创新推动行业品牌工作

2012 年起推动的中国纤维流行趋势研究与发布活动是化纤行业从原料端向下游推进纤维品牌的有益探索，旨在引导从产业链前端原料领域的品牌开发与创新，通过发布流行趋势的方式，促使纤维品牌与终端品牌相互促进，产生叠加效应，共同提升中国纺织行业的整体水平和品牌价值，并借此平台与纺织产业下游进行更充分的沟通，从下游得到信息反馈并共同致力于流行纤维的推广与应用。

3. 自主创新平台建设成果显著

“十二五”以来，化纤行业加快推动产学研用结合，支持化纤企业与上下游企业、高等院校、研究院所、工程公司等组成产业创新联盟，建设行业公用研发平台。化纤产业技术创新战略联盟围绕产业技术进步构建技术创新链，建立了新一代聚酯纤维技术路线图，并突破了包括聚酯废水中的乙醛回收再利用技术和亲水改性共聚酯连续聚合技术在内的多项产业化关键核心技术，承担了国家发展科技支撑计划——超仿棉合成纤维及其纺织品产业化技术开发，已取得阶段性成果，逐步推广市场应用。化纤再生与循环经济产业技术创新战略联盟推进再生聚酯低熔点 4080 产品的研发、中试、生产等工作全面展开，已形成工艺、技术、装备的完整开发产业链。

（二）有待进一步调整的政策措施

1. 宏观政策环境尚无实质性改善

民营资本进入上游石化领域依旧面临限制，需进一步放开民间资本的投资领域。企业融资环境尚无实质性改善，特别是在经济下行周期时，银行嫌贫爱富的贷款倾向加剧了企业融资难、融资贵的问题，恶化了企业和行业融资环境，许多企业正常的技术改造项目也无法进行。

2. PX 等上游原料的保障能力亟待提高

"十二五"以来，化纤产业链加快向上游拓展，目前化纤原料平均自给率为 62%，但乙二醇、己内酰胺、PX 等化纤原料的进口依存度依旧偏高，分别达到 74%，50.1%和 45%，而国内 PX 新产能扩充面临社会舆论压力，亟须引导发展。

3. 高新技术纤维需加快应用技术发展和下游市场开拓

包括碳纤维、聚苯硫醚、芳纶和聚酰亚胺等品种在内的高新技术纤维的技术突破与产业化研发均取得阶段性进展，但需进一步就加强应用技术的发展和下游市场开拓。例如：当前高强度、高模量碳纤维制备关键技术已先后获得突破，高模高强碳纤维关键技术正在探索中；但目前碳纤维产能利用率偏低，产品质量的稳定性需要进一步提高，下游应用领域需进一步拓展，产业化工艺技术和产业化装备技术也相对滞后，需加大研发力度，并开拓下游应用市场。

4. 标准化工作需要进一步加强协调与推进

在化纤标准化工作组织方面，化纤标准化仍缺少独立的专业化管理和技术支撑机构，相关各方的关系亟待理顺，高性能化学纤维、生物基化学纤维与上下游应用部门的标准化工作间有效的沟通合作机制亟须加强，国际标准化工作缺少政策扶持，相关环节仍需进一步协调。

四、"十二五"后半期面临的形势及问题

（一）纤维需求仍将稳步增长，市场潜力进一步释放

按照"十二五"规划发展目标，我国纺织纤维加工总量将增加 1000 万吨以上，其中天然纤维受到土地资源供应，粮棉争地等因素影响，未来发展空间有限，难以满足纺织工业的发展需要，因此纤维消费量增长仍主要依靠化纤的

增长来支撑，化纤仍将是“十二五”后半期纺织工业发展最主要的原料保障。

扩大内需特别是消费需求的战略，将使纺织服装产品内需消费有望保持稳定较快增长，化纤工业作为纺织品服装的原料产业也将继续保持增长态势。同时，我国化纤及其制品凭借较为明显的国际竞争优势，国际市场还有继续扩大的空间。

另外，随着社会发展和人民生活水平的提高，对更高审美化追求（如品牌、时尚影响等）以及个性化消费的新时尚，将使差别化、功能化纤维在服装、家纺领域的应用得到进一步巩固和发展。纤维新材料的发展也将进一步扩大纺织产品在交通、新能源、医疗卫生、安全防护、环境保护、航空航天等领域的应用。

（二）国际纺织化纤工业格局继续调整中，贸易环境不断复杂化

目前以美国为代表的发达国家向制造业回归，与美国制造回归的趋势相对应的是，东南亚国家后起直追，利用自身成本等优势加速纺织服装业向己方转移的趋势，东南亚国家的产业劳动力资源和成本优势相较国内非常突出，已直接影响到中国在主要纺织品出口市场的份额。

从化纤产业来分析，国际化纤产业发展格局将进一步调整，我国化纤工业目前已具备较强的国际竞争力，化纤企业国际化水平不断提高，在新的国际产业转移和国际分工格局下，我国化纤工业将有条件更好地利用两个市场、两种资源，在更高层次上参与国际竞争，并进一步提升在国际化纤产业发展进程中的话语权，更好地推动化纤工业逐步向产业价值链高端转变。

世界贸易环境也将愈加严峻，随着我国化纤及其制品出口竞争力的加强，此领域便成为国际贸易摩擦的关注点，欧、美、日等发达经济体以及印度、土耳其等国频繁对我国化纤及其制品的出口采取反倾销、特保等贸易救济措施，加上技术壁垒、知识产权、碳排放等新的贸易保护形式的运用，还将影响我国化纤产品在国际市场的竞争力。

（三）资源环境制约和绿色可持续发展等带来更多挑战

资源与上游原料的制约仍将是化纤工业发展面临的瓶颈问题，2012 年化纤原料的整体进口依存度约为 62%，其中三大品种的进口依存度较高：即乙二醇进口依存度 74%，己内酰胺为 50.1%，人纤木浆约为 80%；再加上供应商过于集中、采购商过于分散给投机和炒作提供了空间，导致原料市场价格频繁波动，且波动幅度较大，这就很大程度上加剧了企业生产经营风险。

此外，我国加强生态文明建设对行业节能环保要求进一步提高，国家对污染物排放进行总量控制，与产业发展需求形成矛盾；污染物排放标准不断提升。随着化纤产业链向上游石化加速整合的过程中，项目实施还面临公众出于环境保护、健康生活意识而产生的质疑与误解，从而形成社会舆论压力。此外我国化纤工业集中在东部地区，产业进一步发展受到土地、生态环境的制约加剧，化纤行业节能减排形势愈发严峻。

（四）行业发展面临结构性矛盾和问题

1. 市场规范与自律问题任重道远

市场问题始终是化纤行业运行与发展的重点问题，规范有序的市场是行业发展的前提。从产业链看，上游原料生产商相对较少，仅300余家，化纤企业近千家，其中中小企业近600家，下游用户企业上万家，加上几千家贸易商，市场状况十分复杂；特别是处于经历行情低迷时期，市场竞争就异常激烈，无序竞争、低价竞销、恐慌性抛售甚至价格大战等恶性竞争行为会时有发生。因此，推进市场规范和行业自律成为行业应对需求不足、稳定市场运行的最主要手段。

2. 行业的结构性问题依旧存在

一是发展模式单一，常规产品的同质性发展趋势突出，加剧了产品市场竞争的激烈程度，高新技术纤维开发与产业化发展不足；二是研发投入仍需提高，据统计，2012年中国化纤行业研发投入占销售收入比例已提高到1~1.5%左右，但仍低于韩国的5%~8%，更大大低于美国的8%~10%和日本的10%~12%的水平。三是从企业软实力来看，大多数化纤企业还是以生产型为主，品牌意识不强，对终端消费引导和服务能力较弱，市场营销手段相对单一，尚未建立起国际化、现代化营销体系。四是从区域结构上，当前东部化纤产能已占90%以上，仅江浙就占70%左右，中西部发展明显落后。产能过度集中带来了诸如煤、电、油、运等资源约束加剧，劳动用工紧张，阶段性开工不足，东部大部分产业集群地的环境承载能力已近极限等问题。这些都严重影响产业可持续发展。

五、确保《规划》完成的任务重点和措施建议

为确保化纤工业完满完成规划既定目标，必须科学判断和准确把握国内外的发展趋势，充分利用各种有利条件，抓住机遇加快转变增长方式，促进转型升级，实现速度、结构、质量和效益的有机统一，协调和谐发展。

（一）加快投资体制改革，向民间资本开放上游石化领域

加快投资体制改革，行业准入领域真正实行非禁即入，创造多种所有制公平竞争环境，鼓励引导民营资本进入化纤上游石化领域。

加大对走出去行业的支持力度，鼓励具备条件的企业走出国门收购或参股石油炼化行业，配套自身及行业化纤原料的发展，针对某些行业特别是资源性行业国外政府对国企设置的审批门槛和难度，可重点鼓励有资质的大型民营企业进入。

建议全面取消化纤领域的行政审批例如聚酯项目的核准制，更多地采取行业市场准入、环评等市场化手段优化资源配置，引导资源向优势行业、优势企业集中倾斜，充分发挥市场优化配置功能。

（二）加强化纤原料供给保障

支持发展对二甲苯（PX）大型建设项目，关注PX引起的环保与社会问题，加强舆论引导，及时研究对策化解相关矛盾，避免形成原料瓶颈。支持非石油路线的乙二醇项目建设。鼓励海外投资原料项目，支持有条件的企业到海外投资乙二醇、人造纤维木浆等项目，尽快缓解国内重点原料短缺的矛盾。

适当降低己内酰胺、丙烯腈等化纤原料进口关税，解决化纤原料进口关税倒挂问题，促进相关产业链健康发展。

（三）逐步建立高性能纤维材料国家采购管理制度

目前，国内高性能纤维及其复合材料行业处于发展初期，为支持行业可持续发展，亟须建立通过内需来扩大生产，进而提高产品质量，拓展下游应用开发的良性循环，特别要发挥高性能纤维材料在军事国防、航空航天、环境保护和安全防护等领域的优势，尽快建立关键材料的国家采购管理制度，强制使用高性能纤维材料是快速、有效提升国内高性能纤维材料行业发展环境，保障行业初期稳定发展的必要途径。

（四）积极推进生物基化学纤维及原料重大工程专项的组织实施

生物基材料是石油替代战略的重要突破口，是国经济发展中的迫切需求，生物基化学纤维和生化原料是国家七大战略性新兴产业的重要组成部分，被列为二十个重点实施专项之一，关系到未来纺织化纤原料绿色可持续发展的方向。

行业要充分结合《生物基材料重大工程实施方案》的发布及项目组织实施工作，在产业创新能力建设、应用示范项目及创新发展平台建设等专项实施中抓住有利时机，提升产业发展水平，协会要在专项组织实施中发挥重要作用。

（五）加快推动成立全国化学纤维标准化技术委员会

按照系统管理、重点突破、整体提升的整体要求，国家标准委在联合发改委、工信部、行业协会实地调研的基础上，经过反复研讨，形成了化学纤维综合标准化工作方案讨论稿。

按照方案总体部署，下一步要统筹协调监管部门、行业协会、检测机构、产业企业和消费者等相关方的关系；建立全国化学纤维标准化技术委员会，为化纤标准化工作提供组织保障；进一步完善化学纤维标准体系，围绕产业发展新需求，提出以国家标准、行业标准为主体的化学纤维标准综合体；主导提出和制定具有自主知识产权的国际标准，提升实质性参与国际标准化活动的能力，增强我国在国际化学纤维领域的话语权；培养一支专业素质好、业务能力强，熟悉国际标准化的标准化队伍。形成技术组织有效运行、标准制定渠道畅、国际标准化工作不断推进和人才队伍不断壮大的成套解决方案，系统全面地支撑和推进化纤产业发展。

（六）充分发挥行业协会作用

继续执行“十二五”规划中对行业协会的角色与作用的定位，及时跟踪行业运行情况，及时反映企业诉求；加强行业自律，规范加工贸易等，维护市场秩序；强化化纤行业投资预警系统的正面引导作用，避免无序扩张及恶性竞争；不断完善产业安全预警体系，积极应对国际贸易摩擦，切实维护行业利益；加强化纤行业信用体系建设；引导和支持化纤及其相关产业集约式、集群化发展；加强国际交流与合作，促进化纤行业健康可持续发展。

今后一段时期协会要结合本行业的实际，重点推进四项工作，一是抓政策，要密切跟踪国家产业政策动向，引导企业用足用好政策；二是抓纤维流行趋势的发布，集中重点推进纤维推广应用，而不仅仅局限于技术领域，打响 MADE IN CHINA 品牌；三是抓标准化工作，加快化纤标准制修订，填补行业需求缺口；四是抓平台建设，重点做好化纤相关产业创新联盟工作，推动国际合作，做好产业园区平台、信息平台等服务，进一步提升行业软实力。

企业主导型旧衣回收模式及其推广建议

北京服装学院商学院　郭 燕

一、概述

企业主导型旧衣回收模式，是指从企业层面，纺织服装企业利用自营销售渠道，设置旧衣回收箱，主动开展旧衣回收活动，回收对象包括顾客不再穿着的自己品牌服装或所有品牌服装。

基于企业社会责任，近年来，越来越多的国际知名服装品牌企业，在全球范围内，积极开展企业主导型旧衣回收活动，包括优衣库、H&M、C&A、ZARA、耐克、PUMA等。本文以优衣库和H&M为例，根据其发布的企业社会责任年报数据，分析旧衣回收模式的特征及实施效果，由此提出我国开展企业主导型旧衣回收模式的建议：应以龙头服装企业为先导，利用龙头企业的知名度、社会影响力、现有的销售渠道，积极推进企业主导型旧衣回收活动在我国的开展，并将旧衣回收作为企业环境责任，纳入企业社会责任的信息披露中，以提高企业、消费者对旧衣再利用的意识。

二、企业主导型旧衣回收模式

（一）优衣库无偿回收模式

日本大型服装生产零售企业优衣库，自2001年9月，率先开展摇粒绒循环再利用活动（UNIDRO's Fleece Recycling Program）。之后，2006年9月启动全商品回收再利用活动（All-Product Recycling Initiative），回收顾客不再穿的优衣库服装，回收对象从摇粒绒服装扩大到所有服装（见图1）。2011年，优衣库将全商品回收再利用覆盖其海外所有店铺，并在海外市场与当地国际组织携手，向发展中国家捐赠旧衣服。

优衣库的旧衣物回收模式属于企业主导型，采取的是向消费者无偿回收，回收对象是优衣库自己品牌的服装。回收后，以服装二次穿着为主，即将从顾客手上募集到的衣服循环再利用。全商品回收再利用活动的目的在于彻底地充分利用衣服、消除浪费，将服装的价值毫无浪费地运用到最后。

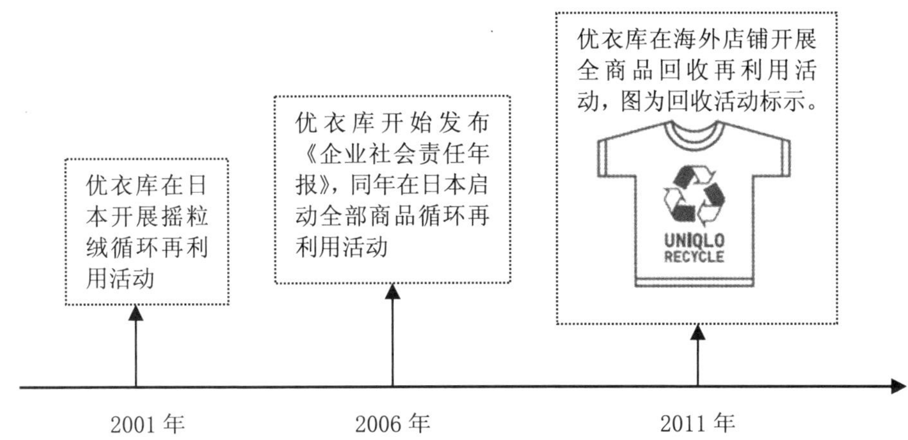

图1　优衣库全商品回收再利用活动历程

（二）H&M优惠券方式回收模式

图2显示，2010年H&M提出环保自觉行动（H&M Conscious Actions），并将企业自2002年开始发布的《企业社会责任年报》，改为《H&M环保自觉行动可持续发展年报》（H&M Conscious Actions Sustainability Report）。2012年H&M提出不要让时尚被白白浪费的主张（don't let fashion go to waste），在旧衣回收箱上打出经久不衰的时尚（long live fashion!）字样。

2011年，H&M率先在瑞典总部17家门店实施旧衣回收活动（Clothing Collecting Initiative）。2013年2月开始，H&M在全球35个地区的门店开始全球旧衣回收活动，旨在宣传低碳理念，唤起公众增加环保意识，减少纺织品浪费，增加纺织品的再生和利用，方便顾客能捐出多余的、破旧的衣物。

H&M服装回收模式属于企业主导型，采取的是优惠券方式回收。回收对象不仅是H&M品牌服装，还包括所有品牌的服装。顾客可以将不再喜欢的、或是破旧的衣服送到H&M的店里，换取一张打折卡，凭借此卡在H&M购买新衣服时，可以获得15%的优惠。

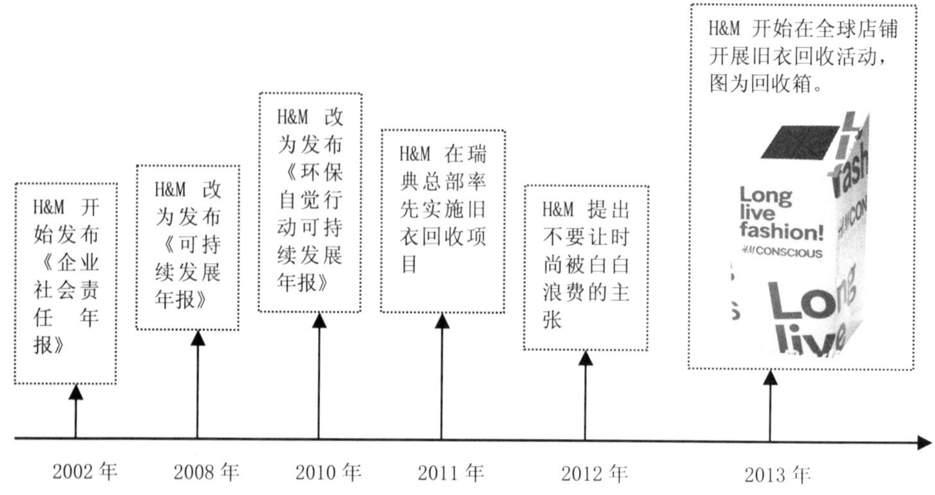

图2　H&M旧衣回收活动历程

三、企业主导型的旧衣回收模式特征及效果分析

（一）消费者积极性高，回收的服装数量庞大

图3显示，2002年至2006年8月期间，优衣库开展摇粒绒循环再利用活动，共回收了35万件（为349810件）优衣库所销售的、消费者不再使用的废弃的摇粒绒服装。

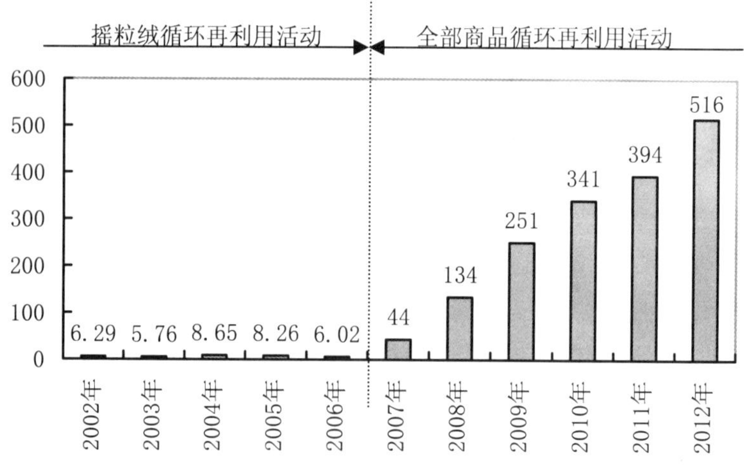

图3　优衣库回收服装数量（万件）

2006 年 9 月优衣库启动全商品回收再利用活动后，服装回收数量迅速增长，到 2009 年 3 月全商品回收再利用活动的回收件数首次超过 100 万件。2012 年财年，优衣库在全球回收服装数量已超过 500 万件，达 516 万件。截止至 2013 年 2 月底，优衣库全商品回收再利用活动累计回收服装达 2106.3 万件，已向 30 个国家和地区捐赠 692 万件旧衣服。

自 2013 年 2 月 28 日 H&M 开展全球旧衣回收活动启动以来，率先在全球 35 个国家和地区进行旧衣回收活动，后来增加到 38 个国家和地区。截止至 2014 年 1 月 23 日数据显示，H&M 在全球 38 个国家和地区累计回收旧衣达 3755723 公斤，其中，回收量最大的是德国，累计回收旧衣达 637600 公斤，占 H&M 的全球旧衣回收总量的 17%。

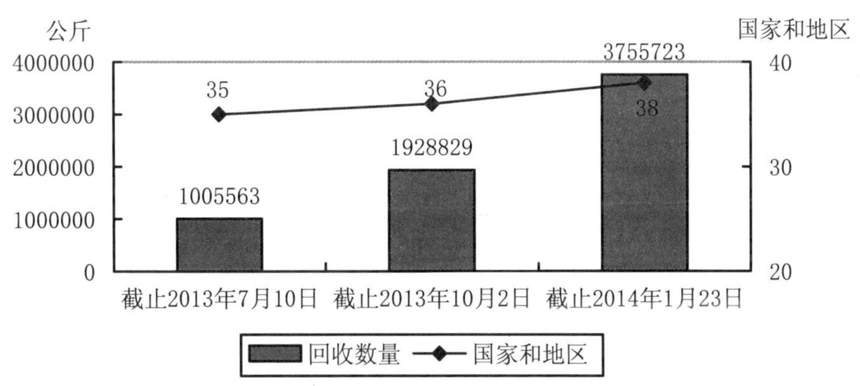

图 4　H&M 开展全球旧衣回收活动的国家及累计回收数量（公斤）

因此，从优衣库全商品回收再利用活动和 H&M 的全球旧衣回收活动的实施效果看，消费者参与旧衣回收活动的积极性高，回收的旧衣服的数量庞大，社会关注度高，在消费者中产生积极的影响，旧衣回收效果显著。

（二）利用已有的销售渠道，开展旧衣回收活动

作为全球快时尚品牌，H&M 和优衣库销售店铺覆盖亚洲、欧洲、美洲等国家和地区（见表 1）。截止至 2013 年 12 月 31 日，优衣库包括日本在内的 14 个国家和地区，共设有 1390 家店铺，其中，日本本土拥有 858 家店铺，中国拥有 259 家店铺，上海有 46 家。

截止至 2013 年 12 月 31 日，H&M 在全球亚洲、中东和北非地区、北美和

南美地区和欧洲等 53 个国家和地区，共设有 3132 个店铺，其中，瑞典设有 144 家店铺，中国有 182 家店铺，上海有 19 家店铺。

优衣库和 H&M 两家企业，通过已有店铺，开展旧衣回收活动，消费者可以在店铺营业时间内，将旧衣服投放在店内设置的回收箱中，方便消费者在购物的同时，将家中不再穿着的旧衣带到店里捐赠，回收活动不仅提升了企业社会形象，还带动了品牌服装的销售。

表 1　H&M 和优衣库销售渠道（截止至 2013 年 12 月 31 日）

	全球店铺数量	本土店铺数量	中国店铺数量	上海店铺数量
优衣库	1390（家）	858（家）	259（家）	46（家）
H&M	3132（家）	144（家）	182（家）	19（家）

（三）与慈善机构合作，进行旧衣捐赠

图 5 显示，优衣库全商品回收再利用活动是将消费者捐赠的服装，送到真正急需的人们手中，帮助贫困地区和灾区的人民。优衣库全商品回收再利用活动的目标是 5 年募集 3000 万件，为全球难民（4250 万人）每人送去一件衣服。

图 5　优衣库“全商品回收再利用活动”捐赠流程

图 6 显示，优衣库将顾客手上不再需要的服装回收后，捐赠给世界各地的难民营的情况。优衣库旧衣服捐赠合作伙伴是 UNHCR（联合国难民事务高级专员公署）及国际 NGO 组织。截至 2012 年 8 月底，优衣库通过 UNHCR 及国际 NGO 捐赠给了尼泊尔、赞比亚、博茨瓦纳等 24 个国家的难民营 628.8 万件服装。

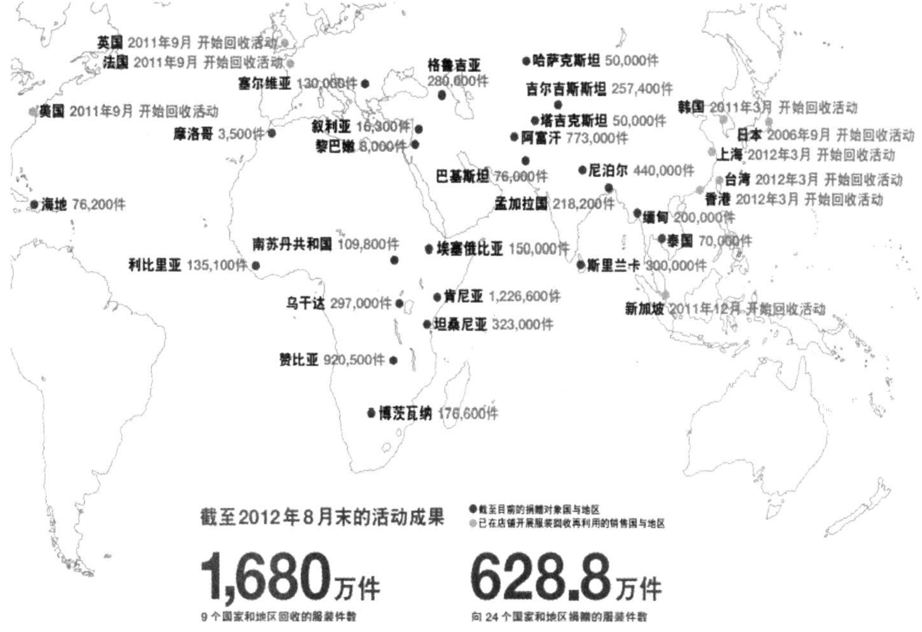

图 6　优衣库在全球捐赠服装的数量（截至 2012 年 8 月底）

H&M 自 2004 年开始参与服装慈善捐赠活动。从 2010 年 H&M 采取新的捐赠措施，将所有没被销售的库存服装，捐赠给慈善机构。2011 年 H&M 服装慈善捐赠包括店铺回收的旧服装，在 2011 年 H&M 捐赠的 250.9 万件服装中，有 233.3 万件是库存服装，有 17.6 万件是回收的旧服装。H&M 服装捐赠合作机构是瑞典 Helping Hands，为独立的第三方志愿援助团体。

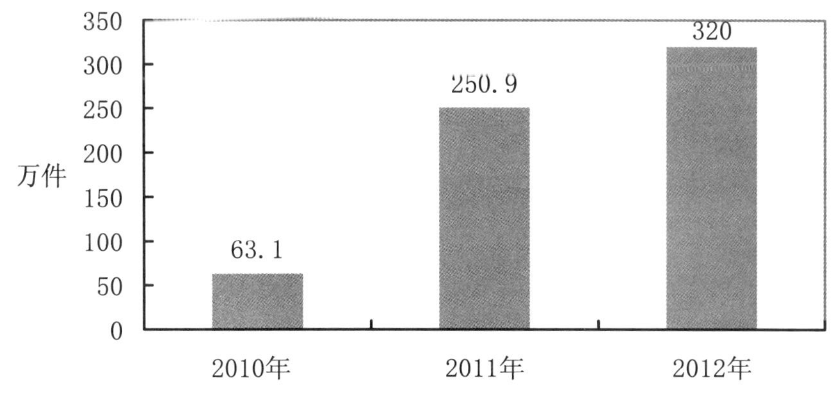

图 7　2010-2012 年 H&M 服装慈善捐赠数量

H&M 旧衣服回收合作伙伴是一家瑞典科技公司 I:CO。I:CO 的母公司SOEX是世界上规模最大的、专门从事纺织品和鞋类回收及再利用的瑞士集团。I:CO公司负责将数百吨的旧衣物的分拣、消毒、再利用。I：CO公司拥有目前世界上最先进的纺织品循环处理工厂和示范性的工艺控制体系，这个体系每天可处理400吨经过分类的弃置纺织品。因此，即便是H&M中国门店回收的旧衣服也将运回瑞典，交给I:CO公司做后期的循环利用。

H&M 和优衣库两家企业，将企业每年的慈善捐赠工作与旧衣回收活动相结合，将不要的，可以再次穿着的旧衣服捐赠给需要帮助的人。

（四）旧衣服回收后以二次使用为主

优衣库所有回收的服装中，对于可以再次使用的捐赠给发展中国家，不能再穿着的服装，进行纤维材料再利用，或能源化（化学）利用，以减少对环境的影响（见图 8）。通过再次使用、循环利用旧衣服的做法，将服装的价值毫无浪费地运用到最后。

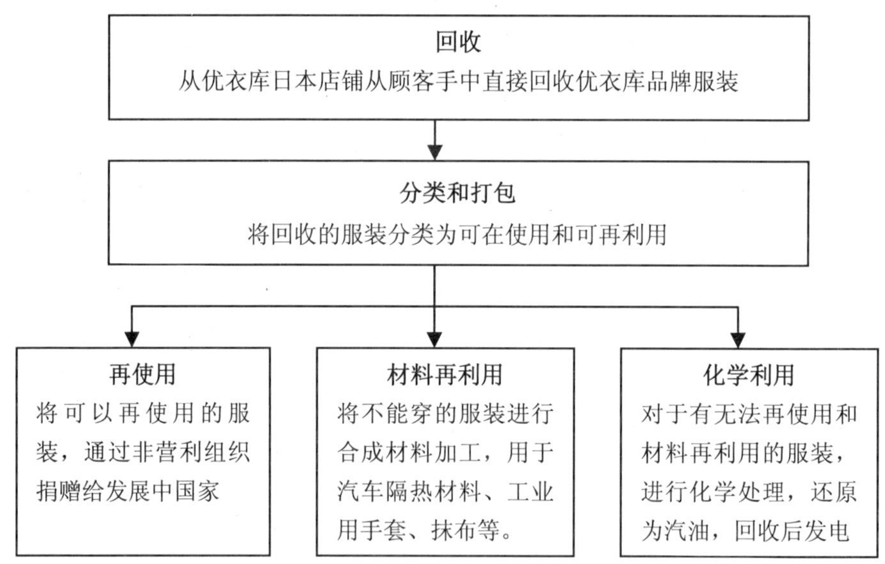

图 8　优衣库回收及再利用方式

表2显示，优衣库回收后的服装，有80～90%将经过分拣、消毒处理后，通过联合国难民署和非营利组织日本救援服装中心捐赠给难民，因此，旧衣服

以二次循环使用为主。有2%～6%将加工成绝热材料等，还有10%～20%的旧服装将用于发电。

表2　优衣库“全商品回收再利用活动”实施情况

再利用方式（用途）	2007年3月	2007年9月	2008年3月	2009年3月
再使用（捐赠给发展中国家）	79%	90%	92%	84%
能源化利用（发电）	20%	9%	6%	10%
纤维材料再利用（工业用棉、隔热材料）	1%	1%	2%	6%
回收数量	30万件	43万件	91万件	103.816万件

H&M认为全球95%的旧衣都可以循环利用。H&M回收任何衣服，不论是何品牌服装、不论新旧好坏。H&M旧衣服被回收后，根据纺织品品质，将回收衣物分为：重新穿着、重新利用、循环使用及生产能源等类型。并将大部分可以再次穿着的服装捐赠给慈善机构救济贫困地区；有10%可以使用的，经过处理后进入二手市场；有40%经过处理成了新材料使用，如作为汽车及建筑内装材料、地毯衬垫材料、毛绒玩具的填充物等。

因此，H&M和优衣库两家企业，将回收的旧衣服，通过合作伙伴，进行分拣，打包、运输，将可以继续使用的服装捐赠给慈善机构，将不能二次使用的服装进行再生纤维生产，从而达到垃圾减量和资源化利用的目的。

四、企业主导型旧衣回收模式在我国推广建议

目前，优衣库和H&M纷纷在华开展旧衣服回收活动，并均首选上海启动旧衣回收活动。优衣库自2012年3月在上海所有店铺开展全商品回收再利用活动，已举办五次旧衣服回收月（分别为2012年3月、6月、9月和2013年3月、6月），累计回收旧衣服数量达1.5万件。

2013年2月H&M在上海淮海路和正大广场两家店铺设立旧衣服回收箱，到2013年4月10日两家店铺累计回收了1050公斤旧衣服。自2013年8月8日，H&M将旧衣回收活动扩大到中国所有门店，覆盖全国45个城市，259家门店。截止至2014年1月23日（见图9），H&M在华累计回收旧衣数量达133587

公斤，占其同期全球旧衣回收总量的 3.6%。

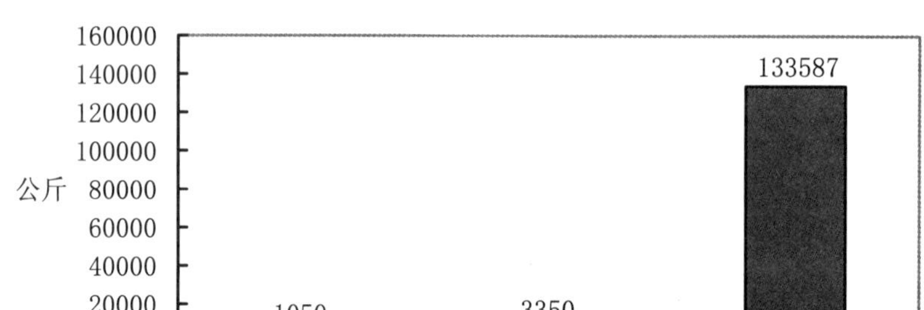

图 9　H&M 在华开展“旧衣回收”活动累计回收量（公斤）

优衣库和 H&M 在华开展企业主导型旧衣回收活动，利用其遍布在各地的零售渠道，进行旧衣回收，值得国内服装企业的高度关注和借鉴。

“十二五”时期，从国家层面、行业层面都将旧衣回收体系建设提到议事日程，由于国内旧衣回收渠道尚未形成，百姓往往把旧衣堆放在家中，在无处回收或捐赠的情况下，又不愿作为垃圾丢弃。“十二五”时期，以企业主导型旧衣回收模式为切入点，构建我国废旧纺织品回收体系，回收渠道广，覆盖面大，便于推广和实施。

（一）企业主导型旧衣回收模式可操作性强

“十二五”时期，构建我国废旧纺织品回收体系，以企业主导型旧衣回收模式为切入点，具有一定的可操作性。可操作性表现为：弥补社区旧衣回收箱的空白；不需要相关部门的层层审批程序；利用现有销售店铺开展回收活动；回收的旧衣类别和纤维成分相似，易于回收后的分拣和再利用；短期内能够在我国开展和推广回收活动等。

（二）以国内纺织服装龙头企业为先导，进行旧衣回收活动试点工作

我国纺织服装行业门类齐全，包括纺织、服装、家纺、针织等多个子行业，其中，境内 A 股上市公司为 108 百家。以国内纺织服装龙头企业为先导，开展旧衣回收活动，主要指上市公司，包括：服装龙头企业雅戈尔、红豆；羽绒服龙头企业波司登；毛衫龙头企业鄂尔多斯；家纺龙头企业罗莱、梦洁；运动服装龙头企业李宁、361°等等。国内纺织服装龙头企业开展旧衣回收活动具有以下实力。

1．龙头企业知名度高，社会影响力大

随着国内纺织服装龙头企业的发展壮大，品牌知名度越来越高，企业的社会影响力越来越大，早已成为国内家喻户晓的知名企业，如果开展旧衣回收活动，具有一定的号召力。

2．龙头企业销售规模大，店铺多，品类相似便于回收后的再利用

根据 2011~2012 年度中国纺织服装毛纺、毛针织行业、家用纺织品行业、服装行业竞争力 10（20）强企业，及运动服装企业的 2012 年度上市公司年报，表 3 显示上述企业店铺数量、服装、毛衫、家纺主要业务收入、国内市场占有率和销售量等基本情况。

上述龙头企业纺织品服装不仅财力强，而且销售规模大，店铺数量多，区域渠道完善，产品线长，品类集中度高，这些都有助于企业开展旧衣自主回收活动，且回收数量易达到一定的规模，品类相似便于回收后分拣、运输、再利用等工作的开展。特别是上述企业每年都要参与慈善捐赠、扶贫帮困等公益性活动，为旧衣二次利用提供了途径。

表 3　2012 年度龙头纺织服装企业基本情况

（截止 2012 年底）

	龙头企业	店铺数量	主营收入	国内市场占有率	服装销售量
服装行业前三位	雅戈尔	零售网点 2719 个	40.83 亿元	衬衫、西服市场占有率第一	2033.08 万件
	波司登（截至 2013 年 3 月底）	销售网点 13009 个	70.9 亿元	旗下 4 个品牌羽绒服占国内市场 40%	
	红豆	-	9.34 亿元		
毛针织业	鄂尔多斯	-	26.29 亿元		年产销各类服装 400 万件
家纺行业	罗莱	品牌门店 2737 个	27.25 亿元		
	梦洁	销售终端 2600 个	12.00 亿元		
运动服装	李宁	销售终端 6434 个	69.26 亿元		
	361°	销售终端 8082 个	49.51 亿元		

（三）将旧衣回收作为企业环境责任，纳入企业社会责任的信息披露

自 2005 年，中国纺织工业协会推出了中国第一个社会责任管理体系 CSC9000T，中国的企业社会责任建设自此进入了自主、自律和自愿的新阶段。2006 年《中国纺织服装行业企业企业责任年报》发布。2009 年，中国纺织服装行业的十家企业首次集体发布全部经过独立验证的第一份社会责任报告。目前，中国纺织工业联合会每年发布《中国纺织服装行业社会责任年度报告》，其中，包括了推进绿色供应链的构建与节能减排的环境责任内容。

从服装上市公司看，表 4 显示，部分服装企业发布的企业社会责任年报中，公布了与环境责任相关的绿色清洁生产、环境治理、节能减排等内容。

因此，企业主导型旧衣回收模式在我国龙头服装企业中的推广，不仅是企业承担环境责任的具体行动，也是企业社会责任信息披露的重要内容。

表 4　部分服装上市公司企业社会责任年报及环境责任内容

龙头企业	企业社会责任年报发布时间	与环境责任相关内容
波司登	2011 年度、2012 年度	绿色运营（包括环境保护、节能减排、安全生产）
红豆	2008 年度、2011 年度	保护环境（环境管理、节能减排）
七匹狼	2010 年度、2011 年度、2012 年度	环境保护与可持续发展
李宁	2006 年度、2007 年度、2008 年度、2009 年度、2010 年度、2011 年度、2012 年度	企业可持续发展管理
报喜鸟	2008 年度	环保节能
铜牛	2008 年度	清洁生产（包括固废处理）
乔顿	2008 年度、2010 年度	环境治理、节能减排
好麦尔	2010 年度	环境治理（包括废物的回收利用）

五、结论

旧衣服作为废旧纺织品的重要组成部分，主要以消费者废弃的服装、旧校服、旧职业装、旧军装等成衣组成。由于大多数旧衣服可以被二次穿着，因此，具有再使用（reused）的经济和社会价值。旧衣服的再次使用延长了服装的穿

着时间，避免其成为垃圾给环境造成的压力。

“十二五”时期，从国家层面和行业层面，废旧纺织品回收体系建设已提到议事日程。但回收体系建设需要政府、企业、公益组织、消费者四个层面的共同参与。由于国内旧衣回收渠道尚未形成，短期内，社区废旧衣物回收箱设立审批程序复杂，难以投放；旧衣物捐赠网点少且分散，大众难以及时获得公益组织捐赠信息；而个人旧衣物交换品种和数量有限；因此，企业主导型旧衣回收模式具有明显的可操作性。

企业主导型旧衣回收弥补社区旧衣回收箱的空白，也不需要相关部门的层层审批程序，可以利用现有销售店铺开展回收活动，回收的旧衣类别和纤维成分相似，易于回收后的分拣和再利用，并将回收活动与企业慈善捐赠相结合。

企业主导型的旧衣回收模式在我国的推广，应以龙头服装企业为先导，利用龙头企业的知名度、社会影响力、现有的销售渠道，积极推进企业主导型旧衣回收活动在我国的开展，并将旧衣回收作为企业环境责任，纳入企业社会责任的信息披露中，以提高企业、消费者对旧衣再利用的意识。

聚酯废水中有机物回收利用技术

李伯鸣　甘胜华　刘　青

聚酯废水中回收有机物（乙醛和乙二醇）技术，作为一种全新的节能减排技术，为聚酯企业提供了一种将废水中的乙醛和乙二醇经过特定装置回收的整套技术方案，真正实现了变废为宝、清洁生产、循环经济的目的，不仅为企业创造了巨大的利润，也收到了良好的社会效益。

一、技术产生背景

聚酯是纺织工业、工程塑料工业最主要的原料，也是轻工、家电、汽车、土工建筑的重要材料之一。截止到2012年，我国聚酯产能近4000万吨，占世界聚酯总产能的57.6%，其中纤维级聚酯产能3308万吨，相比2005年平均每年增长10.4%；瓶用聚酯产能达到554.5万吨，年均增长10.8%；膜级聚酯产能达到137万吨，年均增长14.3%。我国已经成为全球聚酯产量最大、最有影响力的聚酯生产大国。但是，在享受产业扩张带来的成果效益的同时，聚酯行业的污染排放问题，也日益受到社会的广泛关注和重视。

以我国近4000万吨聚酯产能计算，每年排放的酯化废水就达800多万吨。酯化废水成分复杂，主要为乙醛、乙二醇等有机物，导致废水COD高达30000mg/L。这些有机物进入水体或空气，对环境造成极大的污染。

聚酯聚合反应方程式：

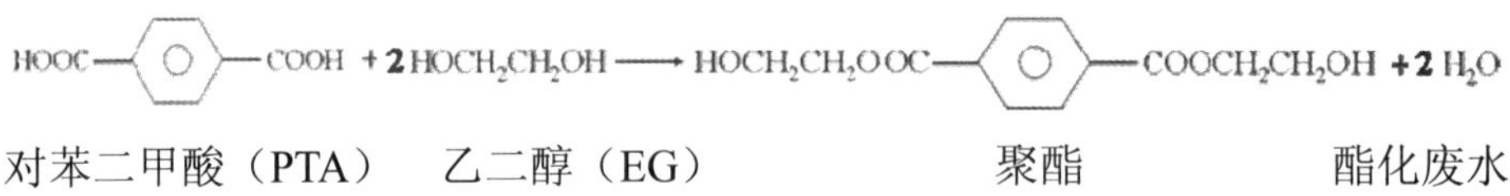

对苯二甲酸（PTA）　乙二醇（EG）　聚酯　酯化废水

表1　酯化废水中有机物

名称	乙醛	乙二醇	2-MD	二氧六环	COD值
含量	1.0%-2.0%				20000~30000mg/L

酯化废水中的有机物具有很高的工业价值，直接排放不仅对环境造成污染，也将丧失其工业价值，既不环保也不经济。

聚酯生产企业对于酯化废水的处理，大致分为 3 种方式：

第一，酯化废水直排。

这已经是极少数企业。由于这部分企业的环保意识薄弱，没有实现对酯化废水的有效处理，仅仅是通过与其他废水的掺合或空气汽提后就直接排放。

第二，酯化废水汽提＋有机物焚烧＋生化处理。

这是国内外企业普遍采用的方法。先用汽提方法处理酯化废水，然后把含有有机物的尾气作为燃料送到热媒炉焚烧。汽提后的废水，送往污水处理站，经生化处理后排放。这种处理方法，尽管部分有机物成为了燃料被利用，但这些有机物，都是高附加值资源，当做燃料被白白烧掉，十分可惜（见表 2 数据分析），并且，其在燃烧中，会生成二氧化碳。如果燃烧不充分，还会造成二次污染。

第三，聚酯废水中有机物回收技术。

这项回收技术顺应时代要求应运而生。有机物回收技术，就是在生产流程中，对废水进行连续化处理，并回收其中的有机物再循环利用，从而实现变废为宝、达到清洁生产的目的。

二、技术简介

聚酯酯化废水中有机物回收技术 由上海聚友化工有限公司自主创新研发。该技术是通过对不同聚酯工艺流程及不同规模装置产生的酯化废水进行分析和研究，巧妙地应用有机物相互关联的特性，结合反应精馏技术应用于聚酯废水中有机物的回收，创造性地突破了汽提后废水中乙二醇含量高且难以回收的技术瓶颈，回收了乙醛和乙二醇，解决了废水中乙醛和乙二醇回收率低的难题，同时也极大地降低了回收有机物所需要的能量，解决了回收乙二醇能耗高的难题。通过对影响乙醛品质的多种因素的长期研究，开发出一整套保证乙醛产品高纯度和稳定性的工艺技术，攻克了乙醛品质不稳定的难题。

技术特点如下：

（1）根据不同工艺流程的聚酯酯化工艺及不同规模装置产生的酯化废水进行分析和研究，开发出适合回收乙醛和乙二醇的一塔、两塔、三塔及四塔等多种工艺流程技术，形成了与聚酯装置能够融合（在线）与独立（离线）的工艺流程技术。

（2）为降低汽提后的废水COD，该项目开发了乙醛、乙二醇向2-MD生成的工艺技术，极大地降低了汽提后废水中乙二醇的含量，大大降低了废水排放的COD值。为在后续工序中充分回收乙醛、乙二醇，该项目开发了2-MD向乙醛和乙二醇分解的工艺技术，使得大量的2-MD充分分解，增加了乙醛、乙二醇的回收量。

（3）在充分研究浓度极低的乙醛和乙二醇转化和分解反应的基础上，通过对多元共沸物体系的分离、精馏等工艺参数的研究，该项目采用反应精馏、高回流比的精馏塔设计，将多效精馏技术应用于低浓度乙二醇水溶液的浓缩和回收，最终形成了高回收率的工艺技术，实现了能量的梯级利用，得到纯度99%以上的乙醛和较高浓度的乙二醇溶液，有机物回收率达到90%以上。

（4）高纯度的乙醛回收技术和产品质量控制技术。酯化废水中存在的各种有机物成分，以及工艺过程中温度、压力、PH值等原因，会对乙醛品质产生影响，都可能会导致纯度降低，该项目开发出一套保证乙醛产品纯度、安全和稳定的工艺技术，保证了装置的运行稳定和产品质量。

三、技术优越性

从酯化废水中回收有机物技术是一项绿色、环保，节能、减排、降耗的先进技术，主要表现在：

（一）从环保角度分析

以目前聚酯装置大多采用的方式：聚酯酯化废水经过汽提后的废水可以达标排到污水处理站，但是废气送往热煤炉焚烧后还会增加废气CO_2排放量，且排放的废气中增加了有害气体，对大气有污染，处理不当对炉体还会有损伤。

采用该技术对现有聚酯酯化废水预处理系统进行技术改造，一方面可以保证从酯化废水中提取工业乙醛、乙二醇等有机物，为企业创造良好的经济效益；另一方面可以将排出的废水COD降低至3000mg/L以下，降低污水处理的压力，实现清洁生产。

（二）从经济角度分析

酯化废水（尾汽）中提取的是制造醋酸、醋酐、季戊四醇、1，3丁二醇、肉桂醛、四聚乙醛等的原料。目前都采取燃烧的办法对其进行处理： 燃烧1公斤工业乙醛产生的热量相当于燃烧1.16公斤煤（乙醛燃烧值58066kcal/kg

煤燃烧值 5000kcal/kg)，乙醛价格是煤价格的 7 倍以上（乙醛市场价 7000 元/吨左右，煤市场价 900 元/吨左右），酯化废水（尾汽）中含有一定量的聚酯生产所需的乙二醇也伴随工业乙醛一起烧掉了，所以汽提后的废气作为燃料送到热媒炉烧掉不是一种经济的方法。将有机物回收再利用不但可以创造经济效益，也能有效的推动循环经济的发展。

表 2　乙醛和燃煤的燃烧值及价格比较

物质种类	燃烧值（大卡/Kg）	折合标煤（kg/kg）	价格（元/吨）
燃烧用煤	5000	0.7143	900
乙醛	5806	0.83	7000

注：1Kg 标煤热值为 7000 大卡，燃烧用煤热值按 5000 大卡计算。

四、技术经济效益评估

聚酯酯化反应过程中会产生一定量含有有机物的酯化废水，通常情况下，每吨聚酯产能可产生酯化废水 0.187 吨，酯化废水中的污染物含量较高，成分较复杂，导致其 COD 值高达 20000~30000 mg / L。经分析，酯化废水中通常含有乙二醇（EG）、工业乙醛、2-甲基-1，3-二氧环戊烷（2-MD）、二氧六环等有机物，四种有机物在废水中的含量占 1.0%~2.0%，具体含量见表 3。

表 3　酯化废水中有机物的含量

名称	乙醛	2-MD	二氧六环	乙二醇
含量（%）	0.6~1.0	0.6~1.2	0.02~0.06	0.01~0.05

有机物中 2-MD 在一定条件下会完全分解成工业乙醛、乙二醇，所以应用该技术提取的工业乙醛、乙二醇要高于废水中取样分析值，一般计算提取量按照聚酯每吨产能：工业乙醛在 1.5 公斤/吨左右，乙二醇在 1 公斤/吨左右，目前提取的工业乙醛销价在 6300-7000 元/吨左右，新鲜乙二醇的销价在 8000 元/吨。

以年产 40 万吨聚酯装置为例，经计算得知：可产生酯化废水 7.48 万吨/年，可提取回收 95%以上纯度的工业乙醛 746 吨/年，可提取回收 85%以上纯度的乙二醇水溶液 373 吨/年。乙醛售价按年均 6300 元/吨计算，提取的乙醛销售产生的收益为 746×0.63＝469.98 万元/年；乙二醇水溶液按年均 6800 元（新鲜乙二醇价格×85%）计算，提取的乙二醇回用后降低生产成本为 373×0.68＝253.64 万元/年；合计：469.98+253.64=723.62 万元/年。（具体见表 4、表 5）

表 4　提取工业乙醛、乙二醇运行成本测算

序号	名称	单位	单耗	单价（元）	合计（元）	备注
1	蒸汽	吨	4.8	160	768	提乙醛耗用
2	电	度	50	1.0	50	
3	冷却循环水	吨	55	0.5	27.5	循环量
4	氮气	标立方米	6	1.0	6	
5	仪表用气	标立方米	5	1.0	5	
6	冷冻水	吨	95	1.0	95	循环量
7	人工	人	2	100	200	
8	小计				1151	提取乙醛成本
9	蒸汽	吨	14.3	160	2288	提取乙二醇成本

注：提取乙二醇的其他运行费用都已经计算在提乙醛运行成本中了。

表 5　提取工业乙醛、乙二醇所产生的综合收益

序号	内容	数量、金额
1	工业乙醛年提取回收量（吨）	746
2	乙二醇年提取回收量（吨）	373
3	工业乙醛销售价（万元/吨）	0.63
4	乙二醇销售价（万元/吨）	0.68
5	提取工业乙醛年运行成本（万元）	87.97
6	提取乙二醇年运行成本（万元）	85.34
7	年销售收入（万元）	723.62
8	年运行成本（万元）	173.31
9	年利税（万元）	550.31
10	投资回收期（年）	1.45 年（投资估算 796 万元）

注：如果聚酯综合产能在 80 万吨以上，且能将酯化废水汇集到一起后提取工业乙醛、乙二醇，不到 1 年就能收回总投资。

五、技术应用安全措施

（1）通过该技术提取得到的工业乙醛按照国家对危险化学品的分类属于第三类易燃液体——低闪点液体，工业乙醛储存按照 GB50016-2006《建筑设计防火规范》甲类液体储存防火规定进行设置，采用该技术建设时应当经过安评、环评后申报危险化学品生产许可证和经营许可证。

（2）．该技术设计有机物提取设施为敞开式框架结构，在易发生火灾危险和有毒气体可能泄漏的设备附近设有可燃气体及有毒气体探测自动分析浓度超限报警装置，监视装置可燃气体及有毒气体浓度并将信号传到控制室和消防站以便采取应急措施。

（3）该技术设计有机物提取的控制系统采用 DCS 控制系统，在操作或运行不正常时，DCS 系统首先报警，当工艺参数极限值时实现安全停车。

（4）该技术对关键设备如精馏塔、工业乙醛储罐等进行优质设计，从工艺需要的角度及安全的要求，选用可靠的材料，做到设备本质安全。对无腐蚀或轻腐蚀的设备选用碳钢类材质或铸铁；对各种输送物料的设备、管道，如进料泵等设备和管道均选用不锈钢或者加防腐蚀衬里，防止和减少设备、管道腐蚀而引起物料泄漏。

（5）该技术对工艺设施内承重的钢框架、支架、裙座、钢管架以及建筑物的钢柱、钢梁等设计，按规范要求采取覆盖耐火层等耐火保护措施，使涂有耐火层的钢结构的耐火极限满足规范要求；对爆炸危险区域内可能受到火灾威胁的关键阀门、控制关键设备的仪表、电气电缆均采取有效的耐火保护措施。

（6）该技术认真贯彻安全第一、预防为主的方针，严格遵循国家和当地的有关劳动安全卫生的设计规范和规定，严格按照劳动安全卫生三同时的规定，搞好该技术的劳动安全卫生设计，防止和减少各类事故的发生，保障工厂安全运行。

六、工程的推广、实施与意义

聚酯酯化废水中有机物回收技术已通过专家技术鉴定，达到国际先进水平，填补了国内聚酯行业对酯化废水中有机物回收的技术空白，获得多项发明专利，并在世界领域处于领先地位。

该项技术在工信部《工业清洁生产推行“十二五”规划》工信部联规[2012]29 号文中，列入化纤行业化学需氧量削减技术发展的重点工程。

该项技术的实施，回收了废水中的乙醛和乙二醇，降低了废水 COD 的排放，使废水处理成本极大的降低。乙醛和乙二醇产品的销售收入，为企业获得了丰厚的利润，同时减少了废水排放对环境的污染和破坏，产生了巨大的社会效益，为节能减排及环境保护作出了重大贡献。

目前该技术已成功在上海石化、江苏三房巷集团、桐昆集团实现了工业化运行，并建成了 4 条具有规模效应的示范线，回收的产品乙醛和乙二醇供不应求，深受客户欢迎，每年创造收入超过 4500 万元，新增税收 2000 多万元。在项目实施企业示范效应辐射下，有效地促进了该项技术在全国范围内的大力推广。仅 2013 年，江浙地区利用该项技术的企业新增 5 家，聚酯年产能累计超过 1000 万吨。这些项目相继实施，为聚酯行业的可持续化绿色生产和循环经济作出了表率。

到 2015 年现有产能的 60%实施该项技术：预计可回收乙醛 45000 吨/年、乙二醇 22400 吨/年左右，年创收人 4.7 亿元以上。并极大地减轻聚酯行业的废水、废气治理难度、减少治理成本，减少废气排放。对聚酯行业节能减排具有重大的意义。

中国生物基化学纤维及生化原料产业现状与发展

中国化学纤维工业协会生物基化学纤维及原料专业委员会
李德利　李增俊

前　言

自中国化学纤维工业协会提出生物基化学纤维（Biopolymer Fiber）及生化原料概念，并发布相应发展规划以来，生物基化学纤维及生化原料产业范围逐渐明晰，产业化程度逐渐提高，产业化速度不断加快，目前已经实现了对石油基化学纤维的部分替代，并成功应用于纺织、医用材料、卫生防护、航天军工等领域。为推动中国生物基化学纤维及生化原料产业化的快速发展，尽快发挥其战略性新兴材料的示范带动作用，化纤协会配合发改委、工信部、科技部、中科院等国家部委制定了《生物基材料重大创新发展工程实施方案》。未来生物基化学纤维发展将以《方案》为指导，以重大工程专项为产业突破口，把 三个替代（原料替代、过程替代、产品替代）、三个结合（与生物化工产业相结合、与节能环保及废物利用相结合、与功能改进及推广应用相结合）和 三个重点（重点攻克生物多元醇生产及应用技术、重点攻克聚乳酸纤维原料制备及纤维应用技术、重点攻克海洋生物基纤维原料多元化及规模化生产技术）作为当前发展生物基化学纤维的重要任务，加快生物基化学纤维的开发应用，促进化纤工业产业结构升级、加快发展方式转变和经济社会可持续发展，以尽快实现我国由化纤大国向化纤强国的转变。

一、我国生物基化学纤维及生化原料产业现状

我国生物质资源储量丰富、生物基化学纤维产业发展迅速，“十一五”期间和“十二五”前半段，我国生物基化学纤维及生化原料领域取得了一定成绩。2012 年，国务院公布《“十二五”国家战略性新兴产业发展规划》把生

物产业作为七大战略性新兴产业之一，工信部发布的《化纤工业“十二五”发展规划》提出了大力推进生物基化学纤维及其原料的开发，目前我国生物基化学纤维各类主要品种取得不同阶段的新突破。

（一）生物基化学纤维产业发展情况

1. 拥有自主知识产权，具有国际水平，产品和市场成熟的品种

壳聚糖纤维、PDT纤维、竹浆纤维、麻浆纤维、蛋白纤维等拥有自主知识产权，具有国际水平，产品和市场成熟，需要解决产业化规模，进一步降低生产成本。

（1）壳聚糖纤维 取自蟹壳、虾壳，具有天然抗菌抑菌功能，主要生产单位自主集成、自主设计安装了适合工业化连续生产的全部设备，拥有完全自主知识产权，国内产能2200吨/年，已经在航天、军队、医疗、防护、服装等得到广泛应用，主要生产地为山东、天津等。

表1　国内壳聚糖纤维厂家

公司	产品	纺丝方法	产能（吨/年）
海斯摩尔生物科技股份有限公司	海斯摩尔纤维 （壳聚糖纤维）	湿法纺丝	2000
天津中盛生物工程有限公司	甲壳素纤维 海藻酸纤维	湿法纺丝	100
青岛即发集团股份有限公司	壳聚糖纤维 壳聚糖混纺纱	湿法纺丝 混纺	80
青岛海啸生物工程有限公司	壳聚糖纤维 壳聚糖非织造布	湿法纺丝	20
上海高纯生物材料有限公司	壳聚糖纤维	湿法纺丝	5

（2）PDT 纤维 以生物基混合二元醇为原料之一，与精对苯二甲酸聚合制得，属于自主创新品种，已突破产业化生产技术，具有优异的纺丝性能和染色性，在纺织服装、装饰材料、工业领域得到大量应用，主要生产企业为泉州海天材料科技股份有限公司。

表 2　国内 PDT 纤维厂家

厂家	产品	产能（吨/年）	产品特色
泉州海天材料科技股份有限公司	短纤维、长丝、纱线	10000	绿色环保 抗静电 拉伸回弹性 染色性好

（3）竹浆纤维 以竹浆粕为原料，为我国生物基纤维的重大创新成果，自主研发了竹浆粕生产工艺和竹浆纤维生产技术和装备，总产能达 12 万吨/年，2013 年产量 5 万吨左右，技术和产品达到国际领先水平，具有天然抗菌、抑菌作用和亲肤性能，在儿童用品、妇女卫材、医用材料、高档服饰等领域广泛应用，主要产地为河北、河南、四川、上海等。

表 3　国内竹浆纤维厂家

厂家	品牌	产量（吨）	备注
吉藁化纤	天竹	35000	
唐山三友	玉竹	25000	
上海中纺	云竹		委托加工

（4）麻浆纤维 近年来我国研发成功又一新产品，麻浆纤维具有干湿强度高，吸湿透气性好，抑菌防霉的特性， 是一种新型、健康、时尚、绿色环保的生态纺织纤维，2013 年产量 10000 吨左右，集中在河北、山东、云南等地。

表 4　国内麻浆纤维厂家

厂家	品牌	产量（吨）	备注
吉藁化纤	圣麻	5000	
山东海龙	麻赛尔	3000	
云麻实业		2000	汉麻

此外，以汉麻韧皮为原料，采用高效生物脱胶技术、纤维精细分离提取，是我国自主研发的汉麻纤维新品种，总后勤部已开发研究成功了汉麻韧皮纤维加工系列新方法和新技术，并研发了配套机械装备。汉麻纤维已广泛应用于服装、军服、袜类、毛巾等，目前年产能 3 万吨。

（5）蛋白纤维 由蛋白生产下脚料混合或接枝在粘胶纤维、腈纶等其他高聚物上纺丝或复合纺丝生产化学纤维，而且质量比例不小于20%，属于对常规化学纤维的改性提升，应用在服装、家用高档纺织品，已形成品牌效应，总产能4000吨/年，实际产量不足千吨，主要产地为上海、江苏、四川、辽宁等。

表5　国内蛋白纤维厂家

厂　家	品牌	产能（吨/年）	备　注
宜宾惠美纤维新材料公司	圣桑	2000	蚕蛹蛋白/纤维素纤维
上海正家牛奶丝科技有限公司	正家	2000	牛奶蛋白/聚丙烯腈纤维
辽宁柞蚕丝绸研究院有限公司		百吨	柞蚕蛋白/纤维素纤维

2．纤维加工具有国际水平，应用市场成熟的品种

聚对苯二甲酸丙二醇酯（PTT）纤维、聚乳酸（PLA）纤维等，纤维加工具有国际水平，应用市场成熟，但原料受制于外。

（1）PTT纤维　国内从上个世纪90年代开始用国外PTT树脂开发生产PTT纤维，目前PTT纤维已应用于纺织领域，总产能达到3万吨/年，主要产地为江苏、上海、辽宁等。其原料之一为1，3-丙二醇（PDO），世界上只有杜邦公司生产、PTT树脂指定供应，目前产业发展的瓶颈为PDO生产及PTT聚酯合成技术和产业化，盛虹集团中鲈科技3万吨/年PTT聚合线已经产业化生产，盛虹集团苏震生物与清华大学等合作新建2万吨/年生物法PDO项目2014年5月投产，形成5万吨/年PTT聚合纺丝能力，项目投产后，盛虹集团将成为国内首家、世界第二家拥有PTT纤维完整产业链的公司。

表6　国内PTT树脂及纤维厂家

厂　家	产　品	产能 （投产、在建或规划）
盛虹集团	PTT树脂和纤维	2万吨/年PDO项目在建 3万吨/年PTT树脂投产 4000吨PTT纤维投产
海兴材料科技有限公司	PTT短纤维	1.8万吨/年　舒弹丝™由海兴和杜邦联合开发成功
溧阳新力化纤有限公司	PTT纤维	1万吨/年
苏州中盛科技股份有限公司	PTT/PET复合纤维	1.2万吨/年投产
苏州方圆化纤有限公司	PTT纤维	5000吨/年投产
江苏龙杰特种纤维股份有限公司	PTT纤维	年产2000吨易染型海岛PTT牵伸丝

（2）PLA 纤维

表 7　国内 PLA 纤维厂家

厂　家	产品	原料	加工方法	产能（投产在建或规划）
中国科学院长春应用化学研究所、浙江海正集团	PLA	乳酸	无溶剂本体聚合	投产在建 5000 吨/年
中科院长春应化所、常熟市长江化纤	PLA 纤维长丝	乳酸	连续聚熔体直纺（一步法）	投产 500 吨/年 建成 2000 吨/年 规划 10000 吨/年
上海同杰良生物材料有限公司	PLA SF600	乳酸	一步法	聚合 1 万吨/年、纺丝 1000 吨/年已投产
河南省龙都生物科技有限公司	PLA 短纤、长丝	丙交酯	聚合、切片、融纺纺丝	在建 1 万吨/年
哈尔滨市威力达公司、Uhde-Inventa-Fischer 公司	PLA	乳酸		投产在建 1 万吨/年
南通九鼎生物工程有限公司	PLA	乳酸		投产在建 1000 吨/年

由聚乳酸树脂经熔融纺丝而成的一种新型绿色环保纤维，国内在纤维加工及产品应用方面比较成熟，规模达到 3000 吨/年，PLA 纤维广泛应用于服装、无纺布、卫生材料，在江苏、上海、河南等地均有生产。其原料 L-乳酸或丙交酯主要控制在 Nature Works，Cereplast、普拉克等国外公司，国内已有生产，但是产业规模、生产成本和产品质量还有待进一步改进。

3．应用市场成熟，纤维生产处于产业化突破关键阶段的品种

Lyocell 纤维、PHBV 与 PLA 共混纤维、海藻纤维等应用市场成熟，纤维生产处于产业化突破关键阶段。

（1）Lyocell 纤维　以 N-甲基吗啉-氧化物（NMMO）的水溶液为溶剂溶解纤维素后进行纺丝制得的一种再生纤维素纤维，生产过程绿色、环保，纤维性能优良，在服装面料市场得到广泛应用。目前， Lyocell 纤维及生产技术主要由奥地利兰精公司控制，国内相关研究机构和企业已经建立了千吨级国产化生产线，产能 2000 吨/年，掌握了关键技术和装备，为万吨产业化项目打下了良好的基础。

表8　国内新型纤维素纤维发展情况及主要厂家一览

厂　家	原 料	技 术	产能（投产在建或规划）
中国纺织科学研究院/河南新乡化纤股份有限公司	木浆	自行研发	1000吨/年，筹建10000吨/年生产线
上海里奥化纤有限责任公司	木浆/竹浆	德国LIST公司	1000吨/年，筹建5000吨/年生产线
恒天天鹅股份有限公司	木浆	奥地利ONE-A工程有限公司	3万吨/年，2013年12月投料试车
山东英利实业有限公司	木浆	奥地利ONE-A工程有限公司	1.5万吨/年生产线在建

（2）PHBV与PLA共混纤维　在聚羟基丁酸羟基戊酸酯（PHBV）树脂合成及反应性母料制备方面取得关键技术和产业化突破，产能达到500吨/年，关键的反应共混技术和纺丝技术已经获得了国家发明专利授权，相关应用技术已经申请了专利。产品用于纺织、医用材料、卫生防护和产业用，产地集中在浙江、天津、河南等。

表9　国内PHBV生产厂家

厂　家	原 料	技 术	产能（投产在建或规划）
宁波天安生物材料有限公司/中科院宁波材料所	PHBV PLA	与东华大学合作	已建成年产2000吨PHBV的生产线，500吨PHBV/PLA混纺纤在建 目前下在致力于应用开发及开拓市场
天津国韵生物材料有限公司	PHBV	与清华大学合作	年产10000吨PHBV项目
河南中鹤集团	PHBV		正筹划年产50000吨PHBV项目

（3）海藻酸盐纤维　利用海藻提纯的海藻酸盐经纺丝而成海藻酸盐纤维，目前已建成拥有自主知识产权和自行设计的产业化生产线，产能为1000吨/年，纤维具有绿色、天然阻燃、良好的生物相容性，已应用于生物医用、卫生防护、高档保健服装、家用纺织品等。

表 10　国内主要海藻酸纤维厂家

厂　家	产　品	原　料	纺丝方法	用途	产能（吨/年）
青岛大学/青岛康通海洋纤维有限公司	海藻酸纤维	海藻酸纳	湿法纺丝	纺织、医疗	800
天津中盛生物工程有限公司	甲壳素纤维 海藻酸纤维	甲壳素 海藻酸纳		纺织、医疗	200
襄樊市凯祥化纤有限公司	海藻酸纤维	海藻酸纳	湿法纺丝	纺织、医疗	600（计划）
浙江绿朋环保科技有限公司（待核实）	海藻酸纤维	海藻酸纳添加抗体壳聚糖、抗紫外线粉体、远红外粉体、负离子发生体及相变微胶囊	湿法纺丝	特殊服饰、医疗辅材、混纺后的服装、家纺原料	1000

4．中试向产业化突破阶段品种

离子液体法纤维素纤维、低温碱/尿素纤维素纤维、细菌纤维素、聚丁二酸丁二醇酯（PBS）系列纤维等由中试向产业化突破。

新型溶剂法纤维素纤维和生物基 PBS 系列纤维（包括 PBAT、PBST 等），目前以基础研究为主，已有试验线建成，但工业化的技术装备还在探索阶段，产品在服用、工业领域、医疗器材等领域具有广泛应用潜力。

表 11　处于中试向产业化阶段突破的生物基纤维列表

类别	原料	溶剂	凝固浴	技术	纤维性能	发展阶段	主要企业及进展
离子液体	棉、木、竹、麻、桑、甘蔗渣等	离子液体	水	干喷湿纺	断裂强度 3.8~4.3 Cn/dtex；断裂伸长 7%~12%	以基础研究为主，已有试验线建成，但工业化的技术装备还在探索阶段	山东海龙股份有限公司，小试；东华大学、中科院、天津工业大学、保定天鹅股份有限公司在基础研究及生产工艺上都取得了进展。
低温碱/尿素体系	棉、木、竹等	碱/尿素溶液	水	湿纺	断裂强度 1.7~2.2 Cn/dtex；断裂伸长 2%~10%	基础研究成熟，已有中试线，但工程化尚远	武汉大学与湖北化纤厂、江苏龙马绿色纤维有限公司合作中试； 湖北天思科技股份有限公司在流程上有创新。

续表

类别	原料	溶剂	凝固浴	技术	纤维性能	发展阶段	主要企业及进展
纤维素衍生物熔融纤维	纤维素衍生物	无	无	熔融增塑纺丝	断裂伸长能达 8%以上	基础研究为主，有些类别已产业化	天津工业大学增塑熔融纺制纤维素醋酸酯中空纤维反渗透膜已产业化
纤维素氨基甲酸酯纤维	纤维素衍生物	弱的 NaOH 溶液	酸	湿纺或干喷湿纺	断裂强度 1.3~2.6 Cn/dtex; 断裂伸长 8%~27%	尚处于研究阶段	东华大学、中科院新疆理化所、天津工业大学等在进行研究
细菌纤维素纤维	椰果等	无	无	细菌发酵方式	直径 60~100 纳米，其高模量能达 30GPa	已有工程化	东华大学有专业细菌纤维实验室

（二）生化原料发展现状

生化原料：以天然动植物为原料，用生化方法生产的化工、化纤原料。目前，我国重点是发展**四醇四酸一胺**。

1. 乙二醇（EG）

最简单的二元醇，也是一种重要的有机化工原料，主要用于生产聚酯树脂和防冻剂，此外还可生产不饱和聚酯树脂、润滑剂、增塑剂、非离子表面活性剂以及炸药等。

近年来，受国内聚酯产业高速增长的拉动，乙二醇的消费量迅猛增长，已成为世界第一大乙二醇消费国。2012 年我国乙二醇的表观消费量达到 1072.9 万吨，2005～2012 年年均复合增长率约为 11.2%。近年来我国乙二醇的供需情况见下表。

表 12　2005~2013 我国 MEG 的产能、产量、进出口量表观消费量

单位：万吨

年份	2005	2010	2011	2012	2013（1-11 月）
产能	150	370	360	360	440
产量	113	220	295	280	286.6
进口量	400.02	663.99	727.02	794	759.5

续表

年份	2005	2010	2011	2012	2013（1-11 月）
出口量	1.23	0.5	0.6	1.1	0.53
表观消费量	511.79	883.49	1021.42	1072.9	1045.6
进口依存度（%）	78.1	73.5	71.2	74.0	72.6

2013 年国内供需缺口将超过 800 万吨。未来我国乙二醇消费仍以聚酯为主，预计到“十二五”末年均增长率约为 6%左右， 2015 年我国乙二醇需求量将达到 1200 万吨。到“十二五”末期，若国内乙二醇装置开工率保持在 80%左右，市场供需缺口还将保持在 50%左右。

随着石油价格的不断攀升，以及我国石油资源供需矛盾的日趋突出，国内开发生物乙二醇的热情也在持续高涨。长春大成集团开发了以淀粉为原料，利用生物发酵制备混合多元醇，建成了年产 20 万吨多元醇化生产线。安徽宿州丰原生物化学公司拟采用 SD 工艺，采用玉米、木薯等淀粉原料建设 18.0 万 t/a 乙二醇生产装置；吉林博大生化有限公司拟以淀粉为原料建设 10.0 万 t/a 乙二醇装置；杜邦能源化工公司拟在黑龙江双鸭山采用山梨醇加氢技术建设一套 20.0 万 t/a 乙二醇装置。

2．1，3-丙二醇（PDO）

以生物柴油副产物-甘油为原料发酵生产 1，3-丙二醇（PDO），是合成聚对苯二甲酸丙二醇酯（PTT）的主要原料。近几年来，新型聚酯 PTT 快速发展，带动了 1，3-丙二醇（PDO）的发展。国内采用生物发酵法 PDO 产业也快速发展，盛虹集团苏震生物公司与清华大学化学合作的 2 万吨/年生物法 PDO 生产线正在建设中，湖南海纳百川生物工程有限公司采用清华大学的全生物法联产生物柴油与 PDO 的工艺，以生物柴油副产甘油为原料，建设了年产 2000 吨 PDO 的工业化生产装置。清华大学、华东理工大学、抚顺石化研究院、大连理工大学等单位开展生物发酵法生产 PDO 的研究，中试水平已赶上甚至超过国际先进水平。

3．1，4-丁二醇（BDO）

BDO 是三十年代就开始生产的乙炔系化工产品，其下游衍生物多，用途又十分广泛，因此是重要的有机化工原料。主要用于生产四氢呋喃（THF）、γ-

丁内酯（GBL）、聚对苯二甲酸丁二醇酯（PBT）等。

1，4-丁二醇化工路线生产方法很多，有二十多种，从所用的原料来分有乙炔、丙烯、丁二烯和顺酐等原料路线，相同的原料也有不同的合成工艺。目前已经实现工业化的生产方法主要有Reppe（雷珀）法、正丁烷/顺酐法、丁二烯法和环氧丙烷法等，其中Reppe法和正丁烷/顺酐法是生产1，4-丁二醇最主要的两种生产方法，此外还开发出生物转化法和1，2-环氧-3-丁烯选择性水解直接制1，4-丁二醇等新方法。

近年来，中科院工业生物所、微生物所、北京化工大学等在生物法BDO研究方面进展较快，关键的技术瓶颈在于筛选高效利用纤维素转化D-葡萄糖的微生物菌株；研究产纤维素酶微生物的定向进化、高通量筛选方法与高效表达系统；利用基因工程技术构建高效基因工程菌；研究纤维素水解液发酵生产丁二酸（琥珀酸），继而生产1，4-丁二醇的生物合成途径，完成大肠杆菌重组菌生产1，4-丁二醇的最小基因组人工设计和功能分析，开发一种以纤维素为原料发酵生产1，4-丁二醇的生物合成工艺技术路线等。

4．聚四亚甲基醚二醇（PTMEG）

PTMEG是由四氢呋喃经阳离子引发开环再聚合而制得的一类具有不同分子质量的直链聚醚二元醇，又名聚酯多醇（简称PTMEG），是合成热塑性和浇注型聚氨酯、聚氨酯弹性纤维、酯醚共聚弹性体等的主要原料，在石油化工、机械、军工、造船、汽车和合成革等工业具有广泛的应用。国内PTMEG主要用于生产氨纶和聚氨酯弹性体。

PTMEG的生产均由四氢呋喃（THF）开环聚合而成，四氢呋喃的生产方法很多，根据原料不同，目前所采用的生产工艺有：1，4-丁二醇（BDO）脱水法、糠醛法、丁烷直接转化法。其中，BDO脱水法是目前的主要生产方法。糠醛和BDO均可以采用生物原料制取，是实现可持续发展的工艺技术路线。糠醛由农副产品玉米芯加10%硫酸高温水解后、所含聚戊糖裂解后脱水而得。目前，国内共有9家PTMEG生产公司总产能达到35.1万t/a，然而，由于市场与装置的技术原因，这些装置并没能满负荷生产，2013年国内PTMEG的实际产量在21.6万吨左右。吉林前郭的糠醛法PTMEG装置，在停产5年后，于2013年达成重启共识，预计2014年将有产品供应，这将是世界上第一条生物法PTMEG生产线。

5. 己二酸

己二酸（Adipic acid），又称肥酸。主要用于生产尼龙 66 盐、聚氨酯、合成树脂及增塑剂等。

我国是己二酸需求增长最快的地区，年平均增长量 4~5 万吨。国内主要生产厂家有辽阳石化、天利高新、山东海力化工、山东洪业化工、河南神马集团等，到 2013 年 9 月，国内己二酸的生产能力已达到 152 万 t/a，估计到 2015 年将突破 230 万 t/a 大关。

表 13　我国己二酸生产主要生产企业产能情况（截止 2013 年 9 月）

公司	生产能力（万吨/年）	备注
中石油辽阳石油化工公司	14.0	引进法国罗地亚公司环己烷技术，无配套下游装置，产品主要外销
河南神马尼龙化工有限责任公司	15.0	引进日本旭化成公司环己烯技术，产品全部用于公司内部尼龙66 的生产
山东博汇集团海力化工有限公司	37.5	采用环己烷技术。除山东之外，在江苏大丰建有生产装置
山东洪业化工集团股份有限公司	30.0	采用环己烷技术，有配套下游装置
新疆独山子天利高新技术股份有限公司	7.5	采用环己烷技术，产品全部外销
山东华鲁恒升集团公司	16.0	采用环己烷技术，2012 年投产
山西阳煤丰喜肥业（集团）有限责任公司	7.0	采用环己烷技术，2012 年投产
华峰集团重庆福祥化工有限公司	16.0	采用环己烷技术，2012 年投产，有配套下游装置
浙江曙阳化工有限公司	8.0	采用环己烷法技术，2013 年建成投产
其他厂家	1.0	
合　计	**152.0**	

目前，工业化的己二酸生产工艺除住友公司采用由己内酰胺副产回收己二酸外，全部采用 KA 油（环己酮 K 和环己醇 A 混合物）或纯环己醇经硝酸氧化制己二酸，正在开发的清洁生产工艺主要有环己烷氧化法、环己酮氧化法、

C4烯烃法以及生物催化法。

生物法包括采用生物原料和采用生物酶催化的工艺。以D-葡萄糖为原料，经生物催化制己二酸或用酶在合适条件下将环己醇选择性转化成己二酸，国内研究单位有中科院微生物、中科院天津工业生物所、北京化工大学、清华大学等。

6．丁二酸

又名琥珀酸，是一种常见的天然有机酸，广泛存在于人体、动物、植物和微生物中。目前丁二酸大多数仍采用化学法合成，其原料依赖于化石资源。随着化石资源日益枯竭和生物法制备丁二酸的技术进步，利用生物转化法大规模生产丁二酸引起越来越多的国家的重视，近年来已成为全球研究的热点。

以生物资源为原料的方法有淀粉→葡萄糖→丁二酸的路线，目前国内生物法生产丁二酸还处于研究阶段。

7．乳酸（LA）

中国科学院微生物研究所、浙江海正药业股份有限公司，安徽丰原集团有限公司等单位较早地开展了乳酸的生物炼制技术研究与开发，大多为食品级或塑料级，用于纤维级聚合的产量很少。目前在生产的主要有安徽丰原格拉特乳酸有限公司（产能4万吨/年）、河南金丹乳酸有限公司（产能10万吨/年）、宁夏昊凯（产能3万吨/年）、江西武藏野（产能5000吨/年）、盐城森达（产能2万吨/年）、四川博飞（产能1万吨/年）等。

表14　国内乳酸生产现状

公司	产品	生产规模（万吨/年）	生化法路线
浙江海正生物材料	PLA	1	
中科院长春应用化学所	PLA	0.5	
上海同杰良生物材料有限公司	L-乳酸、PLA	0.2	微生物发酵
河南金丹乳酸有限公司	DL-乳酸	10	微生物发酵
中粮丰原格拉特乳酸有限公司	L-乳酸	4	微生物发酵
江苏森达生物工程有限公司	L-乳酸	2	微生物发酵
湖北广水市民族化工有限公司	DL-乳酸	1.2	微生物发酵
江西武藏野生物化工有限公司	DL-乳酸	0.5	微生物发酵
河北新化乳酸有限公司	L-乳酸	0.2	微生物发酵

8．长链二元酸（DC_{11}-DC_{18}）

长链二元酸一般是指碳链上含有十个以上碳原子的脂肪族二羧酸，有化学合成法和微生物发酵法两种工业生产方法，主要用于生产尼龙、工程塑料、涂料、香料、热熔胶、牙刷丝等。

国际上传统的长链二元酸制造工艺主要是化学合成方法，而这种方法迄今只能够生产出十二碳二元酸（DC12）。化学合成法以丁二烯为原料，经过复杂的反应步骤以及高温、高压和催化剂等苛刻条件反应合成，工业生产的时候需要防火、防爆和防毒装置。而且效率低、成本高和环境污染非常严重。采用微生物发酵的方法生产长链二元酸，是利用微生物特有的氧化能力，通过胞内酶的催化作用，在常温常压下氧化石油副产品正构烷烃生产与烷烃基质链长相同的二元酸，具有化学合成方法无可比拟的优越性。中国科学院微生物研究所首先创立了利用微生物发酵正烷烃生产长链混合二元酸的方法，采用物理、化学和生物的诱变手段，发明了高效筛选培养基进行快速筛选，培育出一系列生产各种二元酸的优良菌株。随后，又建立了针对不同长链二元酸的发酵工艺和后处理技术，在上海凯赛生物科技有限公司、山东淄博广通化工有限责任公司、南通振益热熔胶厂和中石化集团清江石油化工有限公司等实现了产业化。

9．戊二胺

利用专利基因工程菌种、酶转化技术和戊二胺提取工艺，从淀粉糖提取戊二胺，各项指标均达到世界先进水平，生物基戊二胺，应用于聚酰胺、异氰酸酯、光稳定剂、生物基吡啶等重要领域。以生物基戊二胺为原料生产聚酰胺 5，6、5，10、5，12 等已实现工业化生产，聚酰胺 5，6 纤维的吸水性、染色性、耐磨性等方面比聚酰胺 66 和聚酰胺 6 均潜在具有优势，而且纤维生产过程可以省去萃取工序，实现连续聚合纺丝，从而降低生产成本。目前上海凯赛生物等正在形成 2 万吨生物基戊二胺和 4 万吨生物基聚酰胺生产能力。

二、目前存在的主要问题

1．生物基化学纤维及其原料是战略性新兴产业，其发展必须靠自主研发

生物基化学纤维及其原料是国家战略性新兴产业，是生物产业—生物制造的重要品种，世界各国，特别是发达国家在世界金融危机后，均把发展生物产业作为走出困境、争夺高新技术制高点、重新走向繁荣的国家战略。因此，也把相关的技术列为国家级控制水平。我国的发展依靠国际合作的空间甚少，面临核心技术、工程化、产业化等一系列问题。

2. 生物基化学纤维及其原料科技、工程难度大，行业内的大企业远未成为技术创新主体

生物基化学纤维及其原料从研发、技术、工程化到产业化，科技和工程交叉复杂，所涉及的基因技术、工业微生物、生化技术处于产业化前期基础研究阶段，难度大，流程长，关键环节较多。在我国化纤产业仍处于规模化发展的主流中，相当有实力的大企业未成为生物基化学纤维及其原料技术创新和产业化的主体，中小型企业积极性虽高，进入快，但企业素质不高，产业难以做大做强，难于形成以企业为创新主体、产、学、研、装备工程相结合的工程化利益共同体。

3. 我国生物基化学纤维及其原料产业尚处于起步阶段，三个替代任务艰巨

我国生物基化学纤维及其原料研发及工程化基本处于起步阶段，无论从研究队伍、资金投入、成果均与国外存在一定的差距。国内依然存在科研人员对海洋、农林资源的利用和开发与国家可持续发展的重要关系认识不足，原创性工作少，缺乏扎实、系统的基础研究，例如：我国甲壳素和壳聚糖生产厂家众多，仍以生产原料及半成品为主，如何研制出科技含量高的甲壳素和壳聚糖纤维新材料，以及如何弄清其结构与性能和功能之间关系的基础研究远远不够。

从三个替代的目标来看，中国化纤行业向生物基化学纤维方向的转变任重道远：我国合成纤维占化学纤维的总量90.8%，这些以化石资源为原料的纤维面临着以生物基化学纤维替代的艰巨任务；而且无论是用生物质作为原料的粘胶纤维，还是合成纤维，目前均为化学过程，面临着绿色、环保、低碳生产过程的改造压力。

4. 中国化纤产业仍处在规模发展的利润回报期，市场倒逼的动力不足

我国化纤行业多为民营实体，应该说追求利润的动力大，大规模的产能扩张是在进入新世纪发生的，很多产能是2005年以后扩张的，设备选型先进，技术领先，目前正处于装置、规模利润回报期，环保压力不是很大，产品更新换代意识不强，对源自可再生资源的生物基纤维没有利润上的参与兴趣。面对在资源、能源、环境以及工农业经济等领域的空前挑战，我国化纤行业必须尽快寻求新的发展模式。

三、生物基材料重大创新发展工程实施方案

生物基材料是指利用可再生的生物质资源加工生产的有机高分子材料，主要包括生物基合成材料和生物基再生纤维两大类，可以替代不可再生化石资源生产的塑料、化纤、橡胶等材料，是经济绿色增长的重大产业方向。在各国政府的支持下，生物基材料产业快速发展，塑料、化纤、橡胶等来源于化石资源的有机高分子材料，正在不断地被来自可再生资源的产品所替代。

“十二五”以来国家加强了对生物基材料产业发展的布局，科技部已经实施了现代生物制造科技专项、生物基材料科技专项等两个相关的科技专项规划，在863计划和科技支撑计划中启动了两个重大项目，主要任务是关键技术创新、提高生物基材料产品的经济性与应用性能。但是，与发达国家相比，我国生物基材料产业无论在技术与产品专利的数量，还是在产业的规模和水平上都存在较大的差距。产品成本高、市场竞争力不强，核心知识产权技术缺乏、关键原料受制于外，产业化基础薄弱、产业链尚未有效形成。总体上我国生物基材料产业尚处于发展的初期阶段，亟须国家层面的推动与引领。

为贯彻落实《“十二五”国家战略性新兴产业发展规划》、《生物产业发展“十二五”规划》，实施生物基材料重大创新发展工程，提升我国生物基材料产业的能力和水平，不断提高对石油资源和传统化学加工方式的替代比例，促进社会经济与环境的协调发展，化纤协会配合发改委、工信部、科技部、中科院等编制了《生物基材料重大创新发展工程实施方案》。

（1）主要目标：以推动生物基材料产业的创新、规模化与产业协调发展为核心，着力发展生物基材料产业体系，壮大我国生物基材料产业的总体规模，降低材料工业对石油资源的过度依赖，加快材料工业转型升级和绿色增长，为推动我国生态文明建设、实现经济社会与环境全面协调发展做出实质性贡献。

（2）主要任务：以生物基材料的创新发展、规模化发展、产业链协调发展为主线，着力发展生物基材料的产业技术创新能力、规模化生产能力、市场应用能力，突破生物基材料发展的瓶颈性限制因素，大幅提高生物基材料的经济竞争力、规模化应用水平以及集聚化发展水平，推动我国经济与环境的协调发展。

四、生物基化学纤维及生化原料发展重点、目标及措施

开发替代石油资源的非粮生物基原料、新型生物基化学纤维；突破生物基

纤维绿色加工和新工艺、装备集成化技术，建成竹、麻、秸秆等生物质原料到新型再生纤维绿色工艺示范生产线，实现生物基合成生纤维和生物质复合材料的产业化示范，形成工业规模和经济竞争力，奠定我国生物基化学纤维产业基础；开拓生物基化学纤维应用领域，促进产业链跨越与可持续发展，实现经济社会效益显著提高。结合《生物基材料重大创新发展工程实施方案》和我国生物基化学纤维及其原料的发展现状，当前的重点任务如下：

（一）重点任务

1. 生物基新型聚酯纤维产业化与应用开发

生物基新型聚酯纤维按其合成方式不同可分为微生物合成与化学合成两大类。微生物合成型是在微生物体内合成聚酯，如聚羟基脂肪酸酯酯类（PHA）；化学合成型具有更大的灵活性，容易控制产品的结构与性能，生产功能性生物基化学纤维，以适应不同应用新领域的需求，如聚乳酸（PLA）纤维、聚对苯二甲酸丙二醇酯（PTT）纤维、聚对苯二甲酸丁二醇酯（PBT）纤维、对苯二甲酸混合二元醇酯（PDT）纤维、聚丁二酸丁二醇酯（PBS）纤维等都是重要的生物基聚酯纤维。

研究生物可降解类聚酯纤维材料成型机理及高效熔融纺丝新技术，重点攻克聚乳酸纤维原料制备及纤维应用技术，L-丙交酯提纯、无溶剂本体聚合等核心技术的瓶颈，降低生产制造成本，改善PLA纤维的手感与染色性能。提高PTT纤维的产量，到2015年形成15万吨/年聚合及纺丝产能，扩大PTT纤维在多品种、多领域市场的应用，使之成为化纤中重要的品种之一。建设PBT纤维材料产业化生产示范线，推进10万吨/年PBT纤维聚合纺丝产业化生产线，推进10万吨PDT纺丝及加工生产线，形成10万吨/年规模的连续化聚合—原液着色—熔体直纺—PDT纤维生产线。积极开发PHBV、PBS等生物聚酯纤维新品种，丰富生物基化学纤维的系列品种，以适应更广泛的应用领域。

2. 海洋生物基纤维产业化与应用开发

海洋生物基纤维来自海洋，资源丰富而且可以再生，符合化学纤维绿色、环保的发展趋势。海洋生物基纤维主要包括海藻酸纤维和甲壳素及其衍生物纤维，是自海洋生物提取的纯天然绿色纤维，与人体组织有良好的生物相容性，具有优良的抗菌抑菌、消炎、止血、镇痛、促进伤口愈合等功能，已在航天、航空、航海、医疗卫生、军用和民用纺织品、工业过滤防护等领域得到了广泛应用。

目前国内外产量最大的是壳聚糖纤维和海藻纤维，我国千吨级海藻纤维和壳聚糖纤维已实现产业化生。

（1）原料方面 “十二五”期间重点是攻克海洋生物基化学纤维原料，如雪蟹、红蟹、热带虾，国产虾、蟹、小龙虾壳，海带、蓝藻、褐藻、微藻等，实现原料多元化及规模化生产技术与装备，开发海洋生物基化学纤维的应用技术。

（2）纤维方面： 实现千吨级海藻纤维产业化及应用，形成 2000 吨/年生产规模；实现 2000 吨/年壳聚糖纤维产业化与应用，建设万吨级甲壳素/纤维素复合纤维及功能材料产业化及应用，带动海洋养殖业、化纤纺织、医疗卫生、国防航空、过滤防护等产业发展，形成新的产业链和经济增长点。

3．传统生物基化学纤维的提升

传统生物基化学纤维是我国化学纤维的主要品种，2013 年 1~11 个月，我国粘胶纤维产量达 287 万吨，比去年同期增长 18.6%，预计全年产量超过 310 万吨，技术水平、工程化居于世界先进水平。由于粘胶纤维生产工艺流程长、三废污染大、原有设备老化，以及生产成本较高等原因，西方发达国家以及韩国、日本已逐渐停止了粘胶纤维的生产，我国也制定了粘胶纤维行业准入条件。目前全世界粘胶纤维生产能力的增长主要集中在我国，因此，采用新型绿色环保工艺替代传统生产工艺迫在眉睫。

利用生物法、绿色化学制浆工程化技术，创立以棉短绒、竹、木、麻及多种生物质秸秆为原料，制备无制浆黑液的再生纤维素纤维用浆粕的大规模化生产装置，并有针对性地对现有生产企业的生产工艺及装置进行改造，以促进我国现有生物基化纤企业原料的生产方式向清洁化、环保化、连续化、浆纤一体化、低能耗、低成本、综合利用的零排放方向转变。采用先进的清洁连续绿色制浆工艺及装备，纤维素成分快速在线检测和过程控制技术，逐步改造现有溶解浆生产线（棉浆、木浆、竹浆、麻浆、秸秆等），形成单线产能 3 万~5 万吨/年示范工程，到 2015 年全行业推广 30 万吨以上。

4．生物基原料产业化及应用研发

开发木薯淀粉、秸秆、玉米芯、甜菜等非粮食资源生物原料，重点攻克生物二元醇产业化及应用技术。积极推进生物法高效生产乙二醇（EG），1，3-

丙二醇（PDO），1，4-丁二醇等（BDO），二元混醇；己二酸（AA），1，4-丁二酸生产研究，实现千吨级产业化。提高L-乳酸发酵生产水平，提高收率。实现能源消耗、原料消耗、水资源消耗减少30%，环境污染物排放减少50%以上，促进绿色、低碳与可持续的化纤产业经济建设，促进化纤工业的转型升级与可持续发展。

5. 共性的关键技术与工程

在生物基纤维及其原料发展中所涉及的学科、技术、工程方面，从中找到高效低能耗预处理和综合利用技术、工业微生物、工业酶生产和生物催化、海洋生物质综合利用技术、离子液体新介质应用于纤维素生产高值化产品技术、生物基化学纤维高性能化、功能化技术、木质素改性加工技术、木质素熔融纺丝技术、在线即时检测技术、纳米生物合成技术、生物质生物量全利用技术集成和生态产业链的建立10项共性的课题、技术和工程，是生物基纤维及其原料三个替代产业化的基础工程技术和过程技术。

“十二五”期间，重点攻克绿色制浆及浆纤一体化工程技术、高效低成本秸秆预处理产业化技术，纤维素专用工业酶生产技术产业化，引导行业利用生物技术提升产业水平，改造传统再生纤维素纤维生产工艺，推广纤维材料绿色加工和新工艺、集成化技术。

（二）发展目标

通过生物基化学纤维及其原料产业重大工程实施，发展绿色环保的生物基化学纤维，补充我国纺织原料的不足，带动和促进我国相关产业及应用领域的共同发展为目标，提出生物基化学纤维及其原料产业“十二五”发展目标是：

1. 产业规模快速增长到2015年，生物基化学纤维及其原料产量由2012年的300万吨提高到510万吨，年均增长17%。其中：新型生物基纤维由目前的15万吨提高到60万吨；生物原料30万吨。

2. 产业结构优化升级

（1）着力推动示范基地建设和龙头企业培育，培育一大批创新型生物基化学纤维及其原料优势企业、树立产品示范开发企业；形成3~5家销售收入超100亿元的大型生物基纤维制造企业；

（2）重点推进生物基化学纤维产业科技创新研发平台建设，以科研院所、高等院校、综合实力强的企业为依托，建立生物基化学纤维及其原料国家重点实验室及工程技术中心；

（3）分品种建立产学研技术创新联盟，组成优势互补、产学研用相结合格局，提高行业技术创新能力，制订一批技术标准与规范，生产成本经济可行，产业化能力和产业链协同发展；

（4）在生物基化学纤维及其原料的优势企业和地区打造优势产业基地及产业集群，形成 5~10 个产值超过 300 亿元的生物基化学纤维产业基地，支撑和引领产业结构调整，大幅度提升化纤工业核心竞争力。

（5）显著增强生物基化学纤维产业的自主创新能力，突破一批生物基化学及其原料制造过程中的共性关键技术，形成一批标志性成果，引领国际先进水平。

（三）保障措施

1．发挥科技引领作用，强化创新驱动

建设产业技术创新平台，加大关键技术攻关，抢先形成一批自主知识产权，提升产业总体技术水平。支持生物基材料技术创新及产业链联盟建设，建设公共技术服务体系。整合科技资源，针对产业重大关键问题进行跨学科协同创新，提高解决产业工程化问题的能力。

2．制定政策法规和标准规范，完善产业发展机制

近年来我国生物基纤维及其原料产业发展势头迅猛，但对应的政策法规和标准规范缺失和滞后，严重地制约了产业健康发展。

加强对生物基纤维生产与市场准入管理，并加大支持力度；强化生物基纤维及其原料的标准工作，并建立相关的检测、认定技术体系，企业管理水平，规范产业的发展。力争在质量标准层面提高中国生物产业的在国际上竞争力和影响力，为中国生物产业全面融入业界主流奠定基础。

3．设立重大科技专项，以专项推动产业化进程

由国家建立生物基化学纤维及其原料产业化与应用专项资金，重点支持生物基化学纤维领域的产业研发和示范应用，以及产业区域的集聚发展，确保我国化纤工业在石油供应成为问题之前，在生物基纤维及其原料领域储备一批具有自主知识产权的先进实用技术，为生物基化学纤维的产业化奠定基础，重视推动产业化示范基地建设和龙头企业培育，促进生物基纤维快速发展。

4. 高效利用和开发生物质资源，确保产业可持续发展

目前，我国实际上用于化纤工业的生物质资源十分有限，而且在生物质原料上面临与其他工业的激烈竞争。因此，对于发展生物基纤维原料的思路要开阔，不能集中在几个争夺激烈的品种上，要深入研究原料的多元化。建议相关政府部门设置跨部门、跨行业的机构，统筹现有生物质资源的开发利用，根据各行业消化能力及产品的总附加值，决定现有生物资源的市场配置，引导各行业高效利用现有各种生物质资源并开发新的生物质资源。

5. 开展国际合作，提高国际竞争力

加强国际合作与交流，把握国际和国内两个大局、瞄准国际和国内两个市场，利用国际和国内两种资源，开展国际合作、参与国际竞争，部分地化解产业发展的市场风险，提高产业的国际竞争力。

锦纶民用长丝的技术进步与应用研究

邓 军 封其都 王玉萍

中国锦纶工业起步于20世纪50年代中期，是中国合成纤维工业发展最早的品种之一，但由于诸多因素的影响，发展一直滞缓。加入WTO后，在下游纺织需求的拉动下，同时由于多元化资本的进入，中国锦纶工业得到快速发展，到2012年，中国锦纶产量达到181.5万吨，占世界锦纶总产量的近50%。其中锦纶民用长丝的产量为115万吨，预计到2015年我国锦纶民用长丝的产量将达到140万吨。

锦纶民用长丝是我国近年来锦纶工业发展重点，其技术进步很快，应用领域不断拓展。本文对此技术及应用进行研究，探索其发展方向。

一. 锦纶民用长丝生产装备和工艺的技术进步

（一）单线产能大型化技术

1. 聚合单线产能的大型化

近年来，锦纶聚合技术发展迅猛，聚合管直径从1000mm增大到2000mm以上，单线日产能从20 t提升至130~300t，目前在建的最大日产能达到390t/d，随着聚合单线产能的提高，锦纶切片的加工成本大幅下降，300t/d生产线切片加工成本约为20t/d生产线的1/4、65t/d生产线的1/2。由此可见，未来锦纶聚合单线产能向大型化发展，从目前达到的200t/d向400t/d发展是必然趋势。

虽然聚合单线产能不断扩大，但随着列管和盘管换热器、静态混合器和柱塞流装置等技术的不断进步和使用，聚合的径向温差更小，熔体纵向温度分布更趋合理，高聚物熔体粘度偏差值更小（≤0.012）和分子量分布更窄，更宜纺制高品质锦纶丝。

2. 纺丝单线产能的大型化

10年前，锦纶6长丝纺丝一般采用6~8位/线，螺杆直径多为75~120mm，近年每条纺丝线的纺位多为12~16位，螺杆直径以135~150 mm ，单线产能是以前的1.5~2倍，节能显著，生产成本大大降低。

3. 加弹单线产能的大型化

加弹机是锦纶民用长丝后加工的主要设备，以前一般每台机240锭，近年来，制造商研发出两种单线大产能机型：①TMT公司的ATF-1500F/V-SZ机型，每台机达480锭，在生产纤度78 dtex（尤其是44dtex）以下产品时，产量可提高一倍，降本增效显著；②无锡宏源公司的HY-2S1（W2X） 型双丝道锦纶加弹机，采用独特的双丝道假捻器，虽然机器长度和总锭数没有增加，但进入热箱、冷却板和假捻器的原丝束增加1倍，出假捻器后两束丝被网络成一束丝，产量增1倍。生产粗旦丝时，比用普通加弹机并丝生产的加工成本降低约2/3。

（二）多头纺丝技术

上世纪90年代，锦纶民用长丝高速纺以6头和8头为主； 2002~2005年，大部分采用10头和12头纺技术；2006~2011年，以12头和16头纺居多；近两年，部分厂家已经采用20头和24头纺技术，32头纺锦纶高速纺丝技术和装备也在研发中。资料显示，12位24头纺生产线比12位12头纺生产线综合节能30%左右；24头纺生产线比12头纺生产线节约空间约30%（头数相同时），比16头纺生产线节约空间约12.5%；24头纺比单锭16头纺每吨丝纸管的成本降低约60元，节能降本增效意义重大。

1. 单组双喷真双头纺丝技术

按照一个圆型快装组件熔腔内放一块喷丝板喷出一束丝的传统技术，20~24头纺位距一般要达2米以上，侧吹风均匀性和设备排布空间都产生很大的困难。而在一个组件熔腔内喷出两束丝（喷丝板中间不布孔）的假双头纺丝，又存在的两束丝纤度差异太大的缺点。为此，BARMAG、TMT和三联公司相继推出了单组双喷真双头 纺丝技术，即一个圆型组件内设计两个近似椭圆形的熔腔，熔体通道板、分配板及腔体都严格分开，由计量泵单独提供熔体，喷丝板的布孔区域与熔腔相对应，实现一个组件同时喷出两束真双头丝束，完全达到了两个独立组件的纺丝效果。

2. 双胞胎多头卷绕技术

要实现多头纺丝，必须解决多头卷绕技术。传统的单独卷绕头受锭轴长度、丝饼厚度和卷绕成形的限制，头数已不能无限增加，此时双胞胎卷绕头应运而生。它是将传统旧机型两个位的单独卷绕头合并组成一个卷绕头，同时两个位的GR1、SR1、GR2 、GR3辊和网络器、导丝器全部合二为一，GR1、SR1、

GR2 辊长度和直径适当增加，就构成了新型的双胞胎多头纺卷绕机。这样，20 头、24 头双胞胎卷绕机生产的丝饼就达到 10 头、12 头单独卷绕机生产的丝饼厚度，既满足了多头纺卷绕的要求，又达到了丝饼厚度、重量和高质量卷绕成形的技术要求，是对多头纺技术发展的突破性贡献。不久的将来，32 头双胞胎卷绕机也可望在锦纶民用长丝生产中应用。

（三）一体化集成技术

1. 一体化集成卷绕技术

传统高速卷绕机都采取双层设计，上层为操作平台上方的导丝或牵伸、热定型的辊区和网络区，下层为操作平台下方的卷绕头，生头、巡查、维护保养都必须在两层上分别进行。几年前，BARMAG 公司创造出了一体化集成卷绕技术，即 WINGS 卷绕机系统（Winding Integrated Godet Solution）将传统的上下两层的导丝（或牵伸、热定型）、网络与卷绕等所有功能及其装置十分巧妙地集成到卷绕头上，这是卷绕机一次革命性突破。

近年，WINGS 卷绕机系统技术先后在涤纶长丝 POY、FDY 生产中大量使用，目前部分锦纶生产企业已将该技术应用于锦纶民用长丝 POY 生产，降低了能耗，效率大幅提升。比传统卷绕机减少高度和空间约 1/4～1/3；用工、生头废丝和压空消耗减少一半，综合节能 25%以上；实现了平行纺丝，消除了丝线之间因转角差异而导致的张力差异，可纺制品质更均匀的锦纶长丝（如强度和伸长 CV%值下降约 40%）。TMT 公司也推出了类似的技术和设备。可以预期，未来一体化集成卷绕技术将成为高速纺丝生产的一种发展趋势。

2. 一体化集成加弹技术

目前，巴马格、宏源等品牌的加弹机采用了一体化集成技术，主要在两个方面：①加弹和氨纶包覆一体机，通过增加氨纶丝喂入系统，在锦纶民用长丝 POY 牵伸假捻的同时， 将氨纶纱与 DTY 直接包覆在一起， 比两步法生产氨锦包覆纱质量更均匀， 加工成本还大大降低。②多喂入一体机，既可生产风格各异的花式纱（如竹节纱、混纤纱等），还可生产不同材料的复合纱（如锦涤复合纱、锦棉复合纱等）。

二、锦纶民用长丝产品开发的技术进步

（一）生物基锦纶纤维的开发

近年来，利用完全生物质的生物基单体及其衍生物如衣康酸、癸二酸、丁

二胺、癸二胺、11-氨基十一酸、戊二胺等，通过熔融缩聚等方法，制备了线性、脂肪族、可交联的生物基锦纶，并可通过静电纺丝制备了生物基纳米锦纶。如日本Unitika公司用蓖麻子油的主成份（蓖麻油酸）改性制成11-氨基十一酸，再经缩聚而制成生物基PA11切片，纺出PA11单丝和复丝，其商品名为Kystron，力学性能与涤纶相当；用酸性染料染色，色牢度与锦纶6相当；耐磨性为锦纶6/66的2倍；耐湿热性比锦纶6/66更好；耐碱性与锦纶6/66相同，耐酸性与涤纶相同；低温时纤维保持柔软，耐低温性能好于锦纶6/66。凯赛生物产业有限公司利用生物基戊二胺与二元酸共聚制成PA56树脂，用于生产绿色锦纶56，具有锦纶6/66相近的物性，而且纤维的47%可再生，可用作更柔软的吸湿排汗内衣、泳衣等贴肤服装，绿色环保，成本比用石油生产的锦纶更具竞争力。

绿色环保及可持续发展的要求使人们对生物基纤维需求增加，也是目前世界各国研究和发展的重点。而锦纶56、锦纶610、锦纶1010、锦纶12、锦纶11的生物来源也是现今锦纶工业研究开发的重点。生物基锦纶不断开发和技术完善，将为锦纶行业的产品结构优化、产业结构调整和转型升级做出重大贡献。

（二）差别化锦纶纤维的开发

1. 细旦、超细旦锦纶长丝

随着锦纶技术界对纺丝技术和装置的不断研究、摸索，攻克了细旦锦纶民用长丝生产技术的瓶颈，已产业化生产。dpf为1dtex锦纶民用长丝 POY、HOY、FDY、DTY产品，成为各主要生产企业的主流产品，于2000年结束了从国外进口的时代，已大量出口海外。

dpf为0.4~0.8dtex超细旦锦纶民用长丝，目前只有晓星等企业才能直接生产，国内少数几家企业能生产dpf约0.8dtex的锦纶民用长丝 POY-DTY。究其原因，主要是锦纶6切片熔融纺丝过程中需要单体抽吸，环吹风技术还未突破。开发环吹风技术是开发超细旦锦纶的关键和方向。

2. 特细旦锦纶长丝

总纤度16.5dtex以下的锦纶民用长丝被习惯称为特细旦锦纶。全球范围内只有少数几家公司生产，如义乌华鼎公司生产的 6.6 dtex/5f、8.8dtex/5f、13.3dtex/5f、16. 5dtex/7f等FDY、HOY 锦纶民用长丝；以色列的Nilit公司可以生产5.5 dtex/3-5f的PA66长丝；台湾Everest公司研发出世界最细的锦纶民用长丝，只有5 dtex。为织造和后整理提供了薄型高档织物的理想原料。

生产特细旦锦纶民用长丝技术难度很大。因丝线太细太娇嫩，生产加工的每一个环节都必须细心呵护。要根据熔体流变性和剪切速率、丝条摩擦系数等参数，设计好熔体管路和熔体停留时间，选择最好的导丝部件和网络器等，不让丝线在任何工序上受伤而产生毛丝和断头；要研究和选用最佳的纺丝工艺并合理匹配，采取最温和加工方式，才能保证生产正常。

3. 特粗旦锦纶民用长丝

我国部分先进锦纶企业，采用大螺杆挤压熔融、大风量均匀冷却成形、双丝道牵伸假捻等技术可以生产出品质优异的 311 dtex、333 dtex、444 dtex、467dtex 等锦纶 POY/DTY 和部分 FDY、HOY，具有产量高、加工成本低的优势，可为织造和后整理提供特厚型锦纶织物的原料。

4. 特亮锦纶民用长丝

以往开发亮光锦纶民用长丝一般选择亮光切片，采用提高异形度的方法来增强丝线的亮度，研究说明，仅靠提高异形度还不够，还必须通过喷丝板和丝条冷却成形工艺的优化设计，使单根纤维的截面成镜面形状（如三叶孔形的单根纤维截面呈三棱镜形状），才能获得更高的反光和闪光效应，在视觉上产生特亮效果。目前国产的 22dtex/7f～222 dtex/72f 等系列 FDY、HOY、DTY 亮光效果显著，广受欢迎。

5. 全消光锦纶民用长丝

2007 年以前，全消光锦纶民用长丝只有日本、韩国和台湾地区等少数国家和地区才能生产，我国靠大量进口来满足织造和服装业的高端需求。之后，国内有能力的锦纶工厂开始研发和技术攻关，至 2008 年，少数几家企业可以生产常规全消光锦纶民用长丝，如 44dtex/12f、33dtex/12f 等 FDY、POY-DTY。2010 年以来，国内主要的锦纶工厂都基本突破了技术瓶颈，不仅能生产常规的产品，还生产出了多孔细旦全消光锦纶 6 长丝，如 78dtex/48f 全消光 FDY、78dtex/68f 全消光 POY-DTY 等，基本结束了依赖进口时代。

（三）功能性锦纶的开发

1. 单一功能性锦纶

采用共聚、共混、异形、表面处理等物理和化学改性方法等对聚酰胺进行改性，可开发出多种功能性锦纶。

（1）共聚法开发功能性锦纶纤维。直接将改性剂或多种改性剂组合加入到聚合管中与单体聚合成改性聚酰胺再纺丝，可研制出高染色性、高弹性、高收缩性等功能性锦纶。例如，采用ZIMMER公司与Clariant公司、INVENTA-FISCHER公司与BASF公司合作开发的共聚改性技术生产的高性能PA6切片，高速纺丝生产高性能锦纶民用长丝，具有四个优点：①改善可纺性，断头少，毛丝少，强度高，满卷率提高了4%以上；②纺丝再生单体少，降低环境污染；③改善染色性能，丝线和织物染色更深更均匀，褪色减少；④改善织物光、热、气候稳定性。天津工业大学通过共聚切片纺丝研制的锦纶6上色率提高50%，手感柔软，混纺织物同色性好。

（2）共混纺丝法开发功能性锦纶纤维。虽然共聚纺丝的技术优点很多，但改性剂的加入和研发远不如共混纺丝，后者是功能性锦纶研制的主要方法。共混纺丝法就是将改性剂与锦纶切片混合先制成改性母粒，再与母体切片在螺杆挤压机内混合、挤压熔融，进行纺丝；或者直接采用共混聚合切片进行挤压熔融纺丝。采用共混纺丝法可开发多种改性锦纶。如抗菌防臭、阻燃、凉感、远红外、抗紫外线、负离子、防辐射锦纶等。但共混纺丝因改性剂粒径大小、加入量多少、在PA熔体中的分散性、相容性等因素都影响可纺性和纤维服用性。如何解决好这些问题并使共混纺丝产业化，是摆在功能性锦纶研究者和生产者之间的一个重要课题。

（3）复合纺丝法开发功能性锦纶纤维。采用复合纺丝法可以开发出一些具有特殊民用功能性锦纶纤维。

如日本一家公司采用熔融复合纺丝，开发了由吸水性材料作芯，PA作鞘的芯鞘型复合纤维，名为舒适的尼龙HYGRA。吸水能力为自重的35倍，纤维芯部吸收汗汽体、液体，鞘部的尼龙提供强度和尺寸稳定性，即使在湿润的状态下也能保持干爽的触感。

（4）异形纺丝法开发功能性锦纶纤维。采用异形纺丝法开发的功能性锦纶很多，如中空形、+ 字形 、一字形截面等。其中义乌华鼎锦纶公司采用自主设计的+喷丝板，改进纺丝冷却系统，完善纺丝工艺技术，解决丝条冷却均匀性差、易产生毛羽、易损伤等问题，开发出+形截面的锦纶长丝。产品有很好的芯吸效应，吸湿导湿性好，染色均匀度高。

（5）采用表面处理法开发功能性锦纶纤维。表面处理法生产功能性锦纶，是用浸渍或披覆的方式，将溶液中的功能性离子固着在纤维表面。此法的技术含量不高，国内很多企业采用此法生产抗菌、变色等纤维。但生产的功能性锦纶往往是初期功效较好，随着服用时间延长，洗涤次数增多，功能性逐渐衰减，功效不及共聚、共混纺丝制取的改性纤维持久。

2．多重复合功能锦纶纤维

采用多种改性添加剂组合和不同的物理和化学改性方法，还可制得多重复合功能锦纶。如抗菌与远红外、负氧离子发射功能的复合，阻燃与防污、抗静电与吸湿等功能的复合，防水与阻燃、防水与抗静电、吸水与防水等相反功能的复合等，这些都要求纤维的超细化、异形化、多孔化以及共混、共聚、表面处理等多种改性方法的复合。采用共混改性方法与异形纺丝方法相结合可制备具有抗菌、远红外、吸湿排汗功能的锦纶；采用共聚改性，进行复合纺丝或异形纺丝、表面处理等也可制备多功能的锦纶。比较有代表性的开发品种是美国纺织巨头 Nobel 公司的高科技产品 X-STATIC，就是采用外镀技术在锦纶纤维表面镀上银层，具有非常好的抗菌、防臭、防静电、屏蔽电磁波等优良特性。还有北京服装学院和总后勤部军需装备研究所研制的抗菌型多功能锦纶纤维具有良好的抗菌、远红外、负氧离子发射功能，在军服、民用内衣、袜类等方面具有很好的应用和推广价值。但是，多重复合功能锦纶研发品种已有不少，但真正实现工业化生产的并不多，今后应加强复合改性的产业化研究，开发和大规模生产出高质量的多功能锦纶纤维。

三、锦纶纤维在服装领域的应用与市场开拓

锦纶纤维因其性能优良，广泛应用与服用纺织品，如休闲服、运动衣、游泳衣、袜类等；装饰用纺织品，如地毯、箱包、伞布等；产业用纺织品，如工业滤布、造纸毛毡、运输带等三大领域。另外，在航空航天方面，锦纶纤维还是降落伞、抗荷服、宇航服、飞机阻拦索、热气球等的理想材料。

锦纶服装用纺织品包括制作服装的各种纺织面料以及缝纫线、花边、里衬等辅料。服装面料的种类较多，除织制纯锦纶织品外，还有许多和各种纺织纤维混纺或交织的产品，弥补了纯锦纶织物的不足，发挥出更好的服用性能。目前锦纶织物正向着仿毛、仿丝、仿麻、仿麂皮等天然化以及高附加值的功能化、差别化的方向发展。

服装面料领域一直是锦纶最大的应用市场，锦纶面料广泛应用在户外休闲服、专业运动服、羽绒服、内衣、袜子等领域。2012 年世界民用锦纶应用情

况，锦纶在服用领域中，外套（衣、裤）类占30%，袜类14%，运动服11%，内衣类占 10，其他类占到 35%。随着锦纶面料生产技术日趋成熟和消费者对服装面料弹性、柔软等质感的追求，以及人们生活品质与品位的提高，锦纶面料未来仍具有广阔的市场空间。

（一）休闲服装

锦纶纤维作为休闲服装面料，其耐磨性、强度好于其他合成纤维， 4%的回潮率使锦纶面料对人体的舒适性优于涤纶面料。常见的休闲服用锦纶面料品种主要有锦纶纯纺以及锦/涤、锦/棉、锦/粘、锦/氨等混纺或多组分混纺及交织面料，织造工艺包括机织和针织。

主要应用在包括牛仔类、茄克、T恤衫、休闲西服、裙子、防寒服、风衣等，根据休闲服装的穿用场合，休闲服装分为职业型、运动型和时尚型三类。职业型休闲服装即具有职业装的稳重、优雅、简洁，又具有休闲装的轻松和随意的个性。这类服装款式简洁，线条自然，图案含蓄、雅致、大方；运动型休闲装具有休闲服和运动服的双重功能，这类服装色彩鲜明，轻便宽松，便于肢体活动。面料主要采用透气、轻薄、保暖、防水的机织、针织面料；时尚型休闲服装属于流行服装类，一般用于逛街、购物、娱乐等休闲场合穿着，面料较多采用了氨纶弹性、蕾丝花边等时尚类元素。

（二）羽绒服装

羽绒服装防寒保暖，是冬天的常备服装。虽然国内羽绒服装市场的发展只有20多年的历史，但市场的发展速度很快。2012年我国生产的羽绒服为29685万件，比2011年增长了7.52%，而其中锦纶FDY面料羽绒服装约占50%。

羽绒服装面料应具备防绒、防风、及透气性能，其中尤以防绒性至关紧要。常规羽绒服后整处理有：防水、防静电、聚氨酯（PU）涂层、透气透湿、消光处理等。

锦纶的密度为 1.12g/cm³比涤纶轻了近 20%，所以锦纶面料在防羽绒服及羽绒睡袋的轻量化上有一定的优势，特别适合专业户外运动领域。

（三）运动服装

运动服装大都以针织面料为主。针织面料为线圈结构，具有柔软、透气、富有弹性、穿着舒适、合身等特点。按功能，运动服大致可分为以下几类。快干型，防风、防雨、高透湿型，弹性型，保暖型。

1. 快干型 该类服装面料多采用各种吸湿排汗纤维，一般有2层。当运动员穿此类服装时，通常身体出汗量大，要求能够将人体汗液通过与皮肤接触的贴身层快速转移到面料表层，并快速散发掉，从而保持皮肤的干爽与舒适，适用与篮球、网球、羽毛球、乒乓球等室内大运动量体育项目。对户外进行的大运动量项目，如长跑、足球、沙滩排球、爬山等运动，其服装还需要有防紫外线功能。当然服装的柔软性、伸缩性是基本的性能要求。

2. 防风、防雨、高透湿型 用于户外进行的体育运动项目，如自行车、爬山、摩托车赛、冲浪、滑水等，多采用超细纤维或PU或TPU（热塑性聚氨酯弹性体）复合织物，常要求服装具有轻便、结实、保暖等特性。

3. 弹性型 弹性针织面料按其弹性大小，大致可以分为3类：高弹针织物，延伸率为30%~50%，回复性小于5%~6%，主要用于滑雪服、游泳衣、瑜伽服、运动衣等；中弹性针织物，延伸率为20%~30%，回性小于2%~5%，适用于作日常衣着和室内装饰用；低弹针织物，延伸率在20%以下，适用于一般衣着。

（四）内衣

一般内衣多采用细旦丝，内衣通常包括背心、内裤、汗衫、T恤衫、秋衣裤、衬衫以及女性文胸与人体皮肤直接接触的服装。锦纶对于内衣来说并不是最佳的面料选择，一般内衣大多采用天然纤维如棉为原料，但在一些塑身内衣或弹性较好的内衣上，纯棉面料就显得力不从心，因此出现了天然纤维与锦纶混纺或者交织的内衣面料，即具有棉的吸湿保暖、透气性好，又有锦纶的耐磨性和弹性。目前，高档次的内衣一般采用纯棉/锦纶混纺面料。

文胸内衣一般是采用吸湿性较好的棉，而边带则用弹性好、耐磨、结实的锦纶面料，这样各取其长。高档次的文胸则采用棉和锦纶的复合纤维，锦纶的加入可以为内衣定型，防止内衣变形。

无缝内衣是近些年来从欧美传入国内的一次成型内衣，它运用高新无缝加工技术，从纱线到内衣，实现了不需要裁减和缝合，使颈、腰、臀等部位无需接缝，集舒适、体贴、时尚于一身。无缝内衣的原料主要采用锦纶、氨纶及棉、粘胶等纤维，我国已经成为无缝内衣的生产大国，产量占世界无缝内衣总产量的近35%，主要集中在浙江义乌地区，产品85%出口到欧美地区，出口的无缝内衣原料90%采用锦纶与氨纶的包覆纱编织而成。

塑身内衣不仅仅是简单的紧身内衣，而是各种矫正型内衣的统称，包括文胸，连体和分体式塑身衣、束腹带、塑身裤袜等。塑身内衣一般采用高弹力锦纶、涤纶或者锦纶/氨纶包芯纱织成。部分塑身衣采用特殊双层织法帮助塑身定型，里层采用铜氨、莫代尔等纤维素纤维，保证了穿着的舒适性。

（五）袜子

织袜是锦纶最早的应用领域，袜子通常按长度分为短袜和长筒袜以及连裤袜几种。

1. 短袜 锦纶短袜作为一种较常见和最普通的袜子，其强度和耐磨性较好，并且还具有蓬松、柔软、富有弹性和保暖性好等优点，但是其吸汗和透气性差，容易引起脚臭。因而以纯锦纶织成的袜子已经渐渐退出男士短袜市场，在女士短袜市场还有部分应用，主要是28dtex、33dtex低旦锦纶。目前，市场上流行的大多是采用多层设计的混纺袜，该袜子具有吸汗、抑菌、耐磨、防臭等功能，且成本不高，适合大众消费。

2. 长筒袜及连裤袜 通常被喻为女性的第二层皮肤，是现代女性日常不可缺少之物，多数是皮肤色的、透明感高、具有轻柔、舒适、透气、护肤等特点，既能对女性腿部表面的轻微缺陷起掩饰作用，是皮肤显得光滑而细腻，又能完美地勾勒出女性柔和的线条与美感。按锦纶的线密度来分：44～66dtex为春秋袜，66dtex以上为冬装袜，夏季丝袜一般在22dtex以下，凉爽轻薄且透明度好。

四、锦纶行业存在的问题及发展建议

（一）我国锦纶行业发展面临的主要问题

1. 产品结构有待优化

锦纶品种繁多，应用量最广的是锦纶6和锦纶66，约占锦纶纤维总量的98%。美国以及英、法等西欧国家以生产和应用锦纶66纤维为主，而日本、意大利、俄罗斯联邦、东欧各国及亚洲国家或地区以锦纶6纤维为主。我国锦纶6与锦纶66的比例达85:15，锦纶6纤维占有绝对优势。

我国锦纶纤维材料主要有服用长丝、产业用丝、BCF、短纤等四类。服用长丝比重高占64%，而产业用丝占26%，短纤、BCF仅占10%。与发达国家相比，产业用丝、BCF比重偏低，品种结构仍有很大优化空间。随着国家拉动内需、国民收入提高以及消费理念的转变，汽车产业用纤维、装饰用纤维发展潜力巨大。

（二）国产化单体与聚合物是主要瓶颈

锦纶纤维的原料品质与国外差距较大，高端原料缺乏成为制约行业发展的瓶颈。在我国多数纤维及其纺织品遭遇国外反倾销调查时，我们却先后对进口锦纶切片和己内酰胺进行反倾销调查。

国产锦纶大容量连续聚合技术取得了重要突破，但在产品品质、生产成本上还有待尽快提升。高端原料锦纶高速纺用切片主要依赖进口，己内酰胺的品质、成本与国外相比也有差距。锦纶 66 盐的原料己二腈目前国内还无法生产，仍需从国外进口。

（三）我国锦纶纤维行业发展的主要趋势

1. 提高品质与降低成本是主要方向

提高品质是指材料本身性能的均匀性以及在后道工序和纺织品中性能稳定性的提升。追求产品高品质化过程实际体现了生产装置、设备、工艺的高精度、高稳定性和高可控性的特点，代表行业技术和产品发展的水平和方向。为了进一步降低单位产能建设投资和生产成本，提高在市场上的竞争力，生产规模的大型化和超大型化是世界化纤行业发展的趋势。

行业企业扩大产能、提高装置规模和技术水平、向上下游延伸将成为行业新一轮发展中的突出特点，在此基础上，将形成具有国际竞争力的行业龙头企业。

2. 功能性纤维材料及其系列化产品开发是市场重要需求

由于锦纶纤维价格较涤纶纤维等要高很多，纤维材料及其系列化产品须定位在高端，要不断提高纤维的品质、功能，来提高产品的附加值，才能保证企业的竞争力。

一些高功能、多功能锦纶纤维越来越受到市场重视，包括复合超细、细旦异型、高弹性、全消光、增白、远红外、抗紫外、抗菌防臭、阻燃、抗静电等产品。

此外，近年来受国家对汽车工业一系列政策拉动的影响，锦纶 11、锦纶 12、锦纶 1212、锦纶 612 等长链锦纶需求快速增大，受到企业的重视。上海、山东等地已经建设多套国产中试规模的装置，市场已经出现相应的产品。

（四）发展建议

1. 发挥战略联盟的作用

国产化关键共性技术的快速推广，大力开发差别化和精细化的产品和技术，是当前产能扩张期的迫切需求，对提高整个产业抗风险能力和国际竞争力，具有现实意义。依托产业技术创新战略联盟优势，以研究院所、大专院校、工程公司为主进行研发和技术推广，行业内骨干企业负责实施产业化示范，将快速提升行业重大关键技术的国产化水平和成熟度。加大产业链上下游衔接，建立面向消费者需求的生产、研发、服务的快速响应机制，将快速提升行业的技术水平和产品水平，增强行业企业的国际竞争力。

2．加强标准体系建设

锦纶民用长丝的差别化、功能性产品不断涌现，产品应用领域不断拓宽，锦纶产品的标准体系建设显得有些滞后，特别是功能性产品标准缺乏，已经不能适应行业快速发展、企业参与国际竞争的需求。

锦纶下游用户在使用锦纶差别化、功能性产品时，容易出现下游厂家没有针对性的产品质量控制指标，缺乏统一标准选择产品，用户不知道如何正确使用锦纶新产品，造成对下游用户使用锦纶新产品的困惑。加强标准体系建设，促进流通环节畅通，杜绝以次充好现象发生，将有利于行业健康发展。

3．加强锦纶纤维品牌建设

当前锦纶行业正处于结构调整、转型升级的关键时期，需要加快由规模效益向品牌质量效益转变，品牌化发展是锦纶企业发展到现阶段所面临最紧迫的问题之一。锦纶纤维生产企业目前还是以生产型为主，市场竞争主要以价格竞争为主，整体利润水平较低，缺乏研发设计创意、品牌建设、现代营销手段等环节来提高行业企业的竞争力。

新一代聚酯仿棉PET纤维产业化技术研究

李　鑫　金　剑　吕佳滨

一、研究背景

从20世纪60年代起，人们开始聚酯仿棉的研究开发工作，我国聚酯仿棉的发展可以大致分为四个阶段。最早的仿棉是从纤维粗细 、长短上考虑，是产品规格上的简单仿棉，如典型的1.56dtex×38mm的棉型涤纶。80年代末到“十五”计划末，在切片纺装置上陆续开发出全消光、中空、可深染等纤维，形成单一功能的第二代聚酯仿棉纤维。从本世纪初开始，人们综合运用共聚、功能粉体添加、多异复合等多种技术，在半连续聚合装置和切片纺装置上陆续开发出多功能的第三代聚酯仿棉长丝与短纤，并开发出具有全消光、抗紫外、吸湿排汗、常压可深染、阻燃等多种功能的纺织品。

从“十一五”末开始，以分子设计、计算机仿真、微纳米技术、生物技术等应用为标志，通过在线添加技术，实现在大容量聚合直接纺丝装置上开发出具有高品质、高功能、低能耗和低排放特征的第四代聚酯仿棉纤维，解决聚酯纤维亲水性差、短纤维易起球、纤维和纱线刚性大、色泽不柔和、常压染色上染率低、混纺织物需要两步染色等“共性缺点”，保留其免熨烫、耐磨、速干等优点，开发出外观和触感仿棉、功能和穿着舒适性超越棉的高品质、高功能、低能耗和低排放的聚酯仿棉纤维及其纺织品。新一代聚酯仿棉纤维的性能与功能，纤维制造及其纺织染整过程的清洁生产、环境友好水平，纺织品的舒适性、功能性以及外观、触感仿棉程度显著提升，正朝着性能、品质和经济指标逐步赶上或超越天然纤维的方向发展，代表了合成纤维的发展方向。

2012年，我国合成纤维产量已达3792万吨，占世界总量的70%以上，占我国纺织加工总量的65%以上，是纺织工业最重要的原材料。聚酯PET纤维是最重要的合成纤维品种，自2000年以来，我国聚酯产能逐年增加，年平均增长率超过10%。2012年，我国聚酯纤维的产量达到3057万吨，占纺织加工总量的55%，成为缓解棉毛丝麻等天然纤维不足的主体品种。

我国聚酯纤维产业水平高，部分技术和产品达到国际先进水平。但也面临亟须解决的突出问题：高附加值的功能性纤维品种、产量少，品质不高；同质化竞争激烈，行业利润率低；投资扩能成为主要竞争手段，可持续发展存在隐患；生产过程的节能、降耗、减排技术开发和应用不够，清洁生产水平有待提升。这表明技术创新对行业发展的支撑作用不够，究其根源，是制约行业发展的重大关键技术尚未突破，大量的科技成果在大容量、高速度、高精度工业化装置上的应用是瓶颈。

棉纤维是服装和家纺用量最大的天然纤维。棉纤维的结构使其织物具有优良的吸湿、保暖、易染色等特点，触感柔软、穿着舒适性好，是理想的服用和家用纺织品的原材料。面对国际国内两大市场的刚性需求，我国纺织加工原料中棉纤维的供给严重不足，每年都需要大量从国外进口。但棉纤维及其纺织品也存在导湿排湿性差、弹性差、不抗皱、易缩水、不耐酸和霉菌等缺点。

一方面是聚酯纤维产量的快速增加、产能的过剩、亟待解决的产品结构调整和升级；另一方面是天然纤维棉花的短缺、棉纤维价格的暴涨、导致的生产成本增长，产品市场竞争力的降低。在此背景下，为了有效利用我国聚酯过剩产能，缓解棉纤维供给不足问题，保持我国纺织工业的可持续发展、推动行业技术进步和产业结构调整，纺织工业联合会提出了开发新一代仿棉聚酯纤维及其纺织品的研究课题。由中国化学纤维工业协会和中国纺织科学研究院牵头组建的化纤产业技术创新战略联盟向国家科技部申请立项了国家科技部“十二五”科技支撑计划项目“超仿棉合成纤维及其纺织品产业化技术开发”。20多家单位经过3年的产学研用紧密合作、产业链上下游联合攻关，实现了新一代聚酯仿棉纤维产业化生产和市场化应用。

二、新一代聚酯仿棉纤维产业化关键共性技术

新型 PET 聚酯结构设计、改性剂的在线精确添加与高效分散、大容量装置改性聚酯连续聚合和稳定纺丝、纤维形态与力学性能调控、单体与副产物的高效回收回用等产业关键技术是实现新一代聚酯仿棉纤维产业化的关键。

高品质不仅要求纤维均匀、性能/功能稳定，还要求纤维及其在织染后加工过程及纺织品使用过程中性能/功能稳定、耐久和安全。高功能是指基于分子链结构、凝聚态结构、体系组成、纤维形态等特征的改善而带来的舒适性和性能/功能的显著提升。

低能耗和低排放是指纤维材料从单体原料制备、聚合物合成与改性、纤维材料成型、纺织染整到产品的循环再利用整个过程中，能耗物耗、有害物质排放量和废弃物量显著降低。

以连续聚合直接纺丝的大容量、高效率制备技术替代间歇聚合、切片纺丝技术，可以显著提升纤维的品质，降低纤维生产的能耗。通过改变聚酯分子结构可以显著降低染整过程的能耗、排放；通过共聚酯生产废水中乙二醇和乙醛等副产物的高效回收回用技术，可以降低成本、减少排放。

（一）共聚酯连续聚合技术

分子结构是决定聚酯纤维性能的根本要素。要从根本上改进聚酯纤维的亲水性、常压染色性等性质，需要选择合适的改性组分，控制分子链序列结构，既要保证对水分子、染料分子的亲和性，又要控制其聚集态结构，保证力学性能和水分子、染料分子在纤维中的扩散。改性的同时还要兼顾聚合反应的可控性、聚合物的熔体拉伸粘度，以及生产成本、纤维性能和生产过程的安全性等因素。选择哪种改性分子、在哪个环节添加、添加物如何精确添加分散均匀、反应条件如何控制等是工艺技术难点和关键点。

中国纺织科学研究院研发建设了新一代聚酯纤维连续聚合产业化试验线，可以在酯化等反应釜中添加，也可以在管道中添加，实现了多点在线添加。同时，可以选择不同的反应釜，实现对现有上流式三釜流程、四釜流程和液相增粘反应的模拟，为聚酯仿棉纤维等功能性纤维的开发提供了良好的试验条件。

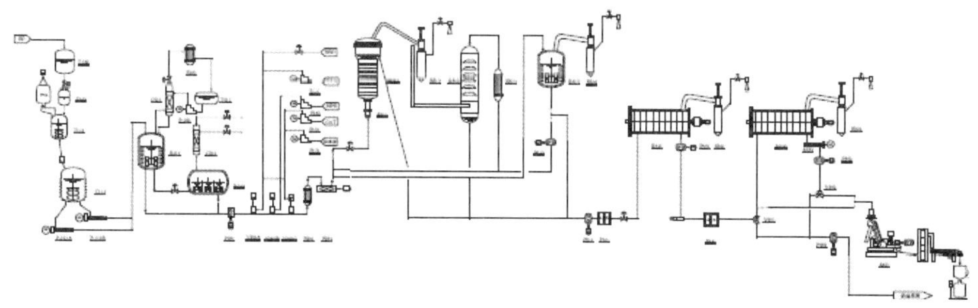

图1　新一代聚酯连续聚合产业化柔性试验线

（二）大容量直纺装置侧线添加技术

利用功能粉体添加是实现纤维功能化的一个重要手段。面对功能性纤维市场需求的小批量、多品种、快速反应的特点，功能组分在线添加技术是在大容量直纺装置上实现功能性纤维生产是关键。

抗紫外、全消光、抗静电等功能性母粒已经实现了产业化，需要解决的是纺丝侧线上精确添加、高效分散等难题。中国纺织科学研究院基于混合、分散的基础理论和计算机仿真，掌握了动态混合器的结构、工艺对混合效果、纤维性能和产能的影响规律，开发出在线可控添加技术和专用装备。采用在线添加技术，中国纺织科学研究院先后在恒力化纤建成10万吨/年直纺装置的千吨规模侧线添加全消光纤维制备示范线，在仪征化纤开发的 3 万吨/年直纺在线添加生产功能性差别化短纤维生产线。

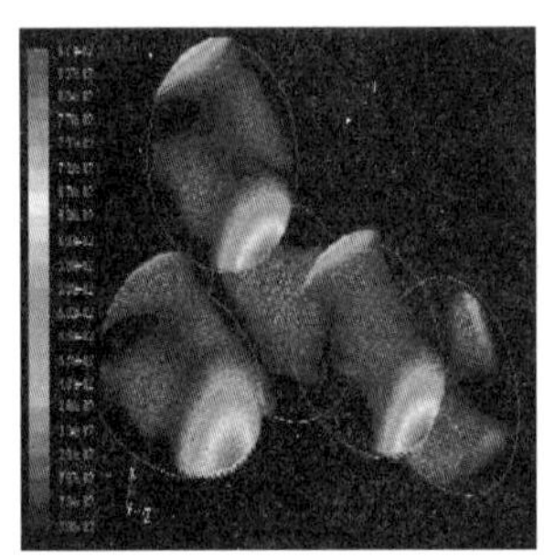
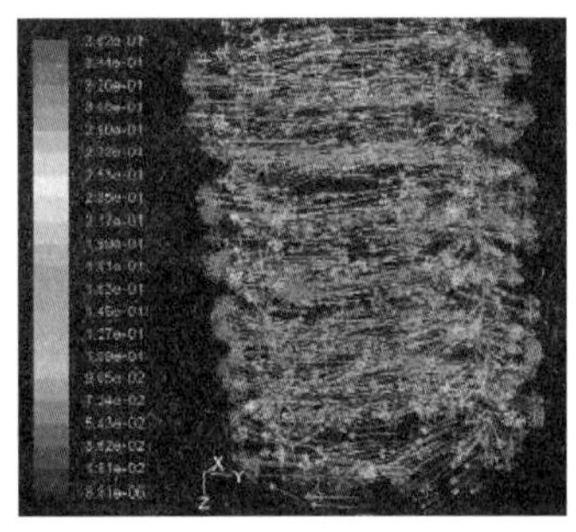

图2　动态混合过程的计算机模拟

对于聚酯仿棉纤维，如何选择合适的功能粉体，并克服功能粉体的吸湿性高、容易团聚的难点,制备出高品质的功能母粒，并通过在线可控添加，改善纤维的吸湿、保湿、导水等特性；如何实现多种改性组分的协同效应是技术的关键和难点。

（三）高异型细旦纤维截面精确控制及力学性能调控技术

与常规聚酯相比，新一代仿棉聚酯的化学性质明显改变，从而导致结晶能力下降、吸湿性提高、热稳定性变差易降解等问题。因此，纺丝过程中，特别是在制备高异型度的细旦和微细旦纤维时，其凝聚态结构及形态对温度场和拉伸工艺有特殊的要求，须开发专用纺丝组件和喷丝板，调整纺程工艺，才能实现对纤维截面形态的精确控制和对力学性能的调控。

（四）单体与副产物高效回收回用技术

通常聚酯生产的酯化废水中含有少量乙二醇单体和约 1.5%的乙醛等有机

副产物，同时，共聚酯聚合过程中，也会有一些添加组分被带到酯化废水中。采取直接排放方式，会造成环境污染。但这由于些副产品含量低、种类不单一，现有的设备难以高效回收。研制出高效复合型酯化工艺分离塔、精馏塔，开发高效回收技术，使废液中单体、副产物（乙醛和功能组分）的回收率达到99.5%以上，是实现清洁生产的关键，也是需要解决的关键技术。

三、新一代聚酯仿棉纤维系列产品

（一）新一代聚酯仿棉纤维体系

新一代聚酯仿棉纤维不是一个单一品种，而是一个由不同性能和功能纤维组成的体系。针对不同的终端应用领域，如运动服、家居休闲服、职业装等典型领域，所开发的纤维具有特定的性能和功能。

新一代聚酯仿棉纤维的共性特征是基于高品质、高功能的亲水性和棉织物的触感和外观，并具有针对不同用途的特定功能，如吸湿速干、常压染色、抗起球、抗紫外、抗菌、阻燃等等。根据市场需求，中国纺织科学研究院、东华大学等重点开发了亲水易染、亲水细旦和高亲水三个品种，形成了从聚合、纺丝、织造、染整、面料、服装生产的完整技术创新链，实现了新一代聚酯仿棉纤维的产业化生产和应用。

通过与棉纤维及棉织物的对比研究，如光泽、手感、接触冷暖感、热湿舒适性、起毛起球等，通过对比纤维性能、纱线和织物结构与织物风格和舒适性的关系，初步确定了新一代聚酯仿棉纤维及纺织品的特征指标，提出了新一代聚酯仿棉纤维及其纺织品评价方法和标准体系框架，并先期制定出吸湿速干型、易染型和亲水型三大类、短纤和低弹丝共6项新一代聚酯仿棉纤维的中国化纤工业协会标准，使新一代聚酯仿棉纤维面料仿棉效果和舒适性得到了明显优化。

（二）亲水易染型仿棉聚酯纤维技术开发

棉纤维因其分子链段柔软、含有大量的羟基，利于染料分子的进入，并能与羟基结合，因此常压染色性能好。常规聚酯染色常需分散染料在高温（120～135℃）高压的条件下进行，以实现较高的上染率。

通过在聚合过程中引入与染料分子结合的酰胺基团可以改善聚酯纤维的染色性能，此外，引入的酰胺破坏了聚酯分子的规则性，降低了结晶度，也提高了纤维的染色性能。

PET 中含有芳香族的苯环，分子链段的刚性较大，因此手感发硬。要改善纤维的触感，就要对 PET 的分子链段、纤维横截面、纤维模量进行调控。在对苯二甲酸与乙二醇聚合过程中引入酰胺结构，增加聚酯链的柔顺性，从而改进纤维的手感。

采用共聚改性剂精确添加、均匀分散及均质反应控制技术，新型催化剂、稳定剂复配体系控制终缩聚及共聚酯色相技术，乙二醇馏分回收利用技术，细旦丝力学性能调控技术，在 6 万吨/年规模连续聚合装置上实现亲水易染聚酯纤维的稳定生产。

亲水易染型聚酯熔融温度约 235℃，比常规聚酯纤维低 20℃；玻璃化温度 70℃，比常规聚酯纤维低 10℃左右。酰胺基团的引入破坏了聚酯纤维大分子的规整性，使纤维的无定形区增加，染料分子更容易进入纤维内部，所以，易染型聚酯纤维可以实现分散染料无载体常压沸染。

亲水易染型聚酯纤维的规格和性能：单丝线密度为 1.33dtex，断裂强度为 2.4～3.0cN/dtex，初始模量≤50cN/dtex，断裂伸长率为 20%～35%，回潮率约 0.8%。与常规聚酯纤维相比，易染型聚酯纤维的断裂强度和初始模量均大幅降低，只有常规聚酯纤维的 50% 左右，这个强度可以满足服用要求，同时又使织物是有良好的抗起球性能。初始模量低于长绒棉纤维，使织物触感更加柔软。回潮率是常规聚酯纤维的 2 倍，有助于改善其亲水性能和抗静电性能。易染型聚酯纤维适合制作各种纯纺、混纺纱线，纺纱过程无特殊要求，可纺性良好，纱线性能指标优良。

（三）亲水细旦型仿棉聚酯纤维技术开发

为解决普通涤纶织物服用的舒适性，之前通常在染整加工中进行亲水处理，使织物滴水吸湿时间变短，从而人体产生的汗液在纤维表面快速扩散、蒸发，达到速干和服用舒适的效果。但随着织物洗涤次数的增加，亲水基团被洗掉后，织物的亲水性丧失，又回复到原来状态。为了赋予纤维永久的亲水性，将含有吸湿特性的反应性基团（HO-M-OH）引入大分子体系。通过亲水改性剂的精确添加、均匀分散技术，连续聚合技术，细旦化、高异型化控制技术，染整工艺技术的开发，生产出单丝纤度最低为 0.8dtex 的短纤维，以及单丝纤度 1dpf、异型度大于 75%的长丝。

柔性链段的引入，破坏了普通聚酯的规整度，可以采用常压分散染料染色，对染整加工设备的适应性更强，能耗更低，大大降低了加工成本。纤维细旦化、高异型化技术的运用使织成的织物结构中纤维之间形成无数个微细的毛细管，织物芯吸效应明显增加，大大改善织物的吸湿导湿功能。亲水细旦仿棉聚酯短纤维吸水率≥400%；蒸发速率≥0.09 g/h。亲水细旦仿棉聚酯低弹丝吸水率≥400%；蒸发速率/g/h≥1.5；亲水细旦聚酯DTY袜带滴水扩散时间2.2 s，蒸发速率0.52 g/h。

（四）高亲水型仿棉聚酯纤维技术开发

针对一些特殊用途，开发了回潮率高于1.2%的高亲水型超仿棉聚酯纤维。选择多种改性剂进行共聚改性，通过对三单、四单、五单添加量以及添加工艺研究，确定了最佳添加量以及添加工艺，建立了三单、四单、五单的添加量与共聚酯亲水性能的定量关系，实现亲水聚酯的亲水调控。通过对无机粉体表面修饰处理，确保功能性无机粒子呈均匀亚微米级分散在聚酯中，改善纤维的亲水性和手感。生产出回潮率最高可达2%的高亲水型产品。

四、新一代聚酯仿棉纤维的应用技术开发

（一）纱线开发

通过解决纺纱过程中静电引起的缠辊问题、较低强度、模量所带来的可纺性等问题，在环锭纺、紧密纺、涡流纺设备上顺利开发出40多种纯纺和混纺（棉、粘胶、麻、竹纤维、氨纶包芯）的针织和机织纱线。纺纱过程无特殊要求，可纺性良好，纱线性能指标优良，满足条干不匀CV≤11.5%～14.5%，断裂强度≥10～15cN/tex要求。目前稳定生产出60S亲水易染型纱线， 100S亲水细旦型纱线等高品质产品。

（二）织染技术及面料开发

目前已经开发出新一代聚酯仿棉纤维织造和染整加工技术，其中，亲水易染型纤维与棉混纺织物实现了“一浴一步”染色，体现出新一代聚酯仿棉纤维突出的清洁生产特征。

采用亲水易染型纤维所研究开发生产的面料包括：斜纹、弹力贡缎、小空气层、汗布、珠花绒、双面布等，面料手感柔软、抗起毛起球性好、穿着舒适性大幅提高，与棉混纺一浴一步染色的色牢度好。

表1　亲水易染型面料（双面布：J32ST70/C30）

检测项目	单位	实测值	检验方法标准
吸水率	%	266	GB/T21655.1-2008
蒸发速率	g/h	0.36	GB/T21655.1-2008
回潮率（105℃烘干）	%	2.1	GB/T9995-1997
透湿量	g/（m2.d）	11010	GB/T12704.1-2008
起毛起球	级	4	GB/T4802.1-2008

采用亲水细旦型纤维的面料包括：汗布、府绸、平布、纱卡、四面弹、小空气层、火山灰盖涤汗布、双珠网眼等，面料亲水快干效果好、亲肤性好，悬垂性好，用于休闲装、运动T恤、女士时装、高档衬衫、护士服、作训服等产品。

表2　亲水异型细旦面料（双珠网眼：J80ST65/C35/2+100DT/138F）

检测项目	单位	实测值	检验方法标准
吸水率	%	268	GB/T21655.1-2008
滴水扩散时间	s	0.1	GB/T21655.1-2008
直向芯吸高度	mm	＞200	FZ/T01071-2008
横向芯吸高度	mm	＞200	FZ/T01071-2008
蒸发速率	g/h	0.312	GB/T21655.1-2008
透湿量	g/（m2.d）	13760	GB/T12704.1-2008
悬垂系数	%	15	GB/T23329-2009
起毛起球	级	4-5	GB/T4802.1-2008

表3　亲水细旦面料（双纱单珠网眼：J60ST65/C35 紧密纺）

检测项目	单位	实测值	检验方法标准
吸水率	%	238	GB/T21655.1-2008
滴水扩散时间（吸湿性）	s	0.6	GB/T21655.1-2008
直向芯吸高度	mm	162	FZ/T01071-2008
横向芯吸高度	mm	156	FZ/T01071-2008
蒸发速率（速干性）	g/h	0.29	GB/T21655.1-2008
透湿量	g/（m2.d）	12470	GB/T12704.1-2008
起毛起球	级	4-5	GB/T4802.1-2008
回潮率	%	2.2	GB/T9995-1997

采用高亲水型纤维的面料包括：双珠地布、罗纹、氨纶汗布等夏季导湿快干面料；汗布、提花、低温拉架大鱼鳞布、鱼鳞卫衣布等春季单向导湿面料；连接布、氨纶汗布、平纹布、提花布等秋季吸湿发热面料和提花、抓毛双卫衣布、珠地抓毛单卫衣布冬季吸湿透气保暖面料。所开发面料具有导湿、速干、隔热、柔软、抗起球等特点，用于制作衬衣、牛仔、内衣、T恤、运动服、家居服等产品。

四、结语

目前，新型超仿棉聚酯纤维的研究工作已经获得了初步成果，所开发的技术已经率先在化纤产业技术创新战略联盟多家企业推广应用，示范效果良好，产生了很好的经济效益和社会效应；生产的新一代聚酯仿棉纤维及纺织品由于其优良的服用性能很快被消费者认可和接受，市场快速成长。

技术创新永无止境。为了更好地体现新一代聚酯仿棉纤维高品质、高功能、低能耗、低排放特征，为了满足不断的市场需求，还需不断加大新技术、新产品的开发。重点包括：生物法二元醇聚酯仿棉纤维产品，非重金属催化体系的低温聚合工艺技术，高异型超细旦纺丝技术，多功能、高功能母粒制备与添加技术等。

可以预见，随着新一代聚酯仿棉纤维及其纺织品产业化技术的不断推广应用，将会对我国化纤产业的转型升级发挥带动作用。

BLUE BOOK 化纤蓝皮书
of China Chemical Fibers

行业运行篇

专题研究篇

产业政策篇

宏观调控

投资购并

非公经济

现代物流

科技政策

统计数据篇

2014年中国化纤经济形势分析与预测

Analysis and Forecast of China Chemical Fibers' Economy of 2014

中国纺织出版社

中共中央关于全面深化改革若干重大问题的决定

（2013年11月12日中国共产党第十八届中央委员会第三次全体会议通过）

为贯彻落实党的十八大关于全面深化改革的战略部署，十八届中央委员会第三次全体会议研究了全面深化改革的若干重大问题，作出如下决定。

一、全面深化改革的重大意义和指导思想

（1）改革开放是党在新的时代条件下带领全国各族人民进行的新的伟大革命，是当代中国最鲜明的特色。党的十一届三中全会召开三十五年来，我们党以巨大的政治勇气，锐意推进经济体制、政治体制、文化体制、社会体制、生态文明体制和党的建设制度改革，不断扩大开放，决心之大、变革之深、影响之广前所未有，成就举世瞩目。

改革开放最主要的成果是开创和发展了中国特色社会主义，为社会主义现代化建设提供了强大动力和有力保障。事实证明，改革开放是决定当代中国命运的关键抉择，是党和人民事业大踏步赶上时代的重要法宝。

实践发展永无止境，解放思想永无止境，改革开放永无止境。面对新形势新任务，全面建成小康社会，进而建成富强民主文明和谐的社会主义现代化国家、实现中华民族伟大复兴的中国梦，必须在新的历史起点上全面深化改革，不断增强中国特色社会主义道路自信、理论自信、制度自信。

（2）全面深化改革，必须高举中国特色社会主义伟大旗帜，以马克思列宁主义、毛泽东思想、邓小平理论、“三个代表”重要思想、科学发展观为指导，坚定信心，凝聚共识，统筹谋划，协同推进，坚持社会主义市场经济改革方向，以促进社会公平正义、增进人民福祉为出发点和落脚点，进一步解放思想、解放和发展社会生产力、解放和增强社会活力，坚决破除各方面体制机制弊端，努力开拓中国特色社会主义事业更加广阔的前景。

全面深化改革的总目标是完善和发展中国特色社会主义制度，推进国家治理体系和治理能力现代化。必须更加注重改革的系统性、整体性、协同性，加快发展社会主义市场经济、民主政治、先进文化、和谐社会、生态文明，让一切劳动、知识、技术、管理、资本的活力竞相迸发，让一切创造社会财富的源泉充分涌流，让发展成果更多更公平惠及全体人民。

紧紧围绕使市场在资源配置中起决定性作用深化经济体制改革，坚持和完善基本经济制度，加快完善现代市场体系、宏观调控体系、开放型经济体系，加快转变经济发展方式，加快建设创新型国家，推动经济更有效率、更加公平、更可持续发展。

紧紧围绕坚持党的领导、人民当家作主、依法治国有机统一深化政治体制改革，加快推进社会主义民主政治制度化、规范化、程序化，建设社会主义法治国家，发展更加广泛、更加充分、更加健全的人民民主。

紧紧围绕建设社会主义核心价值体系、社会主义文化强国深化文化体制改革，加快完善文化管理体制和文化生产经营机制，建立健全现代公共文化服务体系、现代文化市场体系，推动社会主义文化大发展大繁荣。

紧紧围绕更好保障和改善民生、促进社会公平正义深化社会体制改革，改革收入分配制度，促进共同富裕，推进社会领域制度创新，推进基本公共服务均等化，加快形成科学有效的社会治理体制，确保社会既充满活力又和谐有序。

紧紧围绕建设美丽中国深化生态文明体制改革，加快建立生态文明制度，健全国土空间开发、资源节约利用、生态环境保护的体制机制，推动形成人与自然和谐发展现代化建设新格局。

紧紧围绕提高科学执政、民主执政、依法执政水平深化党的建设制度改革，加强民主集中制建设，完善党的领导体制和执政方式，保持党的先进性和纯洁性，为改革开放和社会主义现代化建设提供坚强政治保证。

（3）全面深化改革，必须立足于我国长期处于社会主义初级阶段这个最大实际，坚持发展仍是解决我国所有问题的关键这个重大战略判断，以经济建设为中心，发挥经济体制改革牵引作用，推动生产关系同生产力、上层建筑同经济基础相适应，推动经济社会持续健康发展。

经济体制改革是全面深化改革的重点，核心问题是处理好政府和市场的关系，使市场在资源配置中起决定性作用和更好发挥政府作用。市场决定资源配置是市场经济的一般规律，健全社会主义市场经济体制必须遵循这条规律，着力解决市场体系不完善、政府干预过多和监管不到位问题。

必须积极稳妥从广度和深度上推进市场化改革，大幅度减少政府对资源的直接配置，推动资源配置依据市场规则、市场价格、市场竞争实现效益最大化和效率最优化。政府的职责和作用主要是保持宏观经济稳定，加强和优化公共服务，保障公平竞争，加强市场监管，维护市场秩序，推动可持续发展，促进共同富裕，弥补市场失灵。

（4）改革开放的成功实践为全面深化改革提供了重要经验，必须长期坚持。最重要的是，坚持党的领导，贯彻党的基本路线，不走封闭僵化的老路，不走改旗易帜的邪路，坚定走中国特色社会主义道路，始终确保改革正确方向；坚持解放思想、实事求是、与时俱进、求真务实，一切从实际出发，总结国内成功做法，借鉴国外有益经验，勇于推进理论和实践创新；坚持以人为本，尊重人民主体地位，发挥群众首创精神，紧紧依靠人民推动改革，促进人的全面发展；坚持正确处理改革发展稳定关系，胆子要大、步子要稳，加强顶层设计和摸着石头过河相结合，整体推进和重点突破相促进，提高改革决策科学性，广泛凝聚共识，形成改革合力。

当前，我国发展进入新阶段，改革进入攻坚期和深水区。必须以强烈的历史使命感，最大限度集中全党全社会智慧，最大限度调动一切积极因素，敢于啃硬骨头，敢于涉险滩，以更大决心冲破思想观念的束缚、突破利益固化的藩篱，推动中国特色社会主义制度自我完善和发展。

到二〇二〇年，在重要领域和关键环节改革上取得决定性成果，完成本决定提出的改革任务，形成系统完备、科学规范、运行有效的制度体系，使各方面制度更加成熟更加定型。

二、坚持和完善基本经济制度

公有制为主体、多种所有制经济共同发展的基本经济制度，是中国特色社会主义制度的重要支柱，也是社会主义市场经济体制的根基。公有制经济和非公有制经济都是社会主义市场经济的重要组成部分，都是我国经济社会发展的重要基础。必须毫不动摇巩固和发展公有制经济，坚持公有制主体地位，发挥国有经济主导作用，不断增强国有经济活力、控制力、影响力。必须毫不动摇鼓励、支持、引导非公有制经济发展，激发非公有制经济活力和创造力。

（5）完善产权保护制度。产权是所有制的核心。健全归属清晰、权责明确、保护严格、流转顺畅的现代产权制度。公有制经济财产权不可侵犯，非公有制经济财产权同样不可侵犯。

国家保护各种所有制经济产权和合法利益，保证各种所有制经济依法平等使用生产要素、公开公平公正参与市场竞争、同等受到法律保护，依法监管各种所有制经济。

（6）积极发展混合所有制经济。国有资本、集体资本、非公有资本等交叉持股、相互融合的混合所有制经济，是基本经济制度的重要实现形式，有利于国有资本放大功能、保值增值、提高竞争力，有利于各种所有制资本取长补短、相互促进、共同发展。允许更多国有经济和其他所有制经济发展成为混合所有制经济。国有资本投资项目允许非国有资本参股。允许混合所有制经济实行企业员工持股，形成资本所有者和劳动者利益共同体。

完善国有资产管理体制，以管资本为主加强国有资产监管，改革国有资本授权经营体制，组建若干国有资本运营公司，支持有条件的国有企业改组为国有资本投资公司。国有资本投资运营要服务于国家战略目标，更多投向关系国家安全、国民经济命脉的重要行业和关键领域，重点提供公共服务、发展重要前瞻性战略性产业、保护生态环境、支持科技进步、保障国家安全。

划转部分国有资本充实社会保障基金。完善国有资本经营预算制度，提高国有资本收益上缴公共财政比例，二〇二〇年提到百分之三十，更多用于保障和改善民生。

（7）推动国有企业完善现代企业制度。国有企业属于全民所有，是推进国家现代化、保障人民共同利益的重要力量。国有企业总体上已经同市场经济相融合，必须适应市场化、国际化新形势，以规范经营决策、资产保值增值、公平参与竞争、提高企业效率、增强企业活力、承担社会责任为重点，进一步深化国有企业改革。

准确界定不同国有企业功能。国有资本加大对公益性企业的投入，在提供公共服务方面作出更大贡献。国有资本继续控股经营的自然垄断行业，实行以政企分开、政资分开、特许经营、政府监管为主要内容的改革，根据不同行业特点实行网运分开、放开竞争性业务，推进公共资源配置市场化。进一步破除各种形式的行政垄断。

健全协调运转、有效制衡的公司法人治理结构。建立职业经理人制度，更好发挥企业家作用。深化企业内部管理人员能上能下、员工能进能出、收入能增能减的制度改革。建立长效激励约束机制，强化国有企业经营投资责任追究。探索推进国有企业财务预算等重大信息公开。

国有企业要合理增加市场化选聘比例，合理确定并严格规范国有企业管理人员薪酬水平、职务待遇、职务消费、业务消费。

（8）支持非公有制经济健康发展。非公有制经济在支撑增长、促进创新、扩大就业、增加税收等方面具有重要作用。坚持权利平等、机会平等、规则平等，废除对非公有制经济各种形式的不合理规定，消除各种隐性壁垒，制定非公有制企业进入特许经营领域具体办法。

鼓励非公有制企业参与国有企业改革，鼓励发展非公有资本控股的混合所有制企业，鼓励有条件的私营企业建立现代企业制度。

三、加快完善现代市场体系

建设统一开放、竞争有序的市场体系，是使市场在资源配置中起决定性作用的基础。必须加快形成企业自主经营、公平竞争，消费者自由选择、自主消费，商品和要素自由流动、平等交换的现代市场体系，着力清除市场壁垒，提高资源配置效率和公平性。

（9）建立公平开放透明的市场规则。实行统一的市场准入制度，在制定负面清单基础上，各类市场主体可依法平等进入清单之外领域。探索对外商投资实行准入前国民待遇加负面清单的管理模式。推进工商注册制度便利化，削减资质认定项目，由先证后照改为先照后证，把注册资本实缴登记制逐步改为认缴登记制。推进国内贸易流通体制改革，建设法治化营商环境。

改革市场监管体系，实行统一的市场监管，清理和废除妨碍全国统一市场和公平竞争的各种规定和做法，严禁和惩处各类违法实行优惠政策行为，反对地方保护，反对垄断和不正当竞争。建立健全社会征信体系，褒扬诚信，惩戒失信。健全优胜劣汰市场化退出机制，完善企业破产制度。

（10）完善主要由市场决定价格的机制。凡是能由市场形成价格的都交给市场，政府不进行不当干预。推进水、石油、天然气、电力、交通、电信等领域价格改革，放开竞争性环节价格。政府定价范围主要限定在重要公用事业、公益性服务、网络型自然垄断环节，提高透明度，接受社会监督。完善农产品价格形成机制，注重发挥市场形成价格作用。

（11）建立城乡统一的建设用地市场。在符合规划和用途管制前提下，允许农村集体经营性建设用地出让、租赁、入股，实行与国有土地同等入市、同权同价。缩小征地范围，规范征地程序，完善对被征地农民合理、规范、多元保障机制。扩大国有土地有偿使用范围，减少非公益性用地划拨。建立兼顾国家、集体、个人的土地增值收益分配机制，合理提高个人收益。完善土地租赁、转让、抵押二级市场。

（12）完善金融市场体系。扩大金融业对内对外开放，在加强监管前提下，允许具备条件的民间资本依法发起设立中小型银行等金融机构。推进政策性金融机构改革。健全多层次资本市场体系，推进股票发行注册制改革，多渠道推动股权融资，发展并规范债券市场，提高直接融资比重。完善保险经济补偿机制，建立巨灾保险制度。发展普惠金融。鼓励金融创新，丰富金融市场层次和产品。

完善人民币汇率市场化形成机制，加快推进利率市场化，健全反映市场供求关系的国债收益率曲线。推动资本市场双向开放，有序提高跨境资本和金融交易可兑换程度，建立健全宏观审慎管理框架下的外债和资本流动管理体系，加快实现人民币资本项目可兑换。

落实金融监管改革措施和稳健标准，完善监管协调机制，界定中央和地方金融监管职责和风险处置责任。建立存款保险制度，完善金融机构市场化退出机制。加强金融基础设施建设，保障金融市场安全高效运行和整体稳定。

（13）深化科技体制改革。建立健全鼓励原始创新、集成创新、引进消化吸收再创新的体制机制，健全技术创新市场导向机制，发挥市场对技术研发方向、路线选择、要素价格、各类创新要素配置的导向作用。建立产学研协同创新机制，强化企业在技术创新中的主体地位，发挥大型企业创新骨干作用，激发中小企业创新活力，推进应用型技术研发机构市场化、企业化改革，建设国家创新体系。

加强知识产权运用和保护，健全技术创新激励机制，探索建立知识产权法院。打破行政主导和部门分割，建立主要由市场决定技术创新项目和经费分配、评价成果的机制。发展技术市场，健全技术转移机制，改善科技型中小企业融资条件，完善风险投资机制，创新商业模式，促进科技成果资本化、产业化。

整合科技规划和资源，完善政府对基础性、战略性、前沿性科学研究和共性技术研究的支持机制。国家重大科研基础设施依照规定应该开放的一律对社会开放。建立创新调查制度和创新报告制度，构建公开透明的国家科研资源管理和项目评价机制。

改革院士遴选和管理体制，优化学科布局，提高中青年人才比例，实行院士退休和退出制度。

四、加快转变政府职能

科学的宏观调控，有效的政府治理，是发挥社会主义市场经济体制优势的内在要求。必须切实转变政府职能，深化行政体制改革，创新行政管理方式，增强政府公信力和执行力，建设法治政府和服务型政府。

（14）健全宏观调控体系。宏观调控的主要任务是保持经济总量平衡，促进重大经济结构协调和生产力布局优化，减缓经济周期波动影响，防范区域性、系统性风险，稳定市场预期，实现经济持续健康发展。健全以国家发展战略和规划为导向、以财政政策和货币政策为主要手段的宏观调控体系，推进宏观调控目标制定和政策手段运用机制化，加强财政政策、货币政策与产业、价格等政策手段协调配合，提高相机抉择水平，增强宏观调控前瞻性、针对性、协同性。形成参与国际宏观经济政策协调的机制，推动国际经济治理结构完善。

深化投资体制改革，确立企业投资主体地位。企业投资项目，除关系国家安全和生态安全、涉及全国重大生产力布局、战略性资源开发和重大公共利益等项目外，一律由企业依法依规自主决策，政府不再审批。强化节能节地节水、环境、技术、安全等市场准入标准，建立健全防范和化解产能过剩长效机制。

完善发展成果考核评价体系，纠正单纯以经济增长速度评定政绩的偏向，加大资源消耗、环境损害、生态效益、产能过剩、科技创新、安全生产、新增债务等指标的权重，更加重视劳动就业、居民收入、社会保障、人民健康状况。加快建立国家统一的经济核算制度，编制全国和地方资产负债表，建立全社会房产、信用等基础数据统一平台，推进部门信息共享。

（15）全面正确履行政府职能。进一步简政放权，深化行政审批制度改革，最大限度减少中央政府对微观事务的管理，市场机制能有效调节的经济活动，一律取消审批，对保留的行政审批事项要规范管理、提高效率；直接面向基层、量大面广、由地方管理更方便有效的经济社会事项，一律下放地方和基层管理。

政府要加强发展战略、规划、政策、标准等制定和实施，加强市场活动监管，加强各类公共服务提供。加强中央政府宏观调控职责和能力，加强地方政府公共服务、市场监管、社会管理、环境保护等职责。推广政府购买服务，凡属事务性管理服务，原则上都要引入竞争机制，通过合同、委托等方式向社会购买。

加快事业单位分类改革，加大政府购买公共服务力度，推动公办事业单位与主管部门理顺关系和去行政化，创造条件，逐步取消学校、科研院所、医院等单位的行政级别。建立事业单位法人治理结构，推进有条件的事业单位转为企业或社会组织。建立各类事业单位统一登记管理制度。

（16）优化政府组织结构。转变政府职能必须深化机构改革。优化政府机构设置、职能配置、工作流程，完善决策权、执行权、监督权既相互制约又相互协调的行政运行机制。严格绩效管理，突出责任落实，确保权责一致。

统筹党政群机构改革，理顺部门职责关系。积极稳妥实施大部门制。优化行政区划设置，有条件的地方探索推进省直接管理县（市）体制改革。严格控制机构编制，严格按规定职数配备领导干部，减少机构数量和领导职数，严格控制财政供养人员总量。推进机构编制管理科学化、规范化、法制化。

五、深化财税体制改革

财政是国家治理的基础和重要支柱，科学的财税体制是优化资源配置、维护市场统一、促进社会公平、实现国家长治久安的制度保障。必须完善立法、明确事权、改革税制、稳定税负、透明预算、提高效率，建立现代财政制度，发挥中央和地方两个积极性。

（17）改进预算管理制度。实施全面规范、公开透明的预算制度。审核预算的重点由平衡状态、赤字规模向支出预算和政策拓展。清理规范重点支出同财政收支增幅或生产总值挂钩事项，一般不采取挂钩方式。建立跨年度预算平衡机制，建立权责发生制的政府综合财务报告制度，建立规范合理的中央和地方政府债务管理及风险预警机制。

完善一般性转移支付增长机制，重点增加对革命老区、民族地区、边疆地区、贫困地区的转移支付。中央出台增支政策形成的地方财力缺口，原则上通过一般性转移支付调节。清理、整合、规范专项转移支付项目，逐步取消竞争性领域专项和地方资金配套，严格控制引导类、救济类、应急类专项，对保留专项进行甄别，属地方事务的划入一般性转移支付。

（18）完善税收制度。深化税收制度改革，完善地方税体系，逐步提高直接税比重。推进增值税改革，适当简化税率。调整消费税征收范围、环节、税率，把高耗能、高污染产品及部分高档消费品纳入征收范围。逐步建立综合与分类相结合的个人所得税制。加快房地产税立法并适时推进改革，加快资源税改革，推动环境保护费改税。

按照统一税制、公平税负、促进公平竞争的原则，加强对税收优惠特别是区域税收优惠政策的规范管理。税收优惠政策统一由专门税收法律法规规定，清理规范税收优惠政策。完善国税、地税征管体制。

（19）建立事权和支出责任相适应的制度。适度加强中央事权和支出责任，国防、外交、国家安全、关系全国统一市场规则和管理等作为中央事权；部分社会保障、跨区域重大项目建设维护等作为中央和地方共同事权，逐步理顺事权关系；区域性公共服务作为地方事权。中央和地方按照事权划分相应承担和分担支出责任。中央可通过安排转移支付将部分事权支出责任委托地方承担。对于跨区域且对其他地区影响较大的公共服务，中央通过转移支付承担一部分地方事权支出责任。

保持现有中央和地方财力格局总体稳定，结合税制改革，考虑税种属性，进一步理顺中央和地方收入划分。

六、健全城乡发展一体化体制机制

城乡二元结构是制约城乡发展一体化的主要障碍。必须健全体制机制，形成以工促农、以城带乡、工农互惠、城乡一体的新型工农城乡关系，让广大农民平等参与现代化进程、共同分享现代化成果。

（20）加快构建新型农业经营体系。坚持家庭经营在农业中的基础性地位，推进家庭经营、集体经营、合作经营、企业经营等共同发展的农业经营方式创新。坚持农村土地集体所有权，依法维护农民土地承包经营权，发展壮大集体经济。稳定农村土地承包关系并保持长久不变，在坚持和完善最严格的耕地保护制度前提下，赋予农民对承包地占有、使用、收益、流转及承包经营权抵押、担保权能，允许农民以承包经营权入股发展农业产业化经营。鼓励承包经营权在公开市场上向专业大户、家庭农场、农民合作社、农业企业流转，发展多种形式规模经营。

鼓励农村发展合作经济，扶持发展规模化、专业化、现代化经营，允许财政项目资金直接投向符合条件的合作社，允许财政补助形成的资产转交合作社持有和管护，允许合作社开展信用合作。鼓励和引导工商资本到农村发展适合企业化经营的现代种养业，向农业输入现代生产要素和经营模式。

（21）赋予农民更多财产权利。保障农民集体经济组织成员权利，积极发展农民股份合作，赋予农民对集体资产股份占有、收益、有偿退出及抵押、担保、继承权。保障农户宅基地用益物权，改革完善农村宅基地制度，选择若干试点，慎重稳妥推进农民住房财产权抵押、担保、转让，探索农民增加财产性收入渠道。建立农村产权流转交易市场，推动农村产权流转交易公开、公正、规范运行。

（22）推进城乡要素平等交换和公共资源均衡配置。维护农民生产要素权益，保障农民工同工同酬，保障农民公平分享土地增值收益，保障金融机构农村存款主要用于农业农村。健全农业支持保护体系，改革农业补贴制度，完善粮食主产区利益补偿机制。完善农业保险制度。鼓励社会资本投向农村建设，允许企业和社会组织在农村兴办各类事业。统筹城乡基础设施建设和社区建设，推进城乡基本公共服务均等化。

（23）完善城镇化健康发展体制机制。坚持走中国特色新型城镇化道路，推进以人为核心的城镇化，推动大中小城市和小城镇协调发展、产业和城镇融合发展，促进城镇化和新农村建设协调推进。优化城市空间结构和管理格局，增强城市综合承载能力。

推进城市建设管理创新。建立透明规范的城市建设投融资机制，允许地方政府通过发债等多种方式拓宽城市建设融资渠道，允许社会资本通过特许经营等方式参与城市基础设施投资和运营，研究建立城市基础设施、住宅政策性金融机构。完善设市标准，严格审批程序，对具备行政区划调整条件的县可有序改市。对吸纳人口多、经济实力强的镇，可赋予同人口和经济规模相适应的管理权。建立和完善跨区域城市发展协调机制。

推进农业转移人口市民化，逐步把符合条件的农业转移人口转为城镇居民。创新人口管理，加快户籍制度改革，全面放开建制镇和小城市落户限制，有序放开中等城市落户限制，合理确定大城市落户条件，严格控制特大城市人口规模。稳步推进城镇基本公共服务常住人口全覆盖，把进城落户农民完全纳入城镇住房和社会保障体系，在农村参加的养老保险和医疗保险规范接入城镇社保体系。建立财政转移支付同农业转移人口市民化挂钩机制，从严合理供给城市建设用地，提高城市土地利用率。

七、构建开放型经济新体制

适应经济全球化新形势，必须推动对内对外开放相互促进、引进来和走出去更好结合，促进国际国内要素有序自由流动、资源高效配置、市场深度融合，加快培育参与和引领国际经济合作竞争新优势，以开放促改革。

（24）放宽投资准入。统一内外资法律法规，保持外资政策稳定、透明、可预期。推进金融、教育、文化、医疗等服务业领域有序开放，放开育幼养老、建筑设计、会计审计、商贸物流、电子商务等服务业领域外资准入限制，进一步放开一般制造业。加快海关特殊监管区域整合优化。

建立中国上海自由贸易试验区是党中央在新形势下推进改革开放的重大举措，要切实建设好、管理好，为全面深化改革和扩大开放探索新途径、积累新经验。在推进现有试点基础上，选择若干具备条件地方发展自由贸易园（港）区。

扩大企业及个人对外投资，确立企业及个人对外投资主体地位，允许发挥自身优势到境外开展投资合作，允许自担风险到各国各地区自由承揽工程和劳务合作项目，允许创新方式走出去开展绿地投资、并购投资、证券投资、联合投资等。

加快同有关国家和地区商签投资协定，改革涉外投资审批体制，完善领事保护体制，提供权益保障、投资促进、风险预警等更多服务，扩大投资合作空间。

（25）加快自由贸易区建设。坚持世界贸易体制规则，坚持双边、多边、区域次区域开放合作，扩大同各国各地区利益汇合点，以周边为基础加快实施自由贸易区战略。改革市场准入、海关监管、检验检疫等管理体制，加快环境保护、投资保护、政府采购、电子商务等新议题谈判，形成面向全球的高标准自由贸易区网络。

扩大对香港特别行政区、澳门特别行政区和台湾地区开放合作。

（26）扩大内陆沿边开放。抓住全球产业重新布局机遇，推动内陆贸易、投资、技术创新协调发展。创新加工贸易模式，形成有利于推动内陆产业集群发展的体制机制。支持内陆城市增开国际客货运航线，发展多式联运，形成横贯东中西、联结南北方对外经济走廊。推动内陆同沿海沿边通关协作，实现口岸管理相关部门信息互换、监管互认、执法互助。

加快沿边开放步伐，允许沿边重点口岸、边境城市、经济合作区在人员往来、加工物流、旅游等方面实行特殊方式和政策。建立开发性金融机构，加快同周边国家和区域基础设施互联互通建设，推进丝绸之路经济带、海上丝绸之路建设，形成全方位开放新格局。

八、加强社会主义民主政治制度建设

发展社会主义民主政治，必须以保证人民当家作主为根本，坚持和完善人民代表大会制度、中国共产党领导的多党合作和政治协商制度、民族区域自治制度以及基层群众自治制度，更加注重健全民主制度、丰富民主形式，从各层次各领域扩大公民有序政治参与，充分发挥我国社会主义政治制度优越性。

（27）推动人民代表大会制度与时俱进。坚持人民主体地位，推进人民代表大会制度理论和实践创新，发挥人民代表大会制度的根本政治制度作用。完善中国特色社会主义法律体系，健全立法起草、论证、协调、审议机制，提高立法质量，防止地方保护和部门利益法制化。健全“一府两院”由人大产生、对人大负责、受人大监督制度。健全人大讨论、决定重大事项制度，各级政府重大决策出台前向本级人大报告。加强人大预算决算审查监督、国有资产监督职能。落实税收法定原则。加强人大常委会同人大代表的联系，充分发挥代表作用。通过建立健全代表联络机构、网络平台等形式密切代表同人民群众联系。

完善人大工作机制，通过座谈、听证、评估、公布法律草案等扩大公民有序参与立法途径，通过询问、质询、特定问题调查、备案审查等积极回应社会关切。

（28）推进协商民主广泛多层制度化发展。协商民主是我国社会主义民主政治的特有形式和独特优势，是党的群众路线在政治领域的重要体现。在党的领导下，以经济社会发展重大问题和涉及群众切身利益的实际问题为内容，在全社会开展广泛协商，坚持协商于决策之前和决策实施之中。

构建程序合理、环节完整的协商民主体系，拓宽国家政权机关、政协组织、党派团体、基层组织、社会组织的协商渠道。深入开展立法协商、行政协商、民主协商、参政协商、社会协商。加强中国特色新型智库建设，建立健全决策咨询制度。

发挥统一战线在协商民主中的重要作用。完善中国共产党同各民主党派的政治协商，认真听取各民主党派和无党派人士意见。中共中央根据年度工作重点提出规划，采取协商会、谈心会、座谈会等进行协商。完善民主党派中央直接向中共中央提出建议制度。贯彻党的民族政策，保障少数民族合法权益，巩固和发展平等团结互助和谐的社会主义民族关系。

发挥人民政协作为协商民主重要渠道作用。重点推进政治协商、民主监督、参政议政制度化、规范化、程序化。各级党委和政府、政协制定并组织实施协商年度工作计划，就一些重要决策听取政协意见。完善人民政协制度体系，规范协商内容、协商程序。拓展协商民主形式，更加活跃有序地组织专题协商、对口协商、界别协商、提案办理协商，增加协商密度，提高协商成效。在政协健全委员联络机构，完善委员联络制度。

（29）发展基层民主。畅通民主渠道，健全基层选举、议事、公开、述职、问责等机制。开展形式多样的基层民主协商，推进基层协商制度化，建立健全居民、村民监督机制，促进群众在城乡社区治理、基层公共事务和公益事业中依法自我管理、自我服务、自我教育、自我监督。健全以职工代表大会为基本形式的企事业单位民主管理制度，加强社会组织民主机制建设，保障职工参与管理和监督的民主权利。

九、推进法治中国建设

建设法治中国，必须坚持依法治国、依法执政、依法行政共同推进，坚持法治国家、法治政府、法治社会一体建设。深化司法体制改革，加快建设公正高效权威的社会主义司法制度，维护人民权益，让人民群众在每一个司法案件中都感受到公平正义。

（30）维护宪法法律权威。宪法是保证党和国家兴旺发达、长治久安的根本法，具有最高权威。要进一步健全宪法实施监督机制和程序，把全面贯彻实施宪法提高到一个新水平。建立健全全社会忠于、遵守、维护、运用宪法法律的制度。坚持法律面前人人平等，任何组织或者个人都不得有超越宪法法律的特权，一切违反宪法法律的行为都必须予以追究。

普遍建立法律顾问制度。完善规范性文件、重大决策合法性审查机制。建立科学的法治建设指标体系和考核标准。健全法规、规章、规范性文件备案审查制度。健全社会普法教育机制，增强全民法治观念。逐步增加有地方立法权的较大的市数量。

（31）深化行政执法体制改革。整合执法主体，相对集中执法权，推进综合执法，着力解决权责交叉、多头执法问题，建立权责统一、权威高效的行政执法体制。减少行政执法层级，加强食品药品、安全生产、环境保护、劳动保障、海域海岛等重点领域基层执法力量。理顺城管执法体制，提高执法和服务水平。

完善行政执法程序，规范执法自由裁量权，加强对行政执法的监督，全面落实行政执法责任制和执法经费由财政保障制度，做到严格规范公正文明执法。完善行政执法与刑事司法衔接机制。

（32）确保依法独立公正行使审判权检察权。改革司法管理体制，推动省以下地方法院、检察院人财物统一管理，探索建立与行政区划适当分离的司法管辖制度，保证国家法律统一正确实施。

建立符合职业特点的司法人员管理制度，健全法官、检察官、人民警察统一招录、有序交流、逐级遴选机制，完善司法人员分类管理制度，健全法官、检察官、人民警察职业保障制度。

（33）健全司法权力运行机制。优化司法职权配置，健全司法权力分工负责、互相配合、互相制约机制，加强和规范对司法活动的法律监督和社会监督。

改革审判委员会制度，完善主审法官、合议庭办案责任制，让审理者裁判、由裁判者负责。明确各级法院职能定位，规范上下级法院审级监督关系。

推进审判公开、检务公开，录制并保留全程庭审资料。增强法律文书说理性，推动公开法院生效裁判文书。严格规范减刑、假释、保外就医程序，强化监督制度。广泛实行人民陪审员、人民监督员制度，拓宽人民群众有序参与司法渠道。

（34）完善人权司法保障制度。国家尊重和保障人权。进一步规范查封、扣押、冻结、处理涉案财物的司法程序。健全错案防止、纠正、责任追究机制，严禁刑讯逼供、体罚虐待，严格实行非法证据排除规则。逐步减少适用死刑罪名。

废止劳动教养制度，完善对违法犯罪行为的惩治和矫正法律，健全社区矫正制度。

健全国家司法救助制度，完善法律援助制度。完善律师执业权利保障机制和违法违规执业惩戒制度，加强职业道德建设，发挥律师在依法维护公民和法人合法权益方面的重要作用。

十、强化权力运行制约和监督体系

坚持用制度管权管事管人，让人民监督权力，让权力在阳光下运行，是把权力关进制度笼子的根本之策。必须构建决策科学、执行坚决、监督有力的权力运行体系，健全惩治和预防腐败体系，建设廉洁政治，努力实现干部清正、政府清廉、政治清明。

（35）形成科学有效的权力制约和协调机制。完善党和国家领导体制，坚持民主集中制，充分发挥党的领导核心作用。规范各级党政主要领导干部职责权限，科学配置党政部门及内设机构权力和职能，明确职责定位和工作任务。

加强和改进对主要领导干部行使权力的制约和监督，加强行政监察和审计监督。

推行地方各级政府及其工作部门权力清单制度，依法公开权力运行流程。完善党务、政务和各领域办事公开制度，推进决策公开、管理公开、服务公开、结果公开。

（36）加强反腐败体制机制创新和制度保障。加强党对党风廉政建设和反腐败工作统一领导。改革党的纪律检查体制，健全反腐败领导体制和工作机制，改革和完善各级反腐败协调小组职能。

落实党风廉政建设责任制，党委负主体责任，纪委负监督责任，制定实施切实可行的责任追究制度。各级纪委要履行协助党委加强党风建设和组织协调反腐败工作的职责，加强对同级党委特别是常委会成员的监督，更好发挥党内监督专门机关作用。

推动党的纪律检查工作双重领导体制具体化、程序化、制度化，强化上级纪委对下级纪委的领导。查办腐败案件以上级纪委领导为主，线索处置和案件查办在向同级党委报告的同时必须向上级纪委报告。各级纪委书记、副书记的提名和考察以上级纪委会同组织部门为主。

全面落实中央纪委向中央一级党和国家机关派驻纪检机构，实行统一名称、统一管理。派驻机构对派出机关负责，履行监督职责。改进中央和省区市巡视制度，做到对地方、部门、企事业单位全覆盖。

健全反腐倡廉法规制度体系，完善惩治和预防腐败、防控廉政风险、防止利益冲突、领导干部报告个人有关事项、任职回避等方面法律法规，推行新提任领导干部有关事项公开制度试点。健全民主监督、法律监督、舆论监督机制，运用和规范互联网监督。

（37）健全改进作风常态化制度。围绕反对形式主义、官僚主义、享乐主义和奢靡之风，加快体制机制改革和建设。健全领导干部带头改进作风、深入基层调查研究机制，完善直接联系和服务群众制度。改革会议公文制度，从中央做起带头减少会议、文件，着力改进会风文风。健全严格的财务预算、核准和审计制度，着力控制“三公”经费支出和楼堂馆所建设。完善选人用人专项检查和责任追究制度，着力纠正跑官要官等不正之风。改革政绩考核机制，着力解决“形象工程”、“政绩工程”以及不作为、乱作为等问题。

规范并严格执行领导干部工作生活保障制度，不准多处占用住房和办公用房，不准超标准配备办公用房和生活用房，不准违规配备公车，不准违规配备秘书，不准超规格警卫，不准超标准进行公务接待，严肃查处违反规定超标准享受待遇等问题。探索实行官邸制。

完善并严格执行领导干部亲属经商、担任公职和社会组织职务、出国定居等相关制度规定，防止领导干部利用公共权力或自身影响为亲属和其他特定关系人谋取私利，坚决反对特权思想和作风。

十一、推进文化体制机制创新

建设社会主义文化强国，增强国家文化软实力，必须坚持社会主义先进文化前进方向，坚持中国特色社会主义文化发展道路，培育和践行社会主义核心价值观，巩固马克思主义在意识形态领域的指导地位，巩固全党全国各族人民团结奋斗的共同思想基础。坚持以人民为中心的工作导向，坚持把社会效益放在首位、社会效益和经济效益相统一，以激发全民族文化创造活力为中心环节，进一步深化文化体制改革。

（38）完善文化管理体制。按照政企分开、政事分开原则，推动政府部门由办文化向管文化转变，推动党政部门与其所属的文化企事业单位进一步理顺关系。建立党委和政府监管国有文化资产的管理机构，实行管人管事管资产管导向相统一。

健全坚持正确舆论导向的体制机制。健全基础管理、内容管理、行业管理以及网络违法犯罪防范和打击等工作联动机制，健全网络突发事件处置机制，形成正面引导和依法管理相结合的网络舆论工作格局。整合新闻媒体资源，推动传统媒体和新兴媒体融合发展。推动新闻发布制度化。严格新闻工作者职业资格制度，重视新型媒介运用和管理，规范传播秩序。

（39）建立健全现代文化市场体系。完善文化市场准入和退出机制，鼓励各类市场主体公平竞争、优胜劣汰，促进文化资源在全国范围内流动。继续推进国有经营性文化单位转企改制，加快公司制、股份制改造。对按规定转制的重要国有传媒企业探索实行特殊管理股制度。推动文化企业跨地区、跨行业、跨所有制兼并重组，提高文化产业规模化、集约化、专业化水平。

鼓励非公有制文化企业发展，降低社会资本进入门槛，允许参与对外出版、网络出版，允许以控股形式参与国有影视制作机构、文艺院团改制经营。支持各种形式小微文化企业发展。

在坚持出版权、播出权特许经营前提下，允许制作和出版、制作和播出分开。建立多层次文化产品和要素市场，鼓励金融资本、社会资本、文化资源相结合。完善文化经济政策，扩大政府文化资助和文化采购，加强版权保护。健全文化产品评价体系，改革评奖制度，推出更多文化精品。

（40）构建现代公共文化服务体系。建立公共文化服务体系建设协调机制，统筹服务设施网络建设，促进基本公共文化服务标准化、均等化。建立群众评价和反馈机制，推动文化惠民项目与群众文化需求有效对接。整合基层宣传文化、党员教育、科学普及、体育健身等设施，建设综合性文化服务中心。

明确不同文化事业单位功能定位，建立法人治理结构，完善绩效考核机制。推动公共图书馆、博物馆、文化馆、科技馆等组建理事会，吸纳有关方面代表、专业人士、各界群众参与管理。

引入竞争机制，推动公共文化服务社会化发展。鼓励社会力量、社会资本参与公共文化服务体系建设，培育文化非营利组织。

（41）提高文化开放水平。坚持政府主导、企业主体、市场运作、社会参与，扩大对外文化交流，加强国际传播能力和对外话语体系建设，推动中华文化走向世界。理顺内宣外宣体制，支持重点媒体面向国内国际发展。培育外向型文化企业，支持文化企业到境外开拓市场。鼓励社会组织、中资机构等参与孔子学院和海外文化中心建设，承担人文交流项目。

积极吸收借鉴国外一切优秀文化成果，引进有利于我国文化发展的人才、技术、经营管理经验。切实维护国家文化安全。

十二、推进社会事业改革创新

实现发展成果更多更公平惠及全体人民，必须加快社会事业改革，解决好人民最关心最直接最现实的利益问题，努力为社会提供多样化服务，更好满足人民需求。

（42）深化教育领域综合改革。全面贯彻党的教育方针，坚持立德树人，加强社会主义核心价值体系教育，完善中华优秀传统文化教育，形成爱学习、爱劳动、爱祖国活动的有效形式和长效机制，增强学生社会责任感、创新精神、实践能力。强化体育课和课外锻炼，促进青少年身心健康、体魄强健。改进美育教学，提高学生审美和人文素养。大力促进教育公平，健全家庭经济困难学生资助体系，构建利用信息化手段扩大优质教育资源覆盖面的有效机制，逐步缩小区域、城乡、校际差距。统筹城乡义务教育资源均衡配置，实行公办学校标准化建设和校长教师交流轮岗，不设重点学校重点班，破解择校难题，标本兼治减轻学生课业负担。加快现代职业教育体系建设，深化产教融合、校企合作，培养高素质劳动者和技能型人才。创新高校人才培养机制，促进高校办出特色争创一流。推进学前教育、特殊教育、继续教育改革发展。

推进考试招生制度改革，探索招生和考试相对分离、学生考试多次选择、学校依法自主招生、专业机构组织实施、政府宏观管理、社会参与监督的运行机制，从根本上解决一考定终身的弊端。义务教育免试就近入学，试行学区制和九年一贯对口招生。推行初高中学业水平考试和综合素质评价。加快推进职业院校分类招考或注册入学。逐步推行普通高校基于统一高考和高中学业水平考试成绩的综合评价多元录取机制。探索全国统考减少科目、不分文理科、外语等科目社会化考试一年多考。试行普通高校、高职院校、成人高校之间学分转换，拓宽终身学习通道。

深入推进管办评分离，扩大省级政府教育统筹权和学校办学自主权，完善学校内部治理结构。强化国家教育督导，委托社会组织开展教育评估监测。健全政府补贴、政府购买服务、助学贷款、基金奖励、捐资激励等制度，鼓励社会力量兴办教育。

（43）健全促进就业创业体制机制。建立经济发展和扩大就业的联动机制，健全政府促进就业责任制度。规范招人用人制度，消除城乡、行业、身份、性别等一切影响平等就业的制度障碍和就业歧视。完善扶持创业的优惠政策，形成政府激励创业、社会支持创业、劳动者勇于创业新机制。完善城乡均等的公共就业创业服务体系，构建劳动者终身职业培训体系。增强失业保险制度预防失业、促进就业功能，完善就业失业监测统计制度。创新劳动关系协调机制，畅通职工表达合理诉求渠道。

促进以高校毕业生为重点的青年就业和农村转移劳动力、城镇困难人员、退役军人就业。结合产业升级开发更多适合高校毕业生的就业岗位。政府购买基层公共管理和社会服务岗位更多用于吸纳高校毕业生就业。健全鼓励高校毕业生到基层工作的服务保障机制，提高公务员定向招录和事业单位优先招聘比例。实行激励高校毕业生自主创业政策，整合发展国家和省级高校毕业生就业创业基金。实施离校未就业高校毕业生就业促进计划，把未就业的纳入就业见习、技能培训等就业准备活动之中，对有特殊困难的实行全程就业服务。

（44）形成合理有序的收入分配格局。着重保护劳动所得，努力实现劳动报酬增长和劳动生产率提高同步，提高劳动报酬在初次分配中的比重。健全工资决定和正常增长机制，完善最低工资和工资支付保障制度，完善企业工资集体协商制度。改革机关事业单位工资和津贴补贴制度，完善艰苦边远地区津贴增长机制。健全资本、知识、技术、管理等由要素市场决定的报酬机制。扩展投资和租赁服务等途径，优化上市公司投资者回报机制，保护投资者尤其是中小投资者合法权益，多渠道增加居民财产性收入。

完善以税收、社会保障、转移支付为主要手段的再分配调节机制，加大税收调节力度。建立公共资源出让收益合理共享机制。完善慈善捐助减免税制度，支持慈善事业发挥扶贫济困积极作用。

规范收入分配秩序，完善收入分配调控体制机制和政策体系，建立个人收入和财产信息系统，保护合法收入，调节过高收入，清理规范隐性收入，取缔非法收入，增加低收入者收入，扩大中等收入者比重，努力缩小城乡、区域、行业收入分配差距，逐步形成橄榄型分配格局。

（45）建立更加公平可持续的社会保障制度。坚持社会统筹和个人账户相结合的基本养老保险制度，完善个人账户制度，健全多缴多得激励机制，确保参保人权益，实现基础养老金全国统筹，坚持精算平衡原则。推进机关事业单位养老保险制度改革。整合城乡居民基本养老保险制度、基本医疗保险制度。推进城乡最低生活保障制度统筹发展。建立健全合理兼顾各类人员的社会保障待遇确定和正常调整机制。完善社会保险关系转移接续政策，扩大参保缴费覆盖面，适时适当降低社会保险费率。研究制定渐进式延迟退休年龄政策。加快健全社会保障管理体制和经办服务体系。健全符合国情的住房保障和供应体系，建立公开规范的住房公积金制度，改进住房公积金提取、使用、监管机制。

健全社会保障财政投入制度，完善社会保障预算制度。加强社会保险基金投资管理和监督，推进基金市场化、多元化投资运营。制定实施免税、延期征税等优惠政策，加快发展企业年金、职业年金、商业保险，构建多层次社会保障体系。

积极应对人口老龄化，加快建立社会养老服务体系和发展老年服务产业。健全农村留守儿童、妇女、老年人关爱服务体系，健全残疾人权益保障、困境儿童分类保障制度。

（46）深化医药卫生体制改革。统筹推进医疗保障、医疗服务、公共卫生、药品供应、监管体制综合改革。深化基层医疗卫生机构综合改革，健全网络化城乡基层医疗卫生服务运行机制。加快公立医院改革，落实政府责任，建立科学的医疗绩效评价机制和适应行业特点的人才培养、人事薪酬制度。完善合理分级诊疗模式，建立社区医生和居民契约服务关系。充分利用信息化手段，促进优质医疗资源纵向流动。加强区域公共卫生服务资源整合。取消以药补医，理顺医药价格，建立科学补偿机制。改革医保支付方式，健全全民医保体系。加快健全重特大疾病医疗保险和救助制度。完善中医药事业发展政策和机制。

鼓励社会办医，优先支持举办非营利性医疗机构。社会资金可直接投向资源稀缺及满足多元需求服务领域，多种形式参与公立医院改制重组。允许医师多点执业，允许民办医疗机构纳入医保定点范围。

坚持计划生育的基本国策，启动实施一方是独生子女的夫妇可生育两个孩子的政策，逐步调整完善生育政策，促进人口长期均衡发展。

十三、创新社会治理体制

创新社会治理，必须着眼于维护最广大人民根本利益，最大限度增加和谐因素，增强社会发展活力，提高社会治理水平，全面推进平安中国建设，维护国家安全，确保人民安居乐业、社会安定有序。

（47）改进社会治理方式。坚持系统治理，加强党委领导，发挥政府主导作用，鼓励和支持社会各方面参与，实现政府治理和社会自我调节、居民自治良性互动。坚持依法治理，加强法治保障，运用法治思维和法治方式化解社会矛盾。坚持综合治理，强化道德约束，规范社会行为，调节利益关系，协调社会关系，解决社会问题。坚持源头治理，标本兼治、重在治本，以网格化管理、社会化服务为方向，健全基层综合服务管理平台，及时反映和协调人民群众各方面各层次利益诉求。

（48）激发社会组织活力。正确处理政府和社会关系，加快实施政社分开，推进社会组织明确权责、依法自治、发挥作用。适合由社会组织提供的公共服务和解决的事项，交由社会组织承担。支持和发展志愿服务组织。限期实现行业协会商会与行政机关真正脱钩，重点培育和优先发展行业协会商会类、科技类、公益慈善类、城乡社区服务类社会组织，成立时直接依法申请登记。加强对社会组织和在华境外非政府组织的管理，引导它们依法开展活动。

（49）创新有效预防和化解社会矛盾体制。健全重大决策社会稳定风险评估机制。建立畅通有序的诉求表达、心理干预、矛盾调处、权益保障机制，使群众问题能反映、矛盾能化解、权益有保障。

改革行政复议体制，健全行政复议案件审理机制，纠正违法或不当行政行为。完善人民调解、行政调解、司法调解联动工作体系，建立调处化解矛盾纠纷综合机制。

改革信访工作制度，实行网上受理信访制度，健全及时就地解决群众合理诉求机制。把涉法涉诉信访纳入法治轨道解决，建立涉法涉诉信访依法终结制度。

（50）健全公共安全体系。完善统一权威的食品药品安全监管机构，建立最严格的覆盖全过程的监管制度，建立食品原产地可追溯制度和质量标识制度，保障食品药品安全。深化安全生产管理体制改革，建立隐患排查治理体系和安全预防控制体系，遏制重特大安全事故。健全防灾减灾救灾体制。加强社会治安综合治理，创新立体化社会治安防控体系，依法严密防范和惩治各类违法犯罪活动。

坚持积极利用、科学发展、依法管理、确保安全的方针，加大依法管理网络力度，加快完善互联网管理领导体制，确保国家网络和信息安全。

设立国家安全委员会，完善国家安全体制和国家安全战略，确保国家安全。

十四、加快生态文明制度建设

建设生态文明，必须建立系统完整的生态文明制度体系，实行最严格的源头保护制度、损害赔偿制度、责任追究制度，完善环境治理和生态修复制度，用制度保护生态环境。

（51）健全自然资源资产产权制度和用途管制制度。对水流、森林、山岭、草原、荒地、滩涂等自然生态空间进行统一确权登记，形成归属清晰、权责明确、监管有效的自然资源资产产权制度。建立空间规划体系，划定生产、生活、生态空间开发管制界限，落实用途管制。健全能源、水、土地节约集约使用制度。

健全国家自然资源资产管理体制，统一行使全民所有自然资源资产所有者职责。完善自然资源监管体制，统一行使所有国土空间用途管制职责。

（52）划定生态保护红线。坚定不移实施主体功能区制度，建立国土空间开发保护制度，严格按照主体功能区定位推动发展，建立国家公园体制。建立资源环境承载能力监测预警机制，对水土资源、环境容量和海洋资源超载区域实行限制性措施。对限制开发区域和生态脆弱的国家扶贫开发工作重点县取消地区生产总值考核。

探索编制自然资源资产负债表，对领导干部实行自然资源资产离任审计。建立生态环境损害责任终身追究制。

（53）实行资源有偿使用制度和生态补偿制度。加快自然资源及其产品价格改革，全面反映市场供求、资源稀缺程度、生态环境损害成本和修复效益。坚持使用资源付费和谁污染环境、谁破坏生态谁付费原则，逐步将资源税扩展到占用各种自然生态空间。稳定和扩大退耕还林、退牧还草范围，调整严重污染和地下水严重超采区耕地用途，有序实现耕地、河湖休养生息。建立有效调节工业用地和居住用地合理比价机制，提高工业用地价格。坚持谁受益、谁补偿原则，完善对重点生态功能区的生态补偿机制，推动地区间建立横向生态补偿制度。发展环保市场，推行节能量、碳排放权、排污权、水权交易制度，建立吸引社会资本投入生态环境保护的市场化机制，推行环境污染第三方治理。

（54）改革生态环境保护管理体制。建立和完善严格监管所有污染物排放的环境保护管理制度，独立进行环境监管和行政执法。建立陆海统筹的生态系统保护修复和污染防治区域联动机制。健全国有林区经营管理体制，完善集体林权制度改革。及时公布环境信息，健全举报制度，加强社会监督。完善污染物排放许可制，实行企事业单位污染物排放总量控制制度。对造成生态环境损害的责任者严格实行赔偿制度，依法追究刑事责任。

十五、深化国防和军队改革

紧紧围绕建设一支听党指挥、能打胜仗、作风优良的人民军队这一党在新形势下的强军目标，着力解决制约国防和军队建设发展的突出矛盾和问题，创新发展军事理论，加强军事战略指导，完善新时期军事战略方针，构建中国特色现代军事力量体系。

（55）深化军队体制编制调整改革。推进领导管理体制改革，优化军委总部领导机关职能配置和机构设置，完善各军兵种领导管理体制。健全军委联合作战指挥机构和战区联合作战指挥体制，推进联合作战训练和保障体制改革。完善新型作战力量领导体制。加强信息化建设集中统管。优化武装警察部队力量结构和指挥管理体制。

优化军队规模结构，调整改善军兵种比例、官兵比例、部队与机关比例，减少非战斗机构和人员。依据不同方向安全需求和作战任务改革部队编成。加快新型作战力量建设。深化军队院校改革，健全军队院校教育、部队训练实践、军事职业教育三位一体的新型军事人才培养体系。

（56）推进军队政策制度调整改革。健全完善与军队职能任务需求和国家政策制度创新相适应的军事人力资源政策制度。以建立军官职业化制度为牵引，逐步形成科学规范的军队干部制度体系。健全完善文职人员制度。完善兵役制度、士官制度、退役军人安置制度改革配套政策。

健全军费管理制度，建立需求牵引规划、规划主导资源配置机制。健全完善经费物资管理标准制度体系。深化预算管理、集中收付、物资采购和军人医疗、保险、住房保障等制度改革。

健全军事法规制度体系，探索改进部队科学管理的方式方法。

（57）推动军民融合深度发展。在国家层面建立推动军民融合发展的统一领导、军地协调、需求对接、资源共享机制。健全国防工业体系，完善国防科技协同创新体制，改革国防科研生产管理和武器装备采购体制机制，引导优势民营企业进入军品科研生产和维修领域。改革完善依托国民教育培养军事人才的政策制度。拓展军队保障社会化领域。深化国防教育改革。健全国防动员体制机制，完善平时征用和战时动员法规制度。深化民兵预备役体制改革。调整理顺边海空防管理体制机制。

十六、加强和改善党对全面深化改革的领导

全面深化改革必须加强和改善党的领导，充分发挥党总揽全局、协调各方的领导核心作用，建设学习型、服务型、创新型的马克思主义执政党，提高党的领导水平和执政能力，确保改革取得成功。

（58）全党同志要把思想和行动统一到中央关于全面深化改革重大决策部署上来，正确处理中央和地方、全局和局部、当前和长远的关系，正确对待利益格局调整，充分发扬党内民主，坚决维护中央权威，保证政令畅通，坚定不移实现中央改革决策部署。

中央成立全面深化改革领导小组，负责改革总体设计、统筹协调、整体推进、督促落实。

各级党委要切实履行对改革的领导责任，完善科学民主决策机制，以重大问题为导向，把各项改革举措落到实处。加强各级领导班子建设，完善干部教育培训和实践锻炼制度，不断提高领导班子和领导干部推动改革能力。创新基层党建工作，健全党的基层组织体系，充分发挥基层党组织的战斗堡垒作用，引导广大党员积极投身改革事业，发扬“钉钉子”精神，抓铁有痕、踏石留印，为全面深化改革作出积极贡献。

（59）全面深化改革，需要有力的组织保证和人才支撑。坚持党管干部原则，深化干部人事制度改革，构建有效管用、简便易行的选人用人机制，使各方面优秀干部充分涌现。发挥党组织领导和把关作用，强化党委（党组）、分管领导和组织部门在干部选拔任用中的权重和干部考察识别的责任，改革和完善干部考核评价制度，改进竞争性选拔干部办法，改进优秀年轻干部培养选拔机制，区分实施选任制和委任制干部选拔方式，坚决纠正唯票取人、唯分取人等现象，用好各年龄段干部，真正把信念坚定、为民服务、勤政务实、敢于担当、清正廉洁的好干部选拔出来。

打破干部部门化，拓宽选人视野和渠道，加强干部跨条块跨领域交流。破除“官本位”观念，推进干部能上能下、能进能出。完善和落实领导干部问责制，完善从严管理干部队伍制度体系。深化公务员分类改革，推行公务员职务与职级并行、职级与待遇挂钩制度，加快建立专业技术类、行政执法类公务员和聘任人员管理制度。完善基层公务员录用制度，在艰苦边远地区适当降低进入门槛。

建立集聚人才体制机制，择天下英才而用之。打破体制壁垒，扫除身份障碍，让人人都有成长成才、脱颖而出的通道，让各类人才都有施展才华的广阔天地。完善党政机关、企事业单位、社会各方面人才顺畅流动的制度体系。健全人才向基层流动、向艰苦地区和岗位流动、在一线创业的激励机制。加快形成具有国际竞争力的人才制度优势，完善人才评价机制，增强人才政策开放度，广泛吸引境外优秀人才回国或来华创业发展。

（60）人民是改革的主体，要坚持党的群众路线，建立社会参与机制，充分发挥人民群众积极性、主动性、创造性，充分发挥工会、共青团、妇联等人民团体作用，齐心协力推进改革。鼓励地方、基层和群众大胆探索，加强重大改革试点工作，及时总结经验，宽容改革失误，加强宣传和舆论引导，为全面深化改革营造良好社会环境。

全党同志要紧密团结在以习近平同志为总书记的党中央周围，锐意进取，攻坚克难，谱写改革开放伟大事业历史新篇章，为全面建成小康社会、不断夺取中国特色社会主义新胜利、实现中华民族伟大复兴的中国梦而奋斗！

国务院关于印发“十二五”国家自主创新能力建设规划的通知

国发〔2013〕4号

各省、自治区、直辖市人民政府，国务院各部委、各直属机构：

现将《“十二五”国家自主创新能力建设规划》印发给你们，请认真贯彻执行。

国务院

2013年1月15日

（此件有删改）

“十二五”国家自主创新能力建设规划

为贯彻落实《中华人民共和国国民经济和社会发展第十二个五年规划纲要》、《国家中长期科学和技术发展规划纲要（2006～2020年）》和《中共中央　国务院关于深化科技体制改革加快国家创新体系建设的意见》（中发〔2012〕6号），引导创新主体行为，指导全社会加强自主创新能力建设，加快推进创新型国家建设，制定本规划。本规划主要涉及创新基础设施、创新主体、创新人才队伍和制度文化环境等方面。

一、建设基础与面临形势

（一）建设基础。

“十一五”期间，我国坚持把增强自主创新能力作为科学技术发展的战略基点和提高综合国力的关键，大力推进科技进步和创新，强化了对经济社会发展和国家安全保障的支撑。

1．激励自主创新的法律和政策效果初步显现。修订了科学技术进步法和专利法，公布实施反垄断法、企业所得税法等法律法规，为自主创新提供了有力的法律制度保障。国家中长期科技发展规划纲要配套政策及其实施细则逐步落实，财政科技投入和全社会研发投入年均增长超过 20%，全社会研究开发投入占国内生产总值的比例由 1.39%提高到 1.76%。国家中长期人才规划纲要和教育规划纲要颁布实施，高层次、高技能人才队伍不断壮大，从事研发活动人员数量跃居世界首位。国家知识产权战略纲要颁布实施，发明专利授权量大幅增长，上升到世界第三位。

2．自主创新基础条件不断完善。实施《国家自主创新基础能力建设“十一五”规划》和《2004—2010 年国家科技基础条件平台建设纲要》，建设了一批达到或接近国际先进水平的重大科技基础设施，构建了科技资源开放共享的全国大型科学仪器设备协作共用网，国家重点实验室和野外观测台站（网）分别达到 327 家和 105 个，国家工程中心、国家工程实验室、国家认定企业技术中心分别达到 391 家、91 家、729 家，各类国家检测中心、产品检测实验室等加快发展，科技进步和创新的物质技术基础进一步夯实。

3．创新主体发展能力明显提升。技术创新工程有效推进，以企业为主体的技术创新体系建设取得积极进展，企业研发经费、研发人员和发明专利授权量年均分别增长 25%、15%和 30%，涌现出一大批具有国际竞争力的创新型企业。知识创新工程、“211 工程”和“985 工程”加快实施，公益类科研机构改革进一步深化，高等院校和科研院所的原始创新能力显著增强。国家技术转移示范机构、国家大学科技园、生产力促进中心和科技孵化器等科技中介服务机构不断壮大，分别达到 134 家、86 家、2200 多家和 1000 多家，创新创业服务能力明显提升。

4．创新驱动经济社会发展的作用不断增强。超级计算机、移动通信、高速列车、大型飞机和核能等领域取得一批标志性创新成果并实现产业化，形成了若干新的经济增长点。新一代可循环钢铁流程工艺、清洁煤电成套装备、特高压输变电、新能源汽车和半导体照明等一批核心关键技术取得突破，为提升产业竞争力和促进节能减排降耗作出了积极贡献。超级稻、矮败小麦、禽流感疫苗、肿瘤靶向治疗、抗肝炎新药以及生产安全、食品安全和污染控制等领域的重大技术研发与推广应用，为农业增产和民生改善提供了技术保障。

（二）面临形势。

“十二五”是我国建设创新型国家的关键时期，全面建成小康社会、加快转变经济发展方式对自主创新能力建设提出了更高、更紧迫的要求。

1. 加强创新能力建设是提升国家竞争力的迫切要求。国际金融危机影响深远，主要国家纷纷调整创新战略，不断优化创新政策环境，加大创新基础设施建设投入，世界进入依靠创新繁荣实体经济的深度调整期。创新全球化加速了人才、技术等创新要素的国际流动，为各国提升创新能力带来了重大机遇和严峻挑战。要在全球经济大调整、大变革中掌握主动权，必须加快提升创新能力，抢占科技发展制高点，构筑国际竞争新优势。

2. 加强创新能力建设是实现重大科技突破的重要举措。当前，能源资源、信息通信、人口健康、现代农业和先进材料等关系现代化建设进程的重要领域正孕育革命性突破，将催生一批战略性新兴产业，引发以绿色、健康和智能为特征的新产业革命，推动产业结构重大调整。要避免与新科技革命和产业革命带来的重大历史机遇失之交臂，必须实现创新能力质的飞跃。

3. 加强创新能力建设是加快转变经济发展方式的重要支撑。当前经济、产业的竞争已前移到科技进步和创新能力的竞争，特别是随着我国工业化迅速推进，劳动力、原材料和环境保护等成本持续上升，经济社会发展面临的资源能源和生态环境约束压力进一步加大，迫切需要依靠创新实现转型发展。我国经济总量已跃居世界第二位，主要产业面临由大转强的艰巨任务，迫切需要以提高经济增长质量和效益为中心，强化创新驱动，加快实现产业结构优化升级和经济发展方式转变。

4. 加强创新能力建设是破解社会发展难题的客观需要。解决好人民群众普遍关心的基本公共服务问题，构建和谐社会，迫切需要加快教育、医疗卫生、文化和公共安全等重要社会服务领域创新能力建设，构筑惠及全民的低成本、高质量、广覆盖的社会服务保障体系，缩小城乡、区域间基本公共服务保障水平的差距，满足国民基本公共服务需求。

当前，我国自主创新能力建设仍存在一些突出问题，主要表现在：创新能力建设缺乏系统前瞻布局，与世界先进水平相比还有较大差距；创新资源配置重复分散、使用效率不高、共享不足；企业创新动力和活力不足，技术创新的主体作用没有得到充分发挥；投入不足与结构不合理并存，持续投入机制尚未形成；知识产权保护等创新环境有待完善。面对新形势和新要求，必须把科技创新作为提高社会生产力和综合国力的战略支撑，摆在国家发展全局的核心位置，以战略眼光和全球视野，抓住机遇，应对挑战，充分利用现有基础，着力加强薄弱环节，以更大力度推进我国自主创新能力建设。

二、指导思想、建设目标和总体部署

（一）指导思想。

以邓小平理论、“三个代表”重要思想、科学发展观为指导，着眼国家全局性和长远性发展需求，实施创新驱动发展战略，以体制机制改革为保障，统筹创新能力建设布局，加强自主创新的物质技术基础和人才队伍建设，促进创新资源合理配置，增强创新主体动力和全社会创新活力，更加注重协同创新，全面提升原始创新、集成创新和引进消化吸收再创新的能力和水平，加快创新型国家建设，为经济社会发展提供有力保障。

（二）建设目标。

到“十二五”末，我国自主创新能力建设的目标是：

——创新基础条件建设布局更加合理。投入运行和在建的重大科技基础设施总量接近 50 个，形成一批世界一流的科学中心。重点建设和完善 100 家国家工程中心，新建若干家国家工程（重点）实验室，认定一批国家级企业技术中心，产业技术创新、重大技术装备研制和重点工程设计的支撑条件更加完善。

——重点领域创新能力明显提升。农业、制造业、战略性新兴产业、能源和综合交通运输等产业创新能力大幅提升，教育、医疗卫生、文化和公共安全等社会领域创新能力建设取得重要进展。

——创新主体实力明显增强。企业技术创新主体地位进一步强化，大中型工业企业研发投入占主营业务收入比例达到 1.5%，一批创新型企业进入世界 500 强。建成若干一流科研机构，创新能力和研究成果进入世界同类科研机构前列；建设一批高水平研究型大学，一批优势学科达到世界一流水平，关键核心技术的有效供给能力明显提升。

——区域创新能力布局不断优化。初步形成东中西部分工协作、功能互补、多层次合作的区域创新体系。区域性创新服务平台建设得到加强。

——创新环境更加完善。创新人才队伍结构更加合理，涌现一批高端创新人才、工程技术人才和创新服务人才，每万名就业人员的研发人力投入达到

43人年。知识产权保护得到切实加强。每万人发明专利拥有量提高到3.3件，专利质量和专利技术实施率明显提高。

（三）总体部署。

“十二五”时期，我国自主创新能力建设的总体部署是：加强政府统筹规划指导，更加发挥市场在资源配置中的基础性作用，引导社会创新主体积极参与，重点推进科学研究实验设施和各类创新基地建设，加强科技资源整合共享和高效利用，健全国家标准、计量、检测和认证技术体系，支撑科技跨越发展；加快推进重点产业关键核心技术研发和工程化能力建设，提升重点社会领域创新能力和公共服务水平，构建各具特色、协调发展的区域创新体系，支撑经济社会创新发展；加强创新主体能力、人才队伍和制度等创新环境建设，深化国际交流与合作，强化知识产权创造、运用、保护和管理能力，激发全社会创新活力，提高创新效率和效益。

三、加强科技创新基础条件建设

（一）科学研究实验设施。

1．规划建设国家重大科技基础设施。瞄准科技前沿和国家重大战略需求，坚持有所为、有所不为，以能源科学、生命科学、地球系统与环境科学、粒子物理和核物理科学、空间和天文科学、材料科学、工程技术科学等7个领域为重点，统筹国家重大科技基础设施建设布局。“十二五”时期，综合考虑科学目标、技术基础、科研需求和工程队伍等因素，优先安排海底科学观测网、转化医学研究设施、中国南极天文台等16项重大科技基础设施建设。

2．加强国家重点实验室建设。按照明确定位、完善布局、规范管理、共建共享的原则，进一步加强国家（重点）实验室建设。围绕重大科技任务、重大科学工程、重大科学方向探索开展国家实验室建设。加强高等学校和科研院所国家重点实验室建设，打造国际一流水平的基础研究骨干基地。在明确定位标准、系统规划设计的基础上建设企业国家重点实验室，引领和带动行业技术进步。积极推进港澳地区国家重点实验室伙伴实验室建设。围绕部门、地方优势和特色，培育国家重点实验室。

3．提高科研装备水平。加强科学规划和系统设计，改善科研装备条件，进一步提高现有科研仪器设备的使用效率。继续推进重大科研装备自主研制，探索科研装备自主开发有效模式。强化重大科学仪器设备开发和应用，增强科研条件资源的自主装备能力。

4．稳步推进国家野外科学观测研究站（网）建设。加强农业、气象、生态、环保、交通、水利等领域野外科学观测研究站（网）建设。加快推进野外科学观测研究站（网）的信息化，改善观测环境和科研条件，形成一批联网运行和资源共享的综合性、专业性野外科学观测研究基地。

（二）科技资源与信息平台。

1．加强自然科技资源库建设。继续开展自然科技资源的搜集、保藏和安全保护，整合和完善科学植物园、动植物种质资源库、微生物菌（毒）种和人类遗传资源库、临床样本和疾病信息资源库、实验材料和标准物质资源库、岩矿化石和生物标本资源库。

2．推动重点领域科技资源平台建设。在信息、生物、新材料、航空航天、能源、海洋、节能减排等重点领域以及新兴、前沿和交叉学科领域，推动多学科交叉集成、面向社会开放服务的科技资源平台建设。

3．加快科学数据平台建设。实施科研信息化应用推进工程，强化国家重要科研信息化基础设施的综合应用和服务能力。加强中国科技资源共享网建设，构建科技资源从数据获取、存储、处理、挖掘到开放共享的完整信息服务链。建设集中与分散相结合的国家科学数据中心群，形成国家科学数据分级分类共享服务体系。抢救濒临丢失的重要科学数据。继续加强专利、工艺、标准、科技报告等科技文献资源的整合和开放。

（三）标准计量检测认证平台。

1．加强标准和认证认可体系建设。完善国家和行业技术标准资源服务平台，加强标准化与科技创新、产业升级协同发展，加快关键技术标准研制，提高参与制定国际标准的能力。推进科技基础条件平台标准化工作，加强科技资源标准化整理工作，提高数字化表达水平。完善信息安全产品国家认证制度，突破食品安全、碳排放、新能源、节能环保、交通运输工具、再制造、农业和生物、医药、现代服务业等领域认证认可关键技术，提升标准和认证认可技术支撑能力。

2．加强检验检测平台建设。整合资源，构建以国家级机构为龙头、区域性机构为基础、企业及社会检测资源为补充的检验检测体系。重点支持战略性新兴产业、现代服务业、现代农业等产业和领域检验检测能力建设，研制关键检测技术、方法和装备。在产业集聚地和主要进出口口岸规划建设一批综合性检验检测平台，增强适应产业创新和国际化发展的检验检测能力。

3．积极推进计量测试平台建设。掌握基本物理常数、量子基准关键技术及精确测量先进方法、国际关键比对技术与方法，前瞻布局建设和完善计量标准和重大精密测量基础设施，构建产业发展急需的计量测试平台；在新材料、新能源、智能电网、生物与食品安全、先进制造、应对气候变化、环境保护、城市矿产、医药安全和国防建设等领域形成满足需求的有效测量和溯源能力，健全高端分析仪器量值溯源体系，构建满足国内需求并与国际接轨的国家计量标准和量值传递体系。

四、增强重点产业持续创新能力

（一）农业创新能力。

1．加强农业技术创新平台建设。围绕我国粮食安全、种业发展、主要农产品供给、农产品质量安全、生物安全、农林生态保护等，加强农业重点实验室、农业应用研究示范基地、科学观测实验站、品种改良中心、种质库（圃）等创新基地和平台建设。依托公益性行业科研专项等国家科技计划，围绕动植物良种、生态林业、生态农业、海洋农业、农机装备、新型肥药、农产品精深加工、高效栽培、绿色种植、健康养殖、节本降耗、节水灌溉、植物病虫害统防统治、动物疫病防控、农业防灾减灾、农业农村信息化、水文水资源监测、水土流失防控、河口海岸滩涂开发治理和保护等方面重大技术需求，建设和完善一批关键共性技术创新平台。开展农业面源污染监测、防治科技攻关，提升农业可持续发展的能力。结合实施转基因生物新品种培育科技重大专项、粮食丰产科技工程和种业科技创新工程等，建设产学研结合、育繁推一体化的现代种业创新体系，增强良种良法开发和推广应用能力。

2．推进农业创新资源集聚。推进现代农业产业技术体系建设，完善以产业需求为导向、以农产品为单元、以产业链为主线、以综合试验站为基点的新型农业科技资源组合模式。积极培育以企业为主导的农业产业技术创新战略联盟，推进国家农业高新技术产业示范区和国家农业科技园区建设，构建适应高产、优质、高效、生态、安全农业发展要求的技术体系。

3．加快农业技术推广体系建设。健全乡镇或区域性农业技术推广、动植物疫病防控、农产品质量监管等公共服务机构，构建以国家农技推广机构为主导，农业科研单位、有关学校、农民专业合作社、涉农企业、群众性科技组织、农民技术人员广泛参与的多元化农技推广体系，促进农业科技信息传播和成果推广应用。加快重大关键农业技术推广应用和农机农艺融合。大力实施科技特派员农村科技创业行动，鼓励创办领办科技型企业和技术合作组织，继续完善农业科技专家大院、星火科技 12396 等科技服务模式。继续实施星火计划、科技富民强县专项行动计划、科普惠农兴村计划，全面提升现代农业专业化、社会化技术服务和推广应用能力。

（二）制造业创新能力。

1．加强制造业共性技术创新平台建设。以制造业结构调整和优化升级必需的基础工艺、基础材料、基础元器件、关键零部件和软件系统为重点，集聚、整合产业链各环节的创新资源，创新组织模式，搭建一批关键共性技术研发和工程化平台，为提升制造业新技术和新产品开发能力提供有力支撑。

2．提高重大成套技术装备开发能力。围绕重大成套技术装备设计验证以及节能减排、资源综合利用和循环经济等关键技术开发，完善和提升产业技术创新、检测检验和系统验证服务等平台，培育发展专业化的工业设计、研发机构。完善相应的研发和推广应用体系，提升重大成套技术装备的系统设计能力和集成创新能力、配套产业的新技术和新产品开发能力。

3．推动工业化和信息化深度融合。加强生产过程智能化和生产装备数字化应用示范，提升集散控制、数字控制等自动化和信息化技术集成创新能力。推进国家新型工业化产业示范基地建设。实施制造业信息化科技工程。根据行业技术发展要求，培育和发展网络制造等现代制造模式，促进“生产型制造”向“服务型制造”转变。

专栏 1　制造业创新能力建设重点

1	装备制造 机械基础零部件、基础工艺、高端仪器仪表、先进实用农机装备、煤机装备、海洋技术装备等设计、实验及检测，制造信息化、快速制造和再制造。
2	船舶 散货船、油船、集装箱船等传统船型升级换代，船用中低速柴油机、船用电站，高技术船舶、绿色船舶设计制造，数字化船型设计数据库。
3	汽车 高效内燃机、高效传动与驱动、材料与结构轻量化、整车优化、普通混合动力、汽车节能技术等研发试验平台。

续表

4	钢铁 新一代钢铁可循环流程工艺技术，高性能、高质量及升级换代关键钢材品种。
5	有色金属 高效、低耗、低污染新型冶炼、共伴生矿高效利用、矿山尾矿综合利用、有色金属短流程低能耗加工等技术与装备。
6	石化 大型特大型石化技术装备。
7	建材 无机非金属材料、非金属矿精深加工及节能减排、资源综合利用。
8	轻工 新型电池、农用新型塑料、酶制剂、食品加工、节能环保电光源、绿色智能家电。
9	纺织 高新技术纤维和新一代功能性、差别化纤维，高效节能纺纱、织造和印染以及产业用纺织品。

（三）战略性新兴产业创新能力。

1．加强战略性新兴产业创新平台和标准化建设。前瞻部署一批前沿技术研发平台，完善一批产业关键核心技术创新平台，重点建设一批工程化验证平台，为培育战略性新兴产业提供有力支撑。强化战略性新兴产业知识产权与技术标准前瞻布局，支持以企业为核心的专利战略联盟和技术标准联盟建设，掌握一批主导产业发展的知识产权和有国际影响力的技术标准，抢占战略性新兴产业技术发展制高点。

2．推进战略性新兴产业创新成果应用示范。实施战略性新兴产业创新成果应用示范工程。依托产业创新资源聚集区，布局建设一批重大成果应用示范基地，支持商业模式创新，探索政府采购支持新方式，发展产业链完善、创新能力强、特色鲜明的创新集群，提升战略性新兴产业关键技术的工程化和产业化能力。

专栏2　战略性新兴产业创新能力建设重点

1	节能环保 高效节能、低耗零排、环境安全、资源循环利用。
2	新一代信息技术 新一代无线通信、卫星移动通信、下一代广播电视网、下一代互联网、云计算、物联网、新型显示技术、半导体照明，信息技术服务。
3	生物 新药创制、高性能诊疗设备，合成生物与先进生物制造，医药、重要农作物及畜禽、微生物菌（毒）种等基因资源信息库。

续表

4	高端装备制造 航空产品、卫星载荷研制，智能控制系统、高档数控机床、轨道交通装备、深海运载和探测技术装备、深部矿产资源探测装备。
5	新能源 新一代核电装备、大型风电机组系统集成及零部件设计试验平台，新型太阳能发电、智能电网、下一代生物燃料、大规模储能。
6	新材料 新型功能材料、先进结构材料、高性能复合材料、分离膜材料、有机硅材料、纳米材料、共性基础材料。
7	新能源汽车 插电式混合动力汽车、纯电动汽车、燃料电池汽车、车用动力电池、驱动电机、动力总成、管理控制系统。

（四）现代服务业创新能力。

1．加强服务业公共技术创新平台和标准体系建设。在金融服务、现代物流、商贸服务、高技术服务等领域，加强公共技术创新平台建设，开发和推广应用新技术，发展服务新产品，推进服务业结构优化升级。围绕发展信息系统集成服务、互联网增值服务、信息安全服务和数字内容服务等，建立和完善新兴服务业标准体系，加快形成先进服务业标准创制能力，提升专业化服务水平。

2．加快服务业创新基地建设。依托有比较优势区域，建设主体功能突出、创新基础较好的区域性服务业创新中心和产业化基地，利用信息化技术手段，大力发展新兴业态，促进服务业规模化、品牌化和网络化发展。引导推动国家高技术服务业发展试点省（市）和国家高技术服务产业基地加强技术创新平台建设，延伸和完善产业链，促进高技术服务业集群发展。推动有条件城市加快发展各类高技术服务组织和机构，支撑服务业创新发展。

（五）能源产业和综合交通运输创新能力。

1．推进能源产业和综合交通运输绿色发展。加快形成和提升新型煤化工、油气勘探、农村水电开发等重大节能减排技术创新能力，研究推广动力煤配制新技术，加强电力需求侧管理技术、电网资源优化技术等开发与推广能力，提高资源综合开发利用水平。实施低碳技术创新及产业化示范工程，加强碳捕集、利用和封存等技术研发和应用能力。加快建设智能化数字交通管理、综合交通运输和绿色交通等领域中带动性强的关键技术研发平台；建设全国交通数据中心，构建综合交通信息服务平台。

2．提高能源生产运行和交通运输安全的技术保障能力。在能源产业领域，重点围绕煤矿、电站、油气田生产安全和电网、油气管网运行安全等，完善一批研发和工程化设施，提升安全防控技术支撑能力；在综合交通运输领域，构建覆盖设计、建设、运行、管理等环节的安全技术创新体系，重点加强铁路、公路、水运和航空等重大基础设施耐久性评价与安全保障技术创新平台建设，提高安全事故主动防控能力。

3．强化能源和交通重大工程建设的技术支撑。集聚整合行业优势创新资源，加强关键技术、装备和工艺创新能力建设，加速创新成果转化，保障国家煤炭基地、大型水（核）电站、智能电网、近海海域和深水油气田勘探开发、高速铁路、高速公路、大型公路桥梁、航道整治、沿海深水港口、干线机场、综合交通枢纽等重大工程顺利建设。

专栏3　能源产业和综合交通运输创新能力建设重点

1	电力 特高压输电、高效清洁燃煤电站、核电站安全。
2	煤炭 褐煤综合利用、煤制芳烃、煤制天然气、煤制乙二醇、煤炭液化、煤制烯烃。
3	石油天然气 三次采油、海洋深水工程、石油地球物理、高含硫气藏开采、测井技术、非常规天然气开发。
4	铁路 高速铁路勘察设计、轨道交通通信信号、重载机车车辆，高速铁路基础设施耐久性评价、高速铁路产品质量检测检验。
5	公路 公路养护技术装备、新型道路材料、公路长大桥建设、桥梁结构安全、公路隧道建设、陆地交通灾害防治、交通安全应急。
6	水运 港口水工建筑、疏浚技术装备。
7	民航 新一代空管系统、技术及装备，适航审定、航空运输信息系统、低空飞行监视、指挥和信息系统。
8	综合交通枢纽 客运一体化服务系统、货运联程集疏运系统、运营管理信息共享系统、防灾救灾和应急疏散系统。

五、提高重点社会领域创新能力

（一）教育领域

1．加强教育信息化应用体系建设。推动“宽带网络校校通”、“优质资源班班通”、“网络学习空间人人通”建设，构建和完善网络教学体系。全面推进教育信息化应用，鼓励有条件的学校推进数字化学习中心、数字化校园、数字化图书馆和虚拟实验室建设，促进课堂互动教学、网络互动学习，提升教育教学技术水平。加快发展开放灵活的教育资源公共服务平台，促进优质教育资源普及共享。加大教育信息化培训力度，推广教师信息化教育技术能力标准，加强教师、技术人员和管理人员专业化培训，提高教师应用信息技术的水平。

2．提高教育信息化的技术支撑能力。开发适应多终端共享要求的内容资源、学习工具和资源生成系统，提高教育信息化技术装备水平。加强数字化教学设施、特殊教育技术手段等技术创新。建设教育信息技术集成推广、教育技术装备与系统、教育支撑软件开发等创新平台，提升教学标准评测认证和教育资源质量审定评测能力。

3．加强教育管理信息化建设。制定国家教育管理信息标准与编码规范，制定学校信息化管理业务标准与规范等教育信息化标准。搭建安全高效的国家教育管理公共服务平台，建设教育管理信息系统，完善教育基础信息数据库，提高教育管理效率和服务能力。建立健全数字化校园网络信息安全监管机制。

（二）医疗卫生领域

1．加强医疗卫生公共服务技术能力建设。推进医疗卫生信息化，完善国家、省和地市三级卫生信息平台。推进公共卫生、医疗服务、医疗保障、基本药物和综合管理等业务应用系统建设。加快临床信息资源库与数据库建设，促进相互关联与整合。建立城乡居民电子健康档案和电子病历资源库，提高临床路径实用性和电子化水平。推进医疗卫生服务先进适用技术、装备和系统的研发、产业化，并加快推广应用。

2．推进医疗卫生技术基础能力建设。加强基础性卫生信息标准研发，统一卫生领域术语信息标准和代码标准，研究制订公共卫生和医院信息化功能规范及业务流程规范。研究制订适应业务需求的数据标准、交换标准和技术标准及临床决策智能知识库。推进中医药标准建设和中药质量认证。建立和完善重大公共卫生、传染病和高等级生物安全实验室监测预警体系。

3．强化疾病防治技术能力建设。加强心脑血管病、肿瘤、糖尿病、慢性呼吸系统疾病等慢性病、地方病和职业病早期预警、预防干预与诊断治疗共性关键技术研发能力建设，加强病因、致病机理等相关基础研究，健全“预防—诊断—治疗”技术体系。围绕常见病、多发病、传染病和地方病，加快新型诊疗技术、装备、诊断试剂、疫苗和药物的开发与工程化能力建设，建立和完善相关标准，提高“发生—甄别—处置”系统诊疗能力。加强中医药研究体系建设，提高中医药防病治病能力。建立精神疾病与心理健康等临床诊疗标准，完善基础与临床医学研究体系。加强妇幼保健技术能力建设，预防和减少出生缺陷。加强中国人群特有的营养健康、慢性疾病以及生殖健康、老年健康等的预测、预防和干预研究，健全综合防治体系。

（三）文化领域

1．推进文化科技创新能力建设。着眼现代文化产业体系建设需要，在出版、印刷、传媒、影视、演艺、网络游戏、网络音乐、动漫等领域推动建设技术创新平台和产学研战略联盟，支持数字文化创意、数字出版、数字影视制作、数字投送等创新技术应用，形成一批文化资源数据库，增强文化科技创新基础能力。实施文化科技创新工程，突破一批核心、关键、共性技术，推进相关技术标准研制，充分利用信息技术等先进技术支撑文化装备、材料、工艺、软件、系统的研制和发展，提高科技对传统文化业态的升级改造和对新兴文化业态的培育能力。依托国家高新技术园区、国家可持续发展实验区、国家级文化产业（试验）示范园区、国家文化产业示范基地、国家动漫游戏产业振兴基地等建立国家级文化和科技融合示范基地，促进文化与科技创新资源和要素互动衔接，加快培育和发展文化创意、数字出版、数字印刷、数字媒体、动漫游戏等新兴文化产业。跟踪新媒体发展趋势，充分发挥基于互联网和移动通信技术的新媒体在催生文化新业态、优化文化产业结构、完善文化产业链等方面的重要作用。

2．创新公共文化服务手段和服务内容。充分利用信息技术，大力开发新型文化产品，增强公共文化产品供给能力，满足人民群众多样化文化需求，使城乡居民平等享受公共文化服务。加快现代科技在图书馆、文化馆（站）等公共文化场馆中的普及和应用，充分发挥信息技术和直播卫星技术在农家书屋、全民阅读、文化信息资源共享、数字图书馆推广、公共电子阅览室、国家公共文化服务体系示范区（项目）创建等重点文化惠民工程建设中的作用，完善公共文化服务网络，构建技术先进、传输快捷、覆盖广泛的现代传播体系。加强国际传播能力建设，构建网络化国际文化交流服务平台，创新中国文化"走出去"方法和手段，提升中国文化的表现力和传播力。

（四）公共安全领域

1．增强突发事件监测预警技术能力。健全地质地震灾害、气象灾害、水旱灾害、生态环境灾害、海洋灾害、生物灾害和森林草原火灾等自然灾害监测体系和预警预报信息发布平台，完善食品安全、突发急性传染病、群体性不明原因疾病、动物疫情和职业危害等公共卫生事件信息平台和监测预警网络，建立社会安全基础数据库，形成统一指挥、功能齐全、反应灵敏、运转高效的监测预警体系。完善国家重大工程和公共基础设施监测监控平台，建立和完善水利水电工程、区域及跨区域电网、油气管线、高速铁路、机场、道桥、隧道、港口、发电厂、核设施、城市大型复杂建筑和国家基础信息网络等监测监控及信息安全保障技术体系。

2．提高应急管理技术水平。进一步加强国家应急平台建设，完善公共安全网络和信息技术标准与应用规范，强化跨部门、跨区域协同处置突发事件的技术支撑能力。加快应急管理基础数据库建设，推进重要技术资料、历史资料收集管理和共享，为妥善应对各类突发公共事件提供可靠基础数据。在重大事故灾难与应急救援、职业危害预防控制、自然灾害防治、公共卫生保障、社会安全防范等领域，加强安全保障关键共性技术开发与转化，加大公共安全关键技术和装备的攻关力度，增强防范和处置突发事件的能力。

专栏4　公共安全保障能力建设重点

1	自然灾害 水旱灾害等重大自然灾害防御和应对，应急物资调度、应急广播。
2	事故灾难 煤矿重大事故预防与应急技术，环境污染事故应急处置技术。
3	公共卫生 食品安全快速检测溯源，食品安全信息监测，食品安全科研基础数据共享，食品药品安全风险评估。
4	信息安全 信息安全测试评估、存储、监控、实时防护。
5	生物安全 转基因生物安全，药品安全及监控，高等级生物安全实验室。

六、强化区域创新发展能力

（一）加快建设各具特色的区域创新体系

结合区域经济社会发展的特色和优势，加快区域创新能力布局建设，构建运行高效的区域创新网络，鼓励创新资源密集的区域率先实现创新驱动发展，支持具有特色创新资源的区域加快提高创新能力。东部地区要发挥开放和科教资源密集优势，集聚国际创新资源，重点提升长江三角洲、珠江三角洲、京津冀等区域的自主创新能力，支撑产业高端化、国际化发展。中部地区要发挥承东启西区位和产业技术基础齐全的优势，强化与东西部地区的人才、技术和设备等创新要素对接，加强产业配套创新能力建设。西部地区要发挥特色资源和产业优势，加快产业技术研发与产业化能力建设，形成若干有较强创新能力的特色优势资源综合利用加工基地、新能源基地和先进装备制造基地。东北地区等老工业基地要发挥产业和科技基础较强的优势，强化现代产业科技支撑体系，推动高端装备制造业发展和传统制造业转型升级，加快新型工业化进程。以交通、水利、农业、气象、质检、环保等为重点，推进跨区域公共技术创新和服务平台建设，探索建立有效的跨区运行机制和模式，着力解决水污染控制、大气污染防治、污染土壤修复、农业面源污染防治、公共安全等综合性问题。

（二）推进重点创新集聚区建设与发展

加强北京中关村、武汉东湖、上海张江等国家自主创新示范区建设，推进体制机制创新和政策先行先试，加快创新支撑条件建设，探索创新驱动发展的新思路、新模式。推动国家高新技术产业开发区和国家经济技术开发区以提升自主创新能力为核心的“二次创业”，加快建立服务于知识技术密集型产业发展的共性技术创新平台和公共服务平台，优化创新创业环境，增强园区自主创新和持续发展能力。推进国家创新型试点城市建设，带动形成一批各具特色、充满活力的省级创新型城市，构建特色鲜明、优势互补的创新型城市群，培育若干有国际影响力的区域经济增长极。

七、推进创新主体能力建设

（一）加强企业技术创新基础能力建设

1. 深入实施国家技术创新工程。鼓励产业技术创新战略联盟按产业发展需求构建创新链，推进创新型企业建设，加大对企业创新基础能力建设支持力度，促进创新资源向企业集聚。鼓励符合条件的企业承担或参与企业国家重点实验室、工程实验室、工程中心以及中试和技术转移平台建设，鼓励企业承担国家和地方科技计划项目。深化转制院所改革，增强行业关键共性技术开发服务能力和技术辐射能力。

2．加强企业研发机构建设。采取有效政策措施，引导企业加大产业发展前沿技术研发力度。实施企业技术创新百强工程，重点建设一批国家认定企业技术中心，大力发展省市、行业认定企业技术中心，完善重大新产品研发与技术升级支撑体系。鼓励有条件的企业在海外建立研发中心，提升企业新产品、新工艺和新技术开发能力。

3．推进中小企业创新服务体系建设。在中小企业集聚区布局建设一批技术创新服务平台，增强产品创新、工艺创新和服务创新支撑能力。实施中小企业信息化推进工程，完善第三方信息化应用服务平台，搭建行业应用平台，加快中小企业信息化建设步伐。

专栏 5　企业技术创新基础能力建设重点

1	国家技术创新工程 以提升企业自主创新能力和产业核心竞争力为主旨，促进政产学研用紧密结合，进一步创新管理，着力建立企业主导产业技术研发创新的体制机制，引导和支持创新要素向企业集聚。构建一批支撑经济结构战略性调整的产业技术创新战略联盟，建设完善一批面向企业的技术创新服务平台，培育形成一批具有较强国际竞争力的创新型企业，推动一批重大科技成果产业化应用，培育一批高端化、集约化、专业化的创新型园区。
2	企业技术创新百强工程 选择高技术产业、国民经济支柱产业和我国具有比较优势的重点产业的行业排头兵企业，培育百家在产业自主创新中具有领军作用的大企业集团和创新优势企业，培育一批组织健全、实力雄厚的企业研究开发机构。

（二）提升高等院校和科研院所创新能力

深入实施"211 工程"、"985 工程"和"高等学校创新能力提升计划"，重点完善基础研究、应用基础研究平台，整合高等院校优势创新资源，建设一批高水平研究型大学，加强跨学科交叉研究机构、跨校研究中心建设，增强高等院校创新人才培养能力、基础研究和前沿技术创新能力。持续稳定支持基础研究类和社会公益类科研机构，实施中科院"创新 2020"，在重点领域形成国际一流的优势学科和研究基地，大幅提升科研院所原始创新能力和重大技术系统集成能力。依托具有较强研究开发和技术辐射能力的科研院所，利用现有基础条件和综合优势，合理布局一批国家重大公益性科技基础设施。大力推动协同创新，建立与产业、区域经济紧密结合的技术研发和成果转化机制，提升高校和科研院所服务国家重大需求、支撑产业结构调整和促进区域协调发展的能力。

专栏6　高等院校和科研院所创新能力建设重点

1	高等学校创新能力提升计划 瞄准科学前沿和国家发展重大需求，加强重点学科建设，有效整合创新资源，构建协同创新的新模式与新机制，认定并支持一批“2011计划协同创新中心”，集聚和培养一批拔尖创新人才，取得一批重大标志性成果，提高高等学校创新能力。
2	中科院“创新2020” 建设基础前沿科学中心、战略高技术研发中心和重大公益性科技综合研究中心以及国家宏观决策科技支持系统，组织实施战略性先导科技专项，优化布局建设区域创新集群和开放共享的创新基础设施，着力解决关系国家全局和长远发展的基础性、战略性、前瞻性重大科技问题。

（三）增强科技中介机构创新服务能力

1．积极推进各类科技中介服务机构发展。引导科技中介服务机构向服务专业化、功能社会化、组织网络化、运行规范化方向发展。加强骨干中介机构技术服务能力建设，提升技术服务设备水平，培养高水平人才和从业人员。推动中介机构应用现代科学技术，创新服务方式与手段，推动业务向技术集成、产品设计、工艺配套以及管理咨询等领域拓展。发挥行业协会、学会和产业组织作用，加强对科技咨询、技术评估、信息服务和创业投资服务等中介服务机构的指导，增强中介机构专业化服务能力。

2．提高科技中介机构服务创新的水平。以提高创业服务能力为重点，大力推进大学科技园、留学人员创业园、科技企业孵化器发展，为科技型初创企业提供优质、高效、全方位服务。以加速创新成果转移扩散为目标，增强国家技术转移中心、生产力促进中心和技术交易中心等组织专业化服务能力。大力发展创业投资服务机构，吸引社会资金支持创新活动。加强科技信息机构的信息采集与综合加工能力建设，提升政策咨询与评估机构的决策咨询与技术支撑能力，面向社会提供科技信息和决策咨询服务以及第三方技术评估服务。

（四）进一步深化企业主导的产学研合作

加强协同创新，积极探索推进产学研相结合的有效模式。鼓励行业骨干企业与高等院校、科研院所、上下游企业、行业协会等共建研发组织，建设产业关键共性技术创新平台。支持企业牵头组织高等院校和科研院所共同承担国家科技计划项目，探索企业选题、共同研发的新模式。建立企业主导的产业技术创新战略联盟，强化其组织技术创新合作、创新平台建设、技术转移扩散、人才联合培养等功能。

八、加强创新人才队伍建设

（一）科技创新领军人才

实施创新人才推进计划和青年人才开发计划，设立科学家工作室，依托高等院校、科研院所和大型骨干企业，加快建设一批创新人才培养示范基地和国家青年英才培养基地，培养造就一批世界水平的科学家、中青年科技创新领军人才、科技创新创业人才和青年拔尖人才等。统筹实施“千人计划”等引才引智计划，在前沿技术和新兴产业领域建设一批海外高层次人才创新创业基地，为引进的世界科技发展前沿战略科学家、学术带头人和优秀创新团队提供研发条件保障。推荐优秀科学家参与国际科技组织和重大国际科技合作计划并担任重要职务，增强我国科技创新领军人才运用国内外科技资源的能力。

（二）产业创新紧缺人才

以国家科技计划和重大工程为平台，以产业技术创新战略联盟和产学研合作项目为纽带，建设一批工程创新实训基地，实施专业技术人才知识更新工程，加快培养经济社会发展重点领域紧缺专门人才。实施国家高技能人才振兴计划，依托大型骨干企业、职业院校和职业培训机构，加快国家级高技能人才培养和实训基地建设。深入实施“卓越工程师教育培养计划”，推行校企合作、工学结合和顶岗实习等高技能人才培养模式，造就一大批工程技术领军人才和具有创新意识的高技能人才。加快工程教育和工程师资格国际互认进程，培养专业化、国际化、复合型工程技术人才队伍。加强基层农业技术推广人才队伍建设。鼓励支持生产一线人员立足本职岗位开展技术创新，提升科学素质和劳动技能。

（三）创新创业服务人才

加强服务于创新创业的各类人才培养。以服务科研开发为目标，培养一批具有较高专业技能的科研支撑人员。着眼产业技术发展需求，培养一批了解产业科技前沿和市场需求的信息分析专门人才。围绕提高创业服务水平，培养一批人事代理、人才测评、心理咨询、人才选拔、就业指导等方面专业人才。依托国家知识产权人才培训基地，加快国家（地方）知识产权人才库和专业人才信息网络建设，重点培养社会急需的企业知识产权管理和中介服务人才。实施科普人才队伍建设工程，加强科普人才培养与在职培训，壮大科普人才队伍。

（四）完善创新人才使用激励机制

改进科技成果管理制度，鼓励探索知识、技术、管理、技能等要素参与分配的机制，探索有利于创新人才发挥作用的多种分配方式，支持企业创新人才以股权、期权等多种形式参与收益分配。鼓励非职务创新。逐步完善政府奖励、用人单位奖励和社会奖励互为补充的多层次创新奖励体系，按照国家有关规定规范和鼓励社会力量设立创新奖项，表彰在创新活动中作出突出贡献的公民或者组织。布局建设一批人才特区，探索创新人才培养、使用、流动、评价制度，为创新创业人才开发提供示范。建立创业基地，通过创业辅导、资助启动资金、税收减免等多种方式，支持创新创业人才开发。

九、完善创新能力建设环境

（一）整合共享创新资源

积极推进体制机制改革，促进创新资源有效共享、高效利用，加强科技资源和科技产出调查，统筹创新资源配置，深化跨部门、跨区域和跨行业开放合作，完善公共科技资源共建共享机制。完善财政资金支持的科技基础设施运行管理和绩效评估机制，推进高等院校和科研院所构建多种模式的创新资源开放共享机制，鼓励和引导创新资源向社会开放。加强国家、行业、地方的重点实验室、工程中心、工程实验室和公共技术服务平台的统筹衔接，完善部省会商、院地合作、部门共建等协同机制，促进中央与地方创新资源优化配置及有效整合。

（二）加强知识产权创造、运用、保护和管理

加快构建以国家知识产权数据中心为核心、区域（行业）知识产权信息服务中心为支撑、知识产权中介服务机构与维权援助机构为基础的知识产权信息服务体系，提升知识产权信息公共服务能力。强化国家科技重大专项、国家科技计划的知识产权前瞻布局，加强重大科技项目知识产权全过程管理。落实完善国家资助开发的科研成果授权和利益分享机制。建立重大经济活动知识产权审议机制，构建知识产权分析预警体系，提高知识产权创造和布局针对性。深入开展企事业单位知识产权试点示范工作，实施中小企业知识产权战略推进工程和知识产权优势企业培育工程，增强企事业单位的知识产权运用能力。加强知识产权专业服务机构、知识产权维权援助机构的技术支撑能力和知识产权价值评估能力建设，促进知识产权转移转化。大力推进使用正版软件。完善知识产权保护措施，依法惩治侵犯知识产权的违法犯罪行为，为科技创新营造良好环境。

（三）推进科学普及能力建设。

构建开放程度高、延伸范围广的信息化、网络化全国科普设施体系，合理规划科技馆、自然科学博物馆等科普设施建设。推进科研机构、高等院校向社会开放，开展科普活动。引导社会加大科普投入，繁荣科普创作。推进科技计划成果科普化，推动科普网站、虚拟博物馆和虚拟科技馆建设，利用手机、互联网和移动电视等新媒体技术和手段，创新科普传播方式方法，提升科学资源的普及效率和水平。完善全国科普信息资源共享和交流平台，完善国家科普统计制度，集成国内外科普信息资源，健全科普资源配送体系。

（四）大力培育创新文化。

营造"尊重知识、尊重人才、鼓励探索、宽容失败"的创新文化氛围，开展创新方法培训，强化科学精神、创造性思维和创新能力教育培训。拓宽创新文化传播渠道，支持产业组织、社会公益组织和有关国际组织联合搭建创新交流平台，打造若干具有国际影响的创新论坛，加强自主创新成果展示；引导和支持电视台、电台、网络、手机、报刊等传播创新理念，宣传创新案例，报道创新动态，普及创新知识。

（五）提升国际合作水平。

根据我国发展需要，制定科技发展国际化战略，积极开展全方位、多层次、高水平的科技国际合作。加大引进国际科技创新资源的力度。加强我国科研机构、高等院校、企业与国外科研机构的合作交流，合理规划、有序推进联合实验室、联合研究中心建设。在具备条件的地方和行业，建立与发展需求密切结合的国际技术转移中心，形成不同层次、不同形式的国际科技合作平台。积极参与气候变化、重大疾病、公共安全等全球性重大科技合作，大力推进政府间合作和科研项目合作，不断探索合作新模式。加强内地与港澳台地区科技交流，建立更加紧密的科技合作关系。

十、规划实施

（一）加强组织领导。

各相关部门要高度重视，充分发挥积极性和主动性，抓紧制定具体措施，分解任务，明确责任，创新机制，确保规划提出的各项任务落到实处。各地区要结合本地区特点和发展需求，制订相应专项规划，切实推进本地区自主创新能力建设。建立部门之间、中央与地方之间的工作会商制度和协调机制，加强相关规划的有机衔接，形成共同推进规划落实的良好局面。

（二）完善支持政策措施。

深入贯彻落实科学技术进步法等相关法律法规，进一步完善促进国家自主创新能力建设的法律法规和政策，加强产业政策、财税政策、金融政策等与创新能力建设的衔接协调。根据世界贸易组织的有关规定，进一步研究并完善支持企业创新和科研成果产业化的财税金融政策，全面落实企业研发费用加计扣除、企业研究开发仪器设备加速折旧、进口国内不能生产的研发设施税收减免等税收激励政策，加快建立和完善知识产权质押贷款、风险投资等投融资政策。鼓励采用和推广具有自主知识产权的技术标准。建立健全技术产权交易市场。

（三）保障资金投入。

进一步完善和落实促进全社会研发经费逐步增长的相关政策措施，探索建立多元化、多渠道、多层次的科技投入体系。发挥政府在科技投入中的引导作用，鼓励和吸引全社会加大对自主创新能力建设的投入力度。推进金融机构、社会团体、企业、个人以及国外投资者参与高水平的研发设施建设。

（四）强化监督评估。

强化规划实施的监测、评估和督促检查，采取有效措施解决规划实施中遇到的问题，根据实际情况及时调整和完善规划的具体任务部署。建立综合评价和第三方评价制度，完善考核指标体系和监督机制，鼓励社会各界积极参与规划实施的监督。

国务院关于取消和下放一批行政审批项目等事项的决定

国发〔2013〕19号

各省、自治区、直辖市人民政府，国务院各部委、各直属机构：

第十二届全国人民代表大会第一次会议批准的《国务院机构改革和职能转变方案》明确提出，要减少和下放投资审批事项，减少和下放生产经营活动审批事项，减少资质资格许可和认定，取消不合法不合理的行政事业性收费和政府性基金项目。经研究论证，国务院决定，取消和下放一批行政审批项目等事项，共计117项。其中，取消行政审批项目71项，下放管理层级行政审批项目20项，取消评比达标表彰项目10项，取消行政事业性收费项目3项；取消或下放管理层级的机关内部事项和涉密事项13项（按规定另行通知）。另有16项拟取消或下放的行政审批项目是依据有关法律设立的，国务院将依照法定程序提请全国人民代表大会常务委员会修订相关法律规定。

各地区、各部门要认真做好取消和下放管理层级行政审批项目等事项的落实和衔接工作，切实加强后续监管。要按照深化行政体制改革、加快转变政府职能的要求，继续坚定不移推进行政审批制度改革，清理行政审批等事项，加大简政放权力度。要健全监督制约机制，加强对行政审批权运行的监督，不断提高政府管理科学化、规范化水平。

附件：1．国务院决定取消和下放管理层级的行政审批项目目录（共计91项）

2．国务院决定取消的评比、达标、表彰项目目录（共计10项）

3．国务院决定取消的行政事业性收费项目目录（共计3项）

国务院

2013年5月15日

附件1

国务院决定取消和下放管理层级的行政审批项目目录

（共计91项，其中取消71项、下放20项，摘录化纤相关项目）

序号	项目名称	实施机关	设定依据	处理决定	备注
4	企业投资日产300吨及以上聚酯项目核准	国家发展改革委	《国务院关于投资体制改革的决定》（国发〔2004〕20号）	取消	对取消的投资审批项目，国土资源、环保、安全生产监管等有关部门要切实履行职责，加强监管，投资主管部门通过备案发现不符合国家有关规划和产业政策要求的投资项目，要通知有关部门和机构，在职责范围内依法采取措施，予以制止。
11	企业投资精对苯二甲酸（PTA）、甲苯二异氰酸酯（TDI）项目及对二甲苯（PX）改扩建项目核准	国家发展改革委	《国务院关于投资体制改革的决定》（国发〔2004〕20号）	取消	对取消的投资审批项目，国土资源、环保、安全生产监管等有关部门要切实履行职责，加强监管，投资主管部门通过备案发现不符合国家有关规划和产业政策要求的投资项目，要通知有关部门和机构，在职责范围内依法采取措施，予以制止。

附件2 国务院决定取消的评比、达标、表彰项目目录（略）

附件3 国务院决定取消的行政事业性收费项目目录（略）

国务院办公厅关于金融支持经济结构调整和转型升级的指导意见

国办发〔2013〕67号

各省、自治区、直辖市人民政府，国务院各部委、各直属机构：

当前，我国经济运行总体平稳，但结构性矛盾依然突出。金融运行总体是稳健的，但资金分布不合理问题仍然存在，与经济结构调整和转型升级的要求不相适应。为深入贯彻党的十八大、中央经济工作会议和国务院常务会议精神，更好地发挥金融对经济结构调整和转型升级的支持作用，更好地发挥市场配置资源的基础性作用，更好地发挥金融政策、财政政策和产业政策的协同作用，优化社会融资结构，持续加强对重点领域和薄弱环节的金融支持，切实防范化解金融风险，经国务院同意，现提出以下指导意见。

一、继续执行稳健的货币政策，合理保持货币信贷总量

统筹兼顾稳增长、调结构、控通胀、防风险，合理保持货币总量。综合运用数量、价格等多种货币政策工具组合，充分发挥再贷款、再贴现和差别存款准备金动态调整机制的引导作用，盘活存量资金，用好增量资金，加快资金周转速度，提高资金使用效率。对中小金融机构继续实施较低的存款准备金率，增加“三农”、小微企业等薄弱环节的信贷资金来源。稳步推进利率市场化改革，更大程度发挥市场在资金配置中的基础性作用，促进企业根据自身条件选择融资渠道、优化融资结构，提高实体经济特别是小微企业的信贷可获得性，进一步加大金融对实体经济的支持力度。（人民银行牵头，发展改革委、工业和信息化部、财政部、银监会、证监会、保监会、外汇外汇局等参加）

二、引导、推动重点领域与行业转型和调整

坚持有扶有控、有保有压原则，增强资金支持的针对性和有效性。大力支持实施创新驱动发展战略。加大对有市场发展前景的先进制造业、战略性新兴产业、现代信息技术产业和信息消费、劳动密集型产业、服务业、传统产业改

造升级以及绿色环保等领域的资金支持力度。保证重点在建续建工程和项目的合理资金需求，积极支持铁路等重大基础设施、城市基础设施、保障性安居工程等民生工程建设，培育新的产业增长点。按照“消化一批、转移一批、整合一批、淘汰一批”的要求，对产能过剩行业区分不同情况实施差别化政策。对产品有竞争力、有市场、有效益的企业，要继续给予资金支持；对合理向境外转移产能的企业，要通过内保外贷、外汇外汇及人民币贷款、债权融资、股权融资等方式，积极支持增强跨境投资经营能力；对实施产能整合的企业，要通过探索发行优先股、定向开展并购贷款、适当延长贷款期限等方式，支持企业兼并重组；对属于淘汰落后产能的企业，要通过保全资产和不良贷款转让、贷款损失核销等方式支持压产退市。严禁对产能严重过剩行业违规建设项目提供任何形式的新增授信和直接融资，防止盲目投资加剧产能过剩。（发展改革委、工业和信息化部、财政部、商务部、人民银行、国资委、银监会、证监会、保监会、外汇外汇局等按职责分工负责）

三、整合金融资源支持小微企业发展

优化小微企业金融服务。支持金融机构向小微企业集中的区域延伸服务网点。根据小微企业不同发展阶段的金融需求特点，支持金融机构向小微企业提供融资、结算、理财理财、咨询等综合性金融服务。继续支持符合条件的银行发行小微企业专项金融债，所募集资金发放的小微企业贷款不纳入存贷比考核。逐步推进信贷资产证券化常规化发展，盘活资金支持小微企业发展和经济结构调整。适度放开小额外保内贷业务，扩大小微企业境内融资来源。适当提高对小微企业贷款的不良贷款容忍度。加强对科技型、创新型、创业型小微企业的金融支持力度。力争全年小微企业贷款增速不低于当年各项贷款平均增速，贷款增量不低于上年同期水平。鼓励地方人民政府建立小微企业信贷风险补偿基金，支持小微企业信息整合，加快推进中小企业信用体系建设。支持地方人民政府加强对小额贷款公司、融资性担保公司的监管，对非融资性担保公司进行清理规范。鼓励地方人民政府出资设立或参股融资性担保公司，以及通过奖励、风险补偿等多种方式引导融资性担保公司健康发展，帮助小微企业增信融资，降低小微企业融资成本，提高小微企业贷款覆盖面。推动金融机构完善服务定价管理机制，严格规范收费行为，严格执行不得以贷转存、不得存贷挂钩、不得以贷收费、不得浮利分费、不得借贷搭售、不得一浮到顶、不得转嫁成本，公开收费项目、服务质价、效用功能、优惠政策等规定，切实降低企业融资成本。（发展改革委、科技部、工业和信息化部、财政部、人民银行、工商总局、银监会、证监会、保监会、外汇外汇局等按职责分工负责）

四、加大对“三农”领域的信贷支持力度

优化“三农”金融服务，统筹发挥政策性金融、商业性金融和合作性金融的协同作用，发挥直接融资优势，推动加快农业现代化步伐。鼓励涉农金融机构在金融服务空白乡镇设立服务网点，创新服务方式，努力实现农村基础金融服务全覆盖。支持金融机构开发符合农业农村新型经营主体和农产品批发商特点的金融产品和服务，加大信贷支持力度，力争全年“三农”贷款增速不低于当年各项贷款平均增速，贷款增量不低于上年同期水平。支持符合条件的银行发行“三农”专项金融债。鼓励银行业金融机构扩大林权抵押贷款，探索开展大中型农机具、农村土地承包经营权和宅基地使用权抵押贷款试点。支持农业银行农业银行在总结试点经验的基础上，逐步扩大县域“三农金融事业部”试点省份范围。支持经中央批准的农村金融改革试点地区创新农村金融产品和服务。（财政部、国土资源部、农业部、商务部、人民银行、林业局、法制办、银监会等按职责分工负责）

五、进一步发展消费金融促进消费升级

加快完善银行卡消费服务功能，优化刷卡消费环境，扩大城乡居民用卡范围。积极满足居民家庭首套自住购房、大宗耐用消费品、新型消费品以及教育、旅游等服务消费领域的合理信贷需求。逐步扩大消费金融公司的试点城市范围，培育和壮大新的消费增长点。加强个人信用管理。根据城镇化过程中进城务工人员等群体的消费特点，提高金融服务的匹配度和适应性，促进消费升级。（人民银行牵头，发展改革委、工业和信息化部、商务部、银监会等参加）

六、支持企业“走出去”

鼓励政策性银行、商业银行等金融机构大力支持企业“走出去”。以推进贸易投资便利化为重点，进一步推动人民币跨境使用，推进外汇外汇管理简政放权，完善货物贸易和服务贸易外汇外汇管理制度。逐步开展个人境外直接投资试点，进一步推动资本市场对外开放。改进外债管理方式，完善全口径外债管理制度。加强银行间外汇外汇市场净额清算等基础设施建设。创新外汇外汇储备运用，拓展外汇外汇储备委托贷款平台和商业银行转贷款渠道，综合运用多种方式为用汇主体提供融资支持。(人民银行牵头，外交部、发展改革委、财政部、商务部、海关总署、银监会、证监会、保监会、外汇局等参加)

七、加快发展多层次资本市场

进一步优化主板、中小企业板、创业板创业板市场的制度安排，完善发行、定价、并购重组等方面的各项制度。适当放宽创业板创业板对创新型、成长型企业的财务准入标准。将中小企业股份转让系统试点扩大至全国。规范非上市公众公司管理。稳步扩大公司（企业）债、中期票据和中小企业私募债券发行，促进债券市场互联互通。规范发展各类机构投资者，探索发展并购投资基金，鼓励私募股权投资基金、风险投资基金产品创新，促进创新型、创业型中小企业融资发展。加快完善期货市场建设，稳步推进期货市场品种创新，进一步发挥期货市场的定价、分散风险、套期保值和推进经济转型升级的作用。(证监会牵头，发展改革委、科技部、工业和信息化部、财政部、人民银行、工商总局、法制办等参加)

八、进一步发挥保险保险的保障作用

扩大农业保险保险覆盖范围，推广菜篮子工程保险保险、渔业保险保险、农产品质量保证保险保险、农房保险保险等新型险种。建立完善财政支持的农业保险保险大灾风险分散机制。大力发展出口信用保险保险，鼓励为企业开展对外贸易和“走出去”提供投资、运营、劳动用工等方面的一揽子保险保险服务。深入推进科技保险保险工作。试点推广小额信贷保证保险保险，推动发展国内贸易信用保险保险。拓宽保险保险覆盖面和保险保险资金运用范围，进一步发挥保险保险对经济结构调整和转型升级的积极作用。(保监会牵头，发展改革委、科技部、工业和信息化部、财政部、农业部、商务部、人民银行、林业局、银监会、外汇外汇局等参加)

九、扩大民间资本进入金融业

鼓励民间资本投资入股金融机构和参与金融机构重组改造。允许发展成熟、经营稳健的村镇银行在最低股比要求内，调整主发起行与其他股东持股比例。尝试由民间资本发起设立自担风险的民营银行、金融租赁公司和消费金融公司等金融机构。探索优化银行业分类监管机制，对不同类型银行业金融机构在经营地域和业务范围上实行差异化准入管理，建立相应的考核和评估体系，为实体经济发展提供广覆盖、差异化、高效率的金融服务。(银监会牵头，人

民银行、工商总局、法制办等参加）

十、严密防范金融风险

深入排查各类金融风险隐患，适时开展压力测试，动态分析可能存在的风险触点，及时锁定、防控和化解风险，严守不发生系统性区域性金融风险的底线。继续按照总量控制、分类管理、区别对待、逐步化解的原则，防范化解地方政府融资平台贷款等风险。认真执行房地产调控政策，落实差别化住房信贷政策，加强名单制管理，严格防控房地产融资风险。按照理财理财与信贷业务分离、产品与项目逐一对应、单独建账管理、信息公开透明的原则，规范商业银行理财理财产品，加强行为监管，严格风险管控。密切关注并积极化解“两高一剩”（高耗能、高污染、产能过剩）行业结构调整时暴露的金融风险。防范跨市场、跨行业经营带来的交叉金融风险，防止民间融资、非法集资、国际资本流动等风险向金融系统传染渗透。支持银行开展不良贷款转让，扩大银行不良贷款自主核销权，及时主动消化吸收风险。稳妥有序处置风险，加强疏导，防止因处置不当等引发新的风险。加快信用立法和社会信用体系建设，培育社会诚信文化，为金融支持经济结构调整和转型升级营造良好环境。（人民银行牵头，发展改革委、工业和信息化部、财政部、住房城乡建设部、法制办、银监会、证监会、保监会、外汇外汇局等参加）

国务院办公厅

2013 年 7 月 1 日

国务院关于印发大气污染防治行动计划的通知

国发〔2013〕37 号

各省、自治区、直辖市人民政府，国务院各部委、各直属机构：

现将《大气污染防治行动计划》印发给你们，请认真贯彻执行。

国务院

2013 年 9 月 10 日

大气污染防治行动计划

大气环境保护事关人民群众根本利益，事关经济持续健康发展，事关全面建成小康社会，事关实现中华民族伟大复兴中国梦。当前，我国大气污染形势严峻，以可吸入颗粒物（PM_{10}）、细颗粒物（$PM_{2.5}$）为特征污染物的区域性大气环境问题日益突出，损害人民群众身体健康，影响社会和谐稳定。随着我国工业化、城镇化的深入推进，能源资源消耗持续增加，大气污染防治压力继续加大。为切实改善空气质量，制定本行动计划。

总体要求：以邓小平理论、“三个代表”重要思想、科学发展观为指导，以保障人民群众身体健康为出发点，大力推进生态文明建设，坚持政府调控与市场调节相结合、全面推进与重点突破相配合、区域协作与属地管理相协调、总量减排与质量改善相同步，形成政府统领、企业施治、市场驱动、公众参与的大气污染防治新机制，实施分区域、分阶段治理，推动产业结构优化、科技创新能力增强、经济增长质量提高，实现环境效益、经济效益与社会效益多赢，为建设美丽中国而奋斗。

奋斗目标：经过五年努力，全国空气质量总体改善，重污染天气较大幅度减少；京津冀、长三角、珠三角等区域空气质量明显好转。力争再用五年或更长时间，逐步消除重污染天气，全国空气质量明显改善。

具体指标：到2017年，全国地级及以上城市可吸入颗粒物浓度比2012年下降10%以上，优良天数逐年提高；京津冀、长三角、珠三角等区域细颗粒物浓度分别下降25%、20%、15%左右，其中北京市细颗粒物年均浓度控制在60微克/立方米左右。

一、加大综合治理力度，减少多污染物排放

（一）加强工业企业大气污染综合治理。全面整治燃煤小锅炉。加快推进集中供热、“煤改气”、“煤改电”工程建设，到2017年，除必要保留的以外，地级及以上城市建成区基本淘汰每小时10蒸吨及以下的燃煤锅炉，禁止新建每小时20蒸吨以下的燃煤锅炉；其他地区原则上不再新建每小时10蒸吨以下的燃煤锅炉。在供热供气管网不能覆盖的地区，改用电、新能源或洁净煤，推广应用高效节能环保型锅炉。在化工、造纸、印染、制革、制药等产业集聚区，通过集中建设热电联产机组逐步淘汰分散燃煤锅炉。

加快重点行业脱硫、脱硝、除尘改造工程建设。所有燃煤电厂、钢铁企业的烧结机和球团生产设备、石油炼制企业的催化裂化装置、有色金属冶炼企业都要安装脱硫设施，每小时20蒸吨及以上的燃煤锅炉要实施脱硫。除循环流化床锅炉以外的燃煤机组均应安装脱硝设施，新型干法水泥窑要实施低氮燃烧技术改造并安装脱硝设施。燃煤锅炉和工业窑炉现有除尘设施要实施升级改造。

推进挥发性有机物污染治理。在石化、有机化工、表面涂装、包装印刷等行业实施挥发性有机物综合整治，在石化行业开展“泄漏检测与修复”技术改造。限时完成加油站、储油库、油罐车的油气回收治理，在原油成品油码头积极开展油气回收治理。完善涂料、胶粘剂等产品挥发性有机物限值标准，推广使用水性涂料，鼓励生产、销售和使用低毒、低挥发性有机溶剂。

京津冀、长三角、珠三角等区域要于2015年底前基本完成燃煤电厂、燃煤锅炉和工业窑炉的污染治理设施建设与改造，完成石化企业有机废气综合治理。

（二）深化面源污染治理。综合整治城市扬尘。加强施工扬尘监管，积极推进绿色施工，建设工程施工现场应全封闭设置围挡墙，严禁敞开式作业，施工现场道路应进行地面硬化。渣土运输车辆应采取密闭措施，并逐步安装卫星定位系统。推行道路机械化清扫等低尘作业方式。大型煤堆、料堆要实现封闭储存或建设防风抑尘设施。推进城市及周边绿化和防风防沙林建设，扩大城市建成区绿地规模。

开展餐饮油烟污染治理。城区餐饮服务经营场所应安装高效油烟净化设施，推广使用高效净化型家用吸油烟机。

（三）强化移动源污染防治。加强城市交通管理。优化城市功能和布局规划，推广智能交通管理，缓解城市交通拥堵。实施公交优先战略，提高公共交通出行比例，加强步行、自行车交通系统建设。根据城市发展规划，合理控制机动车保有量，北京、上海、广州等特大城市要严格限制机动车保有量。通过鼓励绿色出行、增加使用成本等措施，降低机动车使用强度。

提升燃油品质。加快石油炼制企业升级改造，力争在 2013 年底前，全国供应符合国家第四阶段标准的车用汽油，在 2014 年底前，全国供应符合国家第四阶段标准的车用柴油，在 2015 年底前，京津冀、长三角、珠三角等区域内重点城市全面供应符合国家第五阶段标准的车用汽、柴油，在 2017 年底前，全国供应符合国家第五阶段标准的车用汽、柴油。加强油品质量监督检查，严厉打击非法生产、销售不合格油品行为。

加快淘汰黄标车和老旧车辆。采取划定禁行区域、经济补偿等方式，逐步淘汰黄标车和老旧车辆。到 2015 年，淘汰 2005 年底前注册营运的黄标车，基本淘汰京津冀、长三角、珠三角等区域内的 500 万辆黄标车。到 2017 年，基本淘汰全国范围的黄标车。

加强机动车环保管理。环保、工业和信息化、质检、工商等部门联合加强新生产车辆环保监管，严厉打击生产、销售环保不达标车辆的违法行为；加强在用机动车年度检验，对不达标车辆不得发放环保合格标志，不得上路行驶。加快柴油车车用尿素供应体系建设。研究缩短公交车、出租车强制报废年限。鼓励出租车每年更换高效尾气净化装置。开展工程机械等非道路移动机械和船舶的污染控制。

加快推进低速汽车升级换代。不断提高低速汽车（三轮汽车、低速货车）节能环保要求，减少污染排放，促进相关产业和产品技术升级换代。自 2017 年起，新生产的低速货车执行与轻型载货车同等的节能与排放标准。

大力推广新能源汽车。公交、环卫等行业和政府机关要率先使用新能源汽车，采取直接上牌、财政补贴等措施鼓励个人购买。北京、上海、广州等城市每年新增或更新的公交车中新能源和清洁燃料车的比例达到 60%以上。

二、调整优化产业结构，推动产业转型升级

（四）严控“两高”行业新增产能。修订高耗能、高污染和资源性行业准入条件，明确资源能源节约和污染物排放等指标。有条件的地区要制定符合当地功能定位、严于国家要求的产业准入目录。严格控制“两高”行业新增产能，新、改、扩建项目要实行产能等量或减量置换。

（五）加快淘汰落后产能。结合产业发展实际和环境质量状况，进一步提高环保、能耗、安全、质量等标准，分区域明确落后产能淘汰任务，倒逼产业转型升级。

按照《部分工业行业淘汰落后生产工艺装备和产品指导目录（2010年本）》、《产业结构调整指导目录（2011年本）（修正）》的要求，采取经济、技术、法律和必要的行政手段，提前一年完成钢铁、水泥、电解铝、平板玻璃等21个重点行业的“十二五”落后产能淘汰任务。2015年再淘汰炼铁1500万吨、炼钢1500万吨、水泥（熟料及粉磨能力）1亿吨、平板玻璃2000万重量箱。对未按期完成淘汰任务的地区，严格控制国家安排的投资项目，暂停对该地区重点行业建设项目办理审批、核准和备案手续。2016年、2017年，各地区要制定范围更宽、标准更高的落后产能淘汰政策，再淘汰一批落后产能。

对布局分散、装备水平低、环保设施差的小型工业企业进行全面排查，制定综合整改方案，实施分类治理。

（六）压缩过剩产能。加大环保、能耗、安全执法处罚力度，建立以节能环保标准促进“两高”行业过剩产能退出的机制。制定财政、土地、金融等扶持政策，支持产能过剩“两高”行业企业退出、转型发展。发挥优强企业对行业发展的主导作用，通过跨地区、跨所有制企业兼并重组，推动过剩产能压缩。严禁核准产能严重过剩行业新增产能项目。

（七）坚决停建产能严重过剩行业违规在建项目。认真清理产能严重过剩行业违规在建项目，对未批先建、边批边建、越权核准的违规项目，尚未开工建设的，不准开工；正在建设的，要停止建设。地方人民政府要加强组织领导和监督检查，坚决遏制产能严重过剩行业盲目扩张。

三、加快企业技术改造，提高科技创新能力

（八）强化科技研发和推广。加强灰霾、臭氧的形成机理、来源解析、迁移规律和监测预警等研究，为污染治理提供科学支撑。加强大气污染与人群健

康关系的研究。支持企业技术中心、国家重点实验室、国家工程实验室建设，推进大型大气光化学模拟仓、大型气溶胶模拟仓等科技基础设施建设。

加强脱硫、脱硝、高效除尘、挥发性有机物控制、柴油机（车）排放净化、环境监测，以及新能源汽车、智能电网等方面的技术研发，推进技术成果转化应用。加强大气污染治理先进技术、管理经验等方面的国际交流与合作。

（九）全面推行清洁生产。对钢铁、水泥、化工、石化、有色金属冶炼等重点行业进行清洁生产审核，针对节能减排关键领域和薄弱环节，采用先进适用的技术、工艺和装备，实施清洁生产技术改造；到 2017 年，重点行业排污强度比 2012 年下降 30%以上。推进非有机溶剂型涂料和农药等产品创新，减少生产和使用过程中挥发性有机物排放。积极开发缓释肥料新品种，减少化肥施用过程中氨的排放。

（十）大力发展循环经济。鼓励产业集聚发展，实施园区循环化改造，推进能源梯级利用、水资源循环利用、废物交换利用、土地节约集约利用，促进企业循环式生产、园区循环式发展、产业循环式组合，构建循环型工业体系。推动水泥、钢铁等工业窑炉、高炉实施废物协同处置。大力发展机电产品再制造，推进资源再生利用产业发展。到 2017 年，单位工业增加值能耗比 2012 年降低 20%左右，在 50%以上的各类国家级园区和 30%以上的各类省级园区实施循环化改造，主要有色金属品种以及钢铁的循环再生比重达到 40%左右。

（十一）大力培育节能环保产业。着力把大气污染治理的政策要求有效转化为节能环保产业发展的市场需求，促进重大环保技术装备、产品的创新开发与产业化应用。扩大国内消费市场，积极支持新业态、新模式，培育一批具有国际竞争力的大型节能环保企业，大幅增加大气污染治理装备、产品、服务产业产值，有效推动节能环保、新能源等战略性新兴产业发展。鼓励外商投资节能环保产业。

四、加快调整能源结构，增加清洁能源供应

（十二）控制煤炭消费总量。制定国家煤炭消费总量中长期控制目标，实行目标责任管理。到 2017 年，煤炭占能源消费总量比重降低到 65%以下。京津冀、长三角、珠三角等区域力争实现煤炭消费总量负增长，通过逐步提高接受外输电比例、增加天然气供应、加大非化石能源利用强度等措施替代燃煤。

京津冀、长三角、珠三角等区域新建项目禁止配套建设自备燃煤电站。耗

煤项目要实行煤炭减量替代。除热电联产外，禁止审批新建燃煤发电项目；现有多台燃煤机组装机容量合计达到 30 万千瓦以上的，可按照煤炭等量替代的原则建设为大容量燃煤机组。

（十三）加快清洁能源替代利用。加大天然气、煤制天然气、煤层气供应。到 2015 年，新增天然气干线管输能力 1500 亿立方米以上，覆盖京津冀、长三角、珠三角等区域。优化天然气使用方式，新增天然气应优先保障居民生活或用于替代燃煤；鼓励发展天然气分布式能源等高效利用项目，限制发展天然气化工项目；有序发展天然气调峰电站，原则上不再新建天然气发电项目。

制定煤制天然气发展规划，在满足最严格的环保要求和保障水资源供应的前提下，加快煤制天然气产业化和规模化步伐。

积极有序发展水电，开发利用地热能、风能、太阳能、生物质能，安全高效发展核电。到 2017 年，运行核电机组装机容量达到 5000 万千瓦，非化石能源消费比重提高到 13%。

京津冀区域城市建成区、长三角城市群、珠三角区域要加快现有工业企业燃煤设施天然气替代步伐；到 2017 年，基本完成燃煤锅炉、工业窑炉、自备燃煤电站的天然气替代改造任务。

（十四）推进煤炭清洁利用。提高煤炭洗选比例，新建煤矿应同步建设煤炭洗选设施，现有煤矿要加快建设与改造；到 2017 年，原煤入选率达到 70% 以上。禁止进口高灰份、高硫份的劣质煤炭，研究出台煤炭质量管理办法。限制高硫石油焦的进口。

扩大城市高污染燃料禁燃区范围，逐步由城市建成区扩展到近郊。结合城中村、城乡结合部、棚户区改造，通过政策补偿和实施峰谷电价、季节性电价、阶梯电价、调峰电价等措施，逐步推行以天然气或电替代煤炭。鼓励北方农村地区建设洁净煤配送中心，推广使用洁净煤和型煤。

（十五）提高能源使用效率。严格落实节能评估审查制度。新建高耗能项目单位产品（产值）能耗要达到国内先进水平，用能设备达到一级能效标准。京津冀、长三角、珠三角等区域，新建高耗能项目单位产品（产值）能耗要达到国际先进水平。

积极发展绿色建筑，政府投资的公共建筑、保障性住房等要率先执行绿色建筑标准。新建建筑要严格执行强制性节能标准，推广使用太阳能热水系统、地源热泵、空气源热泵、光伏建筑一体化、“热—电—冷”三联供等技术和装备。

推进供热计量改革，加快北方采暖地区既有居住建筑供热计量和节能改造；新建建筑和完成供热计量改造的既有建筑逐步实行供热计量收费。加快热力管网建设与改造。

五、严格节能环保准入，优化产业空间布局

（十六）调整产业布局。按照主体功能区规划要求，合理确定重点产业发展布局、结构和规模，重大项目原则上布局在优化开发区和重点开发区。所有新、改、扩建项目，必须全部进行环境影响评价；未通过环境影响评价审批的，一律不准开工建设；违规建设的，要依法进行处罚。加强产业政策在产业转移过程中的引导与约束作用，严格限制在生态脆弱或环境敏感地区建设“两高”行业项目。加强对各类产业发展规划的环境影响评价。

在东部、中部和西部地区实施差别化的产业政策，对京津冀、长三角、珠三角等区域提出更高的节能环保要求。强化环境监管，严禁落后产能转移。

（十七）强化节能环保指标约束。提高节能环保准入门槛，健全重点行业准入条件，公布符合准入条件的企业名单并实施动态管理。严格实施污染物排放总量控制，将二氧化硫、氮氧化物、烟粉尘和挥发性有机物排放是否符合总量控制要求作为建设项目环境影响评价审批的前置条件。

京津冀、长三角、珠三角区域以及辽宁中部、山东、武汉及其周边、长株潭、成渝、海峡西岸、山西中北部、陕西关中、甘宁、乌鲁木齐城市群等“三区十群”中的47个城市，新建火电、钢铁、石化、水泥、有色、化工等企业以及燃煤锅炉项目要执行大气污染物特别排放限值。各地区可根据环境质量改善的需要，扩大特别排放限值实施的范围。

对未通过能评、环评审查的项目，有关部门不得审批、核准、备案，不得提供土地，不得批准开工建设，不得发放生产许可证、安全生产许可证、排污许可证，金融机构不得提供任何形式的新增授信支持，有关单位不得供电、供水。

（十八）优化空间格局。科学制定并严格实施城市规划，强化城市空间管制要求和绿地控制要求，规范各类产业园区和城市新城、新区设立和布局，禁止随意调整和修改城市规划，形成有利于大气污染物扩散的城市和区域空间格局。研究开展城市环境总体规划试点工作。

结合化解过剩产能、节能减排和企业兼并重组，有序推进位于城市主城区的钢铁、石化、化工、有色金属冶炼、水泥、平板玻璃等重污染企业环保搬迁、改造，到2017年基本完成。

六、发挥市场机制作用，完善环境经济政策

（十九）发挥市场机制调节作用。本着“谁污染、谁负责，多排放、多负担，节能减排得收益、获补偿”的原则，积极推行激励与约束并举的节能减排新机制。

分行业、分地区对水、电等资源类产品制定企业消耗定额。建立企业“领跑者”制度，对能效、排污强度达到更高标准的先进企业给予鼓励。

全面落实“合同能源管理”的财税优惠政策，完善促进环境服务业发展的扶持政策，推行污染治理设施投资、建设、运行一体化特许经营。完善绿色信贷和绿色证券政策，将企业环境信息纳入征信系统。严格限制环境违法企业贷款和上市融资。推进排污权有偿使用和交易试点。

（二十）完善价格税收政策。根据脱硝成本，结合调整销售电价，完善脱硝电价政策。现有火电机组采用新技术进行除尘设施改造的，要给予价格政策支持。实行阶梯式电价。

推进天然气价格形成机制改革，理顺天然气与可替代能源的比价关系。

按照合理补偿成本、优质优价和污染者付费的原则合理确定成品油价格，完善对部分困难群体和公益性行业成品油价格改革补贴政策。

加大排污费征收力度，做到应收尽收。适时提高排污收费标准，将挥发性有机物纳入排污费征收范围。

研究将部分“两高”行业产品纳入消费税征收范围。完善“两高”行业产品出口退税政策和资源综合利用税收政策。积极推进煤炭等资源税从价计征改革。符合税收法律法规规定，使用专用设备或建设环境保护项目的企业以及高新技术企业，可以享受企业所得税优惠。

（二十一）拓宽投融资渠道。深化节能环保投融资体制改革，鼓励民间资本和社会资本进入大气污染防治领域。引导银行业金融机构加大对大气污染防治项目的信贷支持。探索排污权抵押融资模式，拓展节能环保设施融资、租赁业务。

地方人民政府要对涉及民生的“煤改气”项目、黄标车和老旧车辆淘汰、轻型载货车替代低速货车等加大政策支持力度，对重点行业清洁生产示范工程给予引导性资金支持。要将空气质量监测站点建设及其运行和监管经费纳入各级财政预算予以保障。

在环境执法到位、价格机制理顺的基础上，中央财政统筹整合主要污染物减排等专项，设立大气污染防治专项资金，对重点区域按治理成效实施“以奖代补”；中央基本建设投资也要加大对重点区域大气污染防治的支持力度。

七、健全法律法规体系，严格依法监督管理

（二十二）完善法律法规标准。加快大气污染防治法修订步伐，重点健全总量控制、排污许可、应急预警、法律责任等方面的制度，研究增加对恶意排污、造成重大污染危害的企业及其相关负责人追究刑事责任的内容，加大对违法行为的处罚力度。建立健全环境公益诉讼制度。研究起草环境税法草案，加快修改环境保护法，尽快出台机动车污染防治条例和排污许可证管理条例。各地区可结合实际，出台地方性大气污染防治法规、规章。

加快制（修）订重点行业排放标准以及汽车燃料消耗量标准、油品标准、供热计量标准等，完善行业污染防治技术政策和清洁生产评价指标体系。

（二十三）提高环境监管能力。完善国家监察、地方监管、单位负责的环境监管体制，加强对地方人民政府执行环境法律法规和政策的监督。加大环境监测、信息、应急、监察等能力建设力度，达到标准化建设要求。

建设城市站、背景站、区域站统一布局的国家空气质量监测网络，加强监测数据质量管理，客观反映空气质量状况。加强重点污染源在线监控体系建设，推进环境卫星应用。建设国家、省、市三级机动车排污监管平台。到2015年，地级及以上城市全部建成细颗粒物监测点和国家直管的监测点。

（二十四）加大环保执法力度。推进联合执法、区域执法、交叉执法等执法机制创新，明确重点，加大力度，严厉打击环境违法行为。对偷排偷放、屡查屡犯的违法企业，要依法停产关闭。对涉嫌环境犯罪的，要依法追究刑事责任。落实执法责任，对监督缺位、执法不力、徇私枉法等行为，监察机关要依法追究有关部门和人员的责任。

（二十五）实行环境信息公开。国家每月公布空气质量最差的10个城市和最好的10个城市的名单。各省（区、市）要公布本行政区域内地级及以上城市空气质量排名。地级及以上城市要在当地主要媒体及时发布空气质量监测信息。

各级环保部门和企业要主动公开新建项目环境影响评价、企业污染物排放、治污设施运行情况等环境信息，接受社会监督。涉及群众利益的建设项目，应充分听取公众意见。建立重污染行业企业环境信息强制公开制度。

八、建立区域协作机制，统筹区域环境治理

（二十六）建立区域协作机制。建立京津冀、长三角区域大气污染防治协作机制，由区域内省级人民政府和国务院有关部门参加，协调解决区域突出环境问题，组织实施环评会商、联合执法、信息共享、预警应急等大气污染防治措施，通报区域大气污染防治工作进展，研究确定阶段性工作要求、工作重点和主要任务。

（二十七）分解目标任务。国务院与各省（区、市）人民政府签订大气污染防治目标责任书，将目标任务分解落实到地方人民政府和企业。将重点区域的细颗粒物指标、非重点地区的可吸入颗粒物指标作为经济社会发展的约束性指标，构建以环境质量改善为核心的目标责任考核体系。

国务院制定考核办法，每年初对各省（区、市）上年度治理任务完成情况进行考核；2015 年进行中期评估，并依据评估情况调整治理任务；2017 年对行动计划实施情况进行终期考核。考核和评估结果经国务院同意后，向社会公布，并交由干部主管部门，按照《关于建立促进科学发展的党政领导班子和领导干部考核评价机制的意见》、《地方党政领导班子和领导干部综合考核评价办法（试行）》、《关于开展政府绩效管理试点工作的意见》等规定，作为对领导班子和领导干部综合考核评价的重要依据。

（二十八）实行严格责任追究。对未通过年度考核的，由环保部门会同组织部门、监察机关等部门约谈省级人民政府及其相关部门有关负责人，提出整改意见，予以督促。

对因工作不力、履职缺位等导致未能有效应对重污染天气的，以及干预、伪造监测数据和没有完成年度目标任务的，监察机关要依法依纪追究有关单位和人员的责任，环保部门要对有关地区和企业实施建设项目环评限批，取消国家授予的环境保护荣誉称号。

九、建立监测预警应急体系，妥善应对重污染天气

（二十九）建立监测预警体系。环保部门要加强与气象部门的合作，建立重污染天气监测预警体系。到 2014 年，京津冀、长三角、珠三角区域要完成区域、省、市级重污染天气监测预警系统建设；其他省（区、市）、副省级市、省会城市于2015年底前完成。要做好重污染天气过程的趋势分析，完善会商研判机制，提高监测预警的准确度，及时发布监测预警信息。

（三十）**制定完善应急预案。**空气质量未达到规定标准的城市应制定和完善重污染天气应急预案并向社会公布；要落实责任主体，明确应急组织机构及其职责、预警预报及响应程序、应急处置及保障措施等内容，按不同污染等级确定企业限产停产、机动车和扬尘管控、中小学校停课以及可行的气象干预等应对措施。开展重污染天气应急演练。

京津冀、长三角、珠三角等区域要建立健全区域、省、市联动的重污染天气应急响应体系。区域内各省（区、市）的应急预案，应于2013年底前报环境保护部备案。

（三十一）**及时采取应急措施。**将重污染天气应急响应纳入地方人民政府突发事件应急管理体系，实行政府主要负责人负责制。要依据重污染天气的预警等级，迅速启动应急预案，引导公众做好卫生防护。

十、明确政府企业和社会的责任，动员全民参与环境保护

（三十二）**明确地方政府统领责任。**地方各级人民政府对本行政区域内的大气环境质量负总责，要根据国家的总体部署及控制目标，制定本地区的实施细则，确定工作重点任务和年度控制指标，完善政策措施，并向社会公开；要不断加大监管力度，确保任务明确、项目清晰、资金保障。

（三十三）**加强部门协调联动。**各有关部门要密切配合、协调力量、统一行动，形成大气污染防治的强大合力。环境保护部要加强指导、协调和监督，有关部门要制定有利于大气污染防治的投资、财政、税收、金融、价格、贸易、科技等政策，依法做好各自领域的相关工作。

（三十四）**强化企业施治。**企业是大气污染治理的责任主体，要按照环保规范要求，加强内部管理，增加资金投入，采用先进的生产工艺和治理技术，确保达标排放，甚至达到“零排放”；要自觉履行环境保护的社会责任，接受社会监督。

（三十五）**广泛动员社会参与。**环境治理，人人有责。要积极开展多种形式的宣传教育，普及大气污染防治的科学知识。加强大气环境管理专业人才培养。倡导文明、节约、绿色的消费方式和生活习惯，引导公众从自身做起、从点滴做起、从身边的小事做起，在全社会树立起“同呼吸、共奋斗”的行为准则，共同改善空气质量。

我国仍然处于社会主义初级阶段，大气污染防治任务繁重艰巨，要坚定信心、综合治理，突出重点、逐步推进，重在落实、务求实效。各地区、各有关部门和企业要按照本行动计划的要求，紧密结合实际，狠抓贯彻落实，确保空气质量改善目标如期实现。

国务院关于发布政府核准的投资项目目录（2013年本）的通知

国发〔2013〕47号

各省、自治区、直辖市人民政府，国务院各部委、各直属机构：

为进一步深化投资体制改革和行政审批制度改革，加大简政放权力度，切实转变政府投资管理职能，使市场在资源配置中起决定性作用，确立企业投资主体地位，更好发挥政府作用，加强和改进宏观调控，现发布《政府核准的投资项目目录（2013年本）》，并就有关事项通知如下：

一、企业投资建设本目录内的固定资产投资项目，须按照规定报送有关项目核准机关核准。企业投资建设本目录外的项目，实行备案管理。事业单位、社会团体等投资建设的项目，按照本目录执行。

二、法律、行政法规和国家制定的发展规划、产业政策、总量控制目标、技术政策、准入标准、用地政策、环保政策、信贷政策等是企业开展项目前期工作的重要依据，是项目核准机关和国土资源、环境保护、城乡规划、行业管理等部门以及金融机构对项目进行审查的依据。

对于钢铁、电解铝、水泥、平板玻璃、船舶等产能严重过剩行业的项目，国务院有关部门和地方政府要按照国务院关于化解产能严重过剩矛盾指导意见的要求，严格控制新增产能。

三、项目核准机关要改进完善管理办法，提高工作效能，认真履行核准职责，严格按照规定权限、程序和时限等要求进行审查。有关部门要密切配合，按照职责分工，相应改进管理办法，依法加强对投资活动的监管。对不符合法律法规规定以及未按规定权限和程序核准或者备案的项目，有关部门不得办理相关手续，金融机构不得提供信贷支持。

四、按照规定由国务院核准的项目，由发展改革委审核后报国务院核准。核报国务院核准的项目、国务院投资主管部门核准的项目，事前必须征求国务院行业管理部门的意见。由地方政府核准的项目，省级政府可以根据本地实际情况具体划分地方各级政府的核准权限。由省级政府核准的项目，核准权限不得下放。

五、法律、行政法规和国家有专门规定的，按照有关规定执行。

六、本目录自发布之日起执行，《政府核准的投资项目目录（2004 年本）》即行废止。

国务院

2013 年 12 月 2 日

政府核准的投资项目目录（2013 年本）

一、农业水利

农业：涉及开荒的项目由省级政府核准。

水库：在跨界河流、跨省（区、市）河流上建设的项目由国务院投资主管部门核准，其余项目由地方政府核准。

其他水事工程：涉及跨界河流、跨省（区、市）水资源配置调整的项目由国务院投资主管部门核准，其余项目由地方政府核准。

二、能源

水电站：在主要河流上建设的项目由国务院投资主管部门核准，其余项目由地方政府核准。

抽水蓄能电站：由国务院行业管理部门核准。

火电站：分布式燃气发电项目由省级政府核准，其余项目由国务院投资主管部门核准。

热电站：燃煤背压热电项目由省级政府核准，其余燃煤热电项目由国务院投资主管部门核准；其余热电项目由地方政府核准。

风电站：由地方政府核准。

核电站：由国务院核准。

电网工程：跨境、跨省（区、市）±400 千伏及以上直流项目，跨境、跨省（区、市）500千伏、750千伏、1000千伏交流项目，由国务院投资主管部门核准；非跨境、跨省（区、市）±400千伏及以上直流项目，非跨境、跨省（区、市）750千伏、1000千伏交流项目，由国务院行业管理部门核准；其余项目由地方政府核准。

煤矿：国家规划矿区内新增年生产能力120万吨及以上煤炭开发项目由国务院行业管理部门核准，国家规划矿区内的其余煤炭开发项目由省级政府核准；其余一般煤炭开发项目由地方政府核准。国家规定禁止新建的煤与瓦斯突出、高瓦斯和中小型煤炭开发项目，不得核准。

煤制燃料：年产超过20亿立方米的煤制天然气项目，年产超过100万吨的煤制油项目由国务院投资主管部门核准。

原油：油田开发项目由具有石油开采权的企业自行决定，报国务院行业管理部门备案。

天然气：气田开发项目由具有天然气开采权的企业自行决定，报国务院行业管理部门备案。

液化石油气接收、存储设施（不含油气田、炼油厂的配套项目）：由省级政府核准。

进口液化天然气接收、储运设施：由国务院行业管理部门核准。

输油管网（不含油田集输管网）：跨境、跨省（区、市）干线管网项目由国务院投资主管部门核准，其余项目由省级政府核准。

输气管网（不含油气田集输管网）：跨境、跨省（区、市）干线管网项目由国务院投资主管部门核准，其余项目由省级政府核准。

炼油：新建炼油及扩建一次炼油项目由国务院投资主管部门核准。

变性燃料乙醇：由省级政府核准。

三、交通运输

新建（含增建）铁路：跨省（区、市）项目和国家铁路网中的干线项目由国务院投资主管部门核准，国家铁路网中的其余项目由中国铁路总公司自行决定并报国务院投资主管部门备案；其余地方铁路项目由省级政府按照国家批准的规划核准。

公路：国家高速公路网项目由国务院投资主管部门核准，国家高速公路网外的干线项目由省级政府核准；地方高速公路项目由省级政府按照国家批准的规划核准，其余项目由地方政府核准。

独立公路桥梁、隧道：跨境、跨重要海湾、跨大江大河（三级及以上通航段）的项目由国务院投资主管部门核准，其余项目由地方政府核准。

煤炭、矿石、油气专用泊位：在沿海（含长江南京及以下）新建港区和年吞吐能力1000万吨及以上项目由国务院投资主管部门核准，其余项目由省级政府核准。

集装箱专用码头：在沿海（含长江南京及以下）建设的项目由国务院投资主管部门核准，其余项目由省级政府核准。

内河航运：千吨级及以上通航建筑物项目由国务院投资主管部门核准，其余项目由地方政府核准。

民航：新建机场项目由国务院核准，扩建军民合用机场项目由国务院投资主管部门会商军队有关部门核准。

四、信息产业

电信：国际通信基础设施项目由国务院投资主管部门核准；国内干线传输网（含广播电视网）以及其他涉及信息安全的电信基础设施项目，由国务院行业管理部门核准。

五、原材料

稀土、铁矿、有色矿山开发：已查明资源储量5000万吨及以上规模的铁矿开发项目，由国务院投资主管部门核准；稀土矿山开发项目，由国务院行业管理部门核准；其余项目由省级政府核准。

钢铁：新增生产能力的炼铁、炼钢、热轧项目由国务院投资主管部门核准。

有色：新增生产能力的电解铝项目，新建氧化铝项目，由国务院投资主管部门核准。

石化：新建乙烯项目由国务院投资主管部门核准。

化工：年产超过50万吨的煤经甲醇制烯烃项目，年产超过100万吨的煤制甲醇项目，新建对二甲苯（PX）项目，由国务院投资主管部门核准；新建二苯基甲烷二异氰酸酯（MDI）项目由国务院行业管理部门核准。

化肥：钾矿肥、磷矿肥项目由省级政府核准。

水泥：由省级政府核准。

稀土：冶炼分离项目由国务院行业管理部门核准，稀土深加工项目由省级政府核准。

黄金：采选矿项目由省级政府核准。

六、机械制造

汽车：按照国务院批准的《汽车产业发展政策》执行。

船舶：新建10万吨级及以上造船设施（船台、船坞）项目由国务院投资主管部门核准。

七、轻工

烟草：卷烟、烟用二醋酸纤维素及丝束项目由国务院行业管理部门核准。

八、高新技术

民用航空航天：民用飞机（含直升机）制造、民用卫星制造、民用遥感卫星地面站建设项目，由国务院投资主管部门核准。

九、城建

城市快速轨道交通项目：由省级政府按照国家批准的规划核准。

城市供水：跨省（区、市）日调水50万吨及以上项目由国务院投资主管部门核准。

城市道路桥梁、隧道：跨重要海湾、跨大江大河（三级及以上通航段）的项目由国务院投资主管部门核准。

其他城建项目：由地方政府核准。

十、社会事业

主题公园：特大型项目由国务院核准，大型项目由国务院投资主管部门核准，中小型项目由省级政府核准。

旅游：国家级风景名胜区、国家自然保护区、全国重点文物保护单位区域内总投资5000万元及以上旅游开发和资源保护项目，世界自然和文化遗产保护区内总投资3000万元及以上项目，由省级政府核准。

其他社会事业项目：除国务院已明确改为备案管理的项目外，按照隶属关系由国务院行业管理部门、地方政府自行确定实行核准或者备案。

十一、金融

印钞、造币、钞票纸项目：由中国人民银行核准。

十二、外商投资

《外商投资产业指导目录》中有中方控股（含相对控股）要求的总投资（含

增资）3 亿美元及以上鼓励类项目，总投资（含增资）5000 万美元及以上限制类（不含房地产）项目，由国务院投资主管部门核准。《外商投资产业指导目录》限制类中的房地产项目和总投资（含增资）小于 5000 万美元的其他限制类项目，由省级政府核准。《外商投资产业指导目录》中有中方控股（含相对控股）要求的总投资（含增资）小于 3 亿美元的鼓励类项目，由地方政府核准。

前款规定之外的属于本目录第一至十一条所列项目，按照本目录第一至十一条的规定核准。

外商投资企业的设立及变更事项，按现行有关规定由商务部和地方政府核准。

十三、境外投资

中方投资 10 亿美元及以上项目，涉及敏感国家和地区、敏感行业的项目，由国务院投资主管部门核准。

前款规定之外的中央管理企业投资项目和地方企业投资 3 亿美元及以上项目报国务院投资主管部门备案。

国内企业在境外投资开办企业（金融企业除外）事项，涉及敏感国家和地区、敏感行业的，由商务部核准；其他情形的，中央管理企业报商务部备案，地方企业报省级政府备案。

中华人民共和国国家发展和改革委员会公告

2013 年　第 16 号

为贯彻落实《国务院关于加快培育和发展战略性新兴产业的决定》，更好地指导各部门、各地区开展培育发展战略性新兴产业工作，我们会同相关部门，组织编制了《战略性新兴产业重点产品和服务指导目录》，现予公布。

本目录涉及战略新兴产业 7 个行业、24 个重点发展方向下的 125 个子方向，共 3100 余项细分的产品和服务。

国家发展改革委

2013 年 2 月 22 日

战略性新兴产业重点产品和服务指导目录
（摘录）

编制说明

根据国务院《关于加快培育和发展战略性新兴产业的决定》（以下简称《决定》），国家发展改革委会同科技部、工信部、财政部等有关部门和地方发展改革委，在相关研究机构、行业协会和专家学者建议，并公开征求社会各方面意见的基础上，研究起草了《战略性新兴产业重点产品和服务指导目录》（以下简称《指导目录》）。

《指导目录》依据《决定》确定的七个产业、24个发展方向，进一步细化到近3100项细分的产品和服务（其中节能环保产业约740项，新一代信息技术产业约950项，生物产业约500项，高端装备制造产业约270项，新能源产业约

300项，新材料产业约280项，新能源汽车产业约60项）。

发布《指导目录》的作用将战略性新兴产业的具体内涵进一步细化，体现了战略性和前瞻性，以更好地引导社会资源投向，利于各部门、各地区以此为依据，开展培育发展战略性新兴产业工作。

鉴于战略性新兴产业处于快速变化的时期，我们将根据新形势的变化，及时修改完善《指导目录》。同时，我们欢迎社会各界继续对《指导目录》提出修改意见，修改意见可发送邮件至 xxcyec@126.com。

1 节能环保产业

1.1 高效节能产业

1.1.3 余热余压余气利用

余热发电关键技术和设备。低热值煤气燃气轮机、烧结烟气余热回收及发电技术、转炉煤气干法回收技术、乏汽与凝结水闭式回收、螺杆膨胀动力驱动、基于吸收式换热的集中供热等技术和设备；高效换热器、蓄能器、冷凝器等设备。

矿井乏风和排水热能综合利用技术、非稳态余热回收及饱和蒸汽发电技术、煤气化多联产燃气轮机发电技术、火电厂烟气综合优化系统余热深度回收技术、矿热炉烟气余热利用技术、油田采油污水余热综合利用技术、氯化氢合成余热利用技术、机械式蒸汽再压缩技术、 脱硫岛烟气余热回收及风机运行优化技术、炭黑生产过程中余热利用和尾气发电（供热）技术、谷氨酸生产过程中蒸汽余热梯度利用技术、聚酯化纤酯化工艺余热制冷技术、高温高压干熄焦技术、转炉煤气高效回收利用技术、低热值高炉煤气燃气—蒸汽联合循环发电、水泥窑纯低温余热发电技术、新型吸收式热变换器技术、高固气比水泥悬浮预热分解技术、玻璃熔窑余热发电技术、裂解炉空气预热节能技术、大中型硫酸生产装置低温位热能回收技术、高浓度糖醇废水沼气发电技术、管束干燥机废汽回收综合利用技术、热法磷酸生产热能利用装置。

1.1.11 其他节能技术

合成纤维熔纺长丝环吹冷却技术、自密封旋转式管道补偿节能技术、热管/蒸汽压缩复合制冷技术、铅闪速熔炼技术、氧气侧吹熔池熔炼技术、换热设备超声波在线防垢技术、水溶液全循环尿素节能生产工艺技术、聚能燃烧技术、新型生物反应器和高效节能生物发酵技 术、直燃式快速烘房技术、塑料注射成型伺服驱动与控制技术、工业冷却塔用混流式水轮机技术、沥青路面冷再生技术在路面大中修工程中的应用技术、温伴沥青在道路建设与养护工程中的应用技术、煤炭储运减损抑尘技术、电除尘器节能提效控制技术、铝电解槽新型阴极 结构及焙烧启动与控制技术、精滤工艺全自动自清洁节能过滤技术、新型高效节能膜极距离子膜电解技术、全预混燃气燃烧技术、稳流行进式水泥熟料冷却技术、高效节能选粉技术、频谱谐波时效技术、动态谐波抑制及无功补偿综合节能技术、控制气氛渗氮工艺节能技术、 大型高参数板壳式换热技术、基于吸收式换热的热电联产集中供热技术、供热系统智能控制节能改造技术、纳米陶瓷多空微粒绝热节能材料涂层技术、炼焦煤调湿风选技术、大型铝电解系列不停电（全电流）技术及成套装置、大型高效充气机械搅拌式浮选机、氧气底吹熔炼技 术、辊压机粉磨系统、立式磨装备技术、油田机械用放空天然气回收液化工程、新型变换气制碱技术、氨合成回路分子筛节能技术、密闭环保节能型电石生产装置、合成氨节能改造综合技术、塑料动态成型加工节能技术、染整企业节能集热技术、高温高压气流染色技术、外动颚匀摆颚式破碎机、高效双盘磨浆机、高压电网动态无功补偿装置（SVC）、过程能耗管控系统设备、能源检测专用仪器仪表、油水井工况采集分析优化系统装置、制冷系统负荷节能仪，节能增压二次供水设备。

1.2 先进环保产业

1.2.2 大气污染防治

除尘技术设备。包括大风量低阻长袋脉冲袋式除尘设备、高性能袋式除尘滤料及纤维、高温长袋脉冲袋式除尘设备。移动极板静电除尘设备、湿式电除尘器、余热利用节能电除尘器。高炉煤气净化回收成套设备、半干法烧结机烟气脱硫除尘净化系统、电除尘高频高压整流设备、电袋复合式除尘器、多相反应器、高压细水雾脱硫除尘降温成套设备、工业炉窑袋式除尘装置、光触媒组件、过滤镁法除尘脱硫设备、脉冲袋式除尘器、烧结机机尾烟气长袋低压脉冲除尘器、转炉煤气湿法电除尘器。船舶污染减排技术与设备。

燃煤烟气脱硫脱硝技术及设备。包括燃煤电厂SCR脱硝系统设备、CO循环还原法、烟气脱硫脱硝、二氧化碳回收利用一体化技术装置、燃煤烟气脱硫脱硝加速器系统一体化设备、活性焦干法脱硫脱硝一体化技术与装备、燃煤工业锅炉脱硫脱硝脱汞一体化设备、烧结烟气复合污染物集成脱除设备，钢铁烧结机烟气脱硫设备、循环流化床烧结烟气多组份污染物干法脱除设备。高效率的新型湿式吸收工艺，包括双碱及强碱脱硫工艺、氨法脱硫、动力波式、撞击流式、填充吸收、超重力式吸收等工艺。脱硝催化剂载体技术，重点是催化剂载体二氧化钛的制备技术和适用于低温条件（170℃左右）下的脱硝催化剂。

煤炭提质加工清洁利用技术与装备。包括井下大型预选排矸技术与装备，大型干法选煤设备，粗煤泥高效分选技术与装备，细粒煤高效分选技术和大型浮选设备，大型选煤厂成套技术与关键装备，低挥发分煤制水煤浆及高效清洁利用技术，褐煤改性制水煤浆工艺及关键设备，焦煤微波燃前脱硫技术与装备，褐煤等低阶煤的清洁高效利用技术与装备，多元优化配煤技术。

其他气体处理。包括低氮燃烧技术、水泥窑 SNCR 脱硝系统设备、汽车尾气高效催化转化技术、酸性气体处理硫回收技术与设备、低浓度挥发性有机物处理专用设备、油库和加油站油气回收技术与设备。挥发性有机污染物控制关键技术与设备，主要指新型功能性吸附材料及吸附回收工艺技术，新型催化材料，优化催化燃烧及热回收技术。无组织排放污染气体净化技术，应用于居室、公共场所、密闭空间的空气污染净化技术以及室内空气净化关键材料技术，甲醛、超细颗粒、苯原位检测技术等。粉尘重污染场所和行业抑尘技术，主要指远程射雾技术和微米级干雾抑尘技术。重型柴油机（车）排气净化设备（技术指标：催化剂的使用寿命≥8×104km，尾气排放 NOx 含量≤3.5g/kWh，尾气排放达到国 IV 标准）、燃煤电厂碳捕集及封存成套技术设备、袋式除尘器用高压无脉冲阀。

1.2.8　环保产品

环保材料。包括膜材料和膜组件、高性能防渗材料、布袋除尘器高效滤料和配件等；离子交换树脂、生物滤料及填料、水处理用活性炭、纳滤膜及其组件、袋式除尘器专用聚四氟乙烯（PTFE）滤料、碳纤维复合过滤材料、高温气体净化用陶瓷过滤材料、玻氟斯/乳酸水刺复合毡、烟气过滤专用聚丙烯裂纹纤维滤料、玻璃纤维覆膜滤料（FILTEX）、玄武岩纤维材料、纳米微晶复合滤料、纳米级催化净化材料、聚苯硫醚除尘滤布等烟尘回收材料、聚酰胺复合反渗透膜等。电除尘器用高频电源、中频电源、三相电源，袋除尘用大口径脉冲阀、无膜片高压低能耗脉冲阀。

环保药剂。包括新型脱氮药剂、化学催化氧化材料、水面浮油凝集剂、选择催化还原法脱硝专用钛白粉、有机合成高分子絮凝剂、微生物絮凝剂、脱硝催化剂、高性能脱硫剂、高温过程烟气净化用选择性催化剂等；循环冷却水处理药剂、杀菌灭藻剂、水处理消毒剂、污泥脱水剂、固废处理固化剂和稳定剂、土壤修复剂、低磷缓蚀阻垢剂、铝钛多功能复合型硫磺回收催化剂等。脱硫、脱硝等精华燃煤锅炉烟尘等药剂，生物菌剂、化学药剂等水处理药剂和微生物除臭剂；汽、柴油清净助燃剂、水溶性涂料、燃煤催化乳液等减少空气污染的药剂；微生物除蝇剂、微生物除鳞翅目害虫制剂、微生物采油助剂、微生物减阻剂。

1.3 资源循环利用产业

1.3.6 资源再生利用

再生金属。包括易拉罐有效组分分离及去除表面涂层技术，废铅蓄电池铅膏脱硫资源化利用，失效钴镍材料循环利用、4000 马力以上废钢破碎成套装备等技术装备，从废旧机电、电线电缆、易拉罐等产品中规模化回收利用再生金属。

废橡胶、废塑料再生利用。包括废轮胎常温粉碎及常压连续再生橡胶技术和成套设备、废塑料复合材料回收处理成套设备、废轮胎胶粉改性沥青成套装备、废轮胎整胎切块破碎机、废旧轮胎分解制油和炭黑项目；纸塑铝分离技术、橡塑分离及合成技术、深层清洗、再生造粒、无机改性聚合物再生循环利用技术。

废旧机电产品再生利用。包括废旧机电产品分拣、拆解、高附加值利用的无害化处理技术与装备，含铜、重金属废弃电子产品及污泥（渣）的回收提纯成套装备、废旧家电和废印刷电路板高效率分离多种物料的技术，熔点不同、相容性差的多种塑料混杂物直接综合利用技术。

报废汽车拆解和再生利用。包括真空吸油机、防爆抽油机、漏斗式废油回收机等废液收集装置以及各种废液的专用密闭容器，报废汽车自动化拆解设备、安全气囊引爆装置，高压热水清洁机、自动清洗机等回用零配件清洁设备，报废汽车贵金属再生利用技术及装备，车身破碎和材料分选成套技术及装备，油水分离环保设施。

废旧太阳能设备再生利用。包括废旧太阳能电池极、硅片回收利用，单晶硅棒边角料、硅片切割废砂浆的回收利用技术及设备。

废旧纺织品再生利用。包括废旧纺织品回收、清洗、分类、分拣、再利用关键技术及设备。

废弃生物质再生利用。包括秸秆、林产品加工剩余物、废塑料等废弃材料制成木塑、生物质聚氨酯泡沫材料等，发泡技术、纤维素和木质素的液化技术等。秸秆、生活垃圾、餐厨垃圾、林产品加工剩余物、园林绿化垃圾、城市粪便等废弃生物质材料制成纤维乙醇或成型燃料，节能节水型城市粪便收集输送装置。提高国产转化酶的性能并降低转化成本技术、制备成型燃料的原料配比技术、制备专用设备和使用成型燃料及木炭的小型锅炉专用燃烧设备、二氧化碳生物转化清洁能源技术装备、废油再生基础油成套装备、低能耗熔融气化裂解成套装备、生物质型煤锅炉。

3 生物产业

3.4 生物制造产业

3.4.1 生物基材料

基于生物质来源的生物塑料、生物纤维、生物橡胶等高分子材料。包括聚乳酸（PLA），聚羟基烷酸（PHA），1,3-丙二醇苯二甲酸聚酯（PTT），丁二酸丁二醇聚酯（PBS）、聚氨基酸、聚四氢呋喃、聚有机酸复合材料和产品，多元醇纤维，淀粉基塑料、生物基聚酯、生物质纤维、新型炭质吸附材料、壳聚糖纤维、葡甘聚糖材料、蛋白质纤维，非主粮变性淀粉基生物降解材料等。

生物基材料聚合技术，高密度、高粘度微生物发酵工艺技术，生物聚合物的水相分离技术，生物乙醇、丁醇等高效分离提取技术（疏水膜、膜分离渗透汽化），生物立体复合材料及其成型加工和改性技术，生物质纤维生物脱胶技术，生物基材料清洁生产技术。

4 高端装备制造产业

4.5 智能制造装备产业

4.5.3 重大智能制造成套装备

矿山、石化、化工、冶金、建筑智能专用设备制造。石油石化智能成套设备，包括具有在线检测、优化控制、功能安全等功能的百万吨级大型乙烯和千万吨级大型炼油装置、多联产煤化工装备、合成橡胶及塑料生产装置。冶金智能成套设备，包括具有特种参数在线检测、自适应控制、高精度运动控制等功能的金属冶炼、短流程连铸连轧、精整等成套装备。建材制造成套设备，包括具有物料自动配送、设备状态远程跟踪和能耗优化控制功能的水泥成套设备、高端特种玻璃成套设备。

智能化成形和加工成套设备。包括基于机器人的自动化成形、加工、装配生产线及具有加工工艺参数自动检测、控制、优化功能的大型复合材料构件成形加工生产线，加工中心。

自动化物流成套设备，指基于专家系统、具有动态优化、智能调度、人机友好、高效敏捷的智能制造物流设备。

智能化纺织成套装备，指具有卷绕张力控制、自调匀整控制及浓度、色差检测功能的纺纱、织造、染整、纺织成套装备。包括碳纤维、芳纶、玄武岩纤维等成套纺丝技术装备，智能型、自动化纺纱成套装备、织造和染整机械。

智能化塑料成型装备，指具有在线识别检测、智能化温度调节、智能在线成品瓶检测及自动剔除、智能故障诊断的塑料成套装备。包括 PET 瓶高速吹瓶装备、注塑机和挤出机。

智能化包装成套装备，指具有视觉在线检测、一体化控制、高效低耗的包装成套装备。包括 PET 瓶吹灌旋一体化装备、PET 瓶饮料灌装装备、无菌灌装装备以及黏流体高速灌装装备。

智能化造纸、印刷装备，指具有油墨预置遥控、自动套准、在线检测、闭环自动跟踪调节等功能的智能化印刷装备以及造纸装备。包括高端数字喷墨印刷机,热敏及 UV 直接制版装备（CTP）,数字智能高速胶印装备,环保型卫星式卷筒料柔性版印刷装备,高速无轴多色卷筒料,高速凹版印刷装备等智能化印刷技术装备。

6 新材料产业

6.3 高性能复合材料产业

6.3.1　高性能纤维及复合材料

高性能碳纤维及其复合材料，碳/碳复合材料，高强玻璃纤维、连续玄武岩纤维、陶瓷纤维、石墨纤维等无机非金属高性能纤维及其复合材料，芳纶、超高分子量聚乙烯纤维及其复合材料。芳砜纶纤维，聚苯硫醚纤维，聚四氟乙烯纤维，聚酰亚胺纤维、酚醛纤维、高吸水性纤维等具有耐腐蚀、耐高温、高强高模、抗燃、传导等功能的新型纤维。高性能树脂复合材料高效低成本成型技术，飞机结构复合材料整体化成型技术，高效自动化成型技术，低温固化及新型固化成型技术。

中华人民共和国国家发展和改革委员会
中华人民共和国财政部
中华人民共和国农业部
中华人民共和国工业和信息化部
国家质量监督检验检疫总局
中华全国供销合作总社
中国农业发展银行
公告

2013 年 第 20 号

为稳定棉花生产、经营者和用棉企业市场预期，保护棉农利益，保障市场供应，国家发展改革委、财政部、农业部、工业和信息化部、国家质检总局、供销合作总社、中国农业发展银行制定了《2013 年度棉花临时收储预案》，经国务院批准，现予发布。

附件：《2013 年度棉花临时收储预案》

国家发展改革委
财　　政　　部
农　　业　　部
工业和信息化部
质　检　总　局
供销合作总社
中国农业发展银行
2013 年 4 月 8 日

附件：

2013年度棉花临时收储预案

第一条 为稳定棉花生产、经营者和用棉企业市场预期，保护棉农利益，保证市场供应，特制定本预案。

第二条 执行本预案的棉花主产区为天津、河北、山西、江苏、安徽、江西、山东、河南、湖北、湖南、陕西、甘肃、新疆等13省（区、市）。其他产区需纳入收储范围的，经有关部门研究后另行公布。

第三条 2013年度棉花临时收储价为，标准级皮棉到库价格每吨20400元（公重）。

中国棉花协会根据皮棉临时收储价和当时的棉籽等副产品价格以及皮棉籽棉折算公式、相关合理参数测算籽棉收购参考价，并向社会公布。

第四条 2013年度棉花临时收储预案执行时间为2013年9月1日至2014年3月31日。

第五条 收储的棉花为2013年度生产加工并经仪器化公证检验的锯齿细绒棉，由具有400型棉花加工资格的棉花企业直接交储。收储棉花的质量要求和质量差价率另行公布。

棉花包装要符合棉花包装国家标准，铁路运输棉包捆扎物应使用塑钢带。

第六条 中国储备棉管理总公司（以下简称“中储棉总公司”）要按照“方便交储、有利监管、节约成本”的原则，合理确定执行棉花临时收储预案的承储库点（包括直属库和代储库点）。其中代储库点由中储棉总公司提出并报国家发展改革委、财政部备案及抄送中国农业发展银行后，双方签订《储备棉保管合同》。

代储库的具体选用标准和管理办法由中储棉总公司另行制定。

第七条 中国棉花协会和国家棉花市场监测系统监测国内棉花、棉籽市场价格水平，取两单位监测的棉花价格平均值和棉籽价格平均值作为国内棉花、棉籽市场平均价格。该价格通过相关行业网站每天发布。

第八条 预案执行期间当监测的棉花市场价格连续五个工作日低于临时收储价时，经有关部门确认，由中储棉总公司会同全国棉花交易市场及时发布公告，启动收储预案。

收储按照公开、公平、公正的原则通过全国棉花交易市场收储交易系统进行，具体交易办法另行制定。

第九条 预案启动后，在交储企业与中储棉总公司签订的棉花购销合同中明确，交储企业应按不低于籽棉收购参考价的价格向农民收购籽棉。中储棉总公司承储库点在接受棉花入储时查验交储企业收购单据，凡籽棉实际收购价低于籽棉收购参考价的企业，其所加工的皮棉一律不得入储，所发生的一切费用一律由交储企业承担；棉花协会、棉纺协会等行业组织配合实施舆论监督，将不执行籽棉收购参考价的交储企业列入行业黑名单；有关部门加强对交储企业收购价格和合同执行情况的监管。

第十条 收储所需资金，由中国农业发展银行按照有关政策规定安排储备棉贷款解决，农业发展银行总行营业部（以下简称“总行营业部”）统一发放信用贷款。中储棉总公司实行统贷统还，按入储成本向总行营业部申请储备贷款，包括收储价格及收储直接相关的合理费用。总行营业部依据有关政策，将贷款发放到位。

临时收储直接相关的合理费用，统一计入储备成本，有定额标准的，按标准执行，没有定额标准的，由相关财政监察专员办事处及时审核确认。中储棉总公司要按合同将相关费用及时足额拨付到代储库点。

第十一条 承储库点要按照中央储备棉有关管理规定的要求，切实做好收储入库各项工作。对违规收取各种费用的，中储棉总公司要按相关规定严肃处理。

第十二条 预案执行期间，中储棉总公司每个工作日将当天收储的棉花数量、等级、价格、区域分布等情况汇总报国家发展改革委、财政部并抄送中国农业发展银行。

预案执行结束后十个工作日内，中储棉总公司要将当年度棉花临时收储预案执行情况报告国家发展改革委、财政部并抄送中国农业发展银行。

第十三条 中储棉总公司要加强入储棉花的保管工作，保障储备棉安全。在市场需要时，由国家有关部门委托中储棉总公司在全国棉花交易市场公开竞价销售入储的棉花。销售的国家储备棉由中央财政统负盈亏。

第十四条 国家发展改革委负责协调落实棉花临时收储制度相关政策，会同有关部门解决临时收储预案执行中的问题。财政部负责及时拨付中储棉总公司临时收储棉花所需的利息、费用补贴。农业部负责了解各地执行临时收储政策情况，监测棉花收购价格，反映农民的意见和要求。工业和信息化部负责监测纺织企业运行和棉花需求动态情况，及时反映纺织企业意见。供销合作总社负责加强对所属棉花收购加工企业的指导，监督企业认真执行国家临时收储政策，切实保护农民利益。中国农业发展银行负责向中储棉总公司及时提供储备贷款，并对资金使用和棉花库存进行监管。中国纤维检验局负责组织棉花入库公证检验。中储棉总公司作为国家委托的临时收储预案执行责任主体，对其临时收储棉花的数量、质量、价格和库存管理等负总责。全国棉花交易市场负责维护管理收储交易系统，会同中储棉总公司审核交储企业资格。产棉区政府负责对交储企业执行籽棉收购参考价情况进行监督检查，并督促、协调地方相关部门，支持和配合中储棉总公司的工作，共同完成收储任务。

第十五条 本预案由国家发展改革委、财政部负责解释。

中华人民共和国国家发展和改革委员会
中华人民共和国商务部
令

第 1 号

《中西部地区外商投资优势产业目录（2013 年修订）》已经国务院批准，现予以发布，自 2013 年 6 月 10 日起施行。2008 年 12 月 23 日国家发展和改革委员会、商务部发布的《中西部地区外商投资优势产业目录（2008 年修订）》（国家发展和改革委员会、商务部令 2008 年第 4 号）同时废止。

根据《指导外商投资方向规定》（国务院令 2002 年第 346 号）的规定，属于本目录的外商投资项目，享受鼓励类外商投资项目优惠政策。符合本目录规定的外商投资在建项目，可按照本目录的有关政策执行。

国家发展和改革委员会主任：徐绍史

商　务　部　部　长：高虎城

2013 年 5 月 9 日

（《中西部地区外商投资优势产业目录（2013 年修订）》全文见国家发改委网站）

关于印发《节能低碳技术推广管理暂行办法》的通知

发改环资[2014]19 号

各省、自治区、直辖市及计划单列市、副省级省会城市、新疆生产建设兵团发展改革部门、经信委（经委、工信委、工信厅、工信局），计划单列企业集团和中央管理企业，有关行业协会：

根据《中华人民共和国节约能源法》、《国务院关于印发“十二五”节能减排综合性工作方案的通知》（国发[2011]26 号）、《国务院关于印发“十二五”控制温室气体排放工作方案的通知》（国发[2011]41 号）、《国务院关于加快发展节能环保产业的意见》（国发[2013]30 号）规定和要求，为加快节能低碳技术进步和推广普及，引导用能单位采用先进适用的节能低碳新技术、新装备、新工艺，促进能源资源节约集约利用，缓解资源环境压力，减少二氧化碳等温室气体排放，我们制定了《节能低碳技术推广管理暂行办法》，现印发你们，请按照执行。

附件：节能低碳技术推广管理暂行办法

国家发展改革委

2014 年 1 月 6 日

附件

节能低碳技术推广管理暂行办法

第一章　总　则

第一条　为引导用能单位采用先进适用的节能低碳技术装备，加快节能低碳技术进步和推广普及，建立节能低碳技术遴选、评定和推广机制，根据《中华人民共和国节约能源法》、《“十二五”节能减排综合性工作方案》、《“十二五”控制温室气体排放工作方案》和《国务院关于加快发展节能环保产业的意见》，制订本办法。

第二条　本办法所称节能技术，是指促进能源节约集约使用、提高能源资源开发利用效率和效益、减少对环境影响、遏制能源资源浪费的技术。节能技术主要包括能源资源优化开发技术，单项节能改造技术与节能技术的系统集成，节能型的生产工艺、高性能用能设备，可直接或间接减少能源消耗的新材料开发应用技术，以及节约能源、提高用能效率的管理技术等。

本办法所称低碳技术，是指以资源的高效利用为基础，以减少或消除二氧化碳排放为基本特征的技术，广义上也包括以减少或消除其他温室气体排放为特征的技术。

第三条　本办法适用于国家发展改革委管理的《国家重点节能低碳技术推广目录》（以下简称《目录》）申报、遴选和推广工作。

第四条　国家发展改革委负责重点节能低碳技术申报、遴选和推广的组织工作，实行自愿申报、科学遴选，坚持企业为主、政府引导、社会参与、重点推广和动态更新的原则。

第五条　重点节能低碳技术申报、遴选、评定、推广、培训等，不向技术提供单位收取任何费用。

第二章　重点节能低碳技术申报

第六条　国家发展改革委定期印发通知征集重点节能低碳技术，明确申报范围、申报要求、申报程序、时限要求等。

第七条 各省、自治区、直辖市和计划单列市、新疆生产建设兵团发展改革部门、经信委（经委、工信委、工信厅），计划单列企业集团和中央管理企业，国家节能中心，有关行业协会为节能技术组织申报单位；各省、自治区、直辖市、新疆生产建设兵团发展改革部门，计划单列企业集团和中央管理企业，有关行业协会为低碳技术组织申报单位。

组织申报单位应根据通知要求，组织企业、研究机构等技术提供单位准备申报材料，并对申报材料的真实性、完整性和合规性进行审核。节能低碳技术组织申报单位应汇总整理符合条件的技术，填写重点节能低碳技术汇总表（见附件 1）并加盖公章，报送国家发展改革委。

技术提供单位也可通过国务院有关部门向国家发展改革委提交申报材料。

第八条 申报技术应符合节能降碳效果显著、技术先进、经济适用、有成功实施案例等条件。重点节能技术提供单位应编写重点节能技术申请报告（见附件 2），以及重点节能技术申报表（见附件 3），提交组织申报单位。

重点低碳技术申报单位应填写重点低碳技术申报表（见附件 4），提交组织申报单位。

重点节能技术申请报告的主要内容包括：

（一）技术概要；

（二）技术原理和内容；

（三）评价指标，包括节能能力、经济效益、技术先进性、技术可靠性及行业特征指标；

（四）推广建议；

（五）结论；

（六）附件。

第三章　重点节能低碳技术遴选

第九条 重点节能低碳技术遴选采用定量与定性相结合、通用指标和特征指标相结合的方式，重点节能低碳技术主要评价指标包括：

（一）节能减碳能力：预计能形成的节能量（建筑、交通等行业主要参考节能率指标），预计能形成的二氧化碳减排量（其他温室气体减排量可根据附件 5 进行折算）；

（二）经济效益：单位节能量投资额和静态投资回收期，单位二氧化碳减排量投资额和静态投资回收期；

（三）技术先进性；

（四）技术可靠性；

（五）行业特征指标。

第十条 国家发展改革委受理重点节能低碳技术申请材料后，对申报材料是否符合通知要求进行核对。符合要求的，进入专家遴选环节；不符合要求的，通知组织申报单位补充完善，补充完善后还不能达到要求的或未按要求进行补充的，不进入专家遴选环节。

第十一条 国家发展改革委委托有关机构进行遴选：

（一）分行业初审。分行业对重点节能低碳技术申请材料进行初审，形成书面评审意见。审查重点是技术有创新性、节能减碳原理清晰、知识产权明确、符合国家产业政策等。

（二）复审论证。召开专家论证会，对通过分行业初审的技术进行复审论证，分为交叉评分、集体讨论、组长复核等环节。重点节能低碳技术论证重点是节能减碳能力、经济效益、技术先进性、技术可靠性、系统影响分析、行业特征指标等。

（三）技术答辩。召开技术答辩会，对通过复审论证的技术，组织技术提供单位进行答辩，接受专家问询，深入论证技术细节，进一步评价技术的节能减碳能力、经济效益、先进性、可靠性等，形成答辩意见。必要时根据答辩问询情况组织专家进行现场调研论证，并形成论证意见。

（四）征求意见。对通过答辩和现场调研论证的重点节能低碳技术，由国家发展改革委向有关部门、行业协会等征求意见，并根据相关意见进行修改完善。

（五）公示。根据征求意见情况，提出拟入选《目录》的重点节能低碳技术，由国家发展改革委向全社会公示，对公示期内收到书面意见的技术，再组织专家论证，根据公示和论证情况确定入选《目录》的重点节能低碳技术。

第十二条 《目录》由国家发展改革委以公告方式向全社会发布，主要包括技术内容、应用案例和技术提供单位、技术评定情况等，供用能单位、碳排放单位和个人查询使用。

第十三条 《目录》实施动态更新，根据技术进步情况，定期更新技术指标和技术提供单位，用先进的同类技术替换原有技术。

第十四条 国家发展改革委委托有关机构，就申报要求、遴选程序、遴选标准等内容，开展对组织申报单位和技术提供单位的培训。

第四章 重点节能低碳技术推广

第十五条 国家发展改革委优先支持技术提供单位新建、参与新建或改扩建重点节能低碳技术装备生产线；优先支持用能单位使用重点节能低碳技术实施改造。

第十六条 鼓励技术提供单位建立重点节能低碳技术示范推广中心，展示宣传重点节能低碳技术；鼓励用能单位分行业集成应用重点节能低碳技术，建立教育示范基地，定期组织行业重点用能单位开展技术交流和培训，推广集成应用典型模式。

第十七条 各级固定资产投资项目节能评估和审查负责部门在开展项目节能评估和审查时，鼓励用能单位采用重点节能低碳技术；鼓励节能服务公司在实施合同能源管理项目过程中采用重点节能低碳技术。

第十八条 鼓励能源审计单位在开展能源审计时，参照重点节能低碳技术能效水平，在审计报告中提出相应改造措施建议；鼓励各级节能监察机构在节能监察中参照重点节能低碳技术能效水平，对高耗能行业企业建议采用重点节能低碳技术进行改造。

第十九条 国家发展改革委委托有关单位编制重点节能技术最佳实践案例，包括重点节能技术基本情况、节能改造前后情况、第三方机构检测报告、用户意见反馈等，对节能效果突出的案例进行重点宣传。

第二十条 国家发展改革委委托有关单位组织召开重点节能低碳技术的现场推广会及技术对接会，开展技术提供单位与用能单位和节能服务公司交流。

第二十一条 重点节能低碳技术提供单位要制定推广方案，每年向国家发展改革委提交上年度推广情况，由国家发展改革委委托有关机构进行整理分析，跟踪评估推广效果，适时发布推广报告。

第五章　附　则

第二十二条　本办法自发布之日起实施。

（附表详见国家发改委网站）

中华人民共和国工业和信息化部公告

2013年第35号

按照《国务院关于进一步加强淘汰落后产能工作的通知》（国发〔2010〕7号）和《工业和信息化部关于下达2013年19个工业行业淘汰落后产能目标任务的通知》（工信部产业〔2013〕102号）要求，各省、自治区、直辖市已将2013年工业行业淘汰落后产能目标任务分解落实到企业，并在当地政府网站和主流媒体上公告了企业名单。

现将2013年炼铁、炼钢、焦炭、铁合金、电石、电解铝、铜（含再生铜）冶炼、铅（含再生铅）冶炼、锌（含再生锌）冶炼、水泥（熟料及磨机）、平板玻璃、造纸、酒精、味精、柠檬酸、制革、印染、化纤、铅蓄电池（极板及组装）等19个工业行业淘汰落后产能企业名单（第一批）予以公告（见附件）。有关方面要采取有效措施，力争在2013年9月底前关停列入公告名单内企业的落后产能，确保在2013年年底前彻底拆除淘汰，不得向其他地区转移。各地要按照《关于印发淘汰落后产能工作考核实施方案的通知》（工信部联产业〔2011〕46号）要求，做好对淘汰落后产能企业的现场检查验收和发布任务完成公告工作。

附件：2013年19个工业行业淘汰落后产能企业名单（第一批）

工业和信息化部

2013年7月18日

附件：

2013年19个工业行业淘汰落后产能企业名单（第一批）

（摘录2013年化纤淘汰落后产能企业名单）

序号	省份	企业名称	淘汰生产线（设备） 型号及数量	产能（万吨）
1	浙江	海盐华明化纤有限公司	年产5万吨2步纺涤纶长丝聚酯聚合生产线17条：635螺杆式挤出机17台、PQ668平行牵伸机24台	5
2	浙江	长兴县宏鑫化纤有限公司	年产1万吨涤纶POY生产线2条：北京中丽BW835卷绕机1台、BW635卷绕机1台	1
3	浙江	浙江德科实业有限公司	年产0.6万吨锦纶生产线10条：锦纶6DTY生产线裘地奇TD-20*10条	0.6
4	山东	武城聚力纤维有限公司	淘汰设备 24台（套）： 淘汰VD404涤纶短纤维生产线1条（VD404纺丝机2台、VD404卷绕机1台、VD404集速架1台）、VC352 转数2台、VC353转数2台、水环真空泵1套、上料泵 1台、 490螺杆挤淘汰生产线 1条， 出机2台、立式变速箱2台、SL561A卷曲机1台、S761型双箱打色机1台等	0.42
5	河南	新乡化纤股份有限公司	年产1.0万吨粘胶短纤维生产线2条：S762型打包机2台，R456型烘干机2台，R153型黄化机2台，纺丝机4台，精炼机2台等	2
6	湖北	湖北化纤开发有限公司	年产1.0万吨粘胶法常规粘胶短纤维生产线2条：HR401 型纺丝机4台、HR451型集束牵伸机4台、YX-288型切断机8台、 HR521型长网精练机2台、RW1801型高压轧机4 台 、R421A 型 湿 开 棉 机 2 台 、R434B 型 喂 给 机 2 台 、ZHR588型链板烘干机2台、R456A-16 型圆网烘干机2台、R461A 型干开棉机2台、LS762型打包机2台，共计34 台套。	2
7	四川	成都丽雅纤维股份有限公司	年产1.7万吨/线湿法纺粘胶短纤维生产线2条，共计产能 3.4万吨：HR402型纺丝机4条、HR451R、HN451型集束机共4条、HR521型长网精炼机2条，R456A 、R456园 网烘干机各1条，蒸发器4套、凉水塔5台以及公用工程配套设备等。	3.4

关于印发信息化和工业化深度融合专项行动计划（2013~2018年）的通知

工信部信〔2013〕317号

各省、自治区、直辖市及新疆生产建设兵团工业和信息化主管部门，各省、自治区、直辖市通信管理局，有关行业协会，有关单位：

现将《信息化和工业化深度融合专项行动计划（2013-2018年）》印发给你们，请结合本地区、本单位实际，认真贯彻执行。

工业和信息化部
2013年8月23日

信息化和工业化深度融合专项行动计划（2013~2018年）

推动信息化和工业化深度融合是加快转变发展方式，促进四化同步发展的重大举措，是走中国特色新型工业化道路的必然选择。当前，我国工业正处于转型升级的攻坚时期，国际产业竞争日趋激烈，核心竞争力不足、资源环境约束强化、要素成本上升等矛盾日益突出。全球新一轮科技革命和产业分工调整对我国工业发展既有挑战，也有实现赶超的机遇。推动信息化和工业化深度融合，以信息化带动工业化，以工业化促进信息化，对于破解当前发展瓶颈，实现工业转型升级，具有十分重要的意义。

为进一步贯彻《2006~2020年国家信息化发展战略》、《工业转型升级规划（2011~2015年）》和《国务院关于大力推进信息化发展和切实保障信息安全的若干意见》，细化落实《关于加快推进信息化与工业化深度融合的若干意见》，全面提高工业发展的质量和效益，促进工业由大变强，特提出本行动计划。

一、总体要求

（一）指导思想

深入贯彻落实党的十八大精神，着眼转变经济发展方式的长期目标，围绕稳增长、调结构、促改革、惠民生的工作重点，以促进工业转型升级为主攻方向，以创新驱动为核心动力，着力释放改革红利，创新行政管理和服务方式，营造良好的政策环境，全面提升企业竞争能力；着力突破关键技术领域和应用瓶颈，加快传统产业改造升级，培育壮大生产性服务业，拓展战略性新兴产业发展空间；着力发挥地方区位优势和比较优势，增强产业政策协调性和互补性，激发经济增长新动力，保障网络与信息安全，加快建设工业强国，打造中国工业经济升级版。

（二）基本原则

市场导向，改革引领。充分发挥市场机制优化配置资源的基础性作用，打破行业性、区域性和经营性壁垒，营造公平竞争的市场环境；加快转变政府职能，综合运用标准体系、试点示范、第三方服务等手段，引导和鼓励企业提高技术和管理水平，创新经营模式，切实提升信息化条件下的核心竞争力，激发两化深度融合的内生动力。

产用互动，协调发展。全面深化信息技术在工业企业和行业管理领域的应用，促进工业发展质量和行业管理水平的双重提升；鼓励工业企业与信息技术企业深化合作，引导信息技术企业立足内需市场，增强安全可控的信息技术产品和服务供给能力，实现信息技术应用、产业发展与工业转型升级融合互动、协调发展。

多方参与，协力推进。加强统筹协调，充分发挥地方工信主管部门、通信管理机构、部属院校和研究机构、行业协会和第三方机构的积极作用，创新工作机制，构建上下协同、各负其责、紧密配合、运转高效的两化深度融合推进体系。

（三）总体目标

到 2018 年，两化深度融合取得显著成效，信息化条件下的企业竞争能力普遍增强，信息技术应用和商业模式创新有力促进产业结构调整升级，工业发展质量和效益全面提升，全国两化融合发展水平指数达到 82。

——“企业两化融合管理体系”得到全面推广。重点行业大中型企业两化融合水平逐级提升，处于集成提升阶段以上的企业达到80%，涌现出一批创新能力强、应用效果好、具有国际竞争力的优秀企业。中小企业应用信息技术开展研发、管理和生产控制的比例达到55%，应用电子商务开展采购、销售等业务的比例达到50%。

——信息技术向工业领域全面渗透，传统行业两化融合水平整体提升。基于信息网络的融合创新不断涌现，电子商务、工业云、大数据等新技术新应用驱动的新型生产性服务业蓬勃发展，企业间电子商务（B2B）交易额突破20万亿元。

——食品、药品等重点产品质量安全信息可追溯体系建设取得进展。民爆、危险化学品等高危行业安全生产水平得到增强。各行业能源利用效率显著提高，50%的重点工业用能企业数字能源解决方案应用达到较高水平，实现节能量5000万吨标准煤。

——信息技术支撑服务能力显著增强。以数字化、柔性化及系统集成技术为核心的智能制造装备取得重大突破，在国民经济重点领域得到快速应用，重点行业装备数控化率达到70%。安全可控的信息技术产品配套能力和信息化服务能力明显增强，重点关键领域实现全面自主配套。

二、主要行动

（一）“企业两化融合管理体系”标准建设和推广行动

1. 行动目标

制定“企业两化融合管理体系”国家标准，规范企业系统推进两化融合的通用方法，建立全国性的第三方认定服务体系，推动企业建立、实施和改进两化融合管理体系，促使企业稳定获取预期的信息化成效，引领企业打造和提升信息化环境下的竞争能力。完善支撑两化深度融合的相关标准。

2. 行动内容

——制定“企业两化融合管理体系”国家标准。明确影响信息化过程的一般要素，形成引领和促使企业有效推进两化融合的体系框架、主要内容和方法论，制定发布“企业两化融合管理体系”国家标准。依据行业特色制定企业两化融合管理体系分行业标准。

——推动建立第三方认定服务体系。建立第三方认定管理组织，制定管理办法。各地负责建立一批服务机构，培育专业人员，开展咨询、认定、培训等专业化服务。建设覆盖全流程的信息化服务平台。

——开展试点和推广。选择典型企业、重点行业、重点地区开展企业两化融合管理体系试点，总结试点经验，组织宣传培训与推广交流。各行业、各地方要组织和引导企业参与两化融合管理体系建设工作，建立国家、行业和区域协同推广机制，全面推动两化融合管理体系在企业贯彻实施。

——加快制定支持两化深度融合的技术标准规范。围绕智能制造、智能监测监管、工业软件、工业控制、机器到机器通信、信息系统集成等重点工作，加快相关技术标准制定，积极开展标准的评估、试点、宣贯和推广应用工作。

（二）企业两化深度融合示范推广行动

1. 行动目标

依据工业企业两化融合评估规范，支持行业和区域开展企业对标，加强示范带动，引导企业逐级提升，促进企业创新能力、劳动生产率、产品质量等核心竞争力整体提高。

2. 行动内容

——完善工业企业两化融合水平测度机制。依据工业企业两化融合评估规范，分行业、分区域建立企业两化融合水平测度指标体系和等级评定办法，完善国家两化融合咨询服务平台，全面支撑企业两化融合水平测度和示范工作。

——推进企业对标和行业示范推广。行业协会负责开展行业企业两化融合水平测度和等级评定，树立一批示范企业。总结提炼示范经验和成果，形成行业共性解决方案，全面推进企业对标和示范推广，推动全行业两化融合向更高阶段跃升。

——开展区域分级分类推进。各地负责开展区域企业两化融合整体性水平测度和等级评定，树立一批示范企业。加强分级分类引导和推进，推动企业对标、培训交流和咨询服务，实现区域企业两化融合水平全面升级。

（三）中小企业两化融合能力提升行动

1. 行动目标

中小企业信息化推进工程持续深入推进，面向中小微企业的信息化服务体系进一步完善，综合服务和专业服务能力不断提高。降低中小微企业信息化应用门槛，解决中小微企业在技术创新、企业管理、市场开拓、投资融资、人才培养、信息咨询等方面存在的突出困难，增强中小微企业发展活力。

2．行动内容

——健全和完善社会化、专业化中小企业信息化服务体系。引导服务商构建信息化服务平台，围绕中小微企业多样化、个性化需求，整合服务资源，完善平台功能，提高服务的专业性和有效性。鼓励电子商务服务商探索为中小微企业提供信用融资等服务。推动中小企业公共服务平台网络建设，发挥国家中小企业公共服务平台的示范作用，依托产业集群和工业园区，为中小微企业提供政策咨询、创业辅导、技术创新、人才培训、市场开拓等线上线下相结合的服务。

——提高中小企业信息化应用能力和水平。发挥中小企业发展专项等各类资金的扶持作用，支持中小微企业在研发设计、生产制造、经营管理、市场营销等核心业务环节信息化应用。鼓励中小微企业运用电子商务创新业务模式，运用信息化服务平台和第三方外包服务促进基础和集成应用。

（四）电子商务和物流信息化集成创新行动

1．行动目标

深化重点行业电子商务应用，提高行业物流信息化和供应链协同水平，促进以第三方物流、电子商务平台为核心的新型生产性服务业发展壮大，创新业务协作流程和价值创造模式，提高产业链整体效率。

2．行动内容

——提升重点行业电子商务和供应链协同能力。在原材料、装备制造、消费品、电子信息、国防科技等领域，围绕支持主制造商发展订单驱动的制造模式，带动产业链上下游企业协同联动，降低平均库存水平，缩短市场响应时间，提高供应链整体竞争能力，推进电子商务和供应链管理协同发展。在有条件的重点行业，促进合作企业商务信息和知识共享，开展网上研发、设计和制造，增强产业链的商务协同能力，提高市场应变能力。

——提升第三方物流服务能力。推动物流信息化发展，壮大第三方物流服务业，重点支持钢铁、石化、汽车、家电、食品、医药、危化品、电子产品、快速消费品、冷链等专业物流和供应链服务业发展，提升全程透明可视化管理能力，增强面向工业领域供应链协同需求的物流响应能力。

——推动工业企业电子商务创新发展。支持大型企业建立开放性采购平台，提高网上集中采购水平。支持有条件的大型企业电子商务平台向行业平台转化。支持制造企业利用电子商务创新营销模式，提高产品销售和售后服务水平。支持面向工业企业的电子商务服务平台发展壮大、创新商务模式，支撑和带动制造企业业务流程优化。

（五）重点领域智能化水平提升行动

1．行动目标

加快民爆、危化、食品、稀土、农药以及重点用能行业智能监测监管体系建设，提高重点高危行业安全生产水平，加强民爆行业安全生产监测监管，开展危险化学品危险特性公示，实现食品质量安全信息全程可追溯，促进稀土资源高效开采利用；提高重点行业能源利用智能化水平，推动行业绿色发展、安全发展。

2．行动内容

——加强民爆行业安全生产监测监管。建设覆盖各级民爆主管部门、民爆企业的行业综合管理服务平台，实现民爆物品生产经营动态信息全程监测。建立民爆企业生产、流通全过程安全管控体系，实现对关键安全生产要素的闭环信息化管控，提升民爆行业本质安全生产水平。

——开展危险化学品危险特性公示。在危险化学品领域全面推行联合国《全球化学品统一分类和标签制度》（GHS），建立国家化学品危险特性基础数据库和在线报送系统，提供危险化学品危险特性数据检索服务，有效控制危险化学品健康与环境风险。

——实现食品行业质量安全信息可追溯。搭建食品质量安全信息可追溯公共服务平台，在婴幼儿配方乳粉、白酒、肉制品等领域开展食品质量安全信息追溯体系建设试点，面向消费者提供企业公开法定信息实时追溯服务，强化企业质量安全主体责任。

——建立稀土行业信息化监管基础。鼓励重点矿区企业建设监控系统，实现在线监控。鼓励重点稀土企业集团建立管控信息系统，实现企业生产经营信息动态监管。支持建立行业生产统计系统。

——加强农药行业信息化监管。建立农药产品生产批准证书查询库和换证信息共享平台，促进农药行业信息交流。建立农药生产信息数据库，加强农药生产企业监管。搭建违法案件群众举报信息平台，完善农药打假机制，提升农药监管能力。

——提高重点高危行业安全生产水平。围绕特种设备管理、安全隐患排查、安全事故应急管理、人员安全管理、高危工业产品运输监控和管理等关键环节，支持煤矿、非煤矿山、危险化学品、烟花爆竹、冶金等重点高危行业企业的安全生产信息化系统建设，促进生产本质安全。

——推进重点行业节能减排。实施数字能源重点工程，大力推动企业能源管控中心建设，推广流程工业能源在线仿真系统等节能减排信息技术，在重点行业和地区建立工业主要污染物排放监测和工业固体废弃物综合利用信息管理体系，建立区域能耗在线监测平台，开展企业数字能源应用等级评价，提高能源资源利用效率。

（六）智能制造生产模式培育行动

1. 行动目标

面向国民经济重点领域智能制造需求，创新智能制造装备产品，提高重大成套设备及生产线系统集成水平。加快工业机器人、增材制造等先进制造技术在生产过程中应用。培育数字化车间、智能工厂，推广智能制造生产模式。

2. 行动内容

——加快重点领域装备智能化。实施“数控一代”装备创新工程行动计划，推广应用数字化控制技术，集成创新一批数控装备，实现装备性能、功能的升级换代。实施高档数控机床与基础制造装备专项，推进重点领域高端数控机床的研发设计和生产应用。实施智能制造装备发展专项，面向重点行业生产过程柔性化、智能化的应用需求，开发一批标志性的重大智能制造成套设备。

——推进生产过程和制造工艺的智能化。开展先进制造创新试点，发展以人机智能交互、柔性敏捷生产等为特征的智能制造方式，促进工业机器人在关键生产线的规模应用，推进生产制造设备联网和智能管控。拓宽增材制造（3D打印）技术在工业产品研发设计中的应用范围，推进增材制造在航空航天和医疗等领域的率先应用。创新政企合作模式，建立先进制造技术研发中心。

——推动智能制造生产模式的集成应用。结合原材料、装备、消费品等行业发展特点，在集团管控、设计与制造集成、管控衔接、产供销一体、业务和财务衔接等领域，开展关键环节集成应用示范。逐步推广重点行业数字化车间，开展智能工厂试点建设，探索全业务链综合集成的路径和方法。选择有条件的产业集聚区，开展智能制造示范试验区建设。

（七）互联网与工业融合创新行动

1．行动目标

抓住信息、材料、能源等技术变革与制造技术融合创新的重大机遇，深化物联网、互联网在工业中的应用，促进工业全产业链、全价值链信息交互和集成协作，创新要素配置、生产制造和产业组织方式，加快工业生产向网络化、智能化、柔性化和服务化转变，延伸产业链，培育新业态，推动中国制造向中国创造转变。

2．行动内容

——推动物联网在工业领域的集成创新和应用。实施物联网发展专项，在重点行业组织开展试点示范，以传感器和传感器网络、RFID、工业大数据的应用为切入点，重点支持生产过程控制、生产环境检测、制造供应链跟踪、远程诊断管理等物联网应用，促进经济效益提升、安全生产和节能减排。

——发展网络制造新型生产方式。鼓励有条件的企业通过网络化制造系统，实现产品设计、制造、销售、采购、管理等生产经营各环节的企业间协同，形成网络化企业集群。支持工业云服务平台建设，推进研发设计、数据管理、工程服务等制造资源的开放共享，推进制造需求和社会化制造资源的无缝对接，鼓励发展基于互联网的按需制造、众包设计等新型制造模式。

——加快电子商务驱动的制造业生态变革。鼓励 B2C 电子商务平台从产品销售和广告营销向研发设计、生产制造等领域渗透，促进生产和消费环节对接，推动基于消费需求动态感知的研发、制造和产业组织方式变革，形成个性化定制生产新模式。鼓励企业利用移动互联网，创新电子商务与制造业的集成应用模式。

——促进工业大数据集成应用。支持和鼓励典型行业骨干企业在工业生产经营过程中应用大数据技术，提升生产制造、供应链管理、产品营销及服务等环节的智能决策水平和经营效率。支持第三方大数据平台建设，面向中小制造企业提供精准营销、互联网金融等生产性服务。推动大数据在工业行业管理和经济运行中的应用，形成行业大数据平台，促进信息共享和数据开放，实现产品、市场和经济运行的动态监控、预测预警，提高行业管理、决策与服务水平。

（八）信息产业支撑服务能力提升行动

1．行动目标

建设下一代信息基础设施，实现电信运营商向综合信息服务商转变。突破一批核心关键技术，提高电子信息产业链各环节配套能力，逐步形成安全可控的现代信息技术产业体系。信息化综合服务体系基本完善，信息技术与传统工业技术协同创新能力得到增强，新型工业化产业示范基地服务能力显著提升。

2．行动内容

——加快提升信息网络基础设施。结合实施宽带中国战略，根据专项行动需求，加快产业集聚区的光纤网、移动通信网和无线局域网的部署和优化，实现信息网络宽带化升级。全面推进下一代互联网与移动互联网、物联网、云计算的融合发展，开展网络新技术现网试验和应用示范，推进TD-LTE智能终端的产业化和广泛应用，提高面向工业应用的网络服务能力。

——增强电子信息产业支撑服务能力。加快集成电路、关键电子元器件、基础软件、新型显示、云计算、物联网等核心技术创新，突破专项行动急需的应用电子、工业控制系统、工业软件、三维图形等关键技术。围绕工业重点行业应用形成重大信息系统产业链配套能力，开展国产CPU与操作系统等关键软硬件适配技术联合攻关，提升产业链整体竞争力和安全可控发展能力。支持面向云计算、移动互联网、工业控制系统等关键领域安全技术研发与产业化，加快安全可靠通信设备、网络设备等终端产品研发与应用。

——提高信息化综合服务能力。鼓励电信运营商、信息技术服务商、互联网企业之间加强合作，有效利用平台资源、数据资源和渠道资源，通过云服务模式面向企业提供服务。支持电子商务、物流、第三方支付等信息平台建设，深化信息服务在企业经营管理、节能环保、安全生产等方面的支撑作用。培育信息化咨询、规划、培训、评估、审计等专业服务机构。

——支持信息技术企业与工业企业战略合作。实施信息技术产用合作专项，在机械、石化、电力等重点行业开展信息技术应用试点示范，形成可推广的行业解决方案，支持工业企业采用安全可控的信息技术和产品。在重点消费领域加强产用互动合作，提升移动智能终端、高端家电、医疗器械、玩具等产品智能化水平，提高产品附加值。探索建立工业产品信息化指数测评服务体系。加强应用电子产品和系统研发和产业化，推动工业软件开发、标准化及行业应用。推进重点行业信息技术应用公共服务平台建设，引导行业协会、企业和研发机构共同组织产用合作联盟。

——提升新型工业化产业示范基地服务能力。完善示范基地信息基础设施，提高宽带和高速无线网络的覆盖率。增强示范基地公共服务平台的信息化支撑能力，建设并完善一批面向产业集群的专业化信息化服务平台，鼓励建设示范基地管理综合服务平台。依托示范基地骨干企业，促进产业链上下游企业间、制造企业与生产性服务企业间信息共享和业务协作。

三、保障措施

（一）加强组织领导

工业和信息化部成立专项行动工作办公室，明确任务分工、工作进度和责任，抓好落实。组织开展年度检查与效果评估，并将评估结果作为专项行动滚动调整的重要依据，开通专项行动网站，对工作进展情况进行公开发布与跟踪评价。

（二）完善协同推进体系

加强部省合作，突出地方工信主管部门在区域推进工作中的组织作用，支持建立由政府主要负责同志牵头的领导机制，推动两化深度融合纳入政府工作综合考核体系，确保任务落实。在有条件的地方开展国家级两化深度融合区域试点。鼓励各地开展省级试点示范，配合开展全国两化融合发展水平测度。加强区域交流合作，促进产业有序转移。支持行业协会和地方继续开展企业两化深度融合水平测度、企业对标和示范推广工作，引导企业参与企业两化融合管理体系建设试点和普及推广。培育第三方服务机构，提高两化融合服务支撑能力。

（三）创新政府管理方式

加强政策引导，创新管理方式，改善公共服务。清理和减少对各类企业、机构及其活动的非行政许可审批和资质资格许可。落实政务信息公开和公开招投标制度，打破各种行业性、地区性、经营性壁垒，促进企业公平竞争。制定公共信息资源开放共享管理办法，鼓励公共信息资源的社会化开发利用。在落实专项行动中，要加大政府采购服务力度，引导社会力量广泛参与。

（四）加大资金政策支持

扩大两化深度融合专项资金规模，重点支持专项行动任务的落实。改进财政资金支持方式，引导国家科技重大专项、技术改造专项、工业转型升级资金、中小企业发展资金等政策手段向本专项行动倾斜。各省、市、自治区要设立两化深度融合专项资金，为专项行动提供配套资金。引导金融机构、社会资本参与专项行动，鼓励企业采用分期付款、设备租赁、技术服务投资等新融资模式推进项目建设。

（五）完善人才培养体系

强化企业主要负责人推进信息化的领导责任意识，开展面向“一把手”的培训。在大中型企业全面普及企业首席信息官（CIO）制度，制定企业首席信息官制度建设指南，鼓励成立企业首席信息官协会，开展首席信息官职业培训。

部属高校要积极参与专项行动，提供战略研究和技术咨询。鼓励建设知识共享平台，开设两化融合网络公开课程。结合国家专业技术人才知识更新工程，支持企业和高校联合共建实训基地，开展实用人才培训。实施现代产业工人信息技能培训工程，加强对技校、中专、职高学生的信息技术教育，鼓励企业开展职工信息技能培训。

（六）加强网络与信息安全保障

在实施专项行动中要加强网络和信息安全管理，落实信息安全等级保护制度，加强对重要信息系统的安全管理检查。落实《关于加强工业控制系统信息安全管理的通知》，加强重点领域工业控制系统的信息安全检查、监管和测评，实施安全风险和漏洞通报制度。要加强新技术、新业务信息安全评估，强化信息产品和服务的信息安全检测和认证，支持建立第三方信息安全评估与监测机制。结合专项行动，推广电子签名应用，加快推进网络信任体系建设。

附件1 专项行动计划任务分工及进度安排（略）

附件2 名词解释说明（略）

关于印发《产业关键共性技术发展指南（2013 年）》的通知

工信部科[2013]335 号

各省、自治区、直辖市及计划单列市、新疆生产建设兵团工业和信息化主管部门：

为深入贯彻落实创新驱动战略和《国务院办公厅关于强化企业技术创新主体地位全面提升企业创新能力的意见》，改变我国原创性科技成果较少、关键技术自给率较低的局面，加快促进产业技术进步，实现工业和通信业的转型升级和结构优化，我部组织编制了《产业关键共性技术发展指南（2013 年）》，现印发你们。请积极组织做好产业关键共性技术的研究开发工作。

工业和信息化部

2013 年 9 月 4 日

产业关键共性技术发展指南（2013 年）

（摘录）

修订说明

2011 年，工业和信息化部发布了《产业关键共性技术发展指南（2011 年）》（工信部科[2011]320 号）对指导个地方开展产业关键共性技术开发研究工作，促进产业结构调整、加快经济发展方式转变，引导社会资源投向等发挥了重要作用。为贯彻党的十八大精神，落实《国民经济和社会发展第十二个五年规划纲要》、《“十二五”产业技术创新规划》，进一步发挥“指南”的指导作用，工业和信息化部在充分分析国内外技术发展现状及趋势，广泛征求意见的基础上，研究提出了《产业关键共性技术发展指南（2013年）》。

《产业关键共性技术发展指南（2013年）》确定了当前优先发展的节能环保与资源综合利用、原材料、装备制造、消费品工业、电子制造业、软件和信息技术服务业、通信业和信息化与生产性服务业等8大领域，共261项技术。其中，节能环保与资源综合利用37项、原材料54项、装备制造70项、消费品工业36项、电子制造业25项、软件和信息技术服务业18项、通信业13项、信息化与生产性服务业8项。《产业关键共性技术发展指南（2013年）》的技术体现了大力培育战略性新兴产业、加快提升和改造传统产业，推进产业结构优化升级，促进经济发展方式转变的需求。

一、节能环保与资源综合利用（略）

二、原材料工业（略）

三、装备制造业（略）

四、消费品工业（摘）

（一）纺织

1．仿棉聚酯纤维及其纺织品产业化技术

主要技术内容：

通过仿棉PET、PTT分子结构与体系组成的设计优化、高比例改性组分在线添加与高效分散、亲水聚酯体系稳定纺丝、纤维形态与力学性能调控等关键技术攻关开发，解决超仿棉聚酯纤维吸湿透气、抗起毛起球、柔性染色、抗静电和触感等问题，生产长丝和短纤维系列产品。

2．高新技术纤维技术

主要技术内容：

熔体静电纺丝产业化关键技术研究；碳纤维原丝、预氧化丝、碳化等一体化研发技术；预氧化炉、大型碳化炉等装备关键技术；千吨级装备稳定运转技术；T700、T800等品种的开发技术；碳纤维高强高模系列品种开发技术；千吨级对位芳纶纤维的产业化技术；高强高模聚乙烯等纤维品种产业化技术。

3．耐高温过滤材料技术

主要技术内容：

聚苯硫醚、聚酰亚胺、聚四氟乙烯等纤维原料的稳定化仿丝技术；高强细旦滤料的产业化技术；纤维复合化技术；提升常规滤料产品的使用寿命、抗阻力、均匀度、耐高温、耐腐蚀、过滤精度和易清灰性能等技术；高强高密单丝基布织造技术；滤料表面精细加工的后处理技术及废袋回收技术；高温烟气过滤材料国产化技术；耐高温滤袋生产技术以及高温工况下应用技术研究。

4．棉纺成套设备智能化加工体系

主要技术内容和指标：

重点突破粗细联、细络联系统全自动集体落纱的准确率、稳定性和自动化控制精度，力争实现自动化传输和纺纱过程连续化，实现工艺参数在线检测、显示、纺纱过程网络监控和管理；纺制纱线质量达到USTER2001公报的5～15%水平；纺纱生产万锭用工达到少于30人的水平；采用先进节能技术，整条线能耗比上世纪末国内领先技术再降低10%以上。

5．纺织制成品智能吊挂流水线系统

主要技术内容：

重点突破纺织制成品智能吊挂流水线系统控制技术和稳定性，拓展应用领域，实现智能吊挂流水线系统在家用纺织品等其他纺织制成品领域中的应用。

6．印染在线检测控制技术

主要技术内容：

生产过程的关键工艺参数在线检测和自动控制技术；水、汽和能源消耗自动精确控制技术；染化料助剂自动配送技术。

7．高效超微细过滤纳米纤维膜的批量化制造关键技术

主要技术内容：

新型电纺丝设备开发；纳米纤维产品生产、性能测试、改性产品生产与评价研究；纳米纤维复合膜制造技术及其气体过滤性能研究；水中有机污染物去除用纳米纤维过滤膜制作工艺与过滤性能研究；口罩、防护服等粉尘或气溶胶防护类产品的开发。

8．生物基合成纤维关键技术

主要技术内容：

乳酸聚合工程化技术与设备，PLA纤维稳定纺丝及纤维性能改善关键技术；聚对苯二甲酸丙二醇酯（PTT）纤维聚合工程化关键技术与设备。PHBV/PLA共混复合纺丝技术；丁二酸丁二醇酯（PBS）纤维熔融纺丝及后加工技术；生物基合成纤维的染色技术。

9. 海洋生物基化学纤维关键技术

主要技术内容：

海洋生物基化学纤维原料多元化及规模化生产技术；壳聚糖纤维、甲壳素复合纤维、海藻纤维工程化、产业化关键技术；海洋生物基化学纤维应用技术。

10. 新型纤维素纤维关键技术

主要技术内容：

绿色制浆及浆纤一体化及应用工程技术；新型纤维素纤维绿色环保溶剂法制备技术；低温溶剂法纤维素纤维溶解、生产关键技术；绿色环保低成本的纤维素复合增塑剂及其回收纯化技术。

11. 生化原料关键技术

主要技术内容：

以非粮生物质为原料，生产二元醇的产业化技术；中间体葡萄糖的生物合成技术、葡萄糖裂解制备乙二醇的合成技术；提高甘油制 1，3-丙二醇收率和纯度；生物法 1，4-丁二醇发酵、提取关键技术，生物基戊二胺为原料合成聚酰胺 5,6 产业化技术与装备。

12. 循环再生材料制备技术

主要技术内容：

废弃纺织品纤维智能识别、高效分离技术与装备研究，快速高效废旧塑料（瓶片）分拣技术，瓶片的高质高效清洗技术，废旧纺织品专用低温气溶胶消毒技术和装备；乙二醇连续化醇解涤纶技术，液相增粘技术，超洁净过滤技术；通过改性、共混、异形、超细、复合等技术，开发功能化、差别化纤维及再生制品。

13. 产业用纺织品新材料加工技术

主要技术内容：

非织造布和产业用纺织品的加工关键技术；产业用纺织品复合加工及后整理技术；医疗卫生用纺织品加工技术；土工合成材料加工技术；特殊装饰用纺织品生产的关键技术；安全防护用纺织品加工技术。

14. 纺织印染节水、节能、减污新技术

主要技术内容：

高效短流程前处理技术研究；泡沫染色、湿短蒸等少水印染加工技术；超声波染整加工技术，等离子体染整新技术和设备；新型高效废水处理技术与设备，印染废弃物的治理、回收和利用技术。

五、电子制造业（略）

六、软件和信息技术服务业（略）

七、通信业（略）

八、信息化和生产性服务业（略）

关于印发《加快推进碳纤维行业发展行动计划》的通知

工信部原〔2013〕426号

各省、自治区、直辖市及计划单列市、新疆生产建设兵团工业和信息化主管部门：

现将《加快推进碳纤维行业发展行动计划》印发你们，请结合本地区实际做好相关组织和实施工作。

工业和信息化部

2013年10月22日

加快推进碳纤维行业发展行动计划

为贯彻落实《国务院关于加快培育和发展战略性新兴产业的决定》、《“十二五”国家战略性新兴产业发展规划》和《新材料产业“十二五”发展规划》，加快碳纤维及其复合材料产业发展，推动传统材料升级换代，满足国民经济重大工程建设和国防科技工业发展的需要，特制定本行动计划。

一、战略意义

碳纤维是国民经济和国防建设不可或缺的战略性新材料，是先进复合材料最重要的增强体之一，技术含量高，辐射面广，带动力强，广泛应用于航空航天、能源装备、交通运输、建筑工程、体育休闲等领域。加快碳纤维行业发展，提升产品性能，对带动相关产业技术进步，促进传统产业转型升级、满足国民经济各领域的需求等具有重要意义。我国碳纤维行业经过长期的自主研发，特别是自“十一五”以来，生产技术和工艺装备均取得重大突破，产业化步伐逐步加快，可基本满足体育休闲等民用领域的应用，初步满足国防军工、航空航天领域的急需。但与国际先进水平相比，我国碳纤维行业仍存在技术创新能力弱、工艺装备不完善、产品性能不稳定、生产成本高、低水平重复建设、高端品种产业化水平低、标准化建设滞后、下游应用开发严重不足等诸多问题。

当前，我国碳纤维行业发展正处于关键时期，要抓住机遇，以市场为导向，加强政策引导，突出发展重点，采取有力措施，实施专项行动，促进碳纤维行业持续健康发展。

二、行动纲领

（一）指导思想

以邓小平理论、“三个代表”重要思想、科学发展观为指导，以科技创新为支撑，紧紧围绕国家重点工程、国防科技工业和经济发展需要，加快转变发展方式，加大政策支持力度，集中力量，突出重点，全面推进。着力突破关键共性技术和装备，发展高性能碳纤维产品；着力加强现有生产工艺装置的技术改造，实现高质量和低成本稳定生产；着力培育碳纤维及其复合材料下游市场，促进上下游协调发展；着力推进联合重组，不断提高碳纤维产业集中度。构建技术先进、结构合理、上下游协调、军民融合发展的碳纤维产业体系。

（二）基本原则

坚持科技创新与提升产业化水平相结合。注重关键、核心和前沿技术的研发，加速推进科技成果转化，突破产业化技术、工艺和装备的瓶颈制约，不断提高碳纤维行业核心竞争力。

坚持产业发展与下游应用相结合。围绕国家重大工程和重点项目需求，不断提升产品质量性能及批次稳定性，积极开拓下游应用市场，延伸产业链条，实现碳纤维与下游产品同步发展。

坚持突出重点与全面推进相结合。重点推动碳纤维高端品种产业化，培育重点骨干企业，促进军民两用技术和资源的交流融合，大力加强企业技术改造，积极推广清洁生产，全面提升碳纤维行业整体水平。

坚持市场导向与政策引导相结合。充分发挥市场配置资源的基础性作用，激发市场主体活力，积极发挥国家战略性新兴产业等重大专项的引导作用，营造良好发展环境，促进碳纤维行业持续健康发展。

（三）行动目标

经过三年努力，初步建立碳纤维及其复合材料产业体系，碳纤维的工业应用市场初具规模。聚丙烯腈（PAN）原丝、高强型（注1）碳纤维的产品质量接近国际先进水平，高强型碳纤维单线产能产量达到千吨级并配套原丝产业化制备，高强中模型碳纤维实现产业化，高模型和高强高模型碳纤维突破产业化关键技术；扩大碳纤维复合材料应用市场，基本满足国家重点工程建设和市场需求；碳纤维知识产权创建能力显著提升，专利布局明显加强；碳纤维生产集中度进一步提高。到2020年，我国碳纤维技术创新、产业化能力和综合竞争能力达到国际水平。碳纤维品种规格齐全，基本满足国民经济和国防科技工业对各类碳纤维及其复合材料产品的需求；初步形成2-3家具有国际竞争力的碳纤维大型企业集团以及若干创新能力强、特色鲜明、产业链完善的碳纤维及其复合材料产业集聚区。

三、主要行动

为实现上述目标，重点组织实施四大行动：

（一）关键技术创新行动

突破关键共性技术。依托国家科技重大专项等科技计划，大力支持科研院校、企业技术中心及行业组织等机构，系统研究碳纤维及其复合材料全产业链的关键技术，优化工程实验和工程化条件，重点支持高效聚合引发剂、大容量聚合、高速纺丝、快速预氧化等共性工艺技术，以及宽口径碳化、石墨化等装备的研发。研究纤维预浸料、预成型体、复合材料成型及回收再利用技术等。加强沥青基、粘胶基、石墨基等碳纤维原料多元化技术研发，突破产业化关键技术。

加强研发服务平台建设。依托检验检测机构、行业协会等中介组织，建设国家碳纤维检测机构及若干第三方公共检测实验平台，开展产品质量、性能等测试试验与检验检测，建立和完善碳纤维及其复合材料性能指标共享数据库，为下游用户提供服务；积极推动碳纤维及其复合材料产业联盟建设，形成骨干企业与下游用户、科研院所联合开发、专利共享、示范应用、技术交流合作的平台。

实施知识产权战略。围绕碳纤维行业发展制定并实施知识产权战略，形成符合市场竞争需要的战略性知识产权组合。鼓励企业与科研院所、专利研究机构联合开展碳纤维知识产权布局以及知识产权综合运用与处置，大幅提升碳纤维生产工艺和复合材料专利的数量和质量。行业中介组织监测碳纤维市场竞争和专利技术动向，定期发布行业知识产权动态风险预警信息，引导企业和研发机构有针对性地申请或引进知识产权。

（二）产业化推进行动

推动高端品种产业化。加快高强型 GQ4522 级（注 2）碳纤维产业化建设步伐，掌握碳纤维预浸料制备、复合材料构件设计与制造、产品性能评价等关键技术；有效集成单体聚合、纤维成型、氧化碳化、表面处理等关键工艺技术，逐步实现高强中模型、高模型、高强高模型等系列品种产业化。

加强企业技术改造。积极推动现有企业完善聚丙烯腈原丝、碳纤维、复合材料及应用全产业链生产工艺，提高自动化控制水平；提高聚合釜及其配套装置、预氧化炉、高低温碳化炉、高温石墨化炉、恒张力收丝装置等大型关键设备自主化制造水平；提高专用纺丝油剂、上浆剂等重要辅料保障能力，提升产品质量；加快预浸料、织物、高性能树脂基体材料、复合材料及应用产品的产业化，实现碳纤维高质量低成本及复合材料产品多样化发展。

积极推进军民融合式发展。加大能满足国防科技工业发展需求的高端碳纤维产品及其复合材料的研发力度。建立高校、民用科研机构、生产企业与国防科研机构的协作机制，推动科技资源共享，促进技术成果、人才、信息等要素的交流融合。结合企业技术改造、国家级军民结合产业示范基地建设和能力提升工程、军民两用技术对接活动、军民结合公共服务平台建设等工作，加快提升碳纤维行业军民融合水平。

（三）产业转型升级行动

抑制低水平重复建设。原则上不鼓励新建高强型 GQ3522 级碳纤维生产线，新建高强型 GQ4522 级碳纤维产业化生产装置单套能力应不低于 1000 吨/年。吨聚丙烯腈原丝产品消耗丙烯腈不高于 1.1 吨，吨碳纤维产品消耗聚丙烯腈原丝不高于 2.1 吨。原丝生产装置应配备单体、溶剂回收系统；预氧化炉、碳化炉等碳化生产装置应配备热能回收综合利用。鼓励现有企业通过技术改造，提高产品质量，稳产达产增产，降低成本，提高市场竞争力。

提高产业集中度。按照政策引导、市场化运作方式，扶优扶强，积极培育具有较强竞争力的碳纤维骨干生产企业，鼓励骨干企业开展跨地区、跨所有制的联合重组，力争到2020年前5家生产集中度提高至70%以上。鼓励以大型碳纤维生产企业为龙头，培育若干创新能力强、特色鲜明、配套齐全的产业集聚区，实现资源优化配置，提高全产业链的竞争优势。

推动行业可持续发展。加强碳纤维生产能耗物耗管理，通过提升工艺技术控制水平，降低电耗、水耗和原辅料消耗，实现能源梯级利用，提高资源能源利用效率。全面推行循环型生产方式，积极应用清洁生产工艺技术，减少有害气体排放强度，实现制备过程中的溶剂、热水回收循环使用以及废弃物回收利用。加大对碳纤维复合材料废弃物的循环再利用技术研发及应用，推动碳纤维行业可持续发展。

（四）下游应用拓展行动

保障国家重大工程需求。围绕航空航天、军事装备、重大基础设施等领域对高端碳纤维产品的性能要求，建立完善上下游一体化协作机制，保障供应性能优越、质量稳定的碳纤维产品。完成碳纤维复合材料在民用航空航天领域关键结构件的应用验证，达到适航要求。加快碳纤维复合材料在跨海大桥、人工岛礁等重大基础设施中的示范应用。

扩大工业领域应用。重点围绕风力发电、电力输送、油气开采、汽车、压力容器等领域需求，支持应用示范，引导生产企业、研究设计机构与应用单位联合开发各种形态碳纤维增强复合材料、零部件及成品，加快培育和扩大工业领域应用市场，带动相关产业转型升级，保障战略性新兴产业发展需要。

提升服务民生能力。加大碳纤维在建筑补强领域的应用范围，提高建筑安全系数；继续做大做强碳纤维体育休闲产品，满足民众对文化体育生活的需求；积极开拓碳纤维产品在安全防护、医疗卫生、节能环保等领域的应用，不断满足经济和社会发展需求。

四、保障措施

（一）加强统筹协调。各有关地区工业和信息化主管部门要加强与发改、教育、科技、财政、环保等部门的协调配合，充分发挥企业市场主体作用，以及行业协会等中介组织的桥梁纽带作用，研究行业发展中的重大问题，引导规范企业行为。积极推动碳纤维行业协会等中介组织建设，加强产业链各环节间的衔接与融合，推进上下游产业协调发展。

（二）加大政策支持力度。依托战略性新兴产业专项、科技重大专项、工业转型升级、技术改造等专项以及国家重大工程，支持骨干企业发展高端品种、提高质量性能，支持上下游企业联合开展碳纤维以及复合材料应用示范项目；鼓励企业加大科技研发投入，支持符合条件的优势企业认定为高新技术企业，享受所得税优惠。

（三）加强投融资政策引导。抑制低水平重复建设，规范市场秩序，引导地方、企业和社会资本投资碳纤维优势企业和高端项目。鼓励有条件的地区设立碳纤维产业发展专项资金。支持金融机构在风险可控的前提下，探索金融产品和融资模式创新，加大信贷支持力度。支持符合条件的碳纤维企业上市融资、发行债券。

（四）制订和完善标准。建立适合我国产业发展特点并与国际接轨的碳纤维标准体系。制定和完善碳纤维及其复合材料的产品标准、测试方法标准和工程应用设计规范。加大已有标准的贯彻力度。完善行业主管部门指导，上下游企业和行业组织共同参与的标准制修订工作机制，及时将自主创新的技术纳入标准；积极推动国际碳纤维及其复合材料产品标准的制订。

（五）加强行业管理。建立健全行业运行监测、预警机制，及时发布行业最新态势。加强国际合作和交流，积极应对国际贸易中可能出现的倾销、补贴等不正当竞争，维护产业安全。加强质量和品牌建设，开展节能环保核查，维护市场竞争秩序，促进碳纤维行业持续健康发展。

注 1：高强型、高强中模型、高模型和高强高模型的定义均参照国家标准 GB/T 26752-2011。

注 2：GQ3522、GQ4522 等牌号的定义均参照国家标准 GB/T 26752-2011。

关于印发《工业企业知识产权管理指南》的通知

工信部科[2013]447号

各省、自治区、直辖市及计划单列市、新疆生产建设兵团工业和信息化主管部门：

为贯彻落实国家知识产权战略纲要和国务院《工业转型升级规划（2011-2015年）》知识产权相关工作要求，指导和推动工业企业知识产权管理制度化建设，有效促进工业企业知识产权运用能力提升，我部组织编制了《工业企业知识产权管理指南》。现印发你们，请认真贯彻实施。

附件：工业企业知识产权管理指南（详见工信部网站）

工业和信息化部

2013年11月8日

关于印发“十二五”国家重大创新基地建设规划的通知

国科发计〔2013〕381号

各省、自治区、直辖市及计划单列市科技厅（委、局）、发展改革委，新疆生产建设兵团科技局、发展改革委，各有关单位：

为进一步贯彻落实《国家中长期科学和技术发展规划纲要（2006～2020年）》和《国民经济和社会发展第十二个五年规划纲要》，指导和推进国家重大创新基地建设工作，促进科技和经济紧密结合，加快实现创新驱动发展，科技部、国家发展改革委组织编制了《“十二五”国家重大创新基地建设规划》。现印发你们，请结合本部门、本地区实际情况贯彻落实。

特此通知。

附件：“十二五”国家重大创新基地建设规划（详见科技部网站）

科学技术部　发展改革委

2013年3月1日

关于企业政策性搬迁所得税有关问题的公告

国家税务总局公告2013年第11号

现就《国家税务总局关于发布〈企业政策性搬迁所得税管理办法〉的公告》（国家税务总局2012年第40号公告）贯彻落实过程中有关问题，公告如下：

一、凡在国家税务总局2012年第40号公告生效前已经签订搬迁协议且尚未完成搬迁清算的企业政策性搬迁项目，企业在重建或恢复生产过程中购置的各类资产，可以作为搬迁支出，从搬迁收入中扣除。但购置的各类资产，应剔除该搬迁补偿收入后，作为该资产的计税基础，并按规定计算折旧或费用摊销。凡在国家税务总局2012年第40号公告生效后签订搬迁协议的政策性搬迁项目，应按国家税务总局2012年第40号公告有关规定执行。

二、企业政策性搬迁被征用的资产，采取资产置换的，其换入资产的计税成本按被征用资产的净值，加上换入资产所支付的税费（涉及补价，还应加上补价款）计算确定。

三、本公告自2012年10月1日起执行。国家税务总局2012年第40号公告第二十六条同时废止。

国家税务总局

2013年3月12日

关于印发《企业产品成本核算制度（试行）》的通知

财会[2013]17号

国务院有关部委、有关直属机构，各省、自治区、直辖市、计划单列市财政厅（局），新疆生产建设兵团财务局，有关中央管理企业：

为加强企业产品成本核算，保证产品成本信息真实、完整，促进企业和经济社会的可持续发展，根据《中华人民共和国会计法》、企业会计准则等国家有关规定，我部制定了《企业产品成本核算制度（试行）》，现予印发，自2014年1月1日起在除金融保险业以外的大中型企业范围内施行，鼓励其他企业执行。执行本制度的企业不再执行《国营工业企业成本核算办法》。

执行中有何问题，请及时反馈我部。

附件：企业产品成本核算制度（试行）（详见财政部网站）

财政部

2013年8月16日

关于跨境人民币直接投资有关问题的公告

商务部公告2013年第87号

为推进跨境人民币直接投资便利化，完善监管措施，现就跨境人民币直接投资的有关问题公告如下：

一、本公告所称“跨境人民币直接投资”是指境外投资者（含港澳台投资者，下同）以合法获得的境外人民币来华开展新设企业、增资、参股或并购境内企业等外商直接投资活动。境外投资者依照国家现行外商投资法律、行政法规、规章和有关政策办理跨境人民币直接投资的有关手续。

二、跨境人民币直接投资及所投资外商投资企业的再投资应当符合外商投资法律法规及有关规定的要求，遵守国家外商投资产业政策、外资并购安全审查、反垄断审查的有关规定。

三、外商投资企业不得使用跨境人民币直接投资的资金在中国境内直接或间接投资于有价证券和金融衍生品（战略投资上市公司除外），以及用于委托贷款。

四、商务主管部门在跨境人民币直接投资批复中应写明“境外人民币出资”字样、人民币出资金额及本公告第三条要求，并将批复文件及时抄送同级人民银行、海关、税务、工商、外汇等部门。

五、境外投资者申请将原出资币种由外币变更为人民币的，无需办理合同或章程变更审批，可按照外商投资法律、行政法规和有关规定要求，到有关部门和银行办理登记、开立账户、资金汇兑等手续。

六、境外投资者以从中国境内所投资的外商投资企业获得但未汇出境外的人民币利润以及转股、减资、清算、先行回收投资所得人民币开展直接投资的，仍按照有关规定执行。

七、以上措施自2014年1月1日起实施。《商务部关于跨境人民币直接投资有关问题的通知》（商资函[2011]889号）和《商务部办公厅关于商务系统实施跨境人民币直接投资管理相关问题的通知》（商办资函[2011]1171号）自本公告实施之日起停止执行；此前商务部关于跨境人民币直接投资的规定与本公告不符的，以本公告为准。

商务部

2013 年 12 月 3 日

关于印发《企业环境信用评价办法（试行）》的通知

环发[2013]150号

各省、自治区、直辖市环境保护厅（局），新疆生产建设兵团环境保护局，辽河保护区管理局，各省、自治区、直辖市、新疆生产建设兵团发展改革委，中国人民银行上海总部，各分行、营业管理部，省会（首府）城市中心支行，各银监局：

为贯彻落实《国务院关于加强环境保护重点工作的意见》（国发〔2011〕35号）关于“建立企业环境行为信用评价制度”的规定，以及《国务院办公厅关于社会信用体系建设的若干意见》（国办发〔2007〕17号）有关要求，在总结地方企业环境信用评价工作经验的基础上，环境保护部会同发展改革委、人民银行、银监会，联合制定了《企业环境信用评价办法（试行）》，现印发你们。

请按照本办法要求，积极推进企业环境信用评价工作，督促企业自觉履行环境保护法定义务和社会责任，并引导公众参与环境监督，促进有关部门协同配合，加快建立环境保护“守信激励、失信惩戒”的机制，推动社会信用体系建设。

附件：企业环境信用评价办法（试行）（详见环保部网站）

环境保护部 发展改革委 人民银行 银监会

2013年12月18日

行业运行篇

专题研究篇

产业政策篇

统计数据篇

经济数据

行业统计

经营参考

研究必需

2014年中国化纤经济形势分析与预测

Analysis and Forecast of China Chemical Fibers' Economy of 2014

世界经济主要统计数据

表1 世界经济增长简况回顾与展望（1995～2018 年）

单位：%

类别	平均	2010 年	2011 年	2012 年	预测		
	1995～2004 年				2013 年	2014 年	2018 年
世界实际 GDP 增长率	**3.6**	**5.2**	**3.9**	**3.2**	**2.9**	**3.6**	**4.1**
先进经济体	2.8	3.0	1.7	1.5	1.2	2.0	2.5
美国	3.4	2.5	1.8	2.8	1.6	2.6	3.1
欧元区	2.2	2.0	1.5	-0.6	-0.4	1.0	1.6
日本	1.1	4.7	-0.6	2.0	2.0	1.2	1.1
其他先进经济体①	3.7	4.5	2.6	1.4	2.0	2.7	3.0
新兴市场和发展中国家	4.9	7.5	6.2	4.9	4.5	5.1	5.5
按地区分组							
中东欧	4.0	4.6	5.4	1.4	2.3	2.7	3.7
独联体②	2.9	4.9	4.8	3.4	2.1	3.4	3.7
亚洲发展中国家和地区	7.1	9.8	7.8	6.4	6.3	6.5	6.7
拉美与加勒比地区	2.5	6.0	4.6	2.9	2.7	3.1	3.7
中东欧与北非	4.6	5.5	3.9	4.6	2.1	3.8	4.4
撒哈拉以南	4.5	5.6	5.5	4.9	5.0	6.0	5.7
按出口收入来源分组							
燃料出口国和地区	3.8	5.1	4.8	4.8	2.4	4.0	4.3
非燃料出口国和地区	5.1	8.1	6.6	5.0	5.0	5.3	5.8
初级产品出口国	4.2	6.8	5.5	5.4	5.5	5.5	5.4
按外债状况分组							
净债务国	3.9	6.8	5.1	3.3	3.4	4.0	5.0
官方融资型	4.4	4.3	5.1	4.3	4.3	4.3	5.3
人均实际 GDP 增长率							
先进经济体	2.1	2.5	1.1	0.9	0.7	1.5	1.9
新兴市场和发展中国家和地区	3.6	6.4	5.2	3.9	3.5	4.1	4.5
世界 GDP（10 亿美元）							
基于市场汇率	33380	63991	70782	72216	73454	76888	96904
基于购买力平价	41987	75090	79346	83193	86698	91234	115927

注：①这里的“其他先进经济体”指除去美国、欧元区国家和日本以外的先进经济体。

②包括格鲁吉亚和蒙古。虽然二者不是独联体成员，但由于同独联体国家在地里和经济结构上类似，故在地区分组上将二者归入独联体。

资料来源：IMF，World Economic Outlook，2013 年 10 月。

表2 人均GDP前15位国家和地区（2012～2014年）

单位：美元

市场汇率计人均GDP（美元）					购买力平价计人均GDP（国际美元）				
2012年位次	国家和地区	2012年	2013年	2014年	2012年位次	国家和地区	2012年	2013年	2014年
1	卢森堡	106,406	110,573	115,542	1	卡塔尔	100,889	103,401	106,110
2	卡塔尔	104,756	104,655	105,637	2	卢森堡	77,958	77,935	78,668
3	挪　威	99,170	101,271	102,331	3	新加坡	60,799	62,428	64,628
4	瑞　士	78,881	80,276	82,971	4	挪威	54,397	55,398	56,961
5	澳大利亚	67,304	64,157	62,127	5	文莱	54,114	54,809	58,258
6	丹　麦	56,426	57,999	60,256	6	美国	51,704	52,839	54,609
7	瑞　典	54,815	57,297	59,595	7	香港	50,936	52,687	55,383
8	加拿大	52,300	51,871	53,118	8	瑞士	44,864	45,999	47,303
9	新加坡	52,052	52,918	53,671	9	加拿大	42,317	43,146	44,378
10	美　国	51,704	52,839	54,609	10	澳大利亚	41,954	43,042	44,406
11	科威特	48,761	47,829	47,048	11	奥地利	41,908	42,553	43,775
12	日　本	46,707	39,321	41,150	12	荷　兰	41,527	41,447	42,143
13	奥地利	46,643	49,256	51,641	13	爱尔兰	40,716	41,265	42,417
14	荷　兰	46,011	47,651	49,273	14	瑞　典	40,304	40,870	42,147
15	爱尔兰	45,984	47,882	49,888	15	科威特	39,874	39,647	40,203
91	中　国	6,071	6,569	7,137	94	中　国	9,055	9,828	10,660

注：各国购买力平价（PPP）数据参见IMF，World Economic Outlook Database。IMF并不直接计算PPP数据，而是根据世界银行、OECD、Penn World Tables等国际组织的原始资料进行计算。

资料来源：IMF，World Economic Outlook Database，2013年10月。

中国经济主要统计数据

表 1　中国国民经济主要统计数据

年份	GDP 增长率（%）	第一产业增加值增长率（%）	第二产业增加值增长率（%）	重工业增加值增长率（%）	轻工业增加值增长率（%）	第三产业增加值增长率（%）	交通运输邮电业增加值增长率（%）	批发和零售业增加值增长率（%）	全社会固定资产投资规模（亿元）	全社会固定资产投资名义增长率（%）	全社会固定资产投资实际增长率（%）
2004 年	10.1	6.3	11.1	13.1	9.7	10.1	14.5	6.6	70477.4	26.8	20.1
2005 年	11.3	5.2	12.1	12.5	10.5	12.2	11.2	13.0	88773.6	26.0	24.0
2006 年	12.7	5.0	13.4	14.5	10.9	14.1	10.0	19.5	109998.2	23.9	22.1
2007 年	14.2	3.7	15.1	16.0	13.6	16.0	11.8	20.2	137323.9	24.8	20.2
2008 年	9.6	5.4	9.9	10.6	9.5	10.4	7.3	15.8	172828.4	25.9	15.6
2009 年	9.2	4.2	9.9	9.0	7.6	9.6	4.2	12.1	224598.9	30.0	33.2
2010 年	10.4	4.3	12.3	13.4	10.7	9.8	9.8	14.3	278121.9	23.8	19.5
2011 年	9.3	4.3	10.3	10.9	9.7	9.4	9.4	12.6	311485.2	23.9	15.6
2012 年	7.7	4.3	7.9	8.0	7.4	8.1	8.1	9.8	374576	20.3	19.0
2013 年	7.7	3.8	7.8	7.9	7.6	8.4	8.6	10.1	451110	20.4	19.2
2014 年	7.5	4.0	7.5	7.6	7.3	8.5	8.4	9.8	541783	20.1	18.5

续表

年份	工业品出厂价格指数上涨率（%）	商品零售价格指数上涨率（%）	固定资产投资价格指数上涨率（%）	居民消费价格指数上涨率（%）	城镇居民实际人均可支配收入增长率（%）	农村居民实际人均纯收入增长率（%）	社会消费品零售总额（亿元	社会消费品零售总额名义增长率（%）	社会消费品零售总额实际增长率（%）	财政收入（亿元）	财政收入增长率（%）	财政支出（亿元）
2004 年	6.1	2.8	5.6	3.9	7.7	6.8	59501.0	13.3	10.2	26396.5	21.6	28486.9
2005 年	4.9	0.8	1.6	1.8	9.6	6.2	68352.6	14.9	14.0	31649.3	19.9	33930.3
2006 年	3.0	1.0	1.5	1.5	10.4	7.4	79145.2	15.8	14.6	38760.2	22.5	40422.7
2007 年	3.1	3.8	3.9	4.8	12.2	9.5	93571.6	18.2	13.9	51321.8	32.4	49781.4
2008 年	6.9	5.9	8.9	5.9	8.4	8.0	114830.1	22.7	15.9	61330.4	19.5	62592.7
2009 年	-5.4	-1.2	-2.4	-0.7	9.8	8.5	132678.4	15.5	16.9	68518.3	11.7	76299.9
2010 年	5.5	3.1	3.6	3.3	7.8	10.9	156998.4	18.3	14.8	83101.5	21.3	89874.2
2011 年	6.0	4.9	6.6	5.4	8.4	11.4	183918.6	17.1	11.7	103874.4	25.0	109247.8
2012 年	-1.7	2.0	1.1	2.6	9.7	10.7	210307	14.3	12.1	117210	12.8	125712
2013 年	-1.6	1.9	1.1	2.6	8.0	9.5	238278	13.3	11.6	127056	8.4	139056
2014 年	0.8	2.1	1.3	2.8	7.8	9.8	269492	13.1	11.3	137474	8.2	150474

续表

年份	财政支出增长率（%）	财政收支差额（亿元）	城乡储蓄存款余额（亿元）	城乡储蓄存款余额增长率（%）	货币和准货币（M2）（亿元）	货币和准货币（M2）增长率（%）	新增贷款（亿元）	社会融资总额（亿元）	进口总额（亿美元）	进口总额增长率（%）	出口总额（亿美元）	出口总额增长率（%）
2004 年	15.6	-2090.4	119555	15.4	254107	14.9	19202	28629	5612.3	36.0	5933.2	35.4
2005 年	19.1	-2281.0	141051	18.0	298756	17.6	16493	30008	6599.5	17.6	7619.5	28.4
2006 年	19.1	-2162.5	161587	14.6	345604	15.7	30657	42697	7914.6	19.9	9689.8	27.2
2007 年	23.2	1540.4	172534	6.8	403442	16.7	36344	59664	9561.2	20.8	12204.6	26.0
2008 年	25.7	-1262.3	217885	26.3	475167	17.8	41704	69804	11325.7	18.5	14306.9	17.2
2009 年	21.9	-7781.7	260772	19.7	606225	27.6	96290	139105	10059.2	-11.2	12016.1	-16.0
2010 年	17.8	-6772.7	303302	16.3	725852	19.7	79511	140191	13962.4	38.8	15777.5	31.3
2011 年	21.6	-5373.4	343636	13.3	851591	17.3	74700	128286	17435	24.9	18983.8	20.3
2012 年	15.1	-8000	391970	14.1	974149	14.4	81963	157605	18178	4.3	20489	7.9
2013 年	10.6	-12000	446902	14.0	1114426	14.4	92485	174026	19541	7.5	22272	8.7
2014 年	8.2	-13000	507681	13.6	1273789	14.3	104025	193372	21202	8.5	24298	9.1

注：新增贷款包括全部金融机构。2011 年以后固定资产投资不含农户。表中 2013 年、2014 年为预测数。

资料来源：《2014 年中国经济形势分析与预测》

世界化纤行业主要统计数据

表1　世界化学纤维分品种生产量

单位：千吨

年份	合成纤维							人造纤维				合计		
	锦纶		涤纶		腈纶	其他合纤		人造丝		醋酸人造丝		长丝	短纤	合计
	长丝	短纤	长丝	短纤	短纤	长丝	短纤	长丝	短纤	长丝	短纤			
1960年	359	48	36	87	109	22	42	937	1,431	195	46	1,548	1,762	3,310
1970年	1,682	221	638	1,007	999	39	110	991	2,018	402	25	3,756	4,381	8,137
1975年	2,083	405	1,641	1,726	1,388	37	71	821	1,815	315	9	4,899	5,413	10,312
1980年	2,595	556	2,094	3,033	2,057	40	98	828	2,077	333	4	5,894	7,824	13,718
1985年	2,771	671	2,763	3,739	2,378	41	123	690	2,007	233	—	6,502	8,918	15,420
1987年	2,903	735	3,096	4,342	2,517	37	107	679	1,914	232	—	6,951	9,616	16,567
1988年	3,025	700	3,508	4,594	2,448	35	103	695	1,946	257	—	7,522	9,791	17,313
1989年	3,069	726	3,734	4,725	2,337	40	112	—	2,012	—	—	7,778	9,912	17,690
1990年	3,010	728	3,978	4,700	2,316	43	115	—	1,873	—	—	7,920	9,732	17,652
1991年	2,958	647	4,234	4,882	2,381	45	122	—	1,629	—	—	8,045	9,662	17,706
1992年	3,063	660	4,853	5,063	2,362	52	103	—	1,631	—	—	8,668	9,819	18,487
1993年	3,023	661	5,287	5,124	2,310	89	93	—	1,623	—	—	9,105	9,811	18,916
1994年	3,052	655	5,923	5,545	2,539	112	114	—	1,653	—	—	9,741	10,505	20,246
1995年	3,138	601	6,406	5,501	2,441	159	118	—	1,765	—	—	10,374	10,426	20,800

续表

年份	合成纤维							人造纤维				合计		
	锦纶		涤纶		腈纶	其他合纤		人造丝		醋酸人造丝		长丝	短纤	合计
	长丝	短纤	长丝	短纤	短纤	长丝	短纤	长丝	短纤	长丝	短纤			
1996 年	3,266	593	7,115	5,932	2,600	149	111	433	1,621	216	—	11,178	10,857	22,035
1997 年	3,472	555	8,459	6,947	2,701	161	100	403	1,689	222	—	12,718	11,992	24,710
1998 年	3,235	557	9,541	6,998	2,651	183	89	397	1,628	201	—	13,557	11,923	25,481
1999 年	3,268	532	10,194	7,684	2,508	198	101	353	1,557	164	—	14,177	12,382	26,559
2000 年	3,604	513	10,953	8,201	2,629	214	105	347	1,712	156	—	15,274	13,160	28,433
2001 年	3,358	425	11,375	8,187	2,557	234	106	354	1,588	140	—	15,461	12,864	28,325
2002 年	3,454	451	12,258	8,790	2,708	244	110	366	1,661	98	—	16,421	13,719	30,140
2003 年	3,495	450	13,087	9,312	2,693	291	139	393	1,768	93	—	17,359	14,362	31,721
2004 年	3,554	439	14,086	10,060	2,815	344	153	394	1,987	91	—	18,469	15,456	33,925
2005 年	3,497	397	15,441	10,969	2,693	355	159	390	2,006	86	—	19,769	16,224	35,994
2006 年	3,585	367	16,704	11,496	2,520	423	165	377	2,177	81	—	21,170	16,725	37,895
2007 年	3,618	352	18,957	12,449	2,402	415	188	378	2,674	69	—	23,437	18,065	41,502
2008 年	3,404	273	18,658	11,925	1,872	389	193	339	2,380	60	—	22,849	16,642	39,491
2009 年	3,362	225	20,258	12,640	1,960	469	198	317	2,615	44	—	24,450	17,639	42,089
2010 年	3,639	187	23,732	13,473	1,958	596	240	350	2,875	48	—	28,356	18,733	47,090
2011 年	3,703	171	26,342	14,221	1,975	629	255	373	3,211	49	—	31,096	19,833	50,929
2012 年	3,841	167	28,694	14,607	1,913	642	272	371	3,648	49	—	33,596	20,607	54,203

资料来源：日本化纤手册 2014

表 2　世界主要地区合成纤维分品种产量

单位：千吨

		2006 年			2007 年			2008 年			2009 年			2010 年			2011 年			2012 年		
		长丝	短纤	合计	长丝	短纤	合计	长丝	短纤	合计	长丝	短纤	合计	长丝	短纤	合计	长丝	短纤	合计	长丝	短纤	合计
腈纶	日本	5	243	248	—	236	241	—	145	145	—	124	124	—	142	142	—	152	152	—	140	140
	中国	—	816	816	—	801	801	—	585	585	—	692	692	—	666	666	—	707	707	—	694	694
	韩国	—	47	47	—	52	52	—	43	43	—	41	41	—	49	49	—	47	47	—	47	47
	台湾地区	—	149	149	—	137	137	—	84	84	—	112	112	—	102	102	—	94	94	—	68	68
	印度	—	102	102	—	79	79	—	81	81	—	93	93	—	75	75	—	78	78	—	78	78
	亚洲其他	—	102	102	—	111	111	—	84	84	—	90	90	—	92	92	—	98	98	—	94	94
	西欧	—	759	759	—	695	695	—	578	578	—	561	561	—	572	572	—	555	555	—	558	558
	东欧	—	108	108	—	98	98	—	88	88	—	82	82	—	81	81	—	76	76	—	69	69
	美洲	—	121	121	—	123	123	—	109	109	—	109	109	—	118	118	—	116	116	—	117	117
	其他	—	71	71	—	70	70	—	74	74	—	58	58	—	63	63	—	54	54	—	50	50
	世界	5	2,520	2,525	—	2,402	2,402	—	1,872	1,872	—	1,960	1,960	—	1,958	1,958	—	1,975	1,975	—	1,914	1,914
锦纶	日本	118	6	123	117	5	122	112	2	114	74	2	76	93	2	95	95	2	97	99	2	101
	中国	816	44	860	966	58	1,024	1,078	66	1,144	1,372	76	1,448	1,392	78	1,470	1,510	81	1,591	1,730	84	1,815
	韩国	155	—	155	145	7	152	131	6	137	129	6	135	133	5	138	139	7	146	134	7	141
	台湾地区	421	1	422	407	7	414	395	7	402	352	6	358	395	6	401	362	6	368	358	5	363
	印度	90	—	90	95	—	95	90	—	90	87	1	88	97	2	99	101	1	102	92	1	94
	亚洲其他	150	—	150	140	—	140	128	—	128	129	—	129	140	2	142	148	2	150	158	2	160
	西欧	456	79	534	445	77	522	378	68	445	313	51	364	371	47	418	362	37	398	331	33	364
	东欧	205	4	209	196	3	199	180	3	183	128	3	130	148	3	151	148	2	150	139	2	140
	美洲	1,103	234	1,337	1,031	195	1,226	850	121	971	711	81	792	804	43	847	773	33	806	733	31	763
	其他	72	1	74	75	1	76	64	—	64	68	—	68	66	—	66	65	-	65	68	-	68
	世界	3,585	367	3,953	3,618	352	3,970	3,404	273	3,677	3,362	226	3,587	3,639	187	3,826	3,703	171	3,874	3,841	167	4,008

续表

		2006年			2007年			2008年			2009年			2010年			2011年			2012年		
		长丝	短纤	合计	长丝	短纤	合计	长丝	短纤	合计	长丝	短纤	合计	长丝	短纤	合计	长丝	短纤	合计	长丝	短纤	合计
涤纶	日本	270	213	483	262	204	465	244	191	435	163	146	309	189	158	347	181	157	338	167	152	319
	中国	10,294	6,164	16,459	12,224	7,026	19,250	12,354	6,930	19,283	14,045	7,561	21,607	16,701	8,005	24,706	19,214	8,713	27,927	21,552	9,018	30,570
	韩国	737	506	1,243	765	544	1,308	716	477	1,192	682	562	1,244	761	588	1,349	792	587	1,379	780	556	1,336
	台湾地区	1,085	613	1,698	1,212	563	1,775	1,011	476	1,487	987	570	1,557	1,102	613	1,715	1,036	558	1,594	947	555	1,502
	印度	1,347	725	2,072	1,576	902	2,477	1,679	819	2,498	1,865	939	2,803	2,159	977	3,136	2,302	1,009	3,311	2,385	1,039	3,424
	亚洲其他	1,404	1,365	2,769	1,410	1,358	2,768	1,415	1,375	2,790	1,477	1,407	2,884	1,529	1,486	3,015	1,488	1,556	3,044	1,502	1,571	3,073
	西欧	581	549	1,130	577	530	1,107	449	473	921	323	425	747	430	510	939	449	498	948	408	500	908
	东欧	100	162	263	82	189	271	77	194	271	55	187	242	59	198	257	61	205	266	68	210	278
	美洲	743	1,042	1,785	705	983	1,688	606	844	1,450	559	714	1,273	692	808	1,500	698	794	1,492	763	863	1,627
	其他	142	157	299	146	149	295	108	147	255	104	130	233	103	130	233	122	144	265	121	143	264
	世界	16,704	11,496	28,200	18,957	12,449	31,405	18,658	11,925	30,583	20,259	12,640	32,899	23,724	13,473	37,196	26,342	14,221	40,563	28,694	14,607	43,301
合计	日本	425	499	924	378	486	864	356	378	734	237	305	542	298	342	639	291	351	642	280	330	610
	中国	11,287	7,096	18,383	13,384	7,973	21,356	13,626	7,680	21,306	15,679	8,446	24,125	18,414	8,878	27,300	21,076	9,653	30,729	23,651	9,965	33,616
	韩国	932	553	1,485	945	602	1,547	869	526	1,395	835	609	1,444	920	642	1,562	958	642	1,599	937	609	1,547
	台湾地区	1,523	770	2,292	1,637	713	2,350	1,421	572	1,993	1,355	693	2,048	1,515	728	2,243	1,415	666	2,081	1,320	636	1,956
	印度	1,437	827	2,264	1,672	981	2,653	1,769	900	2,669	1,952	1,033	2,984	2,257	1,053	3,111	2,406	1,088	3,494	2,481	1,119	3,600
	亚洲其他	1,560	1,470	3,029	1,557	1,473	3,030	1,549	1,463	3,012	1,619	1,500	3,119	1,692	1,583	3,275	1,659	1,661	3,319	1,687	1,673	3,360
	西欧	1,079	1,398	2,477	1,071	1,315	2,386	879	1,129	2,008	687	1,045	1,732	868	1,144	2,012	883	1,105	1,989	807	1,109	1,916
	东欧	309	274	583	281	290	572	260	285	545	186	272	458	210	283	493	213	282	495	211	280	491
	美洲	1,947	1,432	3,379	1,845	1,338	3,182	1,550	1,107	2,658	1,369	934	2,303	1,616	1,005	2,622	1,586	977	2,563	1,614	1,046	2,661
	其他	214	229	444	221	220	441	172	222	393	172	187	359	168	193	361	187	198	385	189	193	382
	世界	20,712	14,548	35,260	22,990	15,391	38,381	22,451	14,262	36,713	24,089	15,024	39,113	27,958	15,859	43,817	30,674	16,623	47,296	33,176	16,960	50,136

资料来源：日本化纤手册 2014

表 3　世界主要国家（地区）合成纤维分品种产量

单位：千吨

国家（地区）	锦纶				涤纶								腈纶				合计			
					长丝				短纤											
	2009	2010	2011	2012	2009	2010	2011	2012	2009	2010	2011	2012	2009	2010	2011	2012	2009	2010	2011	2012
日　本	75	93	95	98	163	188	181	167	146	158	157	152	124	142	152	140	508	581	584	557
韩　国	132	135	135	132	671	747	761	763	501	532	532	530	41	49	47	47	1,346	1,463	1,475	1,472
台湾地区	287	359	310	320	1,010	1,111	1,033	922	540	578	536	555	111	102	94	68	1,949	2,150	1,973	1,864
中　国	1,289	1,448	1,587	1,815	14,152	16,701	19,114	20,922	7,892	8,432	8,819	9,648	715	679	707	694	24,048	27,259	30,226	33,078
印度尼西亚	50	55	54	55	612	622	655	703	426	439	467	474	-	-	-	-	1,088	1,116	1,176	1,231
泰　国	74	85	64	64	360	325	234	180	338	296	229	180	105	110	120	125	878	816	646	549
马来西亚	25	27	34	35	401	388	388	384	102	97	99	101	-	-	-	-	528	512	521	520
越　南	4	11	21	27	71	91	107	123	93	100	125	165	-	-	-	-	168	2203	254	315
印　度	87	97	97	92	1,440	1,446	1,387	1,358	863	885	859	838	93	75	78	79	2,482	2,503	2,420	2,368
巴基斯担	1	1	1	1	73	73	82	83	413	421	432	430	-	-	-	-	486	495	515	514
孟加拉国	-	-	-	-	37	50	55	58	30	52	91	94	-	-	-	-	67	102	146	152
伊　朗	10	9	9	8	69	72	77	90	56	68	69	80	63	62	57	53	198	211	212	231
以色列	29	31	31	31	-	-	-	-	-	-	-	-	-	-	-	-	29	31	31	31
沙特阿拉伯	18	14	14	14	1	1	3	4	21	19	18	20	-	-	-	-	39	34	35	38
美　国	592	618	592	561	380	494	510	564	528	594	580	639	-	-	-	-	1,499	1,706	1,682	1,764
加拿大	93	120	117	100	-	-	-	-	-	-	-	-	-	-	-	-	93	120	117	100

续表

国家（地区）	锦纶				涤纶								腈纶				合计			
					长丝				短纤											
	2009	2010	2011	2012	2009	2010	2011	2012	2009	2010	2011	2012	2009	2010	2011	2012	2009	2010	2011	2012
阿根廷	15	16	15	15	18	25	24	24	16	18	18	18	0	0	0	0	49	59	57	57
巴　西	49	54	49	52	88	91	73	63	68	83	78	59	32	32	32	26	237	261	232	200
智　利	-	-	-	-	0	-	-	-	-	-	-	-	-	-	-	-	0	-	-	-
哥伦比亚	12	19	18	16	17	22	17	18	7	9	9	9	-	-	-	-	36	50	44	43
厄瓜多尔	-	-	-	-	3	3	-	-	-	-	-	-	-	-	-	-	3	3	-	-
墨西哥	23	27	25	29	70	78	75	76	38	43	47	50	45	45	51	54	176	200	198	208
洪都拉斯	-	-	-	-	-	-	-	-	6	9	10	11	-	-	-	-	6	9	10	11
萨尔多瓦	-	-	-	-	8	14	16	17	-	-	-	-	-	-	-	-	8	14	16	17
秘　鲁	2	2	-	-	8	7	7	8	2	2	2	2	39	33	34	34	50	45	43	43
委内瑞拉	-	-	-	-	-	-	-	-	2	2	2	2	-	-	-	-	2	2	2	2
荷　兰	26	35	35	32	23	31	30	28	7	9	10	11	-	-	-	-	56	75	75	71
法　国	38	32	29	22	20	35	34	31	13	-	-	-	-	-	-	-	71	67	63	53
德　国	148	113	88	58	140	164	160	138	94	118	120	126	183	178	165	168	565	573	533	490
爱尔兰	-	-	-	-	-	-	-	-	76	81	80	79	-	-	-	-	76	81	80	79
意大利	112	122	125	123	33	34	33	30	69	73	72	69	-	-	-	-	214	229	230	222
马耳他	2	4	4	5	-	-	-	-	-	-	-	-	-	-	-	-	2	4	4	5
葡萄牙	-	-	-	-	1	2	2	1	7	10	1	-	51	50	55	50	59	62	58	51
西班牙	17	14	12	18	27	29	28	23	12	14	13	14	83	78	76	73	139	135	129	128

续表

国家（地区）	锦纶				涤纶								腈纶				合计			
					长丝				短纤											
	2009	2010	2011	2012	2009	2010	2011	2012	2009	2010	2011	2012	2009	2010	2011	2012	2009	2010	2011	2012
土耳其	32	47	62	62	144	210	229	194	131	200	208	222	267	269	276	285	574	726	776	763
英　国	10	16	18	19	-	-	-	-	-	-	-	-	4	-	-	-	14	16	18	19
保加利亚	-	-	-		-	-	-	-	3	6	6	8	-	-	-	-	3	6	6	8
捷　克	-	-	-		-	-	-		25	31	32	33	-	-	-	-	25	31	32	33
斯洛伐克	13	15	14	11	1	3	6	6	-	-	-	-	-	-	-	-	14	18	20	17
波　兰	11	19	13	9	2	-	-	-	39	24	22	19	-	-	-		51	43	35	28
俄罗斯	85	85	76	73	48	56	54	64	108	114	108	113	76	79	76	62	317	333	313	312
拉托维亚	8	8	8	6	-	-	-	-	-	-	-	-	-	-	-	-	8	8	8	6
塞黑地区	1	-	-	-	-	-	-	-	-	-	-	-	-	-	-	-	1	-	-	-
摩洛哥	-	-	-	-	15	17	17	16	-	-	-	-	-	-	-	-	15	17	17	16
埃　及	-	-	-		16	14	12	11	-	14	21	21	18	24	30	35	34	52	63	67
肯尼亚	-	-	-	-	2	2	-	-	-	-	-	-	-	-	-	-	2	2	-	-
尼日利亚	-	-	-	-	4	4	4	4	3	4	6	5	-	-	-	-	7	8	10	9
南　非	-	-	-	-	-	-	-	-	22	17	16	16	-	-	-	-	22	17	16	16
澳大利亚	-	-	-	-	5	4	4	-	-	-	-	-	-	-	-	-	5	4	4	4
世界合计	3,376	3,741	3,761	3,913	20,151	23,176	25,432	27,094	12,725	13,587	13,928	14,833	2,049	2,013	2,050	1,991	38,301	42,517	45,171	47,831

资料来源：日本化纤手册2014

表 4 世界主要品种纤维需求量

表 4-1 不包含烯烃类纤维、醋酸丝束、麻、黄麻

单位：千吨

年份	纤维合计	化学纤维			棉花	羊 毛	丝
		合计	合纤	人造丝、醋酸丝			
1991 年	38,110	17,706	15,273	2,433	18,409	1,928	67
1992 年	38,989	18,487	16,161	2,327	18,732	1,702	67
1993 年	39,162	18,916	16,587	2,329	18,521	1,657	68
1994 年	40,336	20,242	17,939	2,303	18,445	1,580	69
1995 年	40,897	20,813	18,376	2,436	18,504	1,489	92
1996 年	43,146	22,619	19,765	2,854	19,016	1,440	71
1997 年	45,930	25,317	22,395	2,922	19,178	1,361	75
1998 年	46,118	26,041	23,257	2,784	18,707	1,293	77
1999 年	47,741	27,102	24,484	2,618	19,163	1,393	83
2000 年	50,290	28,977	26,218	2,759	19,837	1,380	96
2001 年	50,727	29,027	26,242	2,785	20,288	1,317	95
2002 年	53,306	30,755	28,023	2,732	21,187	1,268	97
2003 年	54,727	31,726	29,466	2,260	21,672	1,227	102
2004 年	57,975	33,924	31,452	2,472	22,714	1,221	115
2005 年	61,888	36,162	33,679	2,483	24,375	1,218	133
2006 年	65,057	37,894	35,260	2,634	25,768	1,234	160
2007 年	68,967	41,502	38,381	3,121	26,073	1,221	171
2008 年	66,260	39,470	36,693	2,777	25,448	1,221	121
2009 年	67,761	42,089	39,113	2,976	24,441	1,104	127
2010 年	73,357	47,090	43,817	3,273	25,001	1,126	140
2011 年	76,083	50,929	47,296	3,633	23,921	1,102	132
2012 年	78,878	54,203	50,136	4,067	23,461	1,080	134

表 **4-2** 包含烯烃类纤维、醋酸丝束、麻类 单位：千吨

年份	纤维合计	化学纤维			天然纤维					
		合计	合纤*	人造丝、醋酸丝**	棉花	羊毛	黄麻	苎麻	亚麻	丝
2001 年	60,602	34,731	31,946	2,785	20,288	1,317	3,357	201	613	95
2002 年	59,270	36,718	33,987	2,732	21,187	1,268	3,274	243	767	97
2003 年	65,882	38,653	35,760	2,893	21,672	1,227	3,228	249	751	102
2004 年	69,343	41,008	37,885	3,123	22,714	1,221	3,247	249	789	115
2005 年	73,317	43,299	40,151	3,148	24,375	1,218	3,250	250	792	133
2006 年	72,795	44,991	41,676	3,315	25,768	1,234	-	-	642	160
2007 年	76,679	48,672	44,802	3,870	26,073	1,221	-	-	542	171
2008 年	72,307	44,989	41,425	3,563	25,448	1,221	-	-	528	121
2009 年	73,452	47,417	43,568	3,849	24,441	1,104	-	-	363	127
2010 年	79,254	52,670	48,507	4,163	25,001	1,126	-	-	316	140
2011 年	82,063	56,594	52,065	4,529	23,921	1,102	-	-	315	132
2012 年	84,999	60,014	55,019	4,995	23,461	1,080	-	-	310	134

* 包含烯烃类纤维，** 包含醋酸丝束

资料来源：日本化纤手册 2014

表 5　世界各国家（地区）人造丝、醋酸纤维分品种产量表

单位：千吨

品　种	国家（地区）	2006 年	2007 年	2008 年	2009 年	2010 年	2011 年	2012 年
普通人造丝	日本	14	15	15	12	15	15	15
	中国	211	220	206	210	216	211	211
	印度	53	57	45	43	41	42	42
	西欧	18	14	10	6	7	7	7
	俄罗斯	4	5	4	2	2	2	2
	保加利亚	5	5	5	5	5	5	5
	斯洛伐克	-	1	1	0	-	-	-
	巴西	1	-	-	-	-	-	-
	伊拉克&埃及	2	316	286	280	289	285	285
	世界	309	12	12	9	9	11	11
强力人造丝	印度	13	38	32	20	38	43	43
	西欧	43	3	3	2	1	0	0
	俄罗斯	3	9	6	6	8	8	8
	塞黑地区	-	62	53	37	56	63	63
	捷克	9	14	14	6	8	8	8
	世界	69	9	8	5	-	-	-
醋酸人造丝	日本	15	10	7	4	6	7	7
	韩国	9	2	0	-	-	-	-
	西欧	19	7	6	6	6	7	7
	俄罗斯	2	25	23	20	25	26	26
	拉托维亚	7	2	2	2	2	2	2
	美国	27	69	60	44	48	49	49
	秘鲁	-	15	15	12	15	15	15
	阿根廷	2	220	206	210	216	211	211
	世界	81	57	45	43	41	42	42

资料来源：日本化纤手册 2014

表 6　世界各国家（地区）人造短纤维生产量

单位：千吨

国・地域	2006 年	2007 年	2008 年	2009 年	2010 年	2011 年	2012 年
日　本	36.2	42.0	40.1	36.4	39.2	39.4	38.6
中　国	968.0	1,356.8	1,232.7	1,404.7	1,531.1	1,856.3	2,215.0
台湾地区	132.3	136.3	105.5	108.0	97.2	81.6	98.4
泰　国	80.2	95.4	80.2	104.0	135.0	133.0	134.0
印度尼西亚	280.0	325.0	282.0	329.9	393.5	424.0	450.0
印　度	243.7	276.8	243.6	276.1	300.4	317.1	336.5
巴基斯坦	-	3.2	4.1	-	-	-	-
伊拉克	3.7	380.8	374.7	325.7	357.5	341.3	353.0
西　欧	379.4	19.2	1.9	-	-	-	-
俄罗斯	20.1	38.8	15.4	30.2	20.7	18.1	22.2
美　国	-	2,674.3	2,380.2	2,615.0	2,874.6	3,210.8	3,647.7
巴　西	33.0	42.0	40.1	36.4	39.2	39.4	38.6
世　界	2,176.6	1,356.8	1,232.7	1,404.7	1,531.1	1,856.3	2,215.0

资料来源：日本化纤手册 2014

表 7　世界主要地区过滤嘴、烟用醋酸纤维生产量

单位：千吨

地　区	2006 年	2007 年	2008 年	2009 年	2010 年	2011 年	2012 年
欧　洲	173	170	166	165	166	172	176
美国及美洲	313	304	308	313	307	298	301
日本及韩国	93	97	110	110	126	132	136
中　国	102	178	203	284	292	294	315
世界合计	680	749	786	873	890	895	928

资料来源：日本化纤手册 2014

表 8　世界主要国家（地区）烯烃纤维生产量

单位：千吨

国家（地区）	品　种	2009 年	2010 年	2011 年	2012 年
西　欧	长　丝	257	252	269	252
	短　纤	430	491	514	508
	合　计	688	743	782	760
东　欧	长　丝	41	48	50	55
	短　纤	49	46	48	48
	合　计	90	93	98	103
美　国	长　丝	242	249	207	209
	短　纤	144	152	150	145
	合　计	386	401	357	354
加拿大	长　丝	21	25	24	26
	短　纤	23	22	22	21
	合　计	44	47	46	47
墨西哥	长　丝	9	15	17	15
	短　纤	14	15	15	15
	合　计	22	30	32	30
南　美	长　丝	77	63	64	66
	短　纤	34	38	38	40
	合　计	110	101	102	107
日　本	长　丝	67	71	74	76
	短　纤	46	50	53	50
	合　计	112	121	127	127
韩　国	长　丝	47	57	59	55
	短　纤	15	13	14	17
	合　计	62	70	73	73
台湾地区	长　丝	70	67	65	64
	短　纤	14	12	12	12
	合　计	84	79	78	76
中　国	长　丝	194	243	210	274
	短　纤	87	95	93	96
	合　计	280	338	303	369
印　度	长　丝	28	24	29	33
	短　纤	7	7	7	7
	合　计	34	31	37	40
亚洲其他	长　丝	73	81	82	86
	短　纤	13	14	15	16
	合　计	87	95	97	102
其　他	长　丝	184	179	187	180
	短　纤	58	57	59	68
	合　计	241	235	245	247
世界合计	长　丝	1,309	1,374	1,337	1,391
	短　纤	933	1,011	1,039	1,043
	合　计	2,242	2,385	2,375	2,434

资料来源：日本化纤手册 2014

表 9　世界主要国家（地区）棉花、棉线、棉织物生产量

单位：千吨

	国家（地区）	2008 年	2009 年	2010 年	2011 年	2012 年	2013 年
棉花	世界合计（包括其他国家）	23,455	22,170	25,103	27,098	25,250	23,716
	中　国	8,025	6,925	6,400	7,400	6,417	5,934
	印　度	4,930	5,185	5,765	5,780	5,431	5,076
	美　国	2,790	2,654	3,942	3,387	3,775	3,397
	巴基斯坦	1,926	2,070	1,907	2,350	2,100	2,015
	巴西	1,214	1,194	1,960	2,002	1,823	1,923
	澳大利亚	329	387	898	1,045	1,074	1,025
	乌兹别克斯坦	1,000	850	910	880	861	839
	土耳其	440	380	450	750	552	527
	土库曼斯坦	297	250	380	315	317	302
	马　里	240	215	180	280	270	243
	希　腊	163	188	202	203	204	205
	阿根廷	125	90	157	274	212	192
	墨西哥	85	99	103	182	196	180
	缅甸	117	225	295	230	192	175
	布基纳法索	182	152	141	151	165	153
棉线	世界合计（包括其他国家）	48,301	31,519	34,001	30,424	30,391	32,761
	中　国	17,446	18,565	20,694	17,870	17,548	18,986
	印　度	2,914	2,967	3,292	3,302	3,303	3,692
	巴基斯坦	2,882	2,616	2,947	2,937	3,022	3,287
	巴　西	610	938	1,093	663	1,061	1,137
	印度尼西亚	1,123	1,052	1,115	1,027	988	1,023
	土耳其	833	816	826	776	790	855
	美　国	203	243	282	270	262	290
	墨西哥	206	210	221	227	240	237
	越　南	323	305	314	271	216	224
	韩　国	182	185	199	200	203	218
	泰　国	241	228	248	201	216	214
	台湾地区	174	179	183	179	171	190
	乌兹别克斯坦	129	125	134	152	127	139
	孟加拉	81	79	88	103	110	124
	阿根廷	150	137	125	102	100	112
棉织物	世界合计（包括其他国家）	17,001	17,151	18,551	18,098	15,271	16,575
	中　国	6,412	6,895	7,964	7,532	4,532	4,903
	印　度	3,597	3,726	4,010	4,143	4,145	4,633
	巴基斯坦	3,119	3,119	3,056	3,118	3,207	3,489
	印　尼	761	745	754	708	721	780
	巴　西	802	672	724	666	641	664
	土耳其	270	243	296	261	418	448
	伊　朗	220	189	189	189	189	197
	俄罗斯	250	195	205	163	183	176
	新加坡	189	178	184	159	126	131
	泰　国	189	178	184	159	126	131
	墨西哥	123	127	134	128	125	127
	美　国	131	91	96	102	92	90
	乌兹别克斯坦	66	67	71	72	73	78
	坦桑尼亚	77	66	65	65	65	68
	意大利	55	54	57	65	54	60

资料来源：日本化纤手册 2014

表10 世界主要国家（地区）麻纤维生产量

1. 亚麻

单位：千吨

国家（地区）	2006年	2007年	2008年	2009年	2010年	2011年
法国	92	95	98	74	67	52
中国	29	39	61	47	46	46
白俄罗斯	36	47	52	53	35	43
俄罗斯	415	290	257	85	45	39
英国	18	18	15	17	14	14
比利时	17	14	12	13	12	9
荷兰	9	10	8	8	8	8
埃及	22	14	13	15	11	8
世界合计	662	541	528	321	244	228

2. 大麻

单位：千吨

国家（地区）	2006年	2007年	2008年	2009年	2010年	2011年
中国	83	48	30	12	11	16
朝鲜	13	13	14	14	14	14
智利	0	1	2	7	6	6
罗马尼亚	4	4	4	4	4	4
俄罗斯	4	3	2	3	3	3
意大利	2	3	3	3	3	3
法国	2	2	2	2	2	2
世界合计	1	1	1	1	1	1

3. 黄麻类

单位：千吨

国家（地区）	2006年	2007年	2008年	2009年	2010年	2011年
印度	1,857	1,840	1,734	2,022	1,799	1,960
孟加拉国	884	839	849	924	923	1,523
中国	49	56	47	44	40	44
乌兹别克斯坦	20	20	20	21	20	19
尼泊尔	17	17	17	18	21	14
越南	11	26	8	6	12	8
缅甸	3	3	3	3	3	3
津巴布韦	15	9	3	1	1	3
苏丹	2,870	2,824	2,691	3,045	2,829	3,583
世界合计	1,857	1,840	1,734	2,022	1,799	1,960

4. 剑麻

单位：千吨

国家（地区）	2006年	2007年	2008年	2009年	2010年	2011年
巴西	248	245	246	280	247	284
坦桑尼亚	26	25	22	19	24	28
肯尼亚	28	31	33	24	26	25
马达加斯加	17	17	15	20	17	20
中国	18	18	18	14	16	19
墨西哥	13	14	16	17	14	15
海地	6	8	8	9	8	9
世界合计	4	6	5	6	5	6

资料来源：日本化纤手册2014

中国化纤行业主要统计数据

表 1　2009～2013 年中国化纤工业主要经济指标

	单位	2009 年	2010 年	2011 年	2012 年	2013 年
企业数	个	1944	1939	1750	1873	1904
亏损企业数	个	265	148	234	403	331
亏损面	%	13.63	7.63	13.37	21.52	17.38
工业总产值（现价）	万元	38283196	49539944	66736749		
工业销售产值（现价）	万元	37798493	48682038	65076234	66131018	
出口交货值	万元	2503157	3310366	4377444	4741748	4496801
流动资产合计	万元	16181065	21649447	27570521	29241450	31775686
应收账款净额	万元	1922839	2323479	3042245	3495867	4173824
存货	万元	4215183	5397074	6778241	7470144	7744873
产成品	万元	1858741	2292324	3210301	3567847	3935364
固定资产合计	万元	13863823	15114867	17776504	20028861	
累计折旧	万元	7246375	8744792	11968284	12345557	
资产总计	万元	33895557	42048010	52369564	57374385	62487696
负债合计	万元	20599269	21593486	32421887	30573203	40107385
主营业务收入	万元	37991809	50202897	66469506	67441532	72817589
主营业务成本	万元	34575209	44567523	60053822	61484363	66990794
主营业务税金及附加	万元	108606	122921	170138	181735	202760
销售费用	万元	389407	501718	604084	621968	701982
管理费用	万元	904040	1136360	1653917	1645507	1568909
财务费用	万元	609994	710704	948112	1254831	1149335
利息支出	万元	575821	648798	988519	1267228	1226280
利润总额	万元	1708533	3593105	3680747	2711466	2597788
亏损总额	万元	209207	66808	292036	500826	454347
应交所得税	万元	194907	397348	479046	345746	
应交增值税	万元	694743	1071229	1450174	1280741	1406094
应付职工薪酬	万元	1278748	1533998	1830086	2275529	
全部从业人员年平均人数	人	414494	439322	462702		

注：自 2011 年起，规模以上企业划分标准由之前的年销售收入 500 万元以上调整为 2000 万元以上。

资料来源：2009～2012 年数字来自纺织工业统计年报，2013 年数字为当年月报数。

表2 2009～2013年中国人纤工业主要经济指标

	单位	2009年	2010年	2011年	2012年	2013年
企业数	个	181	201	227	263	264
亏损企业数	个	30	17	35	45	42
亏损面	%	16.57	8.46	15.42	17.11	15.91
工业总产值（现价）	万元	4049347	5938871	13468877		
工业销售产值（现价）	万元	3945740	5804761	13188244	15788675	
出口交货值	万元	284768	426174	1445090	1983149	1724433
流动资产合计	万元	2081149	3115475	5875067	7372797	8027063
应收账款净额	万元	214696	291444	669622	913348	940478
存货	万元	629277	877690	1764667	2095137	2186019
产成品	万元	234927	325465	680107	890446	885700
固定资产合计	万元	2428346	3275055	5381534	5818315	
累计折旧	万元	1299145	1616095	3427286	3821132	
资产总计	万元	5280440	7242238	13090669	15137154	16978507
负债合计	万元	3115838	4275441	8391724	8281713	11451851
主营业务收入	万元	3946827	6029088	13498524	16131569	18339832
主营业务成本	万元	3270578	5149127	12151663	14520830	16578709
主营业务税金及附加	万元	14362	22561	35536	64408	71232
销售费用	万元	73384	109041	181346	219337	265645
管理费用	万元	165078	276882	429028	428329	452508
财务费用	万元	84451	112293	251624	364878	347857
利息支出	万元	82491	95209	237865	370424	366659
利润总额	万元	413594	493306	631058	786908	753097
亏损总额	万元	8541	16030	112258	165742	134478
应交所得税	万元	51044	61917	99732	112575	
应交增值税	万元	110334	175652	370469	456673	559041
应付职工薪酬	万元	210658	320860	492830	755093	
全部从业人员年平均人数	人	75848	92085	128112		

注：表中数字仅指人造纤维制造业，不包括浆粕制造业。

自2011年起，规模以上企业划分标准由之前的年销售收入500万元以上调整为2000万元以上。

资料来源：2009～2012年数字来自纺织工业统计年报，2013年数字为当年月报数。

表 3 2009～2013 年中国涤纶工业主要经济指标

	单位	2009 年	2010 年	2011 年	2012 年	2013 年
企业数	个	660	669	668	719	729
亏损企业数	个	125	53	87	170	148
亏损面	%	18.94	7.92	13.02	23.64	20.30
工业总产值（现价）	万元	23634695	30715018	37988774		
工业销售产值（现价）	万元	23448932	30322062	37227289	36391949	
出口交货值	万元	1757954	2266777	1912464	1915596	1942936
流动资产合计	万元	9498362	12327743	14629593	15027435	16214097
应收账款净额	万元	950124	1063930	1266725	1479837	1900256
存货	万元	2339105	3063614	3313734	3823417	3763567
产成品	万元	1069181	1363829	1691085	1861802	2112902
固定资产合计	万元	7491469	7745991	8063498	9346768	
累计折旧	万元	3804101	4543500	5384796	5289316	
资产总计	万元	18899156	23077869	26582279	29190142	31287885
负债合计	万元	12019139	12111982	16249592	15329324	19627407
主营业务收入	万元	23502442	30963740	38063536	37386530	38540619
主营业务成本	万元	21826559	27735181	34658903	34470335	36204880
主营业务税金及附加	万元	55739	65655	87680	76784	81353
销售费用	万元	168658	228793	242203	233137	251186
管理费用	万元	380052	489322	769866	793117	663295
财务费用	万元	360828	409573	446134	593951	514981
利息支出	万元	338239	382510	496986	606593	584731
利润总额	万元	835151	2290244	2258526	1334196	1057166
亏损总额	万元	117007	20450	74569	165653	214182
应交所得税	万元	89048	253647	265029	147588	
应交增值税	万元	346944	630451	813108	615644	570559
应付职工薪酬	万元	625591	761214	907443	1033261	
全部从业人员年平均人数	人	193465	213282	219573		

注：自 2011 年起，规模以上企业划分标准由之前的年销售收入 500 万元以上调整为 2000 万元以上。

资料来源：2009～2012 年数字来自纺织工业统计年报，2013 年数字为当年月报数。

表 4　2009～2013 年中国锦纶工业主要经济指标

	单位	2009 年	2010 年	2011 年	2012 年	2013 年
企业数	个	197	184	160	160	168
亏损企业数	个	26	13	14	19	24
亏损面	%	13.20	7.07	8.75	11.88	14.29
工业总产值（现价）	万元	3423782	4607481	5884948		
工业销售产值（现价）	万元	3371775	4490994	5728002	4902931	
出口交货值	万元	108689	195467	443105	289133	321585
流动资产合计	万元	1337145	2479217	2738048	2494103	2692140
应收账款净额	万元	252283	359442	370618	357801	425023
存货	万元	392669	532732	673059	522858	647360
产成品	万元	194517	227500	338983	283490	350637
固定资产合计	万元	1162594	1278785	1268579	1413817	
累计折旧	万元	603015	815026	815073	645097	
资产总计	万元	2696307	4230604	4254553	4289954	4975349
负债合计	万元	1581351	2451446	2659487	2295687	3219474
主营业务收入	万元	3319715	5009690	5760136	4769459	5892824
主营业务成本	万元	2981999	4454334	5024823	4173775	5180995
主营业务税金及附加	万元	11753	9166	14143	13272	14937
销售费用	万元	43687	57439	58212	50380	54712
管理费用	万元	70968	125803	176310	131846	149559
财务费用	万元	67708	68195	93538	593951	104109
利息支出	万元	63826	61243	93610	101161	98929
利润总额	万元	131879	284232	437180	331976	396794
亏损总额	万元	18531	6668	10813	19907	16053
应交所得税	万元	11166	23059	60694	43428	
应交增值税	万元	60328	75705	102841	58417	81943
应付职工薪酬	万元	121310	154465	127607	150492	
全部从业人员年平均人数	人	34507	36922	33282		

注：自 2011 年起，规模以上企业划分标准由之前的年销售收入 500 万元以上调整为 2000 万元以上。

资料来源：2009～2012 年数字来自纺织工业统计年报，2013 年数字为当年月报数。

表 5 2009～2013 年中国腈纶工业主要经济指标

	单位	2009 年	2010 年	2011 年	2012 年	2013 年
企业数	个	39	31	22	16	20
亏损企业数	个	7	4	7	5	4
亏损面	%	17.95	12.90	31.82	31.25	20.00
工业总产值（现价）	万元	673882	390443	441548		
工业销售产值（现价）	万元	682394	382543	422539	313678	
出口交货值	万元	16199	1341	13549	8992	10579
流动资产合计	万元	414636	190244	294088	255114	269884
应收账款净额	万元	32080	20933	30274	18471	38678
存货	万元	49607	29329	48058	48299	61158
产成品	万元	34453	12651	23923	25799	38701
固定资产合计	万元	150780	384343	116362	122155	
累计折旧	万元	179326	114701	183888	76928	
资产总计	万元	697846	310675	454252	418686	487961
负债合计	万元	456403	203068	300915	253795	337975
主营业务收入	万元	768974	411580	430092	343428	329546
主营业务成本	万元	728539	379254	395830	316989	301110
主营业务税金及附加	万元	5558	767	2614	2552	2296
销售费用	万元	14378	4578	5219	3971	4668
管理费用	万元	94899	5932	9823	8347	4303
财务费用	万元	4878	6481	11840	13203	11317
利息支出	万元	3945	5646	12301	13780	13034
利润总额	万元	-19013	8661	5921	-4826	2285
亏损总额	万元	31544	83	4256	15249	4660
应交所得税	万元	1021	1273	1416	1016	
应交增值税	万元	27775	5424	4384	4529	4430
应付职工薪酬	万元	53004	11459	9887	12761	
全部从业人员年平均人数	人	13171	3297	3390		

注：自 2011 年起，规模以上企业划分标准由之前的年销售收入 500 万元以上调整为 2000 万元以上。

资料来源：2009～2012 年数字来自纺织工业统计年报，2013 年数字为当年月报数。

表 6　2009～2013 年中国化纤工业主要产品产量

单位：万吨

	2009 年	2010 年	2011 年	2012 年	2013 年
化学纤维	2747.28	3089.70	3362.36	3792.16	4121.93
其中：粘胶	151.21	183.50	206.67	273.27	292.94
合纤	2494.05	2852.42	3114.60	3444.12	3731.52
涤纶	2204.36	2513.33	2794.93	3057.03	3340.64
锦纶	137.27	161.80	159.14	181.46	211.28
腈纶	68.38	65.72	69.96	69.35	69.43
丙纶	26.38	33.83	33.28	36.86	26.43
维纶	4.77	5.66	5.91	8.71	10.08
氨纶	20.32	27.43	26.17	30.75	38.97

资料来源：2009～2012 年数字来自纺织工业统计年报，2013 年数字为当年月报数。

表 7　2009～2013 年中国化纤工业主要产品进出口量

单位：吨

		2009 年	2010 年	2011 年	2012 年	2013 年
化学纤维	进口	861533.2	902250.3	884910.5	820978.7	871657.5
	出口	1476689.3	1925339.4	2363068.5	2468100.6	2679724.8
其中：人纤	进口	88437.3	125416.1	149633.9	158242.9	167871.6
	出口	179490.1	192946.1	245334.2	345705.2	262560.1
涤纶	进口	319758.7	308123.9	275168.4	232779.5	238625.9
	出口	1029676.4	1404074.3	1761283.5	1749529.0	2025961.1
涤纶长丝	进口	168339.9	165104.7	154963.4	120418.5	110166.2
	出口	623321.2	808462.5	945181.8	1078877.0	1292230.6
涤纶短纤	进口	151418.8	143019.2	120205.0	112361.0	128459.7
	出口	406355.2	595611.8	816101.7	670652.0	733730.5
锦纶	进口	197986.8	199951.5	169007.7	174689.1	171665.0
	出口	99013.2	129438.3	122589.8	120494.0	140951.8
腈纶	进口	179966.0	196424.8	195291.7	186527.2	212094.4
	出口	5085.2	4411.7	4052.5	5780.9	9382.1
丙纶	进口	7227.9	7214.5	5903.0	5577.4	5661.9
	出口	13634.4	17284.5	32078.5	26880.5	29233.4
氨纶	进口	17159.9	18838.0	22803.7	18819.6	20227.7
	出口	28929.2	38805.8	34922.4	44148.8	46721.7

资料来源：国家海关总署、中国化纤工业协会

表 8　2013 年化纤分省市产量

地　区	化学纤维		其中：人造纤维		合成纤维	
	2013 年（万吨）	同比（%）	2013 年（万吨）	同比（%）	2013 年（万吨）	同比（%）
全　国	4121.93	7.90	390.41	17.07	3731.52	7.02
北京市	0.12	53.70			0.12	53.70
天津市	12.19	10.31			12.19	10.31
河北省	52.23	46.08	48.97	52.04	3.26	-10.02
山西省	0.24	-46.79			0.24	-46.79
内　蒙	3.00	12.20			3.00	12.20
辽宁省	17.36	-2.64	6.30	0.02	11.07	-4.09
吉林省	27.35	-7.50	5.49	0.63	21.86	-9.34
黑龙江	7.13	-33.19			7.13	-33.19
上海市	47.76	-0.57			47.76	-0.57
江苏省	1296.48	0.60	127.76	9.21	1168.72	-0.26
浙江省	1839.31	9.69	16.48	-1.73	1822.83	9.80
安徽省	32.71	-17.06	5.72	6.89	26.99	19.48
福建省	376.65	28.30	0.36	-17.25	376.29	28.36
江西省	42.00	10.84	33.99	11.60	8.02	7.76
山东省	71.65	-5.66	23.83	10.14	47.82	-11.95
河南省	53.82	-0.52	19.15	28.92	34.67	-11.66
湖北省	21.67	20.08	10.70	-1.99	10.97	53.83
湖南省	4.56	16.49			4.56	16.49
广东省	55.95	-1.76	3.61	2.45	52.34	-2.03
海南省	0.43	-91.11			0.42	-91.11
重庆市	4.60	16.37			4.60	16.37
四川省	91.50	29.73	26.24	43.28	65.26	24.98
云南省	4.97	28.67	3.58	1.72	1.39	305.36
陕西省	2.36	-10.83	2.36	-10.83		
新　疆	55.87	26.41	55.87	26.41		

资料来源：国家统计局月报